仲裁法制研究
——广东的实践与探索

zhongcai fazhi yanjiu
guangdong de shijian yu tansuo

王学成◎主编

中国检察出版社

图书在版编目（CIP）数据

仲裁法制研究：广东的实践与探索/王学成主编．—北京：
中国检察出版社，2014.8
ISBN 978-7-5102-1244-4

Ⅰ.①仲… Ⅱ.①王… Ⅲ.①仲裁法-研究-广东省
Ⅳ.①D927.650.570.4

中国版本图书馆 CIP 数据核字（2014）第 167404 号

仲裁法制研究——广东的实践与探索
王学成　主编

出版发行：	中国检察出版社
社　　址：	北京市石景山区香山南路 111 号（100144）
网　　址：	中国检察出版社（www.zgjccbs.com）
编辑电话：	（010）68658769
发行电话：	（010）68650015　68650016　68650029　68686531
经　　销：	新华书店
印　　刷：	保定市中画美凯印刷有限公司
开　　本：	720 mm×960 mm　16 开
印　　张：	19.5 印张
字　　数：	355 千字
版　　次：	2014 年 8 月第一版　2014 年 8 月第一次印刷
书　　号：	ISBN 978-7-5102-1244-4
定　　价：	40.00 元

检察版图书，版权所有，侵权必究
如遇图书印装质量问题本社负责调换

序　言

广东省副省长　李春生

　　仲裁制度以其对现代市场经济突出的适应性以及立法承认支持所赋予的强制效力，在解决社会纠纷特别是民商事纠纷中发挥着独特而重要的作用。《中华人民共和国仲裁法》颁布以来，广东省各仲裁机构在各级政府的指导下，坚持依法、公正和及时地处理各类民商事纠纷，切实保护了当事人的合法权益，有力维护了市场经济秩序，为促进广东经济发展作出了重大贡献，也为建设和谐广东提供了有力的法律支持。当前，广东仲裁事业正处于发展的关键时期，如何完善仲裁法律制度，强化仲裁的纠纷解决功能，从而促进多元化纠纷解决机制的建立和完善，将是做好新时期仲裁工作的关键所在。有关部门，特别是省级政府法制机构，要大力支持仲裁工作，积极推动仲裁事业的持续、快速、健康发展，为全面深化改革提供优质仲裁服务。

　　2014年是《中华人民共和国仲裁法》颁布20周年，也是国务院颁布《全面推进依法行政实施纲要》10周年。值此重要时期，"广东省法学会仲裁法研究会成立大会暨2014年学术研讨会"于9月10日在广州隆重召开。这是广东仲裁界的一次盛会，来自全省各地的仲裁理论界和实务界近80名专家、仲裁实务工作者聚首羊城，就有关议题进行了广泛深入的研讨和交流，并汇集一批优秀的仲裁理论成果。

　　认真研读有关研究成果，可以发现有三个突出的特点：

　　一是紧扣主题。相关研究的重心，放在了广东推进仲裁事业进程中全局性、战略性、前瞻性的问题研究上，放在了党委、政府和广大群众关心的重点、难点、热点仲裁法律问题上，放在了完善仲裁制度的对策研究上，紧紧把握住了仲裁工作的性质和基本职能的内在要求，必将为广东新时期仲裁事业发展提供强有力的理论指引。

　　二是直面实践。相关研究以实践问题为导向，以现实需要为着力点，直面存在的问题，着眼现实难题。不少论文围绕完善仲裁法律制度、强化仲裁纠纷解决功能等议题开展研究，提出了很好的意见和建议，有的直接梳理出了针对性、操作性很强的发展思路和具体措施办法，对完善仲裁法律体系框架、规范仲裁法律适用、推动仲裁水平提升具有较高的现实价值。

三是视野开阔。相关研究涵盖了仲裁法律制度的主要领域，全面反映了新时期广东仲裁事业发展的重要主题。同时，关注了网上仲裁、自贸区仲裁等一系列新的仲裁研究领域，对仲裁的跨学科研究以及仲裁与其他争议解决方式的比较研究进行了深入的探讨。可以说，本书既有比较充分完善的实证研究和论证，也有不少值得关注的理论前沿探索。

相信本书的出版，对推动广东仲裁理论与实践问题的研究，将会起到积极作用；希望本书的出版作为广东仲裁法学研究的良好开端，能够引发理论界和实务界对仲裁法律制度的持续关注和深入研究。

有感于此，欣然提笔为序。

目 录

序 言 …………………………………………… 李春生（1）

专题一　《仲裁法》20年回顾与总结

广东仲裁事业成就与展望
　　——写在《仲裁法》颁布20周年之际 ………… 王学成（3）
大力发展仲裁事业　完善纠纷解决机制 ……… 申健生　罗冬灵（9）
《仲裁法》颁布20周年回顾与反思 ……………… 杨善松（14）
浅谈《仲裁法》的实施情况 ……………………… 吴凤茹（26）

专题二　《仲裁法》的修订完善

从涉外商事仲裁司法审查典型问题看《仲裁法》之修改
　………………………………………………… 赵　虹　焦小丁（35）
浅谈《仲裁法》实践中存在的问题及修改建议 ………… 谢炳泉（48）
《仲裁法》实施过程中存在的问题及解决方法探讨 … 刘三瑞　李琼宇（56）
浅谈《仲裁法》修改 …………………………… 唐梁莹珠　胡俊辉（64）
仲裁司法审查视野中的《仲裁法》修改 ………… 张善华　苗卉卉（71）
浅析我国《仲裁法》立法缺陷及完善设想 ……………… 曾德利（78）
论我国《仲裁法》的适用与完善 ………………………… 刘　芬（85）
我国《仲裁法》的完善
　　——从建构临时仲裁的制度说起 …………………… 陈　畅（93）
略谈《仲裁法》之完善 …………………………………… 李潘华（100）

关于完善我国仲裁回避制度的几点思考 ………………………… 王小莉（106）

专题三　仲裁实务探究

论仲裁庭的调查取证权 …………………………………………… 王小莉（117）
第三人撤销虚假仲裁之诉研究 …………………… 肖少珍　赵晓楠（126）
对设立仲裁第三人制度的理性分析与路径探究 ………………… 洪泉寿（133）
可撤销仲裁协议初探 ……………………………… 黄冰花　胡俊辉（143）
论仲裁第三人撤销之诉制度
　　——以完善《仲裁法》为视角 …………………………… 陈中越（149）
从民事诉讼法的修改看商事仲裁司法审查理念的回归 ………… 李民韬（157）
浅析商事仲裁司法监督的模式
　　——徘徊在程序与实体之间 ……………………………… 张海疆（168）
论我国仲裁司法审查制度的修改与完善 ………………………… 刘　靖（177）
仲裁协议效力认定相关问题探析 ………………… 麻锦亮　萧稚娟（187）
试析网上仲裁的仲裁地确定 ……………………………………… 杨　诚（193）
我国仲裁裁决司法监督制度研究
　　——以撤销仲裁裁决和不予执行仲裁裁决为研究对象 … 顾党辉（201）
我国仲裁证据制度完善之路径 …………………………………… 罗　浩（206）
浅论我国商事仲裁送达制度 ……………………………………… 杨鳃鳃（215）
仲裁专业化问题初探 ……………………………………………… 陈忠谦（221）

专题四　仲裁法律制度前沿研究

网络时代的仲裁发展 ……………………………………………… 陈忠谦（231）
推动粤港澳仲裁合作　营造国际化营商环境 …………………… 陈忠谦（245）
论仲裁制度的诉讼化 ……………………………………………… 王小莉（251）
我国《涉外民事关系法律适用法》仲裁协议法律适用条款评析 … 罗剑雯（260）

内地仲裁裁决在香港特区法院执行中的公共政策问题
....王承志 李剑强（266）
做好调解和解工作 打造和谐仲裁品牌 ....邓秉文（273）
论我国消费纠纷仲裁模式的完善 ....付智勇（278）
仲裁利害关系人权益保护问题分析
——在契约与公平之间的平衡 ....林泰松（285）
发展仲裁业务 助推自贸区建设 ....黄涛涛（295）

编后记 ....（300）

专题一

《仲裁法》20 年回顾与总结

《中国科学》B辑

广东仲裁事业成就与展望

——写在《仲裁法》颁布 20 周年之际

王学成[*]

作为我国社会主义法律体系的重要组成部分,《仲裁法》对有效维护市场主体的合法权益和市场经济的正常秩序,促进我国仲裁事业的发展起到了重要的促进和保障作用。《仲裁法》颁布以来,广东省先后成立了广州仲裁委、深圳仲裁委等 11 家仲裁机构。20 年来,广东省各仲裁机构坚持依法、公正、及时地处理各类民商事纠纷,切实保护了当事人的合法权益,有力维护了市场经济秩序,为促进广东省的经济发展作出了重大贡献,也为建设和谐广东提供了有力的法律支持。当前,广东省的仲裁事业既面临良好的发展机遇,也面临巨大的挑战,我们要抓住机遇,迎接挑战,将广东省的仲裁事业推向一个崭新的阶段。

一、广东省贯彻《仲裁法》的主要成效

《仲裁法》颁布以来,广东省仲裁事业取得了巨大发展,展现了良好的发展势头和厚实的发展潜力:

(一)机构建设逐步完善

《仲裁法》颁布以来,广东省仲裁工作从无到有、从小到大,逐步向全省范围铺开,组织机构不断优化,仲裁从业人员逐渐增多,广东省的仲裁机构数量和仲裁员数量均在全国居于前列。《仲裁法》实施以来,先后在广州、深圳、珠海、佛山、汕头、惠州、江门、韶关、肇庆、清远、梅州等地成立了 11 家仲裁机构。各仲裁委严格按照《仲裁法》的规定聘用仲裁员,目前,全省共聘有 2800 余名仲裁员。各仲裁委以高标准、严要求,选聘和任用仲裁委

---

[*] 广东省人民政府法制办公室主任。

员会组成人员和工作人员，建设了一支具有较好的组织协调能力和业务开拓能力的仲裁工作队伍。良好的队伍建设，为广东省仲裁事业快速健康发展，提供了有力的组织保障。

（二）仲裁业务稳步发展

经过 20 年的发展，广东省已成为全国仲裁大省。仲裁机构形成了具有自身特色的仲裁理念与运作模式，仲裁进入了规模化、专业化发展的阶段。20 年来，各仲裁委的受案数量一直保持稳步增长，特别是近几年来，这种发展势头更加迅猛，商事仲裁业务在全国领跑，各项指标均高于全国平均水平。仅在 2013 年，广东省 11 家仲裁机构共处理各类民商事纠纷 8369 件，争议标的额达 189 亿元，受案总数占全国总数的近 10%，争议标的额已占全国的 11%。其中，广州仲裁委的受案数量和标的总额更是一直在全国名列前茅，惠州等地的仲裁委也展示出快速发展的良好势头。仲裁作为一种有效的纠纷解决方式，已经受到社会各界的认可。

（三）办案质量逐步提高

广东省各仲裁委严格按照《仲裁法》的规定，坚持公平与效率的统一，公正、及时、妥善地处理各类民商事纠纷，并且，在改革仲裁方式上狠下工夫，不断创新案件管理方式，加大案件质量管控力度，保证了仲裁案件质量。以 2013 年为例，广东省仲裁机构被人民法院裁定撤销仲裁裁决的仲裁案件仅有 10 件，仅占受理案件总数的 0.11%；被裁定不予执行仲裁裁决的案件则为 7 件，仅占受理案件总数的 0.08%。全省 11 个仲裁委中，没有仲裁案件被法院裁定撤销或不予执行的有 7 家，仲裁案件总体质量保持较高水准。

在保证案件质量的前提下，广东省各仲裁委不断提高办案效率、降低纠纷解决成本，仲裁"三率"（即仲裁案件的快速结案率、民商事纠纷自愿和解调解率、仲裁裁决自动履行率）普遍较高，既有效地平息了纠纷，又促进了合作，受到了市场主体的欢迎和信赖，仲裁机构的品牌效应和公信力也不断得到加强。

（四）制度建设不断完善

广东省各仲裁委依据相关的法律、法规，借鉴国际经验，结合本地实际，不断探索科学合理的仲裁方式和制度体系，不断完善仲裁程序和仲裁方法：在质量保证、效率监督、档案管理、仲裁复议等环节都作了比较严格的规范；仲裁斡旋、裁前告知、仲裁邀请、行业仲裁等制度创新得到完善和推广；已有多个仲裁委针对专业仲裁领域而制定了专门仲裁规则；对仲裁委工作人员和仲裁员的聘任和管理不断加强；各仲裁委认真组织开展换届工作，确保仲裁机构管理和运作的制度化、规范化。

（五）国际商事仲裁中心规模初具

广东省作为我国改革开放的前沿阵地，在全国较早引入国际商事仲裁制度。广东省经济外向度高，投资的便利化、扩大开放的各类政策措施所产生的"磁吸效应"较为明显，所产生的国际和涉外商事纠纷也较频繁，且广东省与港澳台地区地缘、人缘、商缘关系密切，这些都为广东省建设国际商事仲裁中心奠定了良好的基础。广东省各仲裁机构也很好地把握优势，不断提高商事仲裁的国际化程度，已在涉外业务的开拓方面取得初步成效。据统计，2013年，广东省涉外仲裁案件已超过总受理案件的10%，案件当事人遍及全国各地及世界50多个国家和地区，为平等保护中外当事人的合法权益，营造公平市场环境发挥了重要作用。另外，广东省仲裁员的国际化程度也逐步提高，已居全国前列；一些仲裁机构开始注重吸收国际商事仲裁发展实践中的先进经验和做法，研究制定了开放性和国际化的仲裁规则①，在实际操作过程中获得了业内同行及广大当事人的较高评价。

二、广东省贯彻《仲裁法》的经验

经过20年的实践，广东省的仲裁工作积累了一定的经验，这些经验对广东省仲裁事业的今后发展有重要的指导意义。这些经验主要包括：

（一）仲裁事业必须坚持正确的发展方向

《仲裁法》是一部保障社会主义市场经济健康发展的重要法律，仲裁机构必须坚持为社会主义市场经济建设服务的方向，坚持全心全意为人民服务的宗旨，要始终把仲裁工作的社会效益放在首位，依法公正、及时地仲裁经济纠纷，不断提高仲裁案件质量，努力为当事人提供优质的仲裁服务。这是广东省仲裁事业发展的立身之本。

---

① 例如，南沙国际仲裁中心提供粤、港、澳三地的仲裁规则及《联合国国际贸易法委员会仲裁规则》供当事人自主选择适用；当事人还可自主选择适用的仲裁语言、香港、澳门的仲裁员及选择不同的开庭地点来处理仲裁事务。仲裁中心提供的多样化选择更尊重当事人的意思自治。

（二）仲裁事业必须发挥仲裁制度自身优势

仲裁作为一种社会冲突处置机制，有其自身显著的优势和特征，如充分尊重当事人意思自治、无地域管辖和级别管辖、公平协商解决争议、保密性好、程序简便和费用低廉等，这些特征赋予了仲裁强大的生命力。广东省各仲裁委在开展仲裁工作时比较注重发挥仲裁制度的这些特色和优势，越来越多的老百姓认识到仲裁是一项省时、省力、成本低的解决民商事纠纷的专家断案活动，越来越多的老百姓也愿意选择通过仲裁制度处理涉及自身的纠纷案件。

（三）仲裁事业必须走全省仲裁机构协同发展的道路

《仲裁法》确定的为社会主义市场经济健康发展服务的任务，仅靠某一个仲裁机构或某一地区的仲裁委是无法完成的，必须坚定不移地走全省仲裁机构共同发展、共同进步的道路。广东省各仲裁委开展了广泛而深入的合作与交流，互相学习、互相借鉴。今后，应进一步完善交流合作的平台，建立合作的长效机制，共同推进广东省仲裁事业的发展。

（四）仲裁事业的发展必须获得多方面支持

贯彻《仲裁法》，发展仲裁事业，是政府、司法机关和各仲裁机构的共同职责。按照国务院的有关规定，地方政府担负着组建仲裁机构、推行仲裁法律制度、促进仲裁事业发展的职责。广东省政府和有关市政府在组建仲裁委时做了大量的工作，在仲裁委开展业务的过程中，也从工作方向、管理制度、人员配备、后勤保障等方面提供有力的支持，特别是对仍处于发展阶段的仲裁委员会给予了必要的资助和支持。今后，各地政府要继续在发展仲裁事业中发挥积极作用，不断创造有利于仲裁事业发展的良好环境，加强对仲裁机构的业务指导和协调工作，加大对仲裁法律制度的宣传推广力度，切实保障仲裁机构依法独立仲裁。

三、广东仲裁事业发展展望

经过多年的努力，广东省的仲裁事业取得了很大的成绩，但也同样面临着不少困难，比较突出的是地区发展不平衡、发展规模差异过大、案件类型单一、市场化程度不高、社会仲裁意识滞后等。我们要认真总结经验，继续全面深入贯彻《仲裁法》，紧紧抓住当前全面深化改革的历史机遇，积极推动广东省仲裁事业的持续、快速、健康发展。

（一）加大宣传推广力度

继续广泛深入宣传仲裁法律制度，提高全社会了解仲裁、运用仲裁手段解决民商事纠纷的法律意识，动员更多的社会力量发展仲裁事业。一是要改变以往靠政府以行政手段推广仲裁为主要方式，转变为以市场营销为主，加大自身的宣传力度，依靠良好的品牌和公正、高效、专业的法律服务来赢得市场。二是宣传推广工作要善于借力，要善用新闻媒体，对仲裁制度以及与仲裁有关的重大事件进行大力宣传；也要注重通过各行业协会向市场主体推介仲裁制度，借助行业协会的辐射力和行业影响力，使行业协会成为仲裁法宣传和推广的重要力量。三是要抓住宣传重点。既要让老百姓了解仲裁，帮助当事人澄清一些模糊认识，使仲裁制度真正为广大老百姓所接受，真正走进老百姓的生活；也要让更多的市场主体了解仲裁，依法引导市场主体选择以仲裁方式解决民商事纠纷，提高企业的仲裁意愿。

（二）大力拓展仲裁业务

发展我国仲裁事业，推行仲裁法律制度是根本，融入市场经济是关键。广东省经济的快速发展和对外开放进程的不断加快，为仲裁事业提供了广阔的发展空间。我们一定要抓住机遇，通过提供优质高效的仲裁法律服务，大力拓展仲裁服务领域，寻求新的业务增长点。要坚持社会效益和经济效益并重，更深入地参与到国民经济各领域，围绕国家宏观经济政策，及时提出各种仲裁保障措施；要加强对新类型案件、疑难复杂案件、社会敏感案件和社会影响大的案件的研究，发挥仲裁制度的影响力；要不断扩大仲裁工作的社会网络，把仲裁工作延伸到社会的各个领域，提高仲裁在解决民商事纠纷中的占有率，为实现仲裁事业的持续发展奠定必要的物质基础。

（三）发展专业化仲裁

专业仲裁是被实践证明的正确发展途径，是多元化解决商事纠纷的一项创新。广东省各仲裁机构依托广东省的良好经济环境和地理优势，在建设各种类型的专业仲裁院，包括知识产权仲裁院、金融仲裁院等方面，取得了一定的成绩，发展专业仲裁具备了良好的基础。面对仲裁的专业化发展趋势，仲裁机构作为参与市场竞争的主体，要利用自身优势，更加积极主动地在证券、体育竞技、电子商务、医疗、建筑等专业领域扩大影响，发挥仲裁优势，尽快建立专业仲裁的办案规则，为不同类型的仲裁案件提供不同的仲裁规则，通过推动专业化仲裁融入市场经济，在为市场经济服务中实现自身的又一次跨越式发展。

(四) 提高商事仲裁的国际化程度

要抓住实施 CEPA (Closer Economic Partnership Arrangement,《内地与香港关于建立更紧密经贸关系安排》)、深化粤港、粤澳合作和申报自贸区等有利机遇,提高广东省商事仲裁的国际化程度,推动广东省国际商事仲裁中心的建设。一是提高仲裁员构成的国际化。尽快打造一支适应涉外仲裁业务发展的仲裁员队伍和工作人员队伍,在仲裁员的选聘上,要更加具有开放性和国际化,为各个不同国家或法域的当事人提供更大的选择空间。二是认真学习国外先进的仲裁理念和仲裁经验,进一步创新体制机制、规范运作,尽快建立适应涉外仲裁业务发展的制度规范,采用与国际接轨的方式,独立、公正、高效地解决境内外商事争议,以高质量的仲裁服务吸引更多的涉外当事人选择仲裁。

(五) 推进仲裁机构规范化建设

一是完善仲裁案件管理机制。严格办案程序,加强对仲裁案件的全过程、全方位监督,建立健全对仲裁工作的社会监督机制,建立案件当事人的回馈渠道,通过依法建制,依制管理,促使仲裁员公正、高效办案,保障仲裁工作质量。二是完善仲裁方式。根据新时期仲裁案件的特点,提出并有效实行一系列促进企业合作、加快经济运转、降低纠纷解决成本、提高企业竞争力的仲裁方式。探索仲裁权集中行使机制,继续推行"调解优先、调裁结合"的纠纷解决机制,加快裁决书的改革,提高办案效率,促进社会矛盾化解。三是完善仲裁员管理体制。坚持专业化的仲裁员队伍建设方针,以提高仲裁工作能力为核心,建立完善科学的仲裁员遴选机制、严格的仲裁员行为考察和惩戒制度、经常性的业务培训制度、完善的仲裁员的信息披露制度和仲裁员信用公示制度,不断提升仲裁员的仲裁工作水平。

大力发展仲裁事业　完善纠纷解决机制

申健生*　罗冬灵**

由于仲裁的特点和优势，国际上许多国家和地区十分关注与重视现代仲裁法律制度的建立和发展。在我国，以解决公民、法人以及其他组织之间经济纠纷的人民内部矛盾为主要职能的仲裁法律服务，作为现代生产性商业服务业不可或缺的重要组成部分，在推进依法治国方略、构建社会主义和谐社会中发挥日益重要的作用。如何在现有的基础上，积极发展仲裁法律服务，使其作为争议解决机制的重要内容，在加强和创新社会管理，服务幸福肇庆，建设和谐肇庆中得到充分的发挥，是我们面临的一大课题。

一、国内外仲裁法律服务业的现状和特点

（一）国际通行的仲裁属性及其发展趋势

仲裁在解决国内、涉外民商事纠纷以及在国家治理方面的特殊的功能和优势，使当今世界各国都十分注重本国仲裁法律制度的建立和发展。按照国际惯例，仲裁是一种法院诉讼之外的争议解决方式，具有社会公共服务的公益属性；从仲裁保障社会公平正义的公正性出发，仲裁机构不能是一个逐利组织，因而具有非营利属性。因此，仲裁的效益并非仅由其经济效益，而更多的是由其社会效益来体现，即通过公正、高效、合法的仲裁裁决来满足社会在解决纠纷、实现自治、促进和谐等方面的特殊需求。由于仲裁具有上述社会公共服务职能和公益属性，国际上许多国家和地区，其政府为促进本国仲裁法律制度的发展，对仲裁机构或直接或间接地给予很多公共投入与支持，有的由政府拨款支持仲裁机构运作，有的对仲裁费收入免税，有的由政府资助或额外提供办公场地，等等，都是出于建立多元化纠纷解决机制，保障市场经济有序、健康发展，参与国际经济贸易合作与竞争以及国家治理等的需要。截至2005年12月

---

*　广东省肇庆市法制局副局长兼肇庆仲裁委员会副主任，律师。
**　肇庆仲裁委员会副秘书长、肇庆仲裁委员会仲裁员。

15 日，联合国相关会议通过的《承认及执行外国仲裁裁决公约》（又称《纽约公约》），已有 137 个国家和地区参加，我国也于 1987 年 4 月 22 日加入了该公约。《纽约公约》已经成为国际民事诉讼与仲裁领域中，参加国最多、适用范围最广、影响最大的国际性公约。

（二）我国仲裁服务社会主义市场经济优势凸显

1995 年《中华人民共和国仲裁法》（以下简称《仲裁法》）实施以来，我国的仲裁法律服务得到大力发展，中国贸促会和全国 200 多个设区的城市先后成立了仲裁委员会，肇庆市也成立了肇庆仲裁委员会。目前，全国仲裁法律服务在加速，仲裁和调解作为解决争议的方式日趋盛行。

（三）仲裁的特色和优势

仲裁是一种法院诉讼之外的争议解决方式，由依法设立的仲裁机构为自愿接受其管辖的公民、法人或者其他组织提供调解、裁决等法律服务的方式，通过公正、高效、合法的仲裁裁决来满足社会在解决民商事纠纷、实现自治、促进和谐等方面的特殊需求，服务社会主义市场经济，为推进依法治国、加强诚信建设作出努力。我国仲裁法律制度和仲裁法律服务在与国际接轨的基础上，也具有鲜明的中国特色。

仲裁的效力来自法律。仲裁机构依法设立，依据仲裁法的授权制订仲裁规则规范程序，提供法律服务。仲裁管辖来源于当事人的选择。当事人参与仲裁活动，拥有多项自主选择权：可以选择仲裁机构、可以选择办案仲裁员、可以约定简便的仲裁程序、可以协商申请在仲裁委员会所在地之外异地开庭，还可以决定结案的方式和裁决书内容的取舍等。尊重当事人的自主权是仲裁的基本原则。

仲裁机构受理案件没有地域限制。受理案件以人为本，为当事人保密，办案先调后裁，开庭而不公开审理，实行一裁终局，仲裁裁决一经作出即发生法律效力。为减少层次、提高效率，最高人民法院通过出台司法解释，明确由中级人民法院负责执行向法院申请执行的仲裁裁决。涉外的仲裁裁决，有关国家或地区则依《纽约公约》予以承认和执行。

仲裁法律服务由专家学者主持，服务质量有保障。常设办事机构主要提供程序性服务和日常工作管理，分布在国内不同地方的众多在册的仲裁员，由仲裁委员会依照仲裁法规定聘任且经过省级登记机关备案，均为经验丰富的法律工作者或拥有高级职称的专家学者。这些仲裁员平时是接受仲裁机构聘任的在册仲裁员，只有在接受当事人选定或指定出任办案仲裁员时，方参与案件的办理并取酬。

二、仲裁在肇庆的实践和存在的问题

（一）肇庆仲裁机构的建立和服务开展情况

《仲裁法》实施之后，原设在各级工商行政管理部门的经济合同仲裁机构即停止运作。1996年8月，肇庆市人民政府决定并依法定程序报经登记，成立了肇庆仲裁委员会。近20年来，肇庆仲裁委在市委、市政府的正确领导下，先后依法聘请了省内外300多名仲裁员，为自愿参与仲裁的当事人提供仲裁法律服务，行使法律赋予的仲裁权，调解、裁决了一大批民商事案件。

近20年来，肇庆仲裁委共收到仲裁申请逾千件，正式受理案件近700件，涉案标的额2亿多元。涉案当事人除本省各市之外，还涉及外省、市以及来自港、澳、台地区和其他国家。肇庆仲裁委近几年的调解结案率均在40%以上，仲裁裁决有相当部分得到自动履行。在审理案件的同时，肇庆仲裁委还协助因多种原因未能立案的纠纷当事人调解、消除纠纷300多宗，涉及争议标的额5000多万元。

肇庆仲裁委把法律效益和社会效益相统一作为提供仲裁服务的重要出发点和落脚点，把公平、公正、诚信、和谐贯穿在服务的全过程，通过提供积极有效的法律服务，妥善解决了100多宗有一定社会影响的群体性仲裁案件，达到了"案结事了人服"的效果。多年来，肇庆仲裁委依据当事人的仲裁协议，受理并调解或裁决了多宗涉及外资企业的合同纠纷案，为当事人挽回了损失，稳定了外商到肇庆投资的信心，维护了肇庆市良好的投资环境。

肇庆仲裁委近20年来的工作，得到了国务院有关部门以及市委、市政府的充分肯定，2002年、2005年先后两次受到国务院法制办来函表扬。

（二）肇庆市推进仲裁法律服务存在的问题

1. 仲裁的社会知晓度不高。仲裁的影响力并没有随着法治建设的进程进一步扩大，社会对仲裁服务不知道、不了解，或抱有疑虑，不相信，缺乏信心，签订合同或进行其他经济活动时自然就不会约定通过仲裁来解决争议，发生争议后更不会主动申请仲裁。同时，现行的行政管理体制与财政体制，在某种程度上也为仲裁服务的推广带来障碍。多年来肇庆仲裁委受理的本地案件，除了市区（端州、鼎湖）、高新区的外，来自市辖各县、市的寥寥无几。

2. 社会大环境也影响到经济仲裁的推广。法治环境、诚信建设的现状，固有做法和惯性思维等，使仲裁作为争议解决机制的潜能未能得到充分的发挥。

3. 仲裁的制度设计先天不足。严格的受理条件限制、规则自定效力层次不高等，也对仲裁制度的推广和仲裁服务的提供带来一定的影响。

4. 仲裁机构自身存在问题使仲裁推广缺乏动力。常设机构的设置模式与现实脱节，获得政府的资助不能满足发展的需求，经费缺乏导致宣传推广停滞。肇庆仲裁委现受聘在册的100多名仲裁员，常驻本地的只占1/3多，且来源渠道单纯，专业分布狭窄，时常因与当事人有需要回避关系而降低选择机会，因案件少导致有的仲裁员虽受聘多年也没有机会出任办案仲裁员，办案经验缺乏也使本地的仲裁员难以胜任首席仲裁员职务。

三、积极发展仲裁业，为建设和谐幸福肇庆做好服务

（一）大力宣传和推广仲裁法律服务

采取多种形式深入广泛宣传推广仲裁法律制度，注意在各种招商引资和营商推介中推介仲裁法律服务的优势，宣传仲裁法律制度，使接受仲裁成为公民、法人和其他组织解决矛盾纠纷、维护自身合法权益的自主选择。

（二）加大政府和社会各界的支持力度

仲裁法律服务作为一项现代商务服务业，离不开政府的支持，也离不开社会各界的支持。要充分重视仲裁在调处民商事争议中的作用，把仲裁法律服务纳入建设和谐幸福社会统筹发展，作为加强和创新社会管理的尝试，发挥其应有的服务效应和作用。加大其参与社会法律服务、推进社会法治建设、促进社会诚信体系建设的可行性研究和实践。人民法院也应依法加强对仲裁的监督和支持。

（三）充分发挥现有仲裁机构的作用

仲裁机构是发展仲裁服务的载体和主体。肇庆仲裁委聘请的众多仲裁员以及参加仲裁活动的当事人远至外省市，遍及珠三角各地，仲裁委提供的服务和作出的裁决，其影响已超越地域甚至境外，仲裁委的形象已不仅仅限于自身，在一定程度上也代表着某一方面的肇庆，影响着对肇庆的评价和认同。要从实际出发，采取措施加强肇庆仲裁委的建设，适当增加资助，改善办案条件，稳定现有仲裁工作人员和仲裁员队伍，保障仲裁法律服务的可持续发展。

（四）充分发挥主体作用

要抓住机遇，解放思想，务实创新，大力加强自身建设，不断修改完善仲

裁规则和办案规范，确保仲裁活动的公平公正。加强仲裁员队伍的管理，采取多种形式提高本地仲裁员的办案水平和能力，提高仲裁法律服务的亲和力和公信力，使仲裁成为公民、法人和其他组织解决矛盾纠纷、维护自身合法权益的自主选择，满足人民群众对解决争议的新要求、新期待。

（五）借力珠三角经济一体化发展，探求加快仲裁发展合作新机制

珠三角地区遵循政府推动、市场主导、资源共享、优势互补、协调发展、互利共赢的原则，创新合作机制，优化资源配置，在省的统一领导协调下，建立城市间、部门间、行业间广泛的多层次合作机制，已为《珠江三角洲地区改革发展规划纲要》所明确。根据肇庆市实际情况，在珠三角经济一体化大趋势下，可以考虑通过寻求合作、引入外力的方式加快发展。

《仲裁法》颁布20周年回顾与反思

杨善松[*]

一、《仲裁法》颁布20年的主要贡献

作为一种替代性纠纷解决机制的现代仲裁制度可以追诉到20世纪初,属于舶来品。1913年民国政府颁布的《商事公断处章程》和1914年出台的《商事公断章程办事细则》首次对我国商事仲裁制度进行了专门规定,有力地推动了各地商会商事公断和商会调解机制规范化。革命根据地时期和解放战争时期,也先后制定和公布了诸如《中华苏维埃劳动法》、《晋察冀边区租佃债息条例》、《关于仲裁委员会的工作指示》等关于仲裁的规定。建国后,我国逐步建立了涉外仲裁和国内仲裁制度,开启了我国仲裁制度"双轨制"的历史[①],我国也相继颁布了一系列法律、行政法规和地方性法规对国内仲裁制度作出规定。综观上述法律法规,因存在重大缺陷而与现代仲裁精神相去甚远。1994年8月31日公布的《仲裁法》,对仲裁性质、法律地位、仲裁程序、裁决的撤销与执行等方面做了较为全面的规定,在我国仲裁制度史上具有里程碑式的意义。回顾《仲裁法》20年的历史,其主要历史贡献表现在以下几个方面:

(一)发展社会主义市场经济的必然要求

现代性的市场经济体制是以个人本位价值为核心的经济体制形式,它要求对个体合法利益追求的肯定和允许,[②] 这种对个体的充分尊重并将每个个体主体定位为实用理性的"市场人"的精神与仲裁特性和价值不谋而合。仲裁制度具有高效、灵活等先天性优势,当事人能够从中找到最个性化的纠纷解决方

---

[*] 广东省梅州市大埔县人民法院审判员、研究室副主任。
[①] 江伟:《仲裁法》,中国人民大学出版社2009年版,第72页。
[②] 文卫勇、周峰:《现代市场经济体制下个体主体存在方式的价值考量》,载《商场现代化》2005年总第45期。

案,并最大限度地节约纠纷所耗费的资源。① 一方面,仲裁法是市场经济发展的必然产物,一国仲裁制度的质量和发展程度也反映了其市场经济的成熟程度。另一方面,先进的仲裁法律制度和完善的仲裁服务业又培育、推动和促进市场经济的不断发展。

(二) 有力地化解了社会矛盾和协调经济关系

随着经济社会的加速发展,各种矛盾不断涌现,完全依靠诉讼已难以充分满足社会矛盾纠纷解决的需求,而仲裁这一非诉纠纷解决方式以其固有的优势,在新形势下大有可为。目前,仲裁在解决各种社会纠纷和协调社会经济关系方面,发挥着越来越重要的作用,受到世界各国和国际社会的普遍重视并得到广泛采用。我国《仲裁法》颁布并实施后,有力地促进了仲裁事业的健康有序发展。仲裁在缓解法院"案多人少"矛盾、有效解决各类纠纷、促进社会和谐等方面发挥了重要作用。

(三) 确立了符合国际通行做法的现代化仲裁制度

在《仲裁法》颁布前,没有统一的仲裁立法和仲裁制度,国内仲裁制度主要是经济合同仲裁制度,并采用按行业归口管理的做法。这种建立在计划经济体制上的仲裁制度不仅与仲裁的独立性、自愿性、快捷性等特点相违背,而且仲裁法律、法规和仲裁机构种类繁多必然产生彼此冲突、推诿扯皮现象。《仲裁法》的诞生结束了国内仲裁的混乱局面,明确了仲裁的民间性质,在仲裁机构的性质与法律地位、仲裁协议的效力、仲裁裁决效力等基本问题上与现代商事仲裁制度相一致,开启了我国仲裁制度的新纪元。

(四) 顺应了经济全球化和国际贸易发展趋势

当前,经济全球化不断加快,商品、技术、信息、服务和资本等生产要素跨地区的流动日益频繁,各国国内经济规则日趋一致,这些都要求我国的仲裁必须遵循国际仲裁和国际商务的"游戏规则"运行。应运而生的《仲裁法》,虽然与国外法治国家还存在一定的差距,但其确立的或裁或审和一裁终局的基本制度与国际上通行的做法相一致,有利于及时解决争议,树立仲裁的权威性。

---

① 齐树洁:《论我国〈仲裁法〉的修改与完善》,载《山东警察学院学报》2007年第2期。

二、《仲裁法》颁布 20 年来面临的主要问题

(一) 关于仲裁理念的问题

仲裁理念是仲裁运用的决定因素之一，在正确的仲裁理念的指导下，仲裁制度才能得以勃兴，反之，在错误的仲裁理念的指导下，仲裁制度的运用将受到严重的阻碍，使得仲裁制度沦为一项摆设。仲裁理念渗透于仲裁立法、仲裁运用和学术研究等各个方面，从某种程度上说，先进的仲裁理念比具体的制度构建更重要。至于仲裁应该树立何种理念，不同学者提出各自的看法。一种观点认为，仲裁应树立四种理念，即树立经济全球化与自由贸易新秩序的理念用以规制仲裁的外部运行环境，程序与效率和谐的理念用以规制效率与公平合理的哲学选择，尊重仲裁规律的理念用以规制仲裁立法的本质，确立权威仲裁的理念用以规制人们选择仲裁的内在动因。① 也有学者在分析各国立法和国际条约就仲裁协议形式的立法演化过程后得出，仲裁理念正从传统的强调司法权对仲裁权的干预和控制转向现代的强调司法权对仲裁权的保障和支持，② 而我国现行《仲裁法》更多体现的是"限制与监督"，与世界各国绝大多数国家所体现的"支持与配合"的宽容态度有较大差距，所以应当从支持我国仲裁事业发展的思想出发，侧重于支持与配合，尽量减少限制与监督，与国际先进的仲裁理念与制度接轨。③ 第三种观点认为，仲裁解决争议不是简单的一个黑与白的分明，不能拘泥于传统的两垒对抗类似诉讼的模式，现代化的仲裁追求的是一种"双赢"局面，因此，必须明确转变和更新观念，④ 改变以往的对抗式、行政化的传统仲裁理念，树立具有非对抗性、市场化、灵活务实、公正高效特点的现代化人文、和谐的仲裁理念。⑤ 第四种观点认为，应当树立程序主体性理念以体现主体自治，避免当事人沦为仲裁客体，并断言程序主体性理念是仲

---

① 王斐弘：《修改〈仲裁法〉论纲——以理念、基本原则和具体制度为框架的建构》，载《甘肃政法学院学报》2004 年第 1 期。

② 侯登华：《形式变化折射理念变迁》，载《北京科技大学学报（社会科学版）》2006 年第 2 期。

③ 黄瑞：《我国涉外仲裁司法监督制度的缺陷及其完善》，载《南昌大学学报》2007 年第 2 期。

④ 高涌星：《有纠纷谋双赢选仲裁》，载《农村经济与科技》2006 年第 2 期。

⑤ 张一鹏、杨蕾：《试论现代化的仲裁理念》，载《四川教育学院学报》2006 年第 3 期。

裁的核心理念。① 总之，学者们在提出仲裁理念时主要在意思自治、人文、和谐双赢、支持仲裁和注重效率等方面展开讨论，体现了试图突破民事诉讼樊篱寻找仲裁的意愿。

（二）关于仲裁原则的问题

肖建华、乔欣、陈晶、徐继军等著的《仲裁法学》和黄进、宋连斌、徐前权著的《仲裁法学》以及江伟主编的《仲裁法》在论及仲裁基本原则时，虽然措辞上略有差别，但认为自愿原则、根据事实和法律规定公平合理解决纠纷原则和独立公正原则"三原则"是仲裁的基本原则。也有学者在这三项原则上有所补充，还有的把仲裁的特点也表述为仲裁的原则。不过，有学者却提出了与上述观点不同的看法，认为自愿原则、独立原则、以事实为根据以法律为准绳原则、公平平等原则、处分原则以及法院协助和监督原则，多属于共有原则，缺乏最能反映仲裁活动本质特征的原则，并主张设置仲裁平衡原则，以针对法律没有涉及的领域，或者虽有涉及，但利益相差过大的法律事实，采取均等分配利益的一种对事原则。②

（三）关于体系制度建构问题

1.《仲裁法》体系建构方面

在仲裁法律规范的体系结构上，不同学者提出不同的设想，主要有三种观点。第一种观点认为，我国现行仲裁规范体系缺陷是"有目无纲"，建议对《仲裁法》作全面修改后将其定位为普通仲裁法，从而对我国仲裁制度的基本问题、各类型仲裁的共通性问题进行规范，这样就能够解决我国仲裁法体系一直以来松散无序、有目无纲的局面。③ 第二种观点认为，契约性是仲裁的本质属性，仲裁正当程序实际上是由三个基本要素所构建的一个"三角架"系统，处于三角架系统顶端的是当事人意思自治，程序效率和程序公正为其两角，我国的仲裁法没有确立尊重当事人意思自治、程序公正和程序效益这一"三角架"系统的核心地位，故我国应当借鉴英国《1996年仲裁法》做法，即在整

---

① 寇晓燕：《论仲裁程序主体性理念》，载《成都大学学报（社科版）》2007年第5期。

② 张兆昌：《冲突与平衡——谈仲裁平衡原则》，载《河南社会科学》2006年第2期。

③ 宁教铭、阳云其：《我国现行仲裁规范的体系结构及其重构——兼论现行〈仲裁法〉修改的定位》，载《理论界》2009年第8期。

个仲裁法开篇作出正当程序的原则性规定，在程序一章先规定仲裁正当法律程序一般性要求并在具体程序中贯彻这一要求，在对仲裁裁决的撤销和不予执行规定中明确违反正当法律程序的后果和救济。① 第三种观点认为，我国在修改仲裁法时，可以对《纽约公约》裁决的承认与执行单列一章，采用转化的方式把《纽约公约》纳入我国的法律体系。②

2. 《仲裁法》制度建构方面

在制度建构上，从目前学术界研究方向及其取得的成果看，主要还是集中于国外和国际立法相关制度的引进方面。这里从宏观上考察五个主流观点，虽然与下文中部分学者在论及具体条文修改时提出的"微观"制度建构有所交叉，但二者的"辐射"面有所不同。

第一，设立仲裁第三人制度。关于设立仲裁第三人制度不乏反对的声音，提出这一制度违背了当事人意思自治、保密、经济性等仲裁原则，还会导致仲裁裁决的承认与执行困难，甚至认为仲裁并不存在所谓的第三人，套用民事诉讼法的第三人制度并不可取。不过，在学术上大多学者还是认为我国仲裁法应当设立第三人制度，只是态度较为审慎而已。实际上，最高人民法院于2006年8月23日颁布的《关于适用〈中华人民共和国仲裁法〉若干问题的解释》第8条和第9条也反映司法高层对第三人制度一定程度上的接受。如有学者认为，我国仲裁法应当设立第三人制度，但范围上要有一定的限制，参加仲裁的时间应界定为仲裁进行过程中，要存在实体上的权利义务关系，要体现自愿性。③ 也有学者将第三人分为主动型仲裁第三人和被动型仲裁第三人，对于主动型第三人可以在仲裁申请人提出仲裁申请的同时便可提出加入到仲裁程序，而被动型的仲裁第三人是在仲裁程序开始后才加入到该程序中，第三人在地位上视为仲裁第三人，但不享有管辖异议权、仲裁员选择权和程序选择权等权利。④ 针对仲裁法学界大多数学者则将第三人称为仲裁程序进行中的第三人，把仲裁程序进行中的第三人作为目标主体，在具体论证过程中却以实体法第三人作为论据主体，从而造成主体混乱的状况，有学者认为仲裁第三人的主体应

---

① 王珺：《论仲裁中的正当法律程序——兼评我国〈仲裁法〉的完善》，载《理论月刊》2008年第4期。

② 尹忠显：《从司法与仲裁关系的发展趋势看我国仲裁法的改革》，载《政法论丛》2006年第1期。

③ 宋琛：《论仲裁第三人制度》，载《盐城师范学院学报（人文社会科学版）》2010年第2期。

④ 刘卫华：《仲裁第三人制度刍议》，载《佳木斯大学社会科学学报》2006年第2期。

定位于仲裁协议第三人,并将仲裁第三人的概念界定为"除法律另有规定者外,它是指执行以仲裁协议为条件的实体权利义务条款的非协议签字人"。①总之,仲裁第三人的主体应定位于仲裁协议第三人已经得到了大多数学者的认可,但仲裁第三人制度还有许多理论和实践问题尚需解决。

第二,设置仲裁简易程序。鉴于我国《仲裁法》对仲裁程序的规定过于详细和具体,使得仲裁法有仲裁之形、无仲裁之神,严重影响了仲裁的效率。部分学者认为,仲裁程序的设置必须以效率优先兼顾公平的理念为指导,针对仲裁程序的繁简性差异,设置普通程序和简易程序两种程序。② 适用简易程序的客观条件为争议标的不大或案情简单、权利义务关系明确,主观条件是双方当事人默示或书面同意。③ 申请程序上可以口头提出申请,在未签订书面仲裁协议或仲裁条款的情况下,当事人双方可同往仲裁机构请求解决纠纷,仲裁机构可当日受理、当日审理,因仲裁请求变更或反请求导致标的过大或案情复杂的,仲裁庭可转普通程序审理,此外,被申请人下落不明的案件不得适用简易程序。④

第三,建立临时仲裁制度。临时仲裁作为仲裁的初始形态,早已是国际上运作成熟的仲裁方式之一,但我国仲裁法并没有承认临时仲裁。临时仲裁不仅在解决经济纠纷中有着机构仲裁无法比拟的优势,而且也是发展我国对外经济贸易、改善我国投资环境、发展电子商务和网络仲裁所必需的,故大多数学者均主张我国应当建立临时仲裁法律制度,以顺应全球经济一体化的发展潮流。不过,也有人对临时仲裁提出了不同看法,认为临时仲裁对道德规范的依赖很强,立足于影响仲裁发展的经济、文化、政治、历史等各种因素,目前临时仲裁制度在我国建立可能面临较多问题。⑤ 可见,临时仲裁法律制度在我国的建立已是必然趋势,只不过是时间问题。

第四,确立合并仲裁法律制度。传统的仲裁理论和实践基于意思自治、程序正义和私密性原则往往对合并仲裁持排斥的态度,但是随着现代大量的、复

---

① 余子新、王红艳:《仲裁协议第三人刍议》,载《河北法学》2004年第10期。
② 李凤琴:《现代化的仲裁理念探析——兼论我国商事仲裁制度的改革》,载《法治研究》2010年第11期。
③ 唐太飞:《仲裁简易程序之内涵及适用条件探析》,载《莆田学院学报》2007年第6期。
④ 李再丽:《浅议小额纠纷的仲裁程序》,载《第一届中国仲裁与司法论坛暨中国仲裁法学研究会2006年年会论文集》(2009年版),第187页。
⑤ 岳明静:《在我国建立临时仲裁可能面临的问题》,载《商场现代化》2010年第15期。

杂的民商事案件的不断涌现,在此情况下,如果不允许合并仲裁,则在仲裁实践中就会面临诸多困扰。目前在国际上已有不少国家和地区的立法、仲裁机构仲裁规则允许法院或者仲裁庭命令合并仲裁。① 虽然理论和实践中还有一定的障碍,但大多学者主张我国在修订《仲裁法》时应当将合并仲裁纳入其中,并提出了诸多解决方案。如有观点认为,我们应对合并仲裁持谨慎支持的态度,提出了只有贯彻三个原则和满足三个条件才可以合并仲裁,三个原则是各方当事人意思自治原则、公正效率经济原则和程序正义原则,三个条件为具有程序关联性、取得包括默认的合意以及在仲裁机构、组成仲裁庭、适用仲裁程序上达成共识。② 也有人提出合意合并仲裁概念,并认为可以通过国内仲裁立法和仲裁机构的仲裁规则两种途径来构建。

第五,创设裁前告知制度。裁前告知制度是德阳仲裁委创设并于2004年4月实施的一项制度,受到全国仲裁界人士的极大关注,也引起了一定程度上的争论,不过当事人普遍认为此举体现了仲裁委对选择仲裁意愿的充分尊重,给予当事人更多意思自治的选择。还有学者针对这一制度的漏洞,就仲裁员回避、证据提供、错误告知之救济等问题撰文予以进一步完善。③

(四) 关于具体条文修改问题

1. 仲裁范围的修改问题

《仲裁法》第2条和第3条用正面概括和反面列举的方式,对可仲裁的问题作出了规定。该规定主要存在以下问题:(1) 可仲裁争议的主体范围不科学。《仲裁法》第2条采用"公民"这一概念而没有使用"自然人"的概念,缩小了主体范围,有将涉及外国人和无国籍人的纠纷排除于仲裁之外之嫌。此外,本条中的"其他组织"也不够明确。因为随着"国家契约"的大量出现,国家作为民事主体的情况已比较常见,国家和私人之间的某些纠纷已可以通过仲裁方式加以解决。按照本条,国家和国际组织作为民事主体的民事争议已被排除在仲裁之外。④ (2) 排除事项过于绝对。由于意思自治原则在人身权领域难以贯彻,所以立法一般确立人身权纠纷不可仲裁原则。但是,我们对于人身

---

① 李广辉、薛胜利:《合并仲裁法律制度探究——兼论中国合并仲裁制度之构想》,载《河北法学》2006年第6期。

② 李川:《合并仲裁的利弊与规制》,载《西南农业大学学报(社会科学版)》2003年第1期。

③ 邱蓉:《论"裁前告知"程序的完善》,载《第一届中国仲裁与司法论坛暨中国仲裁法学研究会2006年年会论文集》(2009年版),第203—208页。

④ 赵生祥:《海峡两岸可仲裁事项比较研究》,载《现代法学》2007年第2期。

权纠纷不能只看表面而不注重内容,实际上这类关系的某些实体权益当事人仍有一定的处分权,也即它涉及人身和财产两类问题,并不是绝对不可以处理的,如婚姻家庭中的财产问题,包括离婚后孩子的抚养费分担问题。① (3) 没有将公共利益和他人利益排除在外。市场主体出于对自身利益的无限制地追求,必然产生对他人权益和社会利益的漠视,这就要求在总则中应明确将涉及公共利益排除于仲裁范围之外,对他人未充分参与仲裁程序和提供必要救济情况下对涉及他人利益的事项也应排除。

2. 仲裁机构改革问题

涉及仲裁机构改革的问题主要有:(1) 仲裁委设立不科学。《仲裁法》第10条规定仲裁委可根据需要在地级市设立,由于"根据需要"缺乏具体可行的操作标准,致使很多市在组建仲裁机构时考虑的不是关于仲裁机构的基本条件,而是希望通过仲裁机构的设立来宣传本地的形象,更多地似乎出于一种攀比的心理。② 实践中,年受案在50件以下的仲裁委不在少数。况且,本条仅仅规定了机构仲裁,僵硬的规定没有为临时仲裁留下存在的空间。因此,仲裁委的设置有必要突破地域限制,同时确立临时仲裁地位,按照市场化运作,以供求关系为纽带实行优胜劣汰,真正落实按需设立。(2) 行政化色彩过浓。不管从仲裁委的组建方式,还是从仲裁委组成成员上看,都深深地打上了行政化的烙印。经过20年的发展,我国的仲裁事业已经进入了相对成熟期,有必要转变政府职能,比照律师行业的发展的定位,回归仲裁机构的民间性属性。在仲裁委组成成员上也要改变行政机关人员兼任的传统做法,不能由政府或政府职能部门的主管领导兼任主任或副主任,而应当充分发挥专家的作用。③ (3) 仲裁员监督保障机制有待完善。根据《仲裁法》第15条的规定,中国仲裁协会有权对仲裁员的违纪行为进行监督,但时至今日,这一组织尚未建立。对仲裁员违法违纪行为,只有《仲裁法》第38条和《刑法》第399条之一规定予以惩戒。不难发现,仲裁法仅规定了"除名"一种准行政处分措施过于简单,而《刑法》规定的"枉法仲裁罪"又因相关概念十分模糊而缺乏可操作性。因此,仲裁法修改时应建立仲裁委员会及仲裁员过错责任制度,④ 并注

---

① 张继海、余晓丽:《国际商事仲裁中争议事项的可仲裁性之研究》,载《学理论》2010年第10期。
② 毛建岳:《略论仲裁机构民间性的法律保障》,载《时代法学》2008年第4期。
③ 曹满庆、胡小杰:《论我国仲裁法的修改与完善》,载《第一届中国仲裁与司法论坛暨中国仲裁法学研究会2006年年会论文集》(2009年版),第99页。
④ 刘云兵:《仲裁法的主要法理及对修正我国仲裁法的建议》,载《国际商务研究》2000年第3期。

重与刑法规定的衔接，并改现行的强制名册制度为推荐名册制度。同时，还应当制定详细规范的《仲裁员管理条例》和《仲裁承办人员（办案秘书）行为规范手册》。① 除完善惩戒措施外，还应当明确免责事由和加强安全保障，如对当事人哄闹仲裁庭，侮辱、诽谤、威胁、殴打仲裁员等违法行为，仲裁庭有权命令停止妨害行为，必要时可向法院申请采取相关强制措施。② （4）仲裁机构和仲裁庭关系尚未捋顺。仲裁委作为事业单位法人，仅有案件受理权并初步审查管辖问题，裁决权应当在仲裁庭、仲裁员，而不在仲裁委本身，仲裁委只对案件进行程序管理和服务。③ 立法应当捋顺仲裁机构和仲裁庭的关系，赋予仲裁庭自裁管辖权，避免仲裁委员会干预仲裁庭的具体业务。

3. 仲裁协议效力认定问题

仲裁协议效力认定上存在的问题主要有：（1）仲裁协议效力形式要件存在缺陷。仲裁法将选定仲裁委作为仲裁协议实体要件之一，阻碍了临时仲裁和仲裁简易程序的发展空间，此其一；把约定的仲裁事项超出法律规定的仲裁范围的规定视为无效过于绝对，即使仲裁范围超出法律规定的仲裁范围，不能一概认定为无效，没有超出的部分仍然有效，此其二；无民事行为能力人和限制民事行为能力人订立的仲裁协议并不当然无效，应当赋予监护人或其法定代理人以追认权，对方当事人也应当享有催告权和撤销权，此其三；欺诈和胁迫也应纳入仲裁协议无效之范围，此其四。④ （2）限制了浮动仲裁协议的效力。目前，大多数人对仲裁还比较陌生，要求当事人准确约定机构较为困难，况且仲裁协议承载着当事人的仲裁愿望，《仲裁法》第18条和《关于适用〈中华人民共和国仲裁法〉若干问题的解释》第5条硬性规定当事人达不成仲裁协议视为无效与仲裁精神和原则相悖。当事人具有合意直接选定仲裁机构的自由，也有合意赋予提起申请的一方当事人以在双方圈定的若干仲裁机构中选定的自由。⑤ 因此，我国应以尽量让仲裁协议有效的思维，在立法上承认浮动仲裁协

---

① 龚国伟：《试论我国仲裁事业发展中的问题与对策》，载《中国司法》2005年第2期。

② 姜旭阳、刘锟：《寻找之缺失致力于完善——对目前我国仲裁权的透视与思考》，载《江西省政法管理干部学院学报》2006年第1期。

③ 徐前权、孙建南：《司法行政部门在仲裁发展中的作用》，载《长江大学学报》2006年第2期。

④ 吴悦艺：《仲裁协议效力问题研究——兼论仲裁法第17、18条》，载《韶关学院学报》2007年第5期。

⑤ 范铭超：《最高人民法院〈关于适用〈中华人民共和国仲裁法〉若干问题的解释〉若干争议述评》，载《福建论坛（社科教育版）》2008年第6期。

议。(3) 仲裁协议异议制度规定不合理。《仲裁法》第 20 条第 2 款规定，当事人对仲裁协议的效力有异议，应当在仲裁庭首次开庭前提出。此处"首次开庭"的规定不合理，有的仲裁案件可以不通过开庭而仅做书面审理，"首次开庭"的时间点无从适用，① 特别是在线仲裁兴起的背景下，仲裁协议异期的规定已然难以满足实践的需要。(4) 仲裁协议效力认定主体不适格。《仲裁法》第 20 条第 1 款规定了仲裁委和法院对仲裁协议效力的审查决定权，且一定情况下法院还具有优先管辖权，既不利于成本的节约和效率的提高，也妨害了仲裁权的独立性与自主性。因此，应当把仲裁协议效力的认定权还权于仲裁庭和仲裁员，法院可通过两种路径行使管辖监督权：一种是事中审查，即法院对当事人异议申请未决前，仲裁审理程序继续进行；② 一种是事后审查，即等到裁决后法院再对仲裁协议效力进行司法监督。不过，事后审查虽然有学者所称道的"既圆意思自治之愿，又不损法律的正义"，③ 但必然会带来成本和效率的牺牲。

4. 临时保全措施完善问题

《仲裁法》第 28 条和第 46 条分别规定了财产保全和证据保全制度，这两种临时保全措施均存在一定的问题，主要表现为：(1) 保全客体不全面。普通法系国家设有禁止令程序，大陆法系国家存在假处分制度，我国应将"行为"纳入保全客体之列。④ (2) 没有建立仲裁前临时保全制度。从仲裁法规定看，只有当事人提起仲裁申请后才可以向仲裁机构申请保全措施，这为被申请人恶意转移财产或毁灭证据提供了机会，不利于维护申请人合法权益。(3) 没有确立费用担保制度。虽然《仲裁法》第 28 条规定了财产保全申请错误的赔偿机制，但这仅仅属于事后追偿，且《仲裁法》第 46 条尚未规定证据保全错误造成他人损失的救济机制。因此，两种临时保全措施影响他人合法权益时，应借鉴英国《1996 年仲裁法》，建立费用担保制度。⑤ (4) 效率低下。当事人的保全申请由仲裁机构转交法院的做法，一方面因法院并不完全了解案情却作出决定具有盲目性，另一方面层层转手必然带来效率低下。(5) 剥夺了

---

① 王德新：《我国商事仲裁司法监督机制之检讨》，载《河南工业大学学报（社会科学版）》2011 年第 1 期。

② 邓杰：《论我国应确立仲裁庭管辖权自裁原则》，载《湖南师范大学学报》2002 年第 5 期。

③ 徐柯柯：《论我国仲裁的司法监督》，载《全国商情》2009 年第 17 期。

④ 梁艳艳：《英国国际商事仲裁中保全制度的发展》，载《广西社会科学》2005 年第 6 期。

⑤ 庞哲：《费用担保制度在中国的借鉴》，载《知识经济》2010 年第 22 期。

仲裁庭的决定权和发布权。对案件进行实体审理的是仲裁庭和仲裁员，他们对案情也最为了解，只有仲裁庭才是适格的保全措施决定者。另外，我国仲裁法没有赋予仲裁庭发布临时保全措施的权力，对我国仲裁发展极为不利，所以，《仲裁法》修改时应当注意两点：一是有必要承认与规定临时措施制度；二是确保临时措施在实践中具有执行力。①

5. 裁决、调解程序建构问题

裁决、调解程序方面应构建以下制度机制：（1）引入底价仲裁（FOA）制度。底价仲裁是美国职业棒球大联盟中采用的一种仲裁形式，这一制度因具有充分尊重当事人、推动仲裁庭合理裁决优势而具有广阔的发展前景。在FOA模式下，对权利纠纷明晰后，由于仲裁人或法官仅有选择一出价作为裁决或判决的权力，而无变更金额的权力，所以当事人的出价也是一种主动参与，这一"自主选择"改变了当事人传统的被动地位。②（2）建立仲裁确认机制。当前，法院受理案件中的相当部分属于司法确认案件。当事人之所以申请司法确认是为了使调解协议获得现实的强制执行力。实际上，我国可以借鉴司法确认，在完善仲裁责任机制和合理收费的前提下，这种确认工作完全可以由仲裁机构承担，这样既可以支持我国仲裁业的发展，又减轻了法院的负担。（3）完善调解程序。增设询问当事人制度，规定调解员信息披露义务，规范调解员（机构）选任程序。在单独调解情况下，赋予当事人终止程序选择平行调解的决定权。③（4）完善错误救济机制。按照规定，仲裁调解书与裁决书具有同等法律效力，如果发生错误当事人既无权申请撤销，也不能向法院申请不予执行，而实践中错误的调解却又时而发生，这在修订《仲裁法》时是亟需重视的问题。有学者就 2008 年《大河报》报道的一起错误的仲裁调解案件，而提出了以下几点撤销事由值得借鉴：一是违背当事人真实意思的；二是意思表示不真实的；三是强制调解或变相强制调解的；四是无权代理的；五是违反法律法规强制性规定的，同时将《仲裁法》第 56 条中"裁决书"改为"裁决书、调解书"，以解决文字、计算、打印等错误问题。

---

① 周丽霞：《论国际商事仲裁临时措施的域外执行》，载《河北法学》2011 年第 6 期。

② 胡炜：《底价仲裁制度适用条件研究》，载《2008 全国博士生学术论坛（国际法）论文集》。

③ 祝颖、白杨：《仲裁与调解相结合型解纷机制浅论》，载《法制与经济》2009 年第 7 期。

三、《仲裁法》发展前景展望

（一）推动仲裁业的市场化

坚持市场化改革方向是中国仲裁事业繁荣发展的必由之路，也是减少干预、回归仲裁民间化属性的重要保障。经过多年的发展，不论从从业人员规模上和素质上看，还是从受案数量上看，我国仲裁事业已经进入了相对成熟期。而且，随着我国市场经济的不断发展和日臻完善，既为仲裁事业提供了机遇，也给这一行业带来挑战，靠政府有形之手无法让仲裁业持续健康发展。可以说，只有按照市场化运作才是出路，也能倒逼出仲裁机构提供高质量的仲裁服务商品。

（二）加快与国际接轨的步伐

我国《仲裁法》颁布已经 20 年了，受当时经济社会环境的制约和传统法学思维定式的束缚，《仲裁法》深深打上了时代的烙印。许多规定既难以满足当下中国实践发展的需要，又与仲裁的原则精神相悖，更与国际社会的通行做法不符，这些都要求立足本土，接轨国际，尽快修补现行仲裁法漏洞。

（三）加强对仲裁的支持与配合

仲裁权不同于司法权，它来源于当事人的授权，只有依靠国家的强制力才能确保其程序的正常运转和裁决的法律效力。当前，受司法权地方化的影响，一定区域内对仲裁裁决的漠视还不同程度存在，严重损害了仲裁的权威，制约了我国仲裁业的发展。

（四）提高仲裁的知名度

目前，仲裁制度在社会公众中的普及度、认知度和认同度不高，而导致此种情况的直接因素是对仲裁法律制度的宣传不够。加大宣传力度，是仲裁事业快速发展的重要手段。

浅谈《仲裁法》的实施情况

吴凤茹[*]

我国《仲裁法》颁布将近 20 周年，在这 20 年的司法实践中，其存在行政色彩较浓、法律条文规定不够细致、存在一定的空白和漏洞、缺乏临时仲裁制度、仲裁裁决书难以执行、人民法院对仲裁的司法监督存在瑕疵等问题逐渐暴露出来，为此，如何修改《仲裁法》成为了学术界、实务界关注的焦点问题。

一、《仲裁法》的相关概述

仲裁是指当事人根据他们之间订立的仲裁协议，自愿将其争议提交由非官方身份的仲裁员组成的仲裁庭进行裁判，并受该裁判约束的一种制度。仲裁活动和法院的审判活动一样，关系当事人的实体权益，是解决民事争议的方式之一。它源于古罗马，1887 年，英国颁布了世界上第一部仲裁法。1994 年 8 月 31 日，我国第八届全国人民代表大会第九次会议通过了第一部《中华人民共和国仲裁法》，并于 1995 年 9 月 1 日起实施。《仲裁法》全文共 8 章 80 条，涵盖了仲裁的基本原则、仲裁委员和仲裁协会的设立、仲裁协议、仲裁程序、裁决的撤销和执行、涉外仲裁的特别规定以及其他事项。这是我国仲裁制度发展史上的一个重要的里程碑，对公正、及时解决经济纠纷，保护当事人合法权益有着重要意义。

二、《仲裁法》颁布 20 周年以来的相关情况

（一） 与仲裁有关的法学教材、专著、论文、刊物不断增多

1995 年 10 月，谭兵教授编写的《中国仲裁制度研究》一书的出版填补了《仲裁法》颁布实施后仲裁教材的空白，从此出现了大量的仲裁法学教材。有

---

[*] 广东省五华县人民法院书记员。

关仲裁制度研究的学者们也不断出版大量的仲裁专著,如涉外仲裁的有朱克鹏著的《国际商事仲裁的法律适用》,涉海事仲裁的有高菲著的《中国海事仲裁的理论和实践》,仲裁资料选编类的有宋连斌、林一飞编译的《国际商事仲裁新资料选编》,仲裁案例类的有中国国际经济贸易仲裁委员会出版的《中国国际经济贸易仲裁委员会裁决书汇编》。与此同时,有关仲裁研究论文、科研项目、重大学术活动都在热火朝天地进行着并取得了一定的成绩。在仲裁研究论文方面,《法学研究》、《中国法学》、《法学评论》、《法商研究》、《仲裁与法律》、《中国仲裁》等国内知名刊物上均发表了不少仲裁类文章。与仲裁有关的重大科研项目成果也颇丰,如2000年国家教育部人文社会科学重点研究基地重大课题"国际商事争议解决机制研究";2003年,由对外经贸大学沈四宝教授和国务院法制办政府协调司副司长卢云华主持的"证券纠纷仲裁制度方案设计"中,课题的研究人员认为用商事仲裁解决证券纠纷非常合适,于是建议有关部门制定符合证券特点的《证券仲裁示范规则》在业内推广使用,这对我国行业仲裁的发展有着重要意义。重大的学术活动频繁举办,如2004年5月16日至20日,中国国际经济贸易仲裁委员会在北京承办了国际商事仲裁委员会(ICCA)"第17届ICCA国际仲裁大会",这是全球最权威的国际仲裁组织第一次在中国召开国际仲裁最高级别会议。

(二) 仲裁进入了规模化、阶段化的发展阶段

自《仲裁法》颁布以来,我国的仲裁机构不断增加,目前已突破了200家,其中比较出名的仲裁机构有:北京仲裁委员会、武汉仲裁委员会、上海仲裁委员会、广州仲裁委员会等,这些机构无论是在机构设置、程序管理和办案水平上均取得了显著的成绩,中国最早成立的涉外仲裁机构——中国经济贸易仲裁委员会,其仲裁程序和做法已经接近国际主要仲裁机构的通行做法。目前,从事仲裁行业的人员也日益增多,人民的思想观念也发生了重大的变化,越来越多人认识并接受仲裁,案件数量和标的额也不断增加,案件的复杂程度也在不断增大。仲裁成为了人们解决民商事经济纠纷的方法之一。

三、《仲裁法》实施过程中存在的问题

(一) 存在行政干预仲裁的不良现象

仲裁作为解决争议的一种方式起源于民间,其性质属于"私力救济"的范畴,在《仲裁法》的第12条第2款中规定:"仲裁委员会的主任、副主任和委员由法律、经济贸易专家和有实际工作经验的人员担任。仲裁委员会的组

成人员中，法律、经济贸易专家不得少于三分之二。"这保障了仲裁机构的独立性和仲裁活动的公正性，但是《仲裁法》的第10条第2款规定："仲裁委员会由前款规定的市的人民政府组织有关部门和商会统一组建。"这导致在实践中成立仲裁机构时容易出现由政府牵头组建仲裁委员会并由政府对仲裁机构提供经费、物质方面的帮助，由政府管理、指导仲裁工作的开展等不良现象。并且容易出现由政府或者政府职能部门的主管领导兼任仲裁委员会的主任或者副主任，导致仲裁失去了中立性和公正性。

（二）法律条文规定不够细致，存在一定的空白和漏洞

《仲裁法》第16条第1款规定："仲裁协议包括合同中订立的仲裁条款和以其他书面方式在纠纷发生前或者纠纷发生后达成的请求仲裁的协议。"其中的"其他书面方式"由于规定不够具体，容易产生仲裁协议效力异议纠纷。另外，《仲裁法》第20条规定："当事人对仲裁协议效力有异议的，可以请求仲裁委员会作出决定或者请求人民法院作出裁定。一方请求仲裁委员会作出决定，另一方请求人民法院作出裁定的，由人民法院裁定。当事人对仲裁协议的效力有异议，应当在仲裁庭首次开庭前提出。"由于该法条对当事人对仲裁协议异议的提出规定不明确，导致当事人不知该向何地、何级人民法院提出异议，另外对于人民法院作出裁定的期限、当事人对人民法院作出的裁定是否享有上诉权和申请再审权等问题均没有明确规定。这些都使得《仲裁法》在实践操作中缺乏明确的法律依据。

（三）临时仲裁的缺失导致仲裁制度发展不完善

临时仲裁是指双方当事人在纠纷发生后共同选择的仲裁员组成临时仲裁庭进行的仲裁，在裁决作出后即告解散的仲裁方法。① 由于临时仲裁具有很大的灵活性，能迅速解决纠纷，为当事人节省时间和金钱，在国际上备受欢迎，成为了国际商事仲裁的重要方式。但是，目前我国并未承认临时仲裁的合法性。这就使得在实践中大量存在的对仲裁机构约定不明确的、有瑕疵的仲裁协议将无法通过临时仲裁解决而无效，这严重影响了我国仲裁事业的发展。另外，仲裁已经成为了跨国当事人之间解决争议的首选方式，外国人在选择经济活动时常常希望能选择临时仲裁解决纠纷，但是由于我国临时仲裁的缺失，在一定程度上影响了我国的投资环境。

---

① 宋朝武：《中国仲裁制度：问题与对策》，经济日报出版社2002年版，第306—307页。

（四）裁决书难以执行，严重影响了仲裁机构的公信力

根据《仲裁法》第62条规定："当事人应当履行裁决。一方当事人不履行的，另一方当事人可以依照民事诉讼法的有关规定向人民法院申请执行。受申请的人民法院应当执行。"但是，《仲裁法》第58条规定："当事人提出证据证明裁决有下列情形之一的，可以向仲裁委员会所在地的中级人民法院申请撤销裁决：（一）没有仲裁协议的；（二）裁决的事项不属于仲裁协议的范围或者仲裁委员会无权仲裁的；（三）仲裁庭的组成或者仲裁的程序违反法定程序的；（四）裁决所根据的证据是伪造的；（五）对方当事人隐瞒了足以影响公正裁决的证据的；（六）仲裁员在仲裁该案时有索贿受贿，徇私舞弊，枉法裁决行为的。"这导致在实践中，仲裁裁决生效后，一方当事人向法院申请执行生效裁决时，被申请人往往以仲裁裁决在实体上或者程序上违反法律为理由提出异议，请求撤销裁决来拒绝执行仲裁裁决书。

（五）人民法院对仲裁的司法监督存在瑕疵

人民法院对仲裁的司法监督主要表现为作出不予执行仲裁裁决或者撤销仲裁裁决的裁定，这实际上是双重的司法监督制度，容易给当事人恶意对抗不利于自己的仲裁裁决提供可乘之机，当其申请法院撤销仲裁裁决被驳回后，其还能钻法律的漏洞再次申请法院不予执行仲裁裁决以寻求第二次司法救济，这不仅造成了司法资源的浪费，还在一定程度上损害了当事人的权益。另外，目前对于法院撤销和不予执行的裁定，法律并没有赋予当事人权利或者途径进行救济，这实际上剥夺了当事人通过上诉或者再审来纠正错误的权利，也剥夺了法院对自身错误裁定予以纠正的机会。

四、修改《仲裁法》的建议

自《仲裁法》颁布20年来，它在解决民商事纠纷中发挥了重要的作用，但是，由于《仲裁法》在立法上有着不少缺陷以至于我国的仲裁制度存在诸多不足，在实施《仲裁法》中遇到了不少问题，为此，近年来关于修改《仲裁法》的呼声越来越多。笔者针对目前《仲裁法》存在的不足，提出修改《仲裁法》的一些建议性对策。

（一）加强仲裁行业的管理，充分保障其独立性与自主性

仲裁具有民间性质的特点，《仲裁法》的立法意图中仲裁委员会是独立于行政机关的，与行政机关之间、各仲裁委员会之间不存在任何隶属关系。所以

在《仲裁法》的修改中应该摒弃任何有关行政色彩的法律条文，为真正意义上的民间仲裁提供立法保障，通过仲裁员采取聘任制、不设专职仲裁员等规定来确保仲裁的独立性、自主性和公正性。

（二）完善并细化《仲裁法》的条文

对于仲裁协议有效要件的要求应当采用国际上的广义理解，适当放宽要求，并通过法律条文或司法解释加以细化。可以对仲裁协议中的"其他书面形式"放宽规定为当事人之间的信函、电报、传真、通话记录、电子邮件或者其他可经书面证实的能表示当事人有提交仲裁意愿的材料。另外，对于当事人对仲裁协议存在异议的，应该有具体、明确的法律条文规定当事人该向何级法院提出，法院接受到申请后应在何期作出裁决。这可以参考2000年8月8日颁布的最高人民法院《关于当事人对仲裁协议的效力提出异议由哪一级人民法院管辖问题的批复》："当事人对仲裁委员会没有约定或者约定不明的，可由被告所在地的中级人民法院管辖。"或者约定向仲裁机构所在地的中级人民法院提出。人民法院作出裁决的期限可参考我国民事诉讼法的规定，人民法院对起诉案件受理与不受理审查时间为7日。

（三）参考国际做法，建立并完善临时仲裁制度

临时仲裁具有便利、灵活、节省等优势，备受国际经济市场的欢迎，为了适应我国入世后与国际接轨的需要，提高我国仲裁事业在国际上的地位，促进我国社会经济的繁荣发展，建立临时仲裁制度成为目前的迫切需要。我国可以在参考美国、丹麦、英国、意大利等国的临时仲裁制度的基础上，根据我国的实际国情，建立临时的仲裁制度。在建立仲裁制度时应注意在当事人对仲裁庭的组成不能达成一致意见时，应交由专门机构来确定，而该专门机构理应组建好，并且确保其公平、公正。另外应当规范对临时仲裁机构的监督和支持，保障临时仲裁有效、合法开展。

（四）完善法院对仲裁的司法监督

第一，改变双重的司法监督做法，可参考美国的做法，规定人民法院对仲裁的监督只限于对仲裁程序的监督。第二，对于本国所作出的国内仲裁和涉外仲裁裁决实行统一的、同一的标准及其同等要求的司法监督，并通过法律条文加以明确、细化。第三，借鉴国外的做法，通过立法赋予当事人对法院对其申请撤销仲裁裁决的裁定上诉权和申请再审权，以确保当事人能通过法律救济途径维护其合法权益。

（五）完善机制，确保仲裁员公正仲裁

仲裁员的品德和业务能力对仲裁的公正性有着重要的影响，但是目前我国的《仲裁法》对于仲裁员的任职要求及管理制度等方面的规定还不够完善。应该通过法律条文严格规定和执行仲裁员的任职资格条件，严格规定和执行有关仲裁员披露和回避的规定，严格规定和执行仲裁员的责任制度等来加强对仲裁员行为的约束，确保仲裁员作出公平、公正的裁决。

专题二

《仲裁法》的修订完善

从涉外商事仲裁司法审查典型问题看《仲裁法》之修改

赵 虹* 焦小丁**

伴随国际商事活动的蓬勃发展，涉外商事仲裁以其自治性、效率性等优势被越来越广泛地运用于解决商事纠纷。通常情况下，各国法院对涉外商事仲裁的司法审查均采取支持和有限监督的态度。我国法院对涉外商事仲裁进行司法监督的法律依据主要有《中华人民共和国仲裁法》（以下简称《仲裁法》）、《中华人民共和国民事诉讼法》（以下简称《民事诉讼法》）及相关司法解释、最高人民法院批复等。其中，《仲裁法》自1995年施行以来一直未进行修改，已难以适应我国市场经济的发展与需要，由此引发的法律缺位、与其他法律规定冲突、滞后于当前法律价值追求等问题日益明显。本文旨在从分析涉外商事仲裁司法审查典型问题的视角，对《仲裁法》的相关规定提出有针对性的修改建议。

一、对《仲裁法》"或裁或审"条款完善的思考

我国《仲裁法》第16条规定，仲裁协议应当有请求仲裁的意思表示，最高人民法院《关于适用〈中华人民共和国仲裁法〉若干问题的解释》（以下简称《仲裁法司法解释》）第7条规定，当事人约定争议可以向仲裁机构申请仲裁也可以向人民法院起诉的，仲裁协议无效。但一方向仲裁机构申请仲裁，另一方未在法定期间内提出异议的除外。应如何准确把握《仲裁法》的"或裁或审"条款，是法院在审查确认仲裁协议效力案件中遇到较多困扰的问题。

---

* 广东省高级人民法院民四庭审判员、副庭长。
** 广东省高级人民法院民四庭代理审判员。

(一) 相关案例引发的问题："或裁或审"条款是否有效？

［案例1］彭素华申请确认仲裁协议效力一案①。彭素华与威泰格（惠州）户外用品有限公司（以下简称威泰格公司）在《商标转让合同》第17条约定"合同纠纷的解决方式：双方应尽量友好协商，协商不成，可依法提起诉讼或申请仲裁。"但未约定适用的法律和仲裁地。双方因合同履行发生纠纷后，威泰格公司向仲裁庭申请仲裁，彭素华向法院申请确认仲裁协议无效。法院审查认为，案涉合同约定争议既可向仲裁机构申请仲裁，也可向法院起诉，双方并没有选定纠纷解决的方式，且威泰格公司向仲裁机构提起仲裁后，彭素华已在仲裁庭首次开庭前向广州中院对仲裁协议效力提出异议，故案涉仲裁协议无效。

［案例2］富茂发展有限公司（以下简称富茂公司）与广州市番禺区灵山房地产开发公司（以下简称灵山公司）确认仲裁条款效力一案②。双方在《总合同书》中约定履行合同发生争议无法协商时，任何一方可将争议提交中国国际经济贸易仲裁委员会进行仲裁，也可以向有管辖权的法院起诉（以先受理之机构为准）。合同履行中，因项目无法开发，富茂公司向法院起诉请求解除合同，并由灵山公司与横沥镇人民政府共同返还土地补偿款及利息。法院审查认为，该争议解决条款虽然既约定仲裁又约定诉讼，但同时又约定以先受理机构为准，故该争议解决条款明确、可执行，并无我国法律规定的无效情形，是有效的。因一方当事人已向法院起诉，如不存在仲裁机构先于人民法院受理案件的情形，也不存在人民法院与仲裁机构同时受理案件的情形，法院对本案具有管辖权。

如同上述两个案例，在涉外商事仲裁司法审查实践中，当事人将纠纷解决方式约定为"或裁或审"的条款并不在少数。司法实践中，法院一般认为，如果当事人对仲裁及诉讼的选择是无顺序的或无法判断争议解决条款是明确的、可执行的，则属于无效的仲裁协议；如果当事人对仲裁及诉讼的选择是有顺序的或可以判断争议解决条款是明确的、可执行的，则属于有效的仲裁协议。当然也存在不同的观点。

(二) 对"或裁或审"条款效力的不同观点

关于"或裁或审"条款的效力，理论界主要存在三种观点。第一种观点

---

① 案号：(2013) 粤高法仲复字第3号。
② 案号：(2013) 粤高法仲复字第4号。

认为,根据《仲裁法司法解释》第 7 条的规定,"或裁或审"条款无效。首先,仲裁与诉讼是相斥的,当事人应当明确选择唯一的纠纷解决方式,该条款违背了仲裁和诉讼应当明确选择其一的要求。其次,难以探寻当事人的真实意思,如果认定有效,容易造成混乱,浪费仲裁和司法资源。最后,增加当事人在实体纠纷以外的争议。① 第二种观点认为"或裁或审"条款有效。首先,此类仲裁条款并非完全无法执行。最高人民法院起草《仲裁法司法解释》(2004 年 7 月 22 日征求意见稿)也曾认为此类协议可以执行。其次,我国司法实践已逐步改变对该条款直接确认无效的做法,倾向于认定有效,以提高解决纠纷的效率。② 第三种观点认为,"或裁或审"条款不能直接认定有效或者无效,而应根据条款的具体内容加以分析。③

(三)各国立法及司法实践

从国际统一实体法的角度看,仲裁法呈现出仲裁司法审查对协议效力审查力度减弱的趋势。如联合国《国际商事仲裁示范法》(以下简称《示范法》)第 8 条规定,除非法院发现存在仲裁协议无效、不能执行等情况外,法院应让各方当事人将标的提交仲裁,体现了要求法院支持仲裁的立场倾向。从各国国内法的角度看,同样呈现仲裁协议有效化的趋势,例如在面临"或裁或审"条款时,相当一部分国家和地区确认协议有效,优先适用仲裁方式或由当事人选择。例如,香港高等法院在 William Company V. Chu Kong Agency 一案中,认定仲裁条款"在中华人民共和国法院解决或在中华人民共和国仲裁解决"是有效的,申请人可以选择起诉或仲裁任何一种方式用于解决纠纷④。英国法院在这个问题上也有相似的处理。在 Paul Smith Ltd. V. H&S International Holding Inc 一案中,英国高等法院认为当事人在合同中既约定 ICC 仲裁条款又约定英

---

① 最高人民法院研究室、民事审判第四庭编著:《最高人民法院仲裁法司法解释的理解与适用》(2007 年版),第 67 页。

② 侯登华:《仲裁协议法律制度研究——意思自治视野下的当事人权利程序保障》,知识产权出版社 2012 年版,第 182 页。

③ 杨秀清:《协议仲裁制度研究》,法律出版社 2006 年版,第 111 页。

④ William Company v. Chu Kong Agency Co. Ltd. and Guangzhou Ocean Shipping Company, Case 44:MAL 7 (2);8, Hong Kong:High Court of Hong Kong (Kaplan J.), 17 February 1993, at https://www.google.com.hk/url? q = http:∥neil – kaplan. com/wp – content/uploads/2013/08/William – Co – v – Chu – Kong – Agency – Co – Ltd – and – Another – HCCL155 – of – 1991. pdf&sa = U&ei = RwRMU8zNLYX18QW6pYHoDg&ved = 0CCgQFjAC&usg = AFQjC-NFLkXGGDr3ImF2nc332aZgDbCiiXQ, visited Mar 31, 2014.

国法院专属管辖,仲裁条款有效。①

(四) 完善《仲裁法》"或裁或审"条款的对策及建议

1. 《仲裁法司法解释》第7条规定,当事人约定解决纠纷既可以申请仲裁也可以起诉的,仲裁协议无效。该条款未将"或裁或审"条款加以区分,笼统规定为无效,且将一方向仲裁机构申请仲裁,另一方未在法定期间内提出异议作为唯一的除外情况。上述立法对于仲裁协议的实质要件设定标准过于苛刻,与国际通行的仲裁协议效力最大化做法相违背,也与我国司法实践的通行做法不符。笔者认为,在《仲裁法》修订过程中,应当将"或裁或审"条款分情况予以细化,并具体规定每种情况应如何对仲裁条款效力进行认定,本着支持仲裁解决纠纷的态度,不轻易确认仲裁协议(条款)无效。

2. 仲裁协议的存在与否及其效力认定,决定着当事人是否可以将纠纷提交仲裁机构解决。笔者认为,简单地将"或裁或审"条款确认无效或有效,并不符合现实生活的多样性,也难以适应日益复杂的民商事活动,可以根据当事人约定仲裁与诉讼的顺序分为两类予以认定:一种是约定仲裁和诉讼是无顺序的选择关系,例如"可以选择仲裁,也可以选择诉讼";另一种是约定仲裁和诉讼是有顺序的选择关系,例如"可以选择仲裁,也可以选择诉讼,以先受理机构为准"。上述两类约定都显示当事人具有将纠纷提交仲裁的意愿,均可认定属于有效的仲裁协议。当事人依据该条款享有选择权,可就仲裁或诉讼选择其一,如果双方各自选择不同的程序,则按照提请仲裁或者起诉立案的先后时间顺序确定处理程序。根据《仲裁法司法解释》第7条的规定,只要一方向仲裁机构提起仲裁,而对方在规定的时间内并没有提出异议,而且参加了仲裁程序,法院就承认"或裁或审"条款成为有效的仲裁协议,应当由仲裁进行审查。

二、在《仲裁法》中设立仲裁调解书撤销制度的思考

将调解制度适用于仲裁之中,有利于体现当事人意思自治,也有利于全面化解纠纷。《仲裁法》第51条规定,仲裁庭可以在裁决前组织调解,如果当事人自愿调解,仲裁庭应当调解。调解达成协议,仲裁庭应当据此制作调解书或裁决书,并赋予两者相同的法律效力。但是《仲裁法》及其司法解释对于调解书的撤销制度均未提及,由此造成理论界及司法实践中对该问题的理解

---

① See Paul Smith Ltd. V. H&S International Holding Inc., [1991] 2 Lloyd's Rep. 127, at http://www.trans-lex.org/303000/pdf, visited Mar 12, 2014.

不一。

（一）相关案例引发的问题：当事人能否申请撤销仲裁调解书？

[案例1] 广州现代信息工程职业技术学院申请撤销仲裁调解书一案①。申请人主张张天培、林楚勇等人在仲裁期间以极端手段胁迫与其和解，故轻率签订调解协议，仲裁调解书存在隐瞒接受汇款、收取利息等足以影响公正的证据，且违背社会公共利益，故申请撤销仲裁调解书。法院经审查认为，《广州仲裁委员会仲裁规则》第46条规定，调解达成协议的，仲裁庭应当制作调解书或根据双方当事人的协议制作调解书。调解书经双方当事人签收后，即发生法律效力。调解书和裁决书具有同等法律效力。《仲裁法》第51条第2款亦规定调解书和裁决书具有同等法律效力。因此，裁决与调解作为仲裁庭审查案件、处理纠纷的合法方式，均具有法律约束力。对该案当事人提起的撤销仲裁调解书申请，法院应当受理，并参照《仲裁法》和《广州仲裁委员会仲裁规则》的有关规定进行审查。最高人民法院在（2013）民四他字第39号中作出《关于人民法院应否受理撤销仲裁调解书申请的复函》，认为根据《仲裁法》第58条第1款的规定，当事人可以向法院申请撤销仲裁裁决，该法第51条第2款又规定，仲裁调解书与仲裁裁决书具有同等法律效力，因此，当事人可以向法院申请撤销仲裁调解书。

[案例2] 南方国际租赁有限公司申请撤销[2007]深仲调字第20-1号补正调解书一案。② 仲裁庭根据双方达成的调解协议作出《调解书》后，又作出《补正调解书》，为原调解书中一方当事人的抵押担保责任设定了担保额度，该补正内容既不属于对《调解书》有关文字、计算错误的补正，也不属于对调解书中遗漏事项的补正，实际上是对当事人实体权利义务的变更，剥夺了当事人就该问题向仲裁庭申辩的权利。法院经审查，根据《仲裁法》第70条的规定，对涉案《补正调解书》予以撤销。

从上述案例可以分析，目前法院在司法实践中对此问题形成了较为统一的意见，普遍认为有权受理并审查申请撤销仲裁调解书的案件。

（二）对仲裁调解书能否撤销的不同观点

理论界有学者认为撤销制度不应适用于仲裁调解书。理由是：首先，我国《仲裁法》和《民事诉讼法》只规定法院可以裁定撤销仲裁裁决书，并

---

① 案号：（2013）粤高法仲复字第6号。
② 案号：（2009）粤高法民四他字第11号。

未授权法院裁定撤销仲裁调解书。法院作为国家司法机关,诉讼活动必须依据法律进行,未经法律授权的均不可为。其次,法律之所以未授权法院撤销仲裁调解书,体现了司法对仲裁的支持,也符合调解的特征。最后,仲裁在注重公正的前提下,更注重效率,当事人对争议的处分权是仲裁调解的基础。当事人既然签订调解书,从合同必须履行及效率原则出发,调解书就必须得到执行。① 另有学者认为,法院有权撤销仲裁调解书。从保护当事人合法权益的角度看,仲裁和调解都强调当事人意思自治,要求意思表示真实,排除重大误解、欺诈、胁迫。仲裁庭依据并非当事人真实意思表示的调解协议作出仲裁调解书后,如果仅因为没有法律的明确规定,法院无法行使对仲裁调解书的撤销权,将导致当事人权利无从救济。从仲裁调解书的撤销与不予执行制度相互关系来看,《仲裁法司法解释》第 28 条规定,对于当事人提出不予执行仲裁调解书或者根据当事人之间的和解协议作出的仲裁裁决书的请求,人民法院不予支持。因此,撤销制度成为纠正确有错误的仲裁调解书的唯一途径。②

(三) 在《仲裁法》中设立仲裁调解书撤销制度的对策及建议

笔者认为,仲裁司法审查应当以是否有效保障仲裁的价值追求作为评判适度与否的标准,如果对于明显虚假、错误的仲裁调解书听之任之,在不干涉仲裁的表面下构成对当事人真实意思及仲裁公正性的违背,与适度标准背道而驰。因此,不论从理论还是司法实践来看,都应当将仲裁调解书纳入司法审查范围之中。但是,《仲裁法》对于仲裁调解书撤销制度的缺位,确实造成法院司法审查无法可依的尴尬局面,迫切需要在该法修订过程中设立仲裁调解书的撤销制度。

具体而言,仲裁调解书的撤销制度应当包括以下三方面内容:第一,赋予法院审查撤销仲裁调解书案件的权力。第二,明确可以撤销的事由。基于仲裁调解书是以当事人自愿为基础,因此可能导致调解书被撤销的主要事由集中于违反当事人真实意思以及违反法律的强制性规定的情形。例如,仲裁协议不真实、无权代理、调解过程中存在重大误解、受到胁迫欺诈等。第三,调解书被撤销后,当事人的权利救济方式。调解书一旦被撤销,意味着当事人需要选择

---

① 王小莉:《仲裁调解书有关法律问题辨析》,载《仲裁研究》(第 17 辑),第 41 页。

② 廖永安、张庆霖:《论仲裁调解书撤销制度的确立》,载《烟台大学学报》(第 24 卷),第 10 页。

新的纠纷解决方式,当事人可以达成新的仲裁协议,再次申请仲裁,也可以通过诉讼解决。如果撤销申请被法院驳回,当事人应当履行调解书所确认的法律义务,如果不履行,另一方有权申请法院强制执行。关于撤销程序的其他程序性细节问题,例如申请的期限、举证责任、撤销的法律文书等,因侧重于具体操作层面且较为繁琐,适宜通过司法解释的形式予以规定。

三、在《仲裁法》中引入仲裁第三人制度的思考

民事诉讼第三人制度的核心内容就是让与纠纷有牵连的案外人参与到诉讼活动中,一并解决纠纷的程序机制,其法律效果和法理基础已得到广泛肯定。伴随国际民商事交往日益频繁,涉外仲裁案件也越来越多涉及第三人问题,但我国《仲裁法》及其司法解释并未对仲裁第三人制度作出规定。仲裁领域中是否应当引入第三人制度成为商事仲裁理论和实践界日益关注的焦点,也是一个有争议的问题。

(一)相关案例引发的问题:第三人可否加入仲裁程序?第三人向法院申请撤销仲裁裁决,法院可否受理?

[案例1] 在深圳仲裁委员会作为申请人向法院申请撤销(2009)深仲裁字第1318号仲裁裁决案中,深圳仲裁委员会认为涉案裁决是在仲裁双方当事人恶意串通提供虚假证据的情况下作出的,违背了社会公共利益。但由于仲裁任何一方当事人均未向法院申请撤销仲裁裁决,为纠正错误的仲裁裁决,深圳仲裁委员会作为主体向法院申请撤销自身作出的仲裁裁决。法院经审查认为,仲裁委员会作为仲裁协议以外的第三人,无权向法院申请撤销仲裁裁决。

[案例2] 最高人民法院在《崇正国际联盟集团有限公司申请撤销仲裁裁决人民法院应否受理的复函》①中对案外第三人申请撤销仲裁裁决人民法院是否受理的问题予以答复,认为《仲裁法》第70条规定的"当事人"是指仲裁案件的申请人或被申请人,崇正国际联盟集团有限公司并非V19990351号仲裁案件的申请人或被申请人,该公司不具备申请撤销该仲裁裁决的主体资格,故对该申请人民法院不予受理。

[案例3] 江苏省物资集团轻工纺织总公司诉(香港)裕亿集团有限公

---

① 案号:(2001)民立他字第36号。

司、(加拿大)太子发展有限公司侵权损害赔偿纠纷上诉案①中,最高人民法院明确指出,即使案件涉及第三人,在仲裁庭不能追究第三人责任的情况下,仲裁当事人可以第三人为被告向人民法院另起诉讼。

[案例4] 东方国际集团上海市对外贸易有限公司与兰州金城旅游服务(集团)有限责任公司保证合同关系确认纠纷上诉案②中,最高人民法院认为案件涉及不同主体之间的两个不同的法律,仲裁裁决不能涉及仲裁协议之外的当事人,包括保证人,债权人可以单独就本案保证合同关系向原审法院提起诉讼。

从上述我国涉外仲裁案件审理情况来看,除非得到所有当事人的同意,仲裁机构一般不允许第三人加入仲裁程序;从我国涉外商事仲裁司法审查情况来看,我国法院对仲裁第三人制度一直持否定态度。

(二) 对仲裁第三人制度的不同观点

理论界对仲裁第三人制度持反对意见的理由主要包括:第一,仲裁第三人制度与意思自治原则相违背。仲裁最重要的特点就是以当事人意思自治为基础,如果当事人选择仲裁,法院和仲裁庭就应赋予意思自治绝对优先权。仲裁协议作为意思自治的载体,是仲裁庭受理案件的权力来源和重要依据,仲裁第三人如果没有与当事人达成一致的意思表示,就没有参与仲裁的权利和义务。第二,允许第三人参与到仲裁程序中,必然增加仲裁当事人重要资料、商业秘密、商业信誉等信息被流转的风险,仲裁的私密性面临挑战。③第三,与诉讼相比,仲裁具有审理期间短、程序灵活等优势。在一般情况下,第三人的引入可能导致当事人的增加、程序的复杂化、审理期间的延长,增加仲裁当事人的负担。④ 第四,对仲裁第三人制度的讨论更多情况下还是停留在理论层面,难以走向实践,第三人参加仲裁需要得到申请人、被申请人和仲裁庭的全部同意,实践中很难取得各方的一致同意,因此导致第三人难以参加到

---

① 载《中华人民共和国最高人民法院公报》1998 年第 3 期,http://www.lawtime.cn/info/guojizhongcai/guojijiufenzhongcai/201010191062_2.html,访问时间:2014 年 3 月 6 日。

② http://www.people.com.cn/item/flfgk/gwyfg/1999/113312199903.html,访问时间:2014 年 3 月 6 日。

③ 林一飞:《论仲裁与第三人》,载《法学评论》2000 年第 1 期,第 91 页。

④ 乔欣、赵艳群:《仲裁程序中不应存在第三人》,载《法制日报》2000 年 11 月 19 日,第 3 版。

仲裁程序中。① 仲裁第三人制度的支持者则提出了以下相反的观点：第一，仲裁程序中引入第三人制度有利于提高仲裁效益。程序法上的第三人制度与实体法上的第三人制度密切相关，将相关的几个纠纷合并在一个案件中进行审理，效率明显高于分别审理单个纠纷。第二，符合仲裁的准司法性。以仲裁方式处理合同和财产权益是国家认可的一种纠纷解决方式，因此，仲裁庭可以参照合议庭追加当事人的做法，在仲裁程序中追加第三人。② 第三，能够有效避免不同仲裁员对同一或类似案件作出相互矛盾的裁决而导致当事人的权利处于持续不确定状态情况的发生。③

（三）各国立法及司法实践

综观各国仲裁立法，以英国为代表的多数国家对仲裁第三人制度持否定态度。在 Oxford Shipping Co. Ltd. V. Nippon Yusen Kaisha 一案中，英国法官认为仲裁第三人制度的存在不具有合理性，因为仲裁协议之外的主体应该被排除在仲裁程序之外，仲裁庭或任何一个当事人都不能坚持该争议与另一争议同时审理，不管这种审理对他们来说可能是多么方便或争议之间的关系是多么密切。④ 荷兰是最能代表对第三人制度持肯定态度的国家。1986 年 12 月 1 日生效的《荷兰民事诉讼法典》第 1045 条规定，仲裁程序吸收第三人参加，既可以是应第三人要求，也可以是仲裁当事人其一或全体同意。如果第三人参加仲裁，应当与其他仲裁当事人达成仲裁协议。

（四）在《仲裁法》中引入仲裁第三人制度的对策及建议

虽然我国理论界对于仲裁第三人制度已进行了广泛而深入的讨论，但由于缺乏立法层面的规定，仲裁机构一般不允许第三人加入仲裁程序。我国法院涉外仲裁司法审查也一直将仲裁当事人以外的主体，包括仲裁委员会，排除在仲裁司法审查申请人范围以外。此举虽有利于保护仲裁契约性和私密性、防止第三人滥用诉权，但将仲裁当事人以外的主体无条件排除在司法审查范围之外，一方面不利于查明事实，综合解决多方纠纷，另一方面不利于有效实现权利救

---

① 宋连斌主编：《仲裁法》，武汉大学出版社 2010 年版，第 168 页。
② 刘传慕：《对仲裁庭追加第三人的法律分析》，载《人民司法》1998 年第 9 期，第 27 页。
③ 参见丁伟、石育斌：《国际商事仲裁第三人之理论建构与实务研究》，载《中国国际私法与比较法年刊》（2003 年），法律出版社 2004 年版。
④ See Oxford Shipping v. Nippon Yusen Kaisha，[1984] 2 Lloyd's Rep. 373，at http：//www.trans－lex.org/302940/pdf/，visited Mar. 7, 2014.

济。仲裁当事人以外的主体无法参加仲裁及仲裁司法审查程序,只能就其与仲裁裁决相关的纠纷另行起诉,既造成司法资源浪费,又难以与仲裁及仲裁司法审查案件保持同步,可能面临诉讼标的已被执行、难以执行回转等风险。从涉外仲裁司法审查保护当事人意思自治的角度来看,单独在仲裁司法审查环节增加第三人制度,导致仲裁司法审查案件当事人范围大于仲裁当事人范围,容易导致司法对仲裁的过度干预。因此,笔者认为,有必要在《仲裁法》中增加仲裁第三人制度的相关规定,允许第三人加入仲裁程序,同时将仲裁司法审查案件当事人的范围严格限制在仲裁当事人范围之内,由此,既不违反作为仲裁根本性质的契约性,又符合仲裁司法审查保护当事人意思自治的价值追求。

四、对《仲裁法》完善涉外仲裁司法审查重新仲裁制度的思考

重新仲裁是指法院同意针对当事人对仲裁裁决提出的异议,命令原仲裁庭或重新组成的仲裁庭就该仲裁案件重新进行审理并作出裁决的制度。《仲裁法》第61条就重新仲裁的程序作出规定,法院受理撤销裁决的申请后,认为可以由仲裁庭重新仲裁的,通知仲裁庭在一定期限内重新仲裁,并裁定中止撤销程序。仲裁庭拒绝重新仲裁的,法院应当裁定恢复撤销程序。这一规定既适用于国内仲裁裁决,也适用于涉外仲裁裁决的撤销。但《仲裁法》及其司法解释均未对涉外仲裁司法审查中的重新仲裁制度予以规定,由此导致一系列问题。

(一)相关案例引发的问题:涉外仲裁司法审查中是否可重新仲裁?

[案例]王国林申请撤销中国国际经济贸易仲裁委员会华南分会仲裁裁决一案[1],法院认为吴硕琛请求仲裁裁决王国林支付股权转让及利息,但仲裁庭裁决确认《股权转让协议》无效,构成超裁,但根据《仲裁法》第61条以及《仲裁法司法解释》第21条的规定,裁定中止该案审理,通知仲裁庭重新仲裁。事实上,北京市第二中级人民法院早在1996年,在Ferco Steel Ltd.申请撤销涉外仲裁裁决案中就采取了重新仲裁的处理方式,该案也是我国第一起涉外仲裁司法审查的重新仲裁案件。[2]

---

[1] 案号(2012)粤高法仲复字第4号。
[2] 严红:《试论我国涉外仲裁中的重新仲裁制度》,载《中国矿业大学学报》2001年第1期,第54页。

重新仲裁通常适用于申请撤销仲裁裁决案件中，适用的条件一般是针对程序问题，且可撤销的情形为程序性瑕疵，可以通过重新仲裁予以修正。该制度维护了仲裁的权威性，是司法支持商事仲裁的体现，也是法院对当事人选择仲裁意愿的尊重。我国将重新仲裁制度规定在撤销仲裁裁决程序中。《仲裁法》第61条就重新仲裁的程序作出规定，《仲裁法司法解释》对申请撤销国内仲裁司法审查案件，进一步明确了可适用重新仲裁的情形，即"仲裁裁决所根据的证据是伪造的"或"对方当事人隐瞒了足以影响公正裁决的证据"，但《仲裁法》及其司法解释均未对涉外仲裁司法审查中的重新仲裁制度予以规定，由此导致一系列问题出现：第一，当事人申请撤销涉外仲裁裁决，法院可否适用重新仲裁制度；第二，如果可以适用，适用的条件、程序如何确定，是否参照国内仲裁司法审查案件的标准；第三，国内仲裁司法审查中的重新仲裁制度本身就存在诸多不合理之处，例如司法解释只规定两种情况下可以采取通知仲裁庭重新仲裁，但《仲裁法》第58条规定可以撤销的情况共有六种，只要满足其中一种，仲裁裁决就必须被撤销，违背了重新仲裁制度对仲裁程序性瑕疵进行纠正的初衷。

（二）各国立法及司法实践

自1985年联合国国际贸易法委员会《示范法》首次以成文法的方式确认重新仲裁制度以来，各国陆续在仲裁司法审查制度中对重新仲裁予以规定，除德国等少数国家将重新仲裁置于撤销程序之后，[①] 大部分国家都将重新仲裁视为与撤销仲裁裁决并列的一种裁决救济程序，大致可以分为优先适用和选择适用两种类型。例如，英国《1996年仲裁法》第68条规定，"除非法院认为将争议事项发回仲裁重审是不合适的，法院不得行使全部或部分撤销裁决或宣布裁决无权的权力"。可见，英国法官在面对仲裁裁决提出质疑的申请时，首先应该考虑裁决能否以重新仲裁的方式得以纠正，重新仲裁属于优先适用程序。又如，《示范法》第34条第4款规定："法院被请求撤销仲裁裁决时，如果适当且当事人一方也提出要求，可以在法院确定的一段时间内中止撤销程序，以便给予仲裁庭重新进行仲裁程序的机会或采取仲裁庭认为能够消除撤销裁决的理由的其他行动。" 1999年《瑞典仲裁法》第35条规定，"法院可以在一定期限内中止关于裁决无效或撤销裁决的诉讼，以使仲裁庭有机会重开仲裁程序或根据法院的意见采取措施以消除使裁决无效或被撤销的理由。"以上两种立

[①] 德国1998年《民事诉讼法典》第1059条第4款规定，经申请撤销，如法院认为适当且当事人提出申请，可将裁决撤销并将案件发回仲裁庭重审。

法模式只将重新仲裁作为撤销仲裁裁决案件中可以选择适用的一种救济方式，并未赋予其被优先适用的地位，故属于选择适用程序。

（三）完善我国《仲裁法》涉外仲裁司法审查重新仲裁制度的对策及建议

为解决法院在涉外仲裁司法审查中采取重新仲裁无法可循的困境，笔者认为，《仲裁法》应当增加对涉外仲裁司法审查中重新仲裁制度的规定。具体而言，应当包括以下几个方面：第一，明确重新仲裁的适用范围。重新仲裁通常适用于法院审理撤销仲裁裁决案件中，因此重新仲裁的情形必然包含在撤销的情形之中。目前国际上通行的撤销涉外仲裁裁决审查属于程序性审查，即仅对仲裁裁决中的程序性事项进行审查，将实体事项的审查置于公共利益审查过程中。① 该方式为我国涉外仲裁司法审查所采纳。可见，重新仲裁的适用范围以撤销仲裁裁决的适用范围为限，也仅限于程序性事项。第二，设定重新仲裁的适用条件。重新仲裁的适用范围虽然与撤销仲裁裁决的适用范围相同，但并非所有满足撤销仲裁裁决条件的案件，都可以采用重新仲裁方式，应当以仲裁程序存在瑕疵但可以弥补为原则。满足撤销的条件，但不宜采用重新仲裁的情形包括：仲裁协议无效、仲裁事项不属于仲裁协议范围、仲裁庭的组成或仲裁程序违反强制性法律规定、争议事项具有不可仲裁性等。上述情形或因违背意思自治原则，或因违反强制性法律规定，无法再适用仲裁解决纠纷。适宜采用重新仲裁的情形是指存在程序瑕疵，但能够在重新仲裁中得以修正，例如通知中的瑕疵导致申请人无法出庭陈述、仲裁程序与当事人约定或仲裁规则不符等情况。值得一提的是，从支持仲裁的角度出发，在涉外仲裁裁决属于撤销的范围时，应当首先审查该裁决是否满足重新仲裁的条件，在未考虑重新仲裁前，不应直接予以撤销。只有在法院认为争议事项再次由仲裁庭审理是不恰当的前提下，法院才可以行使全部或部分撤销裁决的权力。第三，规范重新仲裁的主体、审理范围等事项。通知仲裁庭重新仲裁后，应当以原仲裁庭继续审理作为原则，但如果存在原仲裁庭违反程序、原仲裁员有索贿受贿、徇私舞弊等严重不当行为等情况，需要组成新的仲裁庭进行审理。关于重新仲裁的范围，科曼法官在重新仲裁的经典案例"德国五矿诉菲尔柯公司"一案中作出解释："菲尔柯在重新仲裁程序中试图规避程序问题而就原已提出过的实体主张要求仲裁庭重审，这在实质

---

① 史飚：《商事仲裁监督与制约机制研究》，知识产权出版社2011年版，第257页。

上是要推翻已经进行过的全部仲裁程序和仲裁结果，将重新仲裁的目的由弥补程序缺陷改为不受限制的重审实体，从而错误地理解了重新仲裁的意义。"① 因此，重新仲裁只是对程序性瑕疵的弥补，无须将原来的仲裁裁决彻底重新审理，应当针对瑕疵部分进行审理，当事人的请求也不应超出原仲裁请求。

---

① 宋连斌主编：《仲裁法》，武汉大学出版社 2010 年版，第 249 页。

浅谈《仲裁法》实践中存在的问题及修改建议

谢炳泉[*]

一、我国仲裁工作概述

1956 年初，鉴于国际形势和国民经济发展的需要，我国成立对外贸易仲裁委员会（即现在的贸仲委），隶属于中国国际贸易促进委员会。贸仲委的成立标志着我国现代仲裁制度的初步建立。1978 年，十一届三中全会作出改革开放的重大决策，从此中国踏上了经济发展的快车道。[①]

在《仲裁法》出台前，据不完全统计，我国法律体系中有 14 部法律、82 个行政法规和 190 个地方性法规对仲裁进行了相关规定。然而，这些规定多数属于行政仲裁。1991 年，我国正式开始《仲裁法》起草工作。1994 年，第八届全国人大常委会通过了《中华人民共和国仲裁法》，1995 年 9 月 1 日正式开始实施。由此我国第一部单行的仲裁法规诞生了。它被认为是与市场经济最为接轨的一部法律，标志着中国特色社会主义仲裁法律制度的确立，是我国仲裁史上的里程碑。

中国加入 WTO 后，面临着越来越多外国仲裁裁决的执行问题，而中国境内作出的裁决也需要得到外国法院的承认和执行。国际纠纷以主权裁定的方式来解决已显得明显滞后。于是主权裁定外的方式——仲裁的优越性显示出来。随着中国融入国际化的进程加速，纠纷解决机制也越来越国际化。国际间的经济纠纷需要寻求切实有效的解决方式，并且这种裁决能够得到执行。仲裁作为

---

[*] 广东法盟律师事务所主任、律师，第三届梅州仲裁委员会仲裁员，梅州市律师协会副会长。

[①] 黄进、宋连斌、徐前权：《仲裁法学》，中国政法大学出版社 2007 年版，第 11—13 页。

一种软手段，其优势在此时彰显出来了。① 法院一般判决的时间长，而且不同国家和地区法律的差异也会造成同一案件在不同地方判决结果不同。仲裁则具有公正、方便、快捷、费用低、保密性等特点，相对于诉讼纠纷解决方式更受各方当事人青睐。

我国社会主义市场经济条件下的仲裁事业是改革开放的产物。20年前，《仲裁法》的颁布为我国社会主义市场经济健康发展提供了重要保障。② 截至2013年，全国共有仲裁机构220多家，共受理各类经济案件130多万件，涉及案件标的额8000多亿元。作为一部当时中国与国际最为接轨的法律，《仲裁法》的颁布实施固然对我国仲裁事业的发展发挥了不可低估的作用。③ 然而任何一项法律制度的建立和完善都必须适应社会发展的客观需要，现行《仲裁法》从施行至今已有20年之久，今天的中国已经是加入了世界贸易组织大家庭中的一员，现行《仲裁法》的某些规定在实施中已不能完全适应仲裁实践发展的需要。完善《仲裁法》的程序规则，继续坚持推动我国仲裁和仲裁机构向民间化发展，使新的《仲裁法》成为真正适合我国改革开放的形势变化和我国经济和政治体制改革总体方向、符合现代国际仲裁理念和发展潮流的新的里程碑。④

二、仲裁实践中的问题和修改建议

（一）关于仲裁委员会的设立

《仲裁法》在第二章对仲裁委员会作了规定，对设立区域、创设机构、登记备案问题作了叙述。其中第10条第2款有关仲裁委员会由直辖市和省、自治区人民政府所在地的市以及其他设区的市的人民政府组织有关部门和商会统一组建的规定已不合时宜，应予删除。因为在当时条件下，重新组建仲裁机构客观上确需有关市政府给予协助，这是由我国当时需要调整被撤销行政仲裁机构人员安排和部门利益以及我国商会官办色彩浓厚、社会公信力不高的特殊国情所决定的。经过20年，我国已陆续建立仲裁机构达220多家，可以说由有关的市牵头组建仲裁机构的历史使命已经完成，《仲裁法》对此已无规定之必

---

① 赵秀文：《国际商事仲裁法》，中国人民大学出版社2007年版，第8页。
② 脱剑锋：《仲裁司法监督再探》，载《西部法学评论》2009年第4期。
③ 黄进、宋连斌、徐前权：《仲裁法学》，中国政法大学出版社2007年版，第15—17页。
④ 汪祖兴：《仲裁机构民间化的境遇及改革要略》，载《法学研究》2010年第1期。

要,而且这样的规定也与仲裁机构独立于行政机构的规定有冲突之嫌。[①] 因此,建议在修改《仲裁法》时将其删除。

(二) 关于仲裁委员会的组成人员的规定

仲裁员的能力、素质和水平决定了仲裁裁决的质量,仲裁委员会主任、委员则对仲裁机构的发展负有重要责任。《仲裁法》对仲裁委员会的组成作出了规定,但对组成人员的具体要求却未作出明确规定,对组成人员规定的条件仅仅为法律、经济贸易专家和有实际工作经验。[②] 在仲裁机构重新组建之初,为保障仲裁机构的顺利衔接,对仲裁机构组成人员具备的条件作出这样较低而模糊的规定无可厚非,但随着仲裁事业的发展和仲裁机构组成人员素质的提高,可考虑适当提高对仲裁机构组成人员的要求,最起码应对仲裁机构主任的任职条件作出相应的规定。仲裁机构主任不但对于仲裁机构自身的发展壮大负有重要责任,更为重要的是其在指定仲裁员、决定仲裁员回避等程序性问题上亦具有至关重要的作用,其能力、素质和水平的高低直接决定着仲裁机构的发展和当事人仲裁程序权利的实现,我国仲裁机构重组 20 年来已培养了一批熟悉仲裁业务的仲裁从业人员,因而要求仲裁机构主任具有 8 年以上仲裁工作经历是符合现实情况的,亦可与仲裁员的任职条件衔接。

因而在修改《仲裁法》时应重新审视这一问题。建议在我国《仲裁法》第 12 条增加对仲裁员的任职条件类似"仲裁机构主任应至少从事民商事仲裁工作八年以上"的规定。

(三) 关于仲裁机构制定仲裁规则

仲裁规则主要是规范仲裁过程中的程序和做法,其不仅是仲裁程序的指引,也是仲裁机构的服务承诺。仲裁规则的制定和修改已成为商事仲裁机构争夺国际商事仲裁客户、提升自身特色服务的重要手段。《仲裁法》将仲裁规则的制定权赋予了中国仲裁协会,在中国仲裁协会制定规则之前,仲裁委员会依照仲裁法和民事诉讼法的有关规定可以制定暂行规则。由于仲裁协会长期不能成立,统一仲裁规则无法制定,各地仲裁机构普遍在最初的暂行仲裁规则的基

---

① 陈福勇:《我国仲裁机构现状实证分析》,载《法学研究》2009 年第 2 期。
② 叶竹梅:《我国建立临时仲裁制度的必要性及可行性分析》,载《甘肃政法成人教育学院学报》2006 年第 3 期。

础上制定了正式仲裁规则。① 而世界重要的商事仲裁机构都颇为重视各自仲裁规则的制定和修改，力图给当事人提供更为快捷、方便的仲裁服务，以吸引当事人选择其作为商事纠纷的处理机构。而我国《仲裁法》却剥夺了仲裁机构制定仲裁规则的权力，由中国仲裁协会制定统一适用的仲裁规则，这不仅与仲裁机构有权制定仲裁规则的国际通行做法不符，亦使各地仲裁机构同质化，体现不出仲裁机构自身所具有的特色。而且中国仲裁协会是仲裁机构的自律性组织，应具有民间性和自治性的特征，与此相适应，其制定的仲裁规则应是示范性的，而不能是强制性的。

因而在删除《仲裁法》第15条第3款以及第75条的同时可以规定："仲裁委员会在不违背本法及其他法律的情况下，制定各类仲裁规则，仲裁规则报中国仲裁协会备案。"

（四）关于仲裁协议

我国《仲裁法》专章对仲裁协议的有效要件进行了规定，即第16条至第20条。有效的仲裁协议必须符合法定条件，综观国际和外国的有关规定，我国规定得过于严格，不利于仲裁事业的发展。

我国《仲裁法》对仲裁协议的形式要件作出了规定，即《仲裁法》第16条第1款规定："仲裁协议包括合同中订立的仲裁条款和其他书面方式在纠纷发生前或者纠纷发生后达成的请求仲裁的协议。"

在现代仲裁制度中，要求仲裁协议有书面形式，有利于证明当事人确实同意将争议提交仲裁，也有利于为仲裁协议形式的有效性提供统一标准。这与国际商事仲裁通行做法是相符的，亦为1958年《纽约公约》所确认。我国仲裁协议类型包括"仲裁条款"和"其他书面方式"的仲裁协议。目前仲裁实践中对"其他书面方式"存在两种认识：一种是狭义理解，即只理解为仲裁协定书，指当事人签订的把争议提交仲裁、独立于合同之外的专门性文件；一种是广义上的理解，"其他书面形式"的仲裁协议，既包括独立的协定书，也包括其他表示提交仲裁的意愿性文件，例如，当事人在其民商事交往过程中相互交换或往来的信函、电报、电传、传真或其他可经书面证实的材料。②

然而我国《仲裁法》却未对仲裁协议的书面形式作出明确规定。于1999年实施的《合同法》第11条对合同的书面形式作出了明确规定，即书面形式

---

① 张丽萍：《论仲裁与调解相结合——仲裁中调解》，载《经营管理者》2011年第18期。

② 岳力：《论仲裁中调解的功能》，载《北京仲裁》2008年第2期。

是指合同书、信件和数据电文（包括电报、电传、传真、电子数据交换和电子邮件）等可以有形地表现所载内容的形式。我国部分仲裁机构仲裁规则在吸收《合同法》关于书面形式规定的基础上对仲裁协议的书面形式作出了规定。

因而在《仲裁法》中可以增加一款规定："前款所规定的其他书面形式的仲裁协议，包括以合同书、信件和数据电文（包括电报、电传、传真、电子数据交换和电子邮件）等形式达成的请求仲裁的协议。"

（五）关于仲裁委员会的确定

《仲裁法》第16条第2款规定："仲裁协议应当具有下列内容：（一）请求仲裁的意思表示；（二）仲裁事项；（三）选定的仲裁委员会。"但综观各国立法，把对仲裁机构的约定作为仲裁协议的一项必不可少的内容并不多见。仲裁协议对仲裁机构没有约定或约定不明确的，不应一律视为无效。

首先，如果仲裁条款的内容不明确，对该不明确条款应分析其是否因不明确而无法执行。换言之，如果仲裁条款内容不够明确但可以执行，仲裁条款应是有效的。同理，如果仲裁机构的约定在名称上有缺陷，但可以对所指的仲裁机构作出合理推定，该仲裁协议应视为有效。其次，对选择性的约定也不应一概否定其效力。如双方当事人约定：发生争议，应提交某仲裁机构或提交法院解决。对这类约定，以首先主张权利者的选择为依据，即首先主张权利者向仲裁机构提出仲裁申请的进行仲裁，如首先主张权利者向法院起诉，则应进行诉讼。

但应将"选定的仲裁委员会"中的"选定"改为"据以确定"。选定的表述过于严苛，只要是根据协议表述以及案件的综合情况能够据以确定当事人选择的仲裁机构，则这样的仲裁协议就应是有效的，也是可以执行的。

（六）关于当事人对仲裁协议效力提出异议的问题

1. 提出异议的时间

《仲裁法》第20条第2款规定，当事人对仲裁协议效力有异议，应当在仲裁庭首次开庭前提出。即将当事人提出异议的时间限定在"首次开庭前"。在国际商事仲裁中，无论是申请人还是被申请人，如果对仲裁机构或仲裁庭根据仲裁协议形成的管辖权有异议，应及时提出。这是大多数国家仲裁法或仲裁机构仲裁规则的普遍要求，否则，可能构成弃权或默认，造成严重的法律后果。①

但是，这一规定存在的问题是：按仲裁法及有关仲裁机构的仲裁规则规定，仲裁庭审理案件，应当开庭审理，如果当事人协议不开庭的，仲裁庭要根据仲裁申请书、答辩书以及其他材料作出裁决。那么，对于这种不开庭的书面审理，不存在第一次开庭时间问题，当事人应在何时提出协议效力异议？

建议《仲裁法》增加规定不开庭审理案件异议提出时间。

2. 应明确规定当事人放弃仲裁协议异议权的条件

仲裁实践中存在这样的情况，首次开庭之前，当事人根据仲裁协议向仲裁机构申请仲裁被受理，对方在提交答辩状后，可否认为对方放弃仲裁协议的异议权？

对此，《仲裁法》无明确规定，以致造成很多提交了答辩状的当事人在权衡利弊之后，又对仲裁协议效力提出异议，造成仲裁程序的拖延和浪费。对此问题，仲裁法或有关的仲裁规则应视情况进行如下修订：第一，对于当事人在答辩状中明确表示愿意接受该仲裁机构的仲裁的，应视其为放弃了仲裁协议效力的异议权，仲裁机构或者人民法院对其在此后提出的仲裁协议效力异议申请不予受理。第二，对于当事人在答辩状中没有明确表示愿意接受该仲裁机构仲裁的，应按照《仲裁法》第 20 条第 2 款规定将放弃异议权期限定为"首次开庭前"。

（七）关于证据的出示

《仲裁法》第 45 条规定，证据应当在开庭时出示，当事人可以质证。仲裁庭不开庭仅根据当事人提交的仲裁申请书、答辩书以及其他材料作出裁决时，何以能够做到证据应当开庭出示？《仲裁法》并未对当事人提交证据的期限作出明确规定，这就意味着当事人在庭审过程中可以随时提出新证据，那么仲裁庭是否都需开庭对证据进行当庭质证？证据当庭出示和质证的规定不仅为当事人拖延仲裁程序所利用，亦成为法院撤销或者不予执行仲裁裁决的理由。仲裁实务界对该条规定亦有颇多意见，认为其简直就是诉讼规定的翻版，未能体现仲裁尊重当事人意思自治、灵活高效的特点。反观我国民事诉讼证据规则，其虽原则性规定证据应当在法庭上出示，由当事人质证，但其却承认庭前交换证据制度并赋予其质证效力。民事诉讼证据规则尚且允许对当庭出示并质证作出某种富有弹性的规定，则更不应苛求体现当事人意思自治的仲裁证据必

---

① 李锐：《浅析仲裁调解与法院调解的异同》，载《法制与社会》2010 年第 23 期。

须当庭出示并质证。① 因而建议将该条修改为:"证据可以在开庭时出示,也可以在开庭前或开庭后采取书面质证的方式。"或将其修改为:"证据应当开庭时出示,当事人可以质证,但当事人同意采取书面质证的方式除外。"

(八) 关于仲裁员的签名

《仲裁法》对于仲裁员不签名的情况规定得相当粗糙。《仲裁法》第 54 条规定:"对裁决持不同意见的仲裁员,可以签名,也可以不签名。"对于不签名的仲裁员当事人应该有要求其说明理由的权利。当事人意思自治的平行面是仲裁庭要尊重、实践当事人意思自治的内容并且在非有充分理由的时候不能拒绝。在实践中,仲裁委已经意识到这个问题,如北京仲裁委的仲裁规则就规定:"应当通过书面形式向仲裁庭表明自己的意见及理由。"仲裁法在修改中应该规定不签名的仲裁员要以书面形式说明理由,以使该法条的规定完整化。

因而,《仲裁法》应当增加当事人可以要求仲裁员说明理由的条款,以细化规定。

(九) 关于裁决的理由

属于少数意见的仲裁员意见应该在征求当事人的意见的基础上决定是否记入笔录。少数仲裁员的意见也是仲裁员行使由当事人过渡而来的纠纷解决权的体现,应该在征求当事人的意见后记入笔录。只要有一方同意的话就可以把少数意见记入笔录,因为征求意见是在合议之前,而这时还不能确定哪个仲裁员的意见会成为少数意见。

同时,要赋予当事人申请仲裁裁决解释的权利,但这种解释应该仅限于书面形式并且只能解释一次。因为对于被选定或指定的仲裁员而言,他们对案件的裁决对当事人构成了谨慎勤勉的义务,因而在仲裁法裁决内容的章节中应增加当事人可以对裁决理由要求说明的内容。

(十) 有关法院对仲裁的司法监督

撤销裁决程序的期限应当缩短。《仲裁法》第 59 条规定:"当事人申请撤销裁决的,应当自收到裁决书之日起六个月内提出。"第 60 条规定:"人民法院应当在受理撤销裁决申请之日起两个月内作出撤销裁决或者驳回申请的裁决。"这两条规定表明,根据我国仲裁法所作出的仲裁裁决在长达 8 个月的期间内处于不确定的状态,这在世界仲裁立法中是罕见的。实质上,这种规定与

---

① 裴普:《仲裁制度的法理辨析》,载《河北法学》2008 年第 11 期。

一裁终局的仲裁制度背道而驰。考察外国的仲裁立法，以美、英、法、德、日为例，多数国家规定为 1 个月。① 这样规定有利于保护胜诉方的利益，使当事人通过仲裁尽快解决争议的愿望得到实现。

由于《仲裁法》申请撤销时限较长时间的规定，再加上法院审理期间过分拖延超过规定审限，使当事人感到仲裁一裁终局制毫无保障。为此，建议应将当事人申请撤销仲裁裁决的时间规定为 1 个月，而对法院超出两个月审限作出的裁定应当可以通过上诉撤销予以改变。

三、结语

《仲裁法》的颁布实施，揭开了我国仲裁事业的崭新一幕，标志着规范的仲裁法律制度在我国的正式建立。但是，任何一个事物的发展都需要经历一个循序渐进的过程，以上叙述的内容只是从几个方面对现行《仲裁法》存在的问题进行罗列和分析。

对于我国仲裁事业，从内部来说，随着仲裁制度的发展，激烈和残酷的仲裁业的竞争将有效地提升仲裁员队伍素质、办案水平，同时涌现出一大批服务质量高的仲裁机构。反过来，这将对当事人产生更大的吸引力，其案源将更加充足，综合实力更加强大，从而形成仲裁发展良性循环。从整体上说，仲裁的本质是契约性的，仲裁的权力来自当事人之间的仲裁协议，要想使仲裁事业向上发展必须不断提高专业技能、完善仲裁制度、提高仲裁公信力。因此，要善于发挥仲裁制度的独特优势，努力使仲裁成为解决我国市场经济民商事纠纷的主要手段。充分发挥仲裁优势，降低民商事纠纷解决的成本，提高我国经济在国内和国际市场的竞争能力，实现经济效益最大化。

---

① 周江、金晶：《仲裁裁决撤销制度若干问题析论（上）》，载《仲裁研究》2010 年第 11 期。

《仲裁法》实施过程中
存在的问题及解决方法探讨

刘三瑞[*] 李琼宇[**]

《中华人民共和国仲裁法》（以下简称《仲裁法》）于1994年8月31日由第八届全国人大常委会第九次会议通过，同日公布，1995年9月1日起实施，这标志着我国旧行政仲裁体制开始朝着与国际接轨的现代商事仲裁制度转变。《仲裁法》的实施，对提高我国仲裁的国际地位和声望，推动政治和经济体制改革，促进经济发展发挥了重要作用。仲裁作为一种解决财产权益纠纷的民间性裁判制度，因其具有灵活、快捷、经济等优点，也越来越受到纠纷当事人的欢迎。但是，在《仲裁法》实施过程中，仍有不少与国际通行规则、制度不接轨的地方，这对我国仲裁工作的进一步提高产生了负面影响。本文围绕我国《仲裁法》与国际通行规则不接轨的问题及解决方法作简要探讨。

一、我国《仲裁法》存在的问题

（一）仲裁财产及证据保全的问题

《仲裁法》第28条规定："一方当事人因另一方当事人的行为或其他原因，可能使裁决不能执行或者难以执行的，可以申请财产保全。当事人申请财产保全的，仲裁委员会应当将当事人的申请依照民事诉讼法的有关规定提交人民法院。申请有错误的，申请人应当赔偿被申请人因财产保全所遭受的损失。"第46条规定："在证据可能灭失或者以后难以取得的情况下，当事人可以申请证据保全。当事人申请证据保全的，仲裁委员会应当将当事人的申请提交证据所在地的基层人民法院。"《民事诉讼法》第272条规定："当事人申请采取保全的，中华人民共和国的涉外仲裁机构应当将当事人的申请，提交被申

---

[*] 广东省仁化县人民法院研究室副主任，助理审判员。
[**] 广东省韶关市中级人民法院研究室副主任，审判员。

请人住所地或者财产所在地的中级人民法院裁定。"

《仲裁法》把财产和证据保全的权力都规定由法院行使，仲裁机构在其中只是扮演转交申请的角色，这样规定存在诸多弊端：一是容易发生一方当事人借机转移财产、逃避债务或销毁、隐匿证据；二是法院对自己不熟悉的案件难以保证作出保全裁定的正确性；三是当事人因中国仲裁过分依赖法院的司法权而对仲裁的独立性、公正性产生怀疑。仲裁庭不具有财产和证据保全的权力，将带来仲裁低效和延误，使当事人对仲裁的信赖利益丧失，影响仲裁事业的发展。

（二）第三国仲裁员被指定为独任或首席仲裁员的问题

仲裁员的独立性是公正裁决的前提，世界各国在仲裁员的独立性方面是非常注重的。有的国际商事仲裁机构强制规定当事人为不同国籍时，被指定的独任或首席仲裁员必须是第三国的国民。《国际商会仲裁规则》规定："独任仲裁员与首席仲裁员的国籍应当与各方当事人的国籍不同。"有的国家规定："如当事人是不同国籍的，还应考虑到委任不同于当事人国籍的仲裁员是否适当。"可见，对仲裁员国籍的考虑是必需的。由于中国仲裁法对此问题没有明确的规定，其结果容易导致外国当事人对中国仲裁庭的独立性和公正性产生怀疑。

（三）仲裁员的责任豁免问题

根据仲裁性质，如何保障仲裁员独立、公正地作出裁决是仲裁法的核心价值之一。除了在选定或指定仲裁员方面要保障其独立性外，仲裁员的责任豁免作为独立性、公正性的另一个保障，也应当被明确地规定到仲裁法中。而我国《仲裁法》没有规定仲裁员的责任豁免问题。

（四）仲裁协议的形式要件问题

仲裁协议是仲裁的基础，仲裁机构或仲裁庭的管辖权源于当事人的仲裁协议。《仲裁法》第4条规定："没有仲裁协议，一方申请仲裁的，仲裁委员会不予受理。"但我国1995年实施的《仲裁法》不仅严格坚持仲裁协议必须是书面形式的，而且对书面形式的定义也显得过于狭窄，如第16条第1款规定："仲裁协议包括在合同中订立的仲裁条款和以其他书面方式在纠纷发生前或者纠纷发生后达成的请求仲裁的协议。"当初在制定《仲裁法》时之所以规定仲裁协议一定要求书面协议是出于便于日后发生争议时能有案可查、有利于争议解决的考虑，而"其他书面形式"的兜底性规定是为以后的宽泛解释埋下伏笔。

（五）仲裁协议的有效要件问题

仲裁协议是仲裁的基础，如果仲裁协议无效，所进行的仲裁和所作出的裁决也全部随之无效。因此，对仲裁协议的效力的认定在仲裁制度中占据重要地位。《仲裁法》第 16 条、第 17 条、第 18 条规定了仲裁协议的内容及协议无效的原因，其中《仲裁法》第 16 条第 2 款规定："仲裁协议应当具有下列内容：（一）请求仲裁的意思表示；（二）仲裁事项；（三）选定的仲裁委员会。"第 18 条规定："仲裁协议对仲裁事项或仲裁委员会没有约定或者约定不明确的，当事人可以补充协议。达不成补充协议的，仲裁协议无效。"此外，《仲裁法》第 9 条第 2 款又规定："裁决被人民法院依法裁定撤销或不予执行的，当事人就该纠纷可以根据双方重新达成的仲裁协议申请仲裁，也可以向人民法院起诉。"从上述条款看，《仲裁法》将当事人对仲裁机构的约定和约定的明确性作为仲裁协议有效的要件，并规定仲裁裁决一旦被撤销，仲裁协议当然无效，也就是说仲裁协议只有一次效应。

笔者认为，上述认为仲裁协议无效的规定存在以下不当之处：首先，与仲裁当事人意思自治的原则不相符。各国立法对当事人在经济往来中表现出的共同意愿普遍予以重视和尊重。这种重视和尊重体现在对当事人订立的合同条款、当事人选择可适用的法律、选择解决争议的方式等诸多方面。综观各国立法，把对仲裁机构的约定作为仲裁协议的一项必不可少的内容是罕见的。已有 100 多个国家加入的《承认和执行外国仲裁裁决公约》（即《纽约公约》）所规定的关于认定仲裁协议有效的标准有 5 条：（1）仲裁协议是否采用了书面形式；（2）协议是否表明了提请仲裁解决争议的意愿；（3）仲裁协议中约定提请仲裁解决的争议事项是否属可仲裁事项；（4）当事人是否具有行为能力；（5）根据可适用的法律，仲裁协议是否属无效协议。可见，《纽约公约》并未直接规定对仲裁机构的约定为仲裁协议有效要件。

其次，不利于涉外仲裁当事人正当权益的实现。由于仲裁所具有的当事人自治性、民间性、准司法性等特点，加之《纽约公约》的缔结国至今已有 100 多个国家，仲裁裁决在国外的执行情况是相当好的。如果尊重当事人的意愿，承认仲裁协议的效力，当事人的正当权益通过仲裁方式实现的可能性会大得多。而对仲裁协议的效力限制过多，客观上迫使人们不得不放弃协议的约定去诉诸法院，而法院的判决要在境外执行，由于没有全球性的公约可适用等多方面的原因，则要困难得多。

最后，扩大了司法权对仲裁权的限制。裁决被撤销或被裁定不予执行的原因是多方面的，仲裁裁决被撤销并不意味着据以作出裁决的仲裁协议也当然无效。因此，一旦裁决撤销就要另立仲裁协议才能再次申请仲裁，否则只允许当事人向法院起诉，这不仅违背了当事人订立仲裁协议时的意思表示，还导致司法权对仲裁权的过分干预，使得中国的仲裁协议只有一次性的作用，这显然是一种歪曲的理解。因为当事人签订仲裁协议是管辖整个合同的过程，一直到合同履行完毕，有纠纷都可以通过仲裁解决。

（六）仲裁裁决的司法审查制度问题

各国的仲裁法和各国际组织制定的仲裁规则，都无一例外地承认法院对仲裁裁决的司法审查。法院对仲裁裁决审查的目的，是为了纠正仲裁员可能发生的错误，以求得对双方当事人都公平的处理。

《仲裁法》第58条规定，对国内仲裁裁决进行审查，查明有下列情况之一者，撤销仲裁裁决：（1）没有仲裁协议的；（2）仲裁的事项不属于仲裁协议的范围或者仲裁委员会无权仲裁的；（3）仲裁庭的组成或者仲裁的程序违反法定程序的；（4）裁决所根据的证据是伪造的；（5）对方当事人隐瞒了足以影响公正裁决的证据的；（6）仲裁员在仲裁该案时有索贿受贿、徇私舞弊、枉法裁决行为的。《民事诉讼法》第274条规定，对涉外仲裁裁决进行审查，查明有下列情况之一者，不予执行仲裁裁决：（1）当事人在合同中没有订有仲裁条款或者事后没有达成书面仲裁协议的；（2）被申请人没有得到指定仲裁员或者进行仲裁程序的通知，或者由于其他不属于被申请人负责的原因未能陈述意见的；（3）仲裁庭的组成或者仲裁的程序与仲裁规则不符的；（4）裁决的事项不属于仲裁协议的范围或者仲裁机构无权仲裁的。《仲裁法》第70条规定："当事人提出证据证明涉外仲裁裁决有民事诉讼法第二百六十条第一款①规定的情形之一的，经人民法院组成合议庭审查核实，裁定撤销。"《仲裁法》第58条第3款规定，"人民法院认定仲裁裁决违背社会公共利益的，应当裁定撤销。"另外，《仲裁法》第59条规定："当事人申请撤销仲裁裁决的，应当自收到仲裁裁决书之日起六个月内提出。"第60条规定："人民法院应当在受理撤销裁决申请之日起两个月内作出撤销裁决或者驳回申请的裁定。"

从上述规定可见，我国法律对仲裁裁决的司法审查方式包括执行程序中的审查和申请撤销时的审查，其中，对国内仲裁裁决的审查范围既涉及程序问题也涉及实体问题，而对涉外仲裁裁决的审查只涉及程序问题。也就是说，人民

---

① 笔者注：此处是指1991年民事诉讼法第260条第1款，经2007年、2012年两次修订后，此条已成为现行民事诉讼法第274条第1款。

法院对国内仲裁和涉外仲裁的审查有所不同。

关于审查范围，对于国内仲裁裁决的司法审查是否应包括对裁决的实体内容的审查，是理论和实务中争议最大的问题。一种观点认为，司法审查不应涉及实体问题，主要理由：一是审查范围太广，费时费力，与仲裁结案迅速、程序简便的特点不符。仲裁的性质要求一裁终局，法院审查实体，等于上诉程序，又要再审一遍，与仲裁的本质相左。二是仲裁机构的特点及严格的仲裁员资格限制对保证公平仲裁产生重要作用。三是许多国家的仲裁法都将司法审查的范围限定在程序公正的范围内。另一种观点则认为，司法审查应当包括实体问题，其理由：一是迅速简便的程序不应以牺牲公平为代价，与裁决的合法性、公正性相比，裁决的终局性当居第二位。二是高素质的仲裁员所作的裁决仍需要监督。三是另有许多国家的仲裁法规定司法审查应包括对实体问题的审查。此种观点虽有合理之处，但又都不足以成为确定司法审查应包括实体问题的依据。

关于申请司法审查的期限。《仲裁法》规定了当事人申请撤销仲裁裁决的期限是自收到裁决书之日起 6 个月。这一规定比允许向法院上诉的司法程序长得多，更不利于维护仲裁裁决的确定性，因为上诉的期限是 15 天。此外，根据我国《民事诉讼法》第 239 条的规定，申请执行的期限是 2 年，在此期限内当事人还可以提出不予执行申请。仲裁裁决在长达 6 个月甚至更长的期间处于不确定状态，不利于仲裁当事人权益的实现。

关于审查程序中的当事人。对仲裁裁决的司法审查可能导致裁决被撤销，不论是基于程序性理由或实体性理由，撤销裁决都是对一项已决案件的否定，对当事人利益至关重要。但现行审查程序中，没有相对人，也没有严格的质证过程，因此，审查程序是不完善的。

（七）建立临时仲裁法律制度的问题

临时仲裁，又称特别仲裁，是指根据当事人的仲裁协议由临时选择的仲裁员组成仲裁庭进行仲裁。仲裁结束后，仲裁庭自行解散。临时仲裁的裁决得到大多数国家的承认。联合国《承认与执行外国仲裁裁决公约》第 1 条就明确规定了将临时仲裁作为仲裁的方式之一。我国忽视了临时仲裁在国际经济贸易发展中体现出来的生命力，这在经济日趋全球化的当今世界是不合时宜的，也不利于我国法律制度的完善和经济的快速发展。有鉴于此，有必要在我国的仲裁法律制度中建立临时仲裁制度。

二、解决的方法

（一）关于仲裁财产及证据保全的修改建议

在进一步修改《仲裁法》时，建议将保全的决定和执行分开规定。仲裁庭有权根据任何当事人一方的申请，在该方当事人提供必要担保的前提下作出财产或证据保全的决定，交由有管辖权的法院采取财产或证据的查封、冻结、提存、保管等强制措施。参照国际先进仲裁制度，笔者对完善仲裁财产、证据保全的具体制度提出以下设想：

第一，明确规定申请仲裁前，无论是国内仲裁还是涉外仲裁的当事人均可向仲裁申请人住所地或被申请人财产所在地有管辖权的人民法院申请仲裁前的财产保全，同时规定，申请人在人民法院采取保全措施后30日内不提起仲裁的，人民法院应当解除财产保全。这样修订的意义在于：一是符合实践中出现的利害关系人"因情况紧急，不立即申请财产保全，将会使其权益遭受难以弥补的损害"的情势，有利于保护当事人权益；二是少环节、低成本，符合仲裁制度经济效率这一价值取向；三是有利于打破地方保护主义的壁垒，体现司法权对仲裁权的支持。

第二，直接授予仲裁庭临时保全措施的权力。世界上很多国家和组织的立法将临时保全的措施授予仲裁庭，如联合国《国际商事仲裁示范法》第17条授予仲裁庭非司法权去签发临时保护的命令；荷兰的《民事诉讼法》（简易仲裁程序）第1051条规定，如果双方当事人同意，仲裁庭有权签发临时保全措施的命令；同样，1987年《瑞士联邦国际私法》第183条也授予仲裁庭在国际商事仲裁中签发临时保全措施的非强制权。这样立法的目的是为了更便捷地保全证据和财产，缩短审理案件的期限，使仲裁庭成为一个更有效解决争议的场所。为了防止仲裁机构在采取临时保全措施时成为一个特殊的国家法院，法律上也对其加以限制，如它只能针对双方当事人提出的申请，而针对第三者提出的申请则不适用；有的国家规定仲裁机构仅具有签发临时保全措施的权力而无强制执行权，如果当事人不肯配合，仲裁机构也只能向法院请求帮助。笔者建议参照国际通行做法，由《仲裁法》直接规定："应任何一方当事人的申请，仲裁庭经过必要的审查，在申请方提供有效的担保后，以临时裁决的方式对争议标的采取任何临时措施"，诸如查封、扣押、留置，将货物交由第三者保管或出售易损的货品等。"仲裁庭作出财产保全或证据保全后立即转交有管辖权的人民法院执行。"同时规定："当事人中任何一方无论在申请仲裁前后向人民法院申请财产保全，都不得被认为与仲裁协议的规定有抵触或认为是对仲裁协议的放弃。"

(二) 关于第三国仲裁员被指定为独任或首席仲裁员的修改建议

在《仲裁法》修订中增加规定,"向不同国籍当事人提供首席仲裁员与独任仲裁员名单,应该尽可能在第三国仲裁员中选择。在当事人不能协议选定独任仲裁员或首席仲裁员,需要仲裁委员会主任指定独任仲裁员或首席仲裁员时,应当考虑指定与双方当事人不同国籍的仲裁员担任独任或首席仲裁员。"这样规定,有利于强化仲裁庭的独立性和公正性,增强当事人对仲裁庭的信赖,也有利于裁决的自觉履行。

(三) 关于仲裁员责任豁免的修改建议

责任豁免问题涉及仲裁员的独立性和公正性的法律保障。为了保障仲裁员尽可能独立地作出裁决,消除仲裁员在履行职务时的顾虑,应当对我国《仲裁法》作出修订,增加规定对仲裁员职务行为实行责任豁免。但是,应当明确这种责任豁免是有限的,因为仲裁员的故意行为、严重违法乱纪行为仍要受到法律追究。

(四) 关于仲裁协议形式要件的修改建议

借鉴国际仲裁立法和我国1999年颁布的《合同法》,仍坚持《仲裁法》在仲裁协议形式上的规定就显得不合时宜。虽然,按照"新法优于旧法"的理论,对仲裁协议形式的解释应遵从《合同法》的规定,但考虑到《仲裁法》是我国仲裁制度的基石,仲裁实践不仅不承认口头仲裁协议的有效性,对仲裁协议的"书面"形式也是采用保守的做法。在经济飞速发展的今天,绝对强调仲裁协议的书面性不利于民商事的快速流转,而《仲裁法》中有关仲裁协议的"其他书面形式"的兜底性规定反而在仲裁实践中引致更多的争论。因此,在对我国《仲裁法》进行修改时,应借鉴各国立法经验,并参照《合同法》规定,承认申请人与被申请人一致确认的口头仲裁协议的效力,同时对仲裁协议的书面形式明确地作出广义的解释:书面仲裁协议是以任何可以有形表现所载内容的形式(包括信函、电报、电传、传真、电子邮件、电子数据交换等)达成的协议。

(五) 关于仲裁协议有效要件的修改建议

一是仲裁协议对仲裁机构没有约定或约定不明确的,不应一律视为无效。因为,如果仲裁条款的内容不明确,对该不明确条款应分析其是否因不明确而无法执行。换言之，如果仲裁条款内容不够明确但可以执行，仲裁条款应是有效的。如果仲裁机构的约定在名称上有缺陷，可以通过当事人补正，也可以由仲裁庭对所指的仲裁机构作出合理裁定，该仲裁协议应视为有效。再者，对选择性的约定也不应一概否定其效力。如双方当事人约定：发生争议，应提交某仲裁机构或某另一仲裁机构解决。对这类约定，其仲裁意愿是明确的，可由当事人明确其中一个为本案的仲裁机构，当事人无法统一，则以首先主张权利者的选择为依据，即首先主张权利者向哪个仲裁机构提出仲裁申请就由哪个机构管辖。二是根据裁决被撤销或不予执行的具体情形重新作出立法上不同的规定。若以仲裁协议不存在或无效而裁定撤销或不予执行裁决的，可规定由当事人双方合意重新达成仲裁协议申请仲裁或向法院起诉。因其他法定理由被裁定裁决撤销和不予执行的，原仲裁协议继续有效，只要纠纷存在仍可申请仲裁。

（六）关于仲裁裁决司法审查制度的修改建议

一是仲裁裁决司法审查的范围应限制在程序性问题上，即审查仲裁协议是否有效、仲裁员的裁决是否超出了当事人授权仲裁事项的范围、仲裁庭的组成是否符合仲裁协议的约定、仲裁庭是否将陈述意见的机会公平地给予双方当事人、仲裁员是否有营私舞弊或非法裁判行为等。二是要统一国内仲裁与涉外仲裁的司法审查标准。这既是我国加入世贸组织后给予外国当事人国民待遇的原则要求，也是统一国内法制的原则要求。三是对申请撤销裁决的期限，笔者认为参照世界多数国家的立法，申请撤销裁决的期限应缩短为1个月为宜。四是增设审查程序的相对人，就是撤销裁决后利益受到影响的对方仲裁当事人，应给予相对人答辩、质证、辩论的权利。

（七）关于建立临时仲裁法律制度的建议

基于临时仲裁在世界上被广泛采用并为大多数国家所承认和接受，在修订我国《仲裁法》时应当参照《承认与执行外国仲裁裁决公约》的规定，大胆地借鉴、引进国外成熟的立法经验，把临时仲裁加进去，法律规定可以原则一些，以便这方面的仲裁制度可以更加灵活地加以运用，以适应我国加入世贸组织后国际经贸形势的发展需要。

浅谈《仲裁法》修改

唐梁莹珠[*]　胡俊辉[**]

《仲裁法》于 1994 年 8 月 31 日通过，自 1995 年 9 月 1 日施行，今年已近 20 个年头。近 20 年来，作为多元化纠纷解决机制的一种重要方式，仲裁制度已经成为法律服务体系不可或缺的重要组成部分，也是构建和谐社会的重要纠纷解决机制之一。截至 2011 年底，全国共成立仲裁机构 215 家，共有仲裁员 4 万余名，处理各类民商事纠纷 56 万件，受案标的额 4400 余亿元，为社会主义市场经济的健康发展起到了积极的保障和促进作用。[①]

相较法院判决，仲裁在解决民商事纠纷方面具有独特优势：仲裁充分尊重当事人的意志，当事人可以自由选择仲裁裁决规则以及案件实体适用的法律；仲裁员均系法律专家或某一行业领域的专家，在依法裁决的过程中，更加注重特定行业领域的实际问题解决，或在骑虎难下、沟通不畅的局面中能够充分协调双方以"双赢"或最小损失方式解决争端；此外，选择仲裁，则当事人有权选择不公开审理，可避免商业信誉受损和商业秘密外泄；而且仲裁一裁终局，在效率成本上远低于法院判决；尤为重要的是，在境外执行上，仲裁裁决比法院判决更容易得到境外法院的支持和认可，这也是无论在国内或国际上仲裁都越来越受到人们青睐的一个原因。

随着经济的快速发展，纠纷数量急剧增长、争议类型不断出新，各级司法机关也面临人手不足、工作量过大的问题。在此背景下，建立多元、快速的纠纷解决机制，促进仲裁行业健康发展，将专业性较强、保密要求较高的案件分流仲裁机构正是这一要求的外在体现。

然而，随着市场经济的高速发展，现行仲裁制度的一些缺陷逐步暴露出来，我国《仲裁法》还有不少与国际通行的规则、制度不接轨的地方，如何

---

[*] 广东省韶关市浈江区人民法院立案庭科员。
[**] 广东省韶关市中级人民法院研究室科员。
[①] 朱列玉：《18 年过去了，中国仲裁协会仍未成立》，载《检察日报》2013 年 3 月 25 日，第 7 版。

使仲裁制度体现出更大的灵活性、更高的效率性、更好的兼容性，更能适应全面深化改革的现实需要，成为一个不容回避的问题。因此，笔者拟从以下几个方面分析我国《仲裁法》需要完善的地方，为我国法治建设的推进贡献自己微薄的力量。

一、关于仲裁协议的形式要件

（一）我国现行规定

仲裁协议是指双方当事人自愿将他们之间可能发生或已经发生的依法可以仲裁解决的纠纷提交仲裁机构进行裁决的意思表示，是仲裁的基石所在。如果仲裁协议无效，所进行的仲裁和所作出的裁决也全部随之无效。同时，仲裁协议也具有排除法院管辖权的效力。

《仲裁法》不仅严格坚持仲裁协议必须是书面形式的，而且对书面形式的定义也显得过于狭隘。《仲裁法》第 4 条规定："没有仲裁协议，一方申请仲裁的，仲裁委员会不予受理。"第 16 条第 1 款规定："仲裁协议包括在合同中订立的仲裁条款和以其他书面方式在纠纷发生前或者纠纷发生后达成的请求仲裁的协议。"当初在制定《仲裁法》中之所以规定仲裁协议一定要求书面协议是出于便于日后发生争议时能有案可查、有利于争议解决的考虑；而"其他书面形式"的兜底性规定是为以后的宽泛解释埋下伏笔。

（二）相关立法

目前国际社会和各国立法对仲裁协议的形式要件具体要求很不统一。联合国《承认和执行外国仲裁裁决公约》（又称《纽约公约》）第 2 条第 2 款规定，书面协定为当事人所签订或在互换函电中所载明的契约仲裁条款或仲裁协定。该规定"互换函电"在当时的条件下仅限于电传，甚至不包括传真。这里书面协议的定义也比较窄，比较概括，但考虑到它是半个世纪前的文献，我们似乎不能苛求。近几十年，科学技术突飞猛进，电子通信手段花样不断翻新，不能拘泥于《纽约公约》的规定。而《国际商事仲裁示范法》就进一步拓展了书面协议的范围。该法第 7 条第（2）款规定："仲裁协议满足下述情况之一即为书面：（1）仲裁协议载于当事人各方签订的文件中；（2）仲裁协议载于当事人往来的书信、电传、电报或提供记录的其他电讯手段中；（3）在申请书和答辩书中一方当事人声称有仲裁协议，而他方不作否认表示的；（4）当事人在合同中提出援引载有仲裁条款的一项文件，如果该合同是书面的并且这种援引足以使该仲裁条款成为该合同的一部分。"① 英国《1996年仲裁法》将书面形式解释为"以任何形式所作的记录",例如录音和电子邮件。甚至,在实践中,如果一方当事人在仲裁和诉讼程序中递交文书,主张双方订有口头仲裁协议,只要双方当事人不予以明确否认,就可以赋予该文书仲裁协议的效力,其创新之处体现在第81条对口头仲裁协议的认可上,即:"(1)本部分规定不得解释为排除与本部分规定相一致的任何法律规则之适用,特别是如下法律规定的事项:……(b)口头协议的有效性。"1996年英国仲裁法的上述规定在《纽约公约》和《国际商事仲裁示范法》关于仲裁协议书面规定的基础上实现了重大突破和创新。其根本的推动力是经济日新月异的发展,《仲裁法》也不得不加以变革以适应这种需要。

(三) 修改建议

国际仲裁立法和我国1999年颁布的《合同法》,无疑正从表面转向实质,这也是尊重当事人意思自治的必然要求,而继续坚持《仲裁法》在仲裁协议形式上的规定就显得很不合时宜。虽然,按照"新法优于旧法"的理论,对仲裁协议形式的解释应遵从《合同法》的规定,但考虑到《仲裁法》是我国仲裁制度的基石,仲裁实践不仅不承认口头仲裁协议的有效性,对仲裁协议的"书面"形式也是采用保守的做法。在经济飞速发展的今天,绝对强调仲裁协议的书面性不利于民商事的流转;而《仲裁法》中有关仲裁协议的"其他书面形式"的兜底性规定反而在仲裁实践中引致更多的争论。因此在对我国《仲裁法》进行修改时,应借鉴各国立法经验,并参照《合同法》规定,承认申请人与被申请人一致确认的口头仲裁协议的效力,同时对仲裁协议的书面形式明确作出广义的解释,即:书面仲裁协议是以任何可以有形表现所载内容的形式(包括信函、电报、电传、传真、电子邮件、电子数据交换等)达成的协议。根据国际惯例和科学技术的发展,建议在《仲裁法》中明确规定:当事人采用仲裁方式解决纠纷,应当自愿达成书面仲裁协议。是否具备书面形式,依照《合同法》第11条的规定认定。没有书面仲裁协议,一方申请仲裁,仲裁委员会不予受理。

---

① 余先予、叶明:《关于仲裁法修改的几个问题》,载 http://www.whac.org.cn/plus/view.php? aid = 356。

二、关于临时仲裁

（一）概念

临时仲裁，又称特别仲裁，是指无固定仲裁机构介入，而由当事人通过仲裁协议直接组织仲裁庭进行的仲裁。仲裁结束后，仲裁庭自行解散。临时仲裁作为仲裁制度初始阶段的唯一形式，也是仲裁制度中最能够体现当事人自主性的部分，在解决争议纠纷方面相比机构仲裁有其独特的优势。

临时仲裁制度在现今世界上大多数国家，如英国、德国、美国、荷兰、法国等都得以确立，在希腊、葡萄牙等一些国家，临时仲裁甚至成立主要的仲裁形式。① 在国际层面临时仲裁也得到了认同。《纽约公约》第1条就明确规定了将临时仲裁作为仲裁的方式之一。

我国在仲裁制度建立之初，未对临时仲裁作出规定。但随着社会发展和进步，在经济全球化的当今世界，已不合时宜。无论从经济层面还是法治层面考量，都需要确立我国的临时仲裁制度。

（二）独特优势

1. 充分体现当事人的意思自治

机构仲裁中，当事人虽然可以在仲裁地点、仲裁规则、仲裁员中进行选择，但也受限于此，仲裁开始后，就要严格依照固定的仲裁程序行事。而在临时仲裁中，能更好地体现当事人的意思自治，在仲裁地点、仲裁程序、仲裁员、仲裁庭组成、规则的制定或适用都可协商确定，增加仲裁结果的预见性和确定性。英国一位律师 D. A Redfem 就曾把临时仲裁和机构仲裁之间的差别比作"量体裁衣和买现成服装之间的区别"。②

2. 降低当事人争议解决成本

机构仲裁中，当事人所支付的仲裁费用中都包含一定的机构管理服务费用。而在临时仲裁中，当事人可以避开仲裁规则中一些不符合自身需求的规定，自设仲裁程序，或就近选择有关人士快速解决争议，从而既节省时间又节省费用，降低争议解决成本。在西方国家，有时候早上发生的争议，当天下午

---

① 陈燕红：《探析临时仲裁制度在我国的确立》，载《河南司法警官职业学院学报》2013年第11期。

② W. Michael Reisman, W. Laurence Craig, William Park, Jan Paulsson. International Commercial Arbititration ［M］. American：The Foundation Press. Inc, 1997, 271.

就成立了仲裁庭，晚上开庭，第二天早上作出裁决，这种情况无论是在纽约还是在伦敦，并非鲜为人知。①

3. 促使我国仲裁摆脱行政化色彩

由国情所致，我国虽已建立了体系相对完整的机构仲裁，但是仍具有明显的政治色彩，主要表现在仲裁机构的组成设立上，有的是独立的机构，有的挂靠在省市政府法制办，有的挂靠在省市政府办公厅，也有的挂靠在司法局②。而临时仲裁制度能给予当事人多种选择机会，有助于加强仲裁领域的竞争和机构仲裁内部管理，在一定程度上减少行政机构的影响，最终促进机构仲裁的良性发展。

（三）修改建议

鉴于我国经济发展的客观需求，我国《仲裁法》应该引入临时仲裁的合理内核。从我国现实国情出发，借鉴国际成熟经验，采取合适的方式，特别是对仲裁员的选任、仲裁程序的制定等作出规定，以合理的速度确定和发展我国的临时仲裁制度。

三、关于仲裁裁决的司法审查制度

（一）双重审查模式

1994年《仲裁法》颁布以后，我国将撤销制度引入仲裁体制，改变了单独以不予执行程序对仲裁裁决进行司法监督的立法模式。2012年8月31日通过的《中华人民共和国民事诉讼法》第二次修改案已于2013年1月1日起施行。新修改的民事诉讼法对人民法院不予执行仲裁裁决的条文作了较大调整，将涉及申请仲裁不予执行的审查条件，删除了"认定事实的主要证据不足的"和"适用法律确有错误的"两项，代之以"裁决所根据的证据是伪造的"和"对方当事人向仲裁机构隐瞒了足以影响公正裁决的证据的"。两种制度在审查条件上已经获得统一。而从两种制度所引起的法律后果来看，也是完全一致的，均为"当事人就该纠纷可以根据双方重新达成的仲裁协议申请仲裁，也可以向人民法院起诉"。

《仲裁法》和《民事诉讼法》对撤销仲裁裁决和不予执行制度的设置，对

---

① Philip Yang：On Shipping Practice，大连海事大学出版社1995年版，第541页。
② 朱列玉：《18年过去了，中国仲裁协会仍未成立》，载《检察日报》2013年3月25日，第7版。

仲裁裁决形成了两种司法审查程序。这一体制的产生，主要为了防止仲裁庭滥用权力，发挥法院的司法监督作用。应当肯定的是，克制适当的司法监督并无损于仲裁裁决的终局力，也有利于监督仲裁活动的有序进行，从而帮助促进仲裁制度的健康发展。但是，在我国仲裁行业逐步走向成熟以及《仲裁法》已经确立撤销仲裁裁决制度后，双重监督模式不仅造成有限司法资源的浪费，更为重要的是，当事人在行使"法定"权利的同时，会造成仲裁裁决长期处于效力不确定的状态，将仲裁高效、快捷的优势消磨殆尽，造成仲裁程序的严重拖延。

（二）不当之处

1. 不利于仲裁效力的快速实现。就撤销程序而言，我国《仲裁法》第59条规定："当事人申请撤销裁决的，应当自收到裁决书之日起6个月内提出。"第60条规定："人民法院应当在受理撤销裁决申请之日起两个月内作出撤销裁决或者驳回申请的裁定。"这两条规定表明，我国的仲裁裁决在长达8个月的期间内处于不确定的状态，况且撤销程序的审查事由有限，且不涉及案件的实体内容，当事人准备申请材料的过程并不复杂，根本不需要这么长的申请期限。

2. 不利于仲裁效力的明确。两种审查制度并行，一方面为当事人恶意对抗仲裁裁决提供了可乘之机。当其撤销仲裁裁决的申请被法院驳回后，还可以寻求第二次司法救济，申请法院不予执行仲裁裁决，使得同一法院对同一仲裁裁决进行两次司法审查，这势必使仲裁裁决长期处于效力不确定的状态；而另一方面，我国《仲裁法》第58条规定，当事人可以向仲裁委员会所在地的中级人民法院申请撤销裁决，最高人民法院《关于适用〈中华人民共和国仲裁法〉若干问题的解释》第29条规定："当事人申请执行仲裁裁决案件，由被执行人住所地或者被执行的财产所在地的中级人民法院管辖。"撤销和不予执行请求的管辖权分别属于仲裁委员会所在地中级人民法院和执行地的中级人民法院。撤销仲裁裁决的权力和不予执行仲裁裁决的权力有可能分别掌握在不同的法院手中，对同一仲裁容易造成不同地区法院之间做法的相互矛盾。

（三）修改建议

1. 缩短撤销仲裁裁决的期限。从国际立法上看，大多数国家都将申请撤销裁决的期限规定在3个月以内，如英国规定，申请撤销必须在仲裁裁决作出之日起28日内提出；德国规定，撤销之诉应于1个月的不变期间提出。再从实践需要而言，申请撤销仲裁裁决所需要准备的材料并不繁琐，且申请理由大多仅及于程序事项,故而其举证过程也并不复杂。因此,3个月已经能够基本满足当事人所需要的时间。

2. 应该取消不予执行仲裁的制度,将其合理的内容吸收到撤销仲裁裁决的制度中,将申请撤销作为对仲裁裁决进行司法审查的唯一方式。以撤销裁决为最终解决方式也能够彻底避免仲裁裁决效力所面临的尴尬,从而自根本上解决裁决效力模糊的问题。

仲裁司法审查视野中的《仲裁法》修改

张善华*　苗卉卉**

　　1994 年颁布的《仲裁法》堪称中国仲裁领域的里程碑,该法的实施对于规范和统一我国国内仲裁制度、促进国内与国际仲裁制度的接轨发挥了重要作用,但该法施行至今已近 20 年,我国社会经济状况发生了巨大变化,该法的部分内容已经不能满足解决纠纷的需要。1995 年以来,最高人民法院在仲裁领域发布数十个司法解释以保障《仲裁法》的贯彻实施、解决仲裁领域的新问题,但是补丁式的完善不能从根本上解决问题,及时修订、完善《仲裁法》是我国经济发展大势所趋的要求,也是促进我国仲裁业进一步发展的当务之急。本文立足于仲裁司法审查案件审理中的难点与困境,探讨完善我国仲裁制度的立法进路并提出了《仲裁法》的立法修改建议,期冀由司法实践中发现的"阡陌小径"逐步勘踏出完善立法的"康庄大道"。

一、当前仲裁司法审查案件审理的概况

　　人民法院审理的涉及仲裁的案件包括仲裁协议效力审查案件、仲裁财产保全案件、仲裁证据保全案件、本国仲裁裁决(包括我国仲裁机构对不具有涉外因素的纯国内纠纷作出的国内仲裁裁决和对具有涉外因素纠纷作出的涉外仲裁裁决)的撤销和执行案件、外国仲裁裁决的承认与执行案件等。最为常见和主要的是仲裁协议效力的认定、本国仲裁裁决的撤销和不予执行三种审查。上述三类案件的司法审查通常由人民法院内部不同的业务庭办理,如立案庭、民商事审判庭、涉外审判庭、执行部门。比较常见的是立案庭受理管辖权异议时审查仲裁协议效力,执行部门执行仲裁裁决时对不予执行抗辩事由进行审查,涉外审判庭办理含涉外、涉港澳台因素的仲裁司法审查案件。仲裁司法审查案件的多头办理产生了审查理念、适用标准和执法尺度的不统一。广东省法

---

*　广东省东莞市中级人民法院民四庭庭长。
**　广东省东莞市中级人民法院民四庭法官。

院从 2012 年 1 月 1 日起，将国内仲裁和国际商事仲裁司法审查案件统一归口由涉外商事审判业务庭审理，以有效利用涉外审判庭在仲裁司法审查中的专业及经验优势，统一审查尺度，确保审查的质量和公信力。

二、仲裁司法审查案件审理中遭遇的立法"瓶颈"

审判实践中，由于我国当前立法未对仲裁司法审查的具体审查程序作出规定、仲裁司法审查制度本身的构建存在不足以及关于仲裁制度的规定存在固有缺陷等因素，造成仲裁司法审查的程序未能统一规范，仲裁裁决和仲裁司法审查的公信力在一定程度上受到影响。

（一）仲裁司法审查制度的立法空白

1. 缺少具体审查程序的规定

我国现行法律对撤销、不予执行仲裁裁决申请的审查均规定了合议制审查方式，最高人民法院《关于适用〈中华人民共和国仲裁法〉若干问题的解释》规定了法院审理仲裁协议效力确认案件中应当询问当事人，《民事案件案由规定》将仲裁司法审查案件规定在"适用特殊程序案件"案由项下，以区别于一、二审诉讼程序，但现行法律对于仲裁司法审查案件的具体审查程序均没有明确规定。司法实践中，不同法院采用了不同程序，有的向当事人送达《听证通知书》，采用听证程序；有的则通过传票传唤当事人到庭接受询问。另外，仲裁司法审查裁定书的制作格式也未统一。立法在司法审查程序上的缺失导致了法院的审查程序"无法可依"，只能通过内部规定和协调自行确定一种程序，不统一的操作容易给当事人造成不规范的印象，一定程度上也导致了当事人对仲裁司法审查程序与诉讼程序的混淆，误将仲裁司法审查当作二审诉讼，当事人在仲裁司法审查案件中重复提交仲裁阶段的证据并要求质证或提交"新证据"主张仲裁庭"认定事实不清，适用法律错误"的情况并不鲜见。

2. 缺乏仲裁司法审查上诉制度

最高人民法院自仲裁制度建立以来作出了法复〔1996〕8号、法复〔1997〕5号、法释〔1999〕6号、法释〔2000〕17号、法释〔2000〕46号等五个批复，以司法解释及司法解释文件的形式确立了仲裁司法审查程序"一审终局"，即有关执行与撤销仲裁裁决的裁定，不允许当事人提起上诉、申请再审，也不允许检察机关提出抗诉。此种立法选择是出于保证仲裁的效率性和人民法院裁定的权威性，但是仲裁司法审查程序"一裁终局"产生了如下问题：第一，仲裁败诉方可以提起撤销仲裁裁决或者不予执行仲裁裁决来保护自身权利，那么当法院作出撤销仲裁裁决或者不予执行仲裁裁决的裁定后，应当对应地赋予仲裁胜诉方救济的权利，否则有过分保护败诉一方之嫌。第二，"无救济则无权利"，在仲裁司法审查裁定确实存在错误的时候，不赋予当事人上诉的权利，则无法保障当事人的合法权益。考虑到仲裁司法审查"一裁终局"存在缺陷，我国对于涉外仲裁和外国仲裁通过最高人民法院《关于人民法院处理涉外仲裁及外国仲裁事项有关问题的通知》（法发〔1995〕18号）及《关于人民法院撤销涉外仲裁裁决有关事项的通知》（法〔1998〕40号）两个"通知"的形式建立了"内部报告"制度，规定中级人民法院经审查认为应当裁定不予执行或撤销涉外或外国仲裁裁决，认定涉外、涉港澳台仲裁协议无效的，应当通过高级人民法院、最高人民法院层层报请，经高级人民法院、最高人民法院同意后方可裁定。"内部报告"制度对保证下级法院准确公正地进行司法审查发挥了积极作用，但仍然存在难以克服的缺憾："内部报告"制度以最高人民法院"通知"的形式确立，欠缺法律上的效力，其适用范围有限，且没有规定办理期限，从报请到回复的三级报告，导致诉讼时间具有不确定性。

（二）撤销与不予执行仲裁裁决的司法审查标准"内外有别"

我国立法关于仲裁裁决的撤销与不予执行，区分了国内仲裁裁决和涉外仲裁裁决，但目前没有法律规定明确界定何为"涉外仲裁裁决"。一般认为，我国仲裁机构对具有涉外因素的纠纷作出的仲裁裁决为涉外仲裁裁决。《仲裁法》第58条规定了撤销国内仲裁裁决的标准。2012年修改后的《民事诉讼法》对不予执行国内仲裁裁决的事由进行了修改，取消了仲裁裁决认定事实的主要证据不足、适用法律错误的实体审查事由。据此，撤销和不予执行国内仲裁裁决的标准实现了基本统一，侧重于程序审查，但是仍然存在对"裁决所根据的证据是伪造的"、"对方当事人向仲裁机构隐瞒足以影响公正裁决的证据的"等实体事由进行审查的标准。《仲裁法》第70条、第71条分别规定了撤销与不予执行涉外仲裁裁决的标准，采取的是撤销仲裁裁决与不予执行仲裁裁决标准一致的做法，为程序审查。但是，对撤销与不予执行国内仲裁裁决与涉外仲裁裁决的司法审查标准上，《仲裁法》仍未实现国内、涉外标准的统一性。《仲裁法》实施以前，我国仅有中国国际经济贸易仲裁委员会、中国海事仲裁委员会两家仲裁机构有权仲裁涉外案件，但《仲裁法》实施后，根据《仲裁法》组建的200多家仲裁机构均可以仲裁涉外案件。从2000年开始中国国际经济贸易仲裁委员会以及中国海事仲裁委员会这两家传统的涉外仲裁机构也开始受理国内案件，涉外仲裁机构和国内仲裁机构在受案范围上开始融合,已无本质差别。① 因此,在新的历史条件下,有必要改变对仲裁裁决内外有别的双轨司法审查制度。

(三) 撤销和不予执行仲裁裁决的审查程序重复

1994年《仲裁法》颁布之前,我国《民事诉讼法》仅规定了不予执行仲裁裁决的司法审查方式。1994年《仲裁法》新设了撤销仲裁裁决的司法审查方式,立法者是基于"规定申请撤销裁决的程序,有利于保护当事人的合法权益,减少仲裁工作的失误,美国、德国、法国、日本等许多国家都有这样的程序"②。由于我国对于仲裁裁决撤销与不予执行的审查事由相同,就会出现对于同一个仲裁裁决运用两个司法监督程序进行审查的情形并可能导致以下问题:第一,申请撤销仲裁裁决的申请人可以是仲裁双方,而申请不予执行仲裁裁决的权利仅属于仲裁败诉方,仲裁裁决的双重监督机制实际是一种权利保护失衡的设计,过分保护了仲裁败诉方的利益;第二,增加了仲裁败诉方滥用诉讼权利的风险;第三,一方当事人在受理法院申请撤销仲裁裁决,另一方当事人在执行法院申请不予执行仲裁裁决,既浪费司法资源又容易造成法院之间的裁决冲突。

(四) 仲裁庭的调查取证权不明确

在民商事诉讼中,证据被视为"诉讼的脊梁",是基于证据是解决争议程序启动和开展的基础和关键。由于当事人在获取某些特定信息方面的资格受限,在遇到当事人凭自身能力无法获取的、但又对争议结果起到"一决输赢"作用的证据时,裁判者调查取证的制度至关重要。以笔者经办的一个申请撤销仲裁裁决的司法审查案件为例,该案为借款合同纠纷,出借人在仲裁中要求借款人还款,借款人辩称已经通过银行转账方式予以还款,但借款人无法证明还款账户为贷款人所有,此时,金融机构出具的账户信息证明对纠纷的解决结果会产生决定性影响。由于借款人无法自行向银行进行调查取证,故向仲裁庭申请调查取证。该案中,仲裁庭基于举证证明诉讼请求是申请人的义务而未予准许调查取证,借款人未能证明已经履行还款义务而被裁决还款。仲裁裁决作出

---

① 马占军:《论我国仲裁裁决的撤销与不予执行制度的修改与完善——兼评最高人民法院〈关于适用〈中华人民共和国仲裁法〉若干问题的解释〉的相关规定》,载《法学杂志》2007年第2期。

② 薛驹:《关于仲裁法(草案修改稿)和审计法(草案修改稿)修改意见的汇报》,载朱志国等编著:《中国仲裁基础》,警官教育出版社1997年版,第191页。

后，借款人以出借人隐瞒了足以影响公正裁决的证据为由向法院提出撤销仲裁裁决的申请。实践中，仲裁机构较少在仲裁规则中规定仲裁庭调查取证的情形，面对当事人提出调查取证申请时也通常不予准许。究其原因，除仲裁庭受保持中立、遵循举证原则的观点影响外，有其内在的深层次原因：其一，仲裁庭调查取证的法律依据不充足。《仲裁法》第 43 条规定的"仲裁庭认为有必要收集的证据，可以自行收集"能否被理解为仲裁庭的调查取证权值得商榷。仲裁机构不具有公权力属性，其先天性质决定了仲裁庭的调查取证权不具有强制力，与公检法机关等代表国家公权力的机关相比，其调查取证权的法律依据不充分。其二，实践操作的困难。具有司法强制力的司法机关调查取证尚且未必完全得到被调查机构的积极配合，而不具有司法强制力的仲裁庭调查取证，能否得到案外人的认可和配合存在很大疑问，即使仲裁庭决定调查取证，其实际收效也多有可能遭遇尴尬，因此仲裁庭积极调查取证的动力不足。然而，在某些案件中，仲裁庭未进行调查取证可能导致纠纷的关键事实无法查清，裁决结果不符合民众心中朴素的正义标准，当事人会进一步申请对仲裁裁决进行司法审查，有损仲裁公信力。因此，《仲裁法》有必要建立仲裁庭的调查取证制度。

三、仲裁司法审查视野中的《仲裁法》修改建议

（一）完善仲裁司法审查程序

1. 明确仲裁司法审查程序

建议《仲裁法》在修改时明确仲裁司法审查的程序，可以以传票传唤各方当事人到庭接受询问，指导当事人围绕仲裁司法审查的内容进行举证、辩论、陈述，在听取各方当事人意见的基础上作出仲裁司法审查裁决。同时，应统一仲裁司法审查裁定书的参考格式。

2. 建立仲裁司法审查上诉制度

仲裁裁决经司法审查，应当由制度体系保障司法审查裁定的正确和公正，确立有效的上诉制度是一个有效途径。关于仲裁司法审查裁定的上诉制度，美国、法国、意大利、比利时均予以采纳并分别规定在仲裁法、民事诉讼法或法典中，建议我国《仲裁法》修改时吸收上述国家的普遍做法，对于法院作出的支持仲裁裁决的裁定，不允许上诉；对于法院作出的撤销仲裁裁决，允许提起上诉。对司法审查裁定的上诉制度作此设计，既能够为司法审查错误提供机会，也能确保仲裁裁决尽可能地获得承认和执行，同时应当对上诉的审理期限作出严格的期间限制，以保证上诉程序的迅捷和高效。

（二）统一国内和涉外仲裁裁决的司法审查标准

国内仲裁裁决和涉外仲裁裁决均是国内仲裁机构作出的裁决，建议《仲裁法》修改时可以考虑对裁决仅作国内裁决和外国裁决（以及港、澳、台仲裁裁决）的区分。我国涉外仲裁裁决的撤销与不予执行的理由均为程序性事项且与国际通行规定一致，建议《仲裁法》在修改时废除对撤销与不予执行裁决内外有别的双轨监督机制，对国内裁决和涉外裁决采取统一的程序审查标准，《仲裁法》第58条第1款第（四）、（五）项证据认定问题属于对撤销裁决的实体审查事项，应当予以删除。

（三）对国内仲裁裁决仅进行撤销司法审查

上文已经讨论了仲裁裁决撤销和不予执行双重司法审查的不合理性，由于对国内仲裁裁决仅实行仲裁裁决的撤销监督已经可以满足司法对仲裁适度监督的需要，且由于国内仲裁裁决的执行法院不确定，笔者认为，对国内仲裁裁决仅保留撤销仲裁裁决的司法审查程序，删除《仲裁法》关于国内仲裁裁决不予执行的规定。由于我国是1958年《纽约公约》缔约国，因而负有按照该公约的规定承认执行外国仲裁裁决的国际义务。我国《民事诉讼法》对涉外仲裁裁决不予执行的规定与该公约的精神基本一致，因而建议对于外国仲裁裁决不予执行的问题仍采用《民事诉讼法》的规定来规范。

（四）增加仲裁庭请求法院协助调查取证的规定

在完善仲裁庭调查取证制度方面，由于仲裁机构不具有公权力的属性，仲裁庭的存在及处理争议的权力来源于仲裁协议各方当事人的授权，与得到《宪法》授权的人民法院有着本质区别，因此《仲裁法》无法赋予仲裁庭拥有与人民法院相同的调查取证权力，但是这不等同于仲裁庭无法行使调查取证权。笔者认为，可以参照仲裁证据保全、诉讼保全等较为成熟的模式，对于仲裁当事人向仲裁庭提交调查取证申请的，经仲裁庭审查属于对查明案件事实具有重大影响且属于司法机关按照现行法律有权调查取证的，可以将该申请递交至调查取证地的相关法院，由法院承担调查取证任务。而在立法例中，司法机关向仲裁庭提供调查取证方面的支持也比较常见，如《德国民事诉讼法典》第1050条、《瑞典仲裁法》第26条、我国澳门地区"核准仲裁制度"第25条、《涉外商事仲裁专门制度》第27条、我国台湾地区"1998年仲裁法"第26条、第28条等。需要特别注意的是，毕竟仲裁机构与司法机关有着本质而重大的区别，仲裁庭调查取证的范围在仲裁庭调查取证制度建立之初应当遵循循序渐进的原则,仲裁庭对于调查取证的申请应当进行严格审查后决定是否予以准许,不能丧失其中立性。

四、结语

　　法院对仲裁裁决进行司法审查,是维护仲裁良性发展的重要手段。《仲裁法》作为中国的仲裁法典,其修改应着力完善仲裁制度并秉持司法支持仲裁的仲裁法精神完善仲裁司法审查制度,如明确仲裁司法审查的程序、建立仲裁司法审查上诉制度等,实现尊重仲裁高效裁决与保障仲裁裁决公正、公信并举,并最终促使中国仲裁制度趋于完善,获得更高的国际认知程度和长足发展。

浅析我国《仲裁法》立法缺陷及完善设想

曾德利*

我国的仲裁制度产生于 20 世纪初，建国后，我国的仲裁制度发生了一系列的变化，大致经历了只裁不审、仲裁名存实亡、先裁后审、或裁或审裁审分离、涉外仲裁与国内仲裁并存五个阶段，从我国仲裁制度发展的这五个阶段中不难看出我国仲裁制度呈现出的混乱局面。直至 1994 年 8 月 31 日第八届全国人大常委会第九次会议通过的《中华人民共和国仲裁法》(以下简称《仲裁法》)才得以改善了这种混乱的局面，对我国仲裁制度的发展具有极为深远的里程碑意义，但由于我国《仲裁法》在立法设置上的不完善，使得我国仲裁制度依然存在着诸多的缺陷或不足，导致仲裁的优越性在我国难以彰显，这种局面应亟待加以研究解决。

一、我国《仲裁法》立法现状及缺陷

(一) 仲裁适用范围的界定

我国《仲裁法》的颁布，明确划定了仲裁组织受理争议的范围，根据该法第 2 条、第 3 条的规定，仲裁组织的受案范围是："平等主体的公民、法人和其他组织之间发生的合同纠纷和其他财产权益纠纷"，同时"婚姻、收养、监护、抚养、继承纠纷；依法应当由行政机关处理的行政争议"不能仲裁。可见，《仲裁法》所确定的适用范围：一是必须为平等主体间的合同纠纷和其他财产权益纠纷；二是有关身份和行政纠纷不可仲裁。这一界定，其基本原则与国际上通行的原则相一致，但是这里有关"合同纠纷"和"其他财产权益纠纷"的界定依然存在与国际通行的做法不相一致的问题，在国际仲裁中，仲裁的适用范围通行的提法是"商事争议"。这种"商事争议"，1985 年联合国国际贸易委员会《国际商事仲裁示范法》(以下简称《示范法》) 第 1 条作

---

* 广东省乐昌市人民法院民一庭助理审判员。

出的释明为:对"商事"一词应作广义解释,使其包括不论是契约性、非契约性和一切商事性质的关系引起的种种情况。这种"商事争议"较之我国《仲裁法》所确定的"合同纠纷"和"其他财产权益纠纷",其范围要宽泛得多。其次,上述界定也与我国实践中的仲裁规则不相一致。在我国实践中,《仲裁法》对仲裁适用范围的规定与有关仲裁机构的仲裁规则所规定的受案范围也不尽相同。其中作为中国涉外仲裁机构之一的中国国际经济贸易仲裁委员会,在其1998年和2000年的仲裁规则第2条中,均将其受案范围规定为"中国国际经济贸易仲裁委员会以仲裁的方式,独立、公正地解决契约性或非契约性的经济贸易争议"。中国国际经济贸易委员会的这一规定与1985年《纽约公约》(即《承认与执行外国仲裁裁决公约》)和《示范法》规定的仲裁范围是一致的,其这种与国际接轨的做法是值得肯定的,但是却超出了《仲裁法》所确定的"合同纠纷"和"其他财产权益纠纷"的范围。

(二)仲裁协议效力问题

《仲裁法》从第16条至第20条,专章对仲裁协议问题作出了明确的规定,但相比国际和外国的相关规定,不难发现,我国关于仲裁协议的规定还存在以下几点不足:一是对仲裁协议的有效要件的规定过于严格,不利于我国仲裁事业的发展。主要表现在形式要件方面,《仲裁法》的规定不够具体明确。《仲裁法》第16条第1款规定:"仲裁协议包括合同中订立的仲裁条款和以其他书面方式在纠纷发生前或者纠纷发生后达成的请求仲裁的协议。"可见,我国的仲裁协议包括仲裁条款和其他书面形式的仲裁协议。这一规定基本上符合国际上的普遍规定,但是在我国实践中,对于"其他书面形式"的仲裁协议,存在这样的理解:"其他书面形式"的仲裁协议即为仲裁协定书,是指当事人签订的把争议提交仲裁的、独立于合同之外的专门性文件。我国对"其他书面形式"的仲裁协议的这种狭义理解会造成在实践中对"其他书面形式"表示的仲裁意愿性文件效力的否认,从而产生仲裁协议效力异议纠纷,造成仲裁资源不必要的浪费。另外,在仲裁协议的实质要件方面,根据《仲裁法》第16条、第18条及第9条的相关规定,《仲裁法》将当事人对仲裁机构的约定和约定的明确性作为仲裁协议有效的实质性要件,并规定仲裁裁决一旦被人民法院撤销,仲裁协议当然无效。这种做法与国际上的做法不相符,也不符合我国仲裁实践的要求。

(三)临时仲裁的缺失

关于临时仲裁,《仲裁法》没有专门对其合法性作出规定,但是该法第16

条、第 18 条规定将"选定的仲裁委员会"作为认定仲裁协议是否有效的必要条件之一，实际上已经排除了临时仲裁在我国仲裁制度中的合法地位。临时仲裁早在 19 世纪中期的机构仲裁出现之前，就一直是唯一的国际商事仲裁方式。由于其具有很大的灵活性，而且能为当事人节省一定的费用、时间，使纠纷得到迅速的解决，因此，在世界各国均普遍设置机构仲裁的情况下，临时仲裁依然受到人们的青睐，并迅速发展，在国际仲裁中占有极为重要的地位。如《纽约公约》第 1 条规定："仲裁裁决一词不仅指专家选派仲裁员所作出的裁决，亦是当事人提请的常设仲裁机构所作出的裁决"，可见，临时仲裁的地位略见一斑。而《仲裁法》却排除了临时仲裁，这实在是我国仲裁制度的一大缺憾，给我国仲裁事务带来极大的不便。

（四）仲裁的司法监督制度不完善

对仲裁的司法监督，国际上普遍的做法是由人民法院来实施的，而人民法院主要是通过不予执行仲裁裁决或者撤销仲裁裁决的方法来实现其监督职能的。我国也不例外，但较之国际公约及世界各国的立法规定，我国的仲裁司法监督制度还存在人民法院对仲裁的司法监督范围过宽及对国内仲裁裁决的监督和对涉外仲裁裁决监督的标准不统一。依据《仲裁法》第 58 条和 2012 年修改后的《民事诉讼法》第 237 条第 2 款的规定，我国人民法院对国内仲裁裁决的监督为：（1）当事人在合同中没有订有仲裁条款或者事后没有达成书面仲裁协议的；（2）仲裁裁决的事项不属于仲裁协议的范围或仲裁委员会无权仲裁的；（3）仲裁庭的组成或者仲裁的程序违反法定程序的；（4）仲裁所依据的证据是伪造的；（5）对方当事人隐瞒了足以影响公正仲裁的证据的；（6）仲裁员在仲裁该案时有索贿受贿、徇私舞弊、枉法裁决行为的。而《仲裁法》第 70 条、第 71 条及 2012 年修改后的《民事诉讼法》第 274 条第 1 款规定对涉外仲裁裁决的监督为：（1）当事人在合同中没有订有仲裁条款或者事后没有达成书面仲裁协议的；（2）被申请人没有得到指定仲裁员或者进行仲裁程序的通知，或者由于其他不属于被申请人负责的原因未能陈述意见的；（3）仲裁庭的组成或者仲裁的程序与仲裁规则不符的；（4）裁决的事项不属于仲裁协议的范围或者仲裁机构无权仲裁的。由此可见，人民法院对涉外仲裁裁决监督的范围要比对国内仲裁裁决的监督范围要小。

二、完善《仲裁法》的若干设想

（一）放宽对仲裁协议有效要件的要求

首先，对于"其他书面形式"的仲裁协议，国际上通行的理解为，既包括独立的仲裁协定书,也包括其他表示提交仲裁的意愿性文件,如当事人相互交换、往来的信函、电报、传真、电话记录、电子邮件或其他可经书面证实的材料。这里其他表示提交仲裁的意愿性文件与仲裁条款、仲裁协定书的差别只是其提交仲裁的意思表示不是集中表现在与某一合同的有关条款或某一单独的协议之中,而是分散于双方当事人相互往来的信件之中,但是真与其他形式的仲裁协议的法律效力是等同的。《纽约公约》第 2 条第 2 款专门指明:"称'书面协定者',谓当事人所签订或在互换函电中所载明之契约仲裁条款或仲裁协议。"对此《纽约公约》的英文版规定是:"Shall include"(即应当包括),所以"书面形式协议"不应只包含上述两种。同时,《示范法》第 7 条第(2)款也规定"仲裁协议应是书面的。协议如载于当事人各方签字的文件中,或载于往来的书信、电传、电报或提供协议记录的其他电讯手段中,或载申诉书或答辩状的交换中,当事人一方声称有协议而当事人他方不否认,即为书面形式"。由此可见,《示范法》对书面形式的要求更为宽松了。修改后的英国 1996 年仲裁法是最能反映国际商事仲裁晚近的发展趋势的,根据其规定,不论仲裁协议是规定在基础合同中或是独立于基础合同而另外协议作出规定,都必须采取书面形式;书面形式包括各种能把协议记录下来的形式,如通过录音和电子传送。可见,依英国 1996 年仲裁法的规定,仲裁协议本身不一定采用书面形式,只要有书面证据如备忘录的证明就足以认定其有效,如果仲裁协议由一方当事人或协议的各方当事人授权的第三人作了记录,也可构成书面证据。此外,瑞士、奥地利、德国、保加利亚和意大利等国法院的有关案件判决都持有类似的立场。同样,我国 1999 年生效的《合同法》中对"书面形式"的定义是:合同书、信件、数据电文(包括电报、电传、传真、电子数据交换和电子邮件)等可以有形表现所记载内容的形式。有关仲裁协议的形式要件,有些国家甚至还承认口头协议或是可录制信息的方式。随着仲裁制度的不断发展,对仲裁协议书面形式的严格要求已逐渐由原来对仲裁的支持、肯定的作用转变为阻碍、否定的作用,顺应仲裁蓬兴的国际潮流,放宽书面形式的要求势在必行,各国仲裁法的发展历程也印证了这一点。因此,对于"其他书面形式"的仲裁协议,我国《仲裁法》应当采用国际上的广义理解,放宽对其要求。

其次,明确规定当事人对仲裁协议效力异议的,应当向仲裁委员会所在地中级人民法院提出申请。对于仲裁协议效力的认定机构,大多数国家规定为"既可以由仲裁机构或仲裁庭作出决定,也可以由有关法院作出裁定"。我国《仲裁法》第 20 条第 1 款也作出了同样的规定,肯定了人民法院作为仲裁强有力的支持者和监督者对仲裁协议效力的确认权。虽然我国仲裁法对实践中出现的当事人向哪一地方、哪一级人民法院提出仲裁协议异议问题没有作出具体、明确的规定，但是，在各地仲裁机构的仲裁规则以及当地中级人民法院均有较为统一的规定，即当事人应当在仲裁庭首次开庭前向仲裁机构所在地中级人民法院提出。2000年8月12日施行的最高人民法院《关于当事人对仲裁协议的效力提出异议由哪一级人民法院管辖问题的批复》中也对此作出了同样的规定，当事人对仲裁委员会没有约定或约定不明的，可由被告住所地中级人民法院管辖。那么，中级人民法院接到申请后应在何期限内作出裁决呢？笔者认为，应当在7日内作出。理由是，人民法院对当事人提出的仲裁协议异议进行审查，实际上是审查当事人纠纷是否符合起诉的条件，根据我国民事诉讼法的规定，人民法院对起诉案件受理与不受理审查时间为7日，因此，人民法院也应当在7日内对当事人提出的仲裁协议效力异议作出裁决，以决定当事人的纠纷究竟是由仲裁机构进行仲裁还是由人民法院纳入诉讼程序进行审判。综上所述，鉴于方便实践操作，我国仲裁法应当把上述规定明确、具体地载入相关的条文当中。

（二）建立临时仲裁制度

临时仲裁的缺失严重阻碍了我国仲裁事业的发展，因此，我国仲裁应当走出单一化的模式，尽快建立起机构仲裁与临时仲裁相结合的仲裁机制制度。所谓临时仲裁又称特别仲裁，是双方当事人在纠纷发生后共同选择的仲裁员组成临时仲裁庭进行的仲裁，在裁决作出后即告解散的仲裁方式。目前，奥地利、比利时、德国、美国、丹麦、芬兰、法国、英国、意大利、荷兰、挪威、瑞典、中国香港等多个国家和地区的仲裁制度中都规定了临时仲裁制度。

（三）完善仲裁的司法监督制度

所谓仲裁的司法监督，就是仲裁要不要监督、仲裁需要怎样监督或者说法院如何监督的问题。仲裁具有契约性和司法性双重性质，契约性是仲裁的本质，因为仲裁协议的产生是基于当事人的仲裁协议而并非司法主权，同时仲裁又是一种准司法行为，其所作出的仲裁裁决具有强制执行力。基于传统的法学基本理论，仲裁裁决在法律上的有效性取决于国家法律的赋予，如果法律不允许将特定争议提交仲裁解决，即使当事人之间订有仲裁协议也不会得到法律上的认可。因此，仲裁必须在法律的监督下进行，而这里法律的监督，归根结底是国内法院的管辖范畴。可见，仲裁在尊重当事人意思自治的同时，也需要司法监督来维护。而仲裁的司法监督是通过法院来实现的，从仲裁的发展史来看，法院对仲裁的监督大致经历了三个阶段，即法院不干预仲裁、控制仲裁、适度监督仲裁。国际上仲裁的司法监督趋势是法院适度监督，完善我国的仲裁司法监督也应当趋于法院适度监督。要完善我国法院对仲裁的适度监督，可以从以下两个方面入手。

1. 缩小司法监督的范围

对于司法监督的范围，就国际发展的趋势看，是趋于逐渐缩小的，并且只是对仲裁程序问题进行监督。比如美国的仲裁法就规定，经一方当事人申请，美国仲裁法在规定撤销仲裁裁决的情形时，主要审查仲裁员是否违法和仲裁程序是否符合法律的规定。同时，《示范法》第34条规定，一方当事人要求撤销裁决时，必须能够证明：（1）订立仲裁协议的一方缺乏行为能力，或依据法律仲裁协议无效；（2）有关当事人未能得到指定仲裁或进行仲裁程序的适当通知，或因其他理由未能陈述其案情；（3）裁决所处理的是不属于仲裁协议规定提交仲裁协议的争议；（4）仲裁的组成或仲裁程序违反当事人事先达成的协议；或者法院认为有下列情况之一时，也可撤销仲裁裁决：（1）按照本国法律，争议的标的不能通过仲裁裁决；（2）该裁决与本国的公共政策相抵触。可见，不论是各国国内法，还是国际条约，均有缩小法院监督范围、弱化法院干预的趋势。因此，我国仲裁法必须对法院对仲裁的监督范围进行修改，适当地缩小人民法院撤销或不予执行仲裁裁决的法定情形，并且应当界定人民法院对仲裁的监督只能是对仲裁程序的监督。

2. 统一对国内仲裁裁决与涉外仲裁裁决的监督标准

从我国的仲裁现状看，无论是国内还是涉外的仲裁机构均可受理涉外仲裁案件，中国国际经济贸易仲裁委员会在其2000年仲裁规则中也新设立了国内仲裁案件的特别程序。事实上，全国的仲裁机构的性质是统一的，仲裁法在设定撤销或不予执行仲裁裁决的法定情形时就没有必要在机构上区分"内外"了，对国内仲裁与涉外仲裁的划分只存在案件性质上的不同，而不应该存在仲裁机构上的区分。从国外的仲裁立法来看，绝大多数国家对其作出的国内与涉外仲裁裁决实行统一的司法审查标准。如德国民事诉讼法第1044条第2款第32项只对外国的仲裁裁决作出了特别规定，"以确认在本国不承认（外国）仲裁裁决代替（外国）仲裁裁决之撤销"，对本国境内所作出的国内仲裁和涉外仲裁裁决的撤销则适用同一司法审查标准。此外，英国、法国、日本的仲裁法则没有划分国内仲裁与涉外仲裁，对于本国所作出的国内仲裁和涉外仲裁裁决实行统一的、同一的标准及其同等要求的司法监督。因此，我国仲裁法应当统一规定对国内仲裁裁决与涉外仲裁裁决的司法监督标准。

（四）缩短当事人申请撤销仲裁裁决的期限

当前世界各国的仲裁立法中的司法监督的基本精神是保证当事人以仲裁方式尽快解决其纠纷。因此，对当事人申请撤销仲裁裁决的期限一般规定得较短。美国仲裁法第12条第2款规定，申请（撤销裁决的申请）应当在裁决副本送达申请人后90日内提出；英国1996年仲裁法第70条第3款规定，申请撤销仲裁裁决必须在仲裁裁决作出之日起28天内提出；法国《法兰西共和国仲裁法》第46条第2款规定，在仲裁裁决送达后1个月内提出；德国民事诉讼法第1043条第2款规定，在1个月的不变期间内提出；日本民事诉讼法对此的规定也是1个月内提出。可见，世界上大多数国家对当事人申请撤销仲裁裁决的期限明显比我国的要短，建议我国仲裁法缩短对当事人申请撤销仲裁裁决的期限，使当事人通过仲裁尽快解决争议的愿望得以顺利实现。

论我国《仲裁法》的适用与完善

刘 芬*

1994年8月31日,第八届全国人民代表大会常务委员会第九次会议通过了《中华人民共和国仲裁法》(以下简称《仲裁法》),自1995年9月1日开始实施。《仲裁法》颁布实施近20年来,我国仲裁制度的发展取得了重大成就。作为一部当时中国与国际最为接轨的法律,《仲裁法》固然对我国仲裁事业的发展发挥了不可低估的作用,然而任何一项法律制度的建立和完善都必须适应社会发展的客观需要。《仲裁法》颁布20年来,我国社会发生了翻天覆地的变化,现行《仲裁法》的许多规定已不能完全适应仲裁实践发展的需要。为适应经济社会的快速发展和构建社会主义和谐社会的需要,对《仲裁法》进行修订和完善,解决我国现行仲裁法存在的立法滞后、实践先行等诸多问题,已成为当务之急。

一、《仲裁法》概述与适用现状

《仲裁法》是继《民事诉讼法》、《行政诉讼法》之后又一部重要的程序法,也是我国第一部关于仲裁制度的单行法律,共8章80个条文,明确规定了中国仲裁制度的基本原则、仲裁机构和仲裁员、仲裁协议、仲裁程序、仲裁监督等一系列问题。该法对我国原有仲裁制度的最大改革在于改国内行政仲裁为民间仲裁,统一了我国仲裁制度和有关仲裁的法律、法规,确立了协议仲裁、或裁或审、一裁终局、仲裁独立等原则和制度。全国人大常委会法制工作委员会在《关于〈中华人民共和国仲裁法〉(草案)的说明》中指出,制定《仲裁法》总的精神是仲裁机构要与行政机关分开,实现自愿原则和或裁或审、一裁终局的制度。

《仲裁法》为我国仲裁制度的建立、发展提供了法律依据和保障,其积极意义主要有:(1)统一和完善了我国仲裁制度;(2)确立了仲裁的民间性、

---

* 广东省梅州市大埔县人民法院行政庭书记员。

自治性以及独立性;(3)明确了仲裁自愿性、尊重当事人意思自治;(4)确立了或裁或审以及一裁终局制度;(5)建立了法院对仲裁适度监督的制度。

《仲裁法》虽然制定、颁布于20世纪90年代中期,但与一些仲裁示范法和仲裁机构的仲裁规定相比较,仍未能反映出支持商事仲裁,特别是在全球经济一体化背景下的商事仲裁立法的趋同化和一体化的国际趋势,并赋予法院过多的干预权,对当事人的意思自治和对仲裁庭的限制较多,从而既限制了商事仲裁的灵活性发挥,又不利于中国商事仲裁的国际化。

二、《仲裁法》修改原则

《仲裁法》的修改是个涉及面很广的系统工程,单纯的小修小改于事无补,因而有必要以总揽全局的眼光来看待我国《仲裁法》的修改,确定修改《仲裁法》应予以遵循的几个原则:

1. 正确处理仲裁裁决终局性与司法审查权关系原则

仲裁裁决的终局性和司法审查权的关系也就是如何维持仲裁制度在效益与公正之间的关系,为了保持两者之间的平衡,应对仲裁进行适度司法监督。当然,采取适度司法监督,并不意味着仲裁不应该满足当事人对公正公平解决争议的合理期望,更不是说,对滥用仲裁权力的行为不加制约和限制。

2. 尊重当事人意思自治原则

尽管学界对仲裁的性质有不同看法,但通说认为仲裁既具契约性又具司法性,但契约性是仲裁的本质属性,而司法性则是辅助的、第二位的。仲裁的契约性本质决定了商事仲裁法中的首要原则是当事人意思自治原则。尊重当事人意思自治就是要给予当事人选择仲裁程序规则和仲裁程序法的自由,凸显仲裁不同于诉讼的特色,防止仲裁程序缺乏一定灵活性,沦为诉讼的翻版。在修改我国《仲裁法》时应使当事人意思自治原则贯彻始终,体现仲裁程序的自主性、灵活性以及效率性。

3. 国际化为主兼顾本土化的原则

仲裁具有天生的普遍性,因为商人需要某种程度的共同规则,以降低交易以及交易纠纷解决成本。国际商事仲裁的各种公约在统一各国仲裁国内法方面正发挥着越来越重要的作用。尤其是1958年《纽约公约》已适用于150多个国家和地区,仲裁的普遍性在各种争议解决方式中独占鳌头。① 可考虑以《示范法》为蓝本修改我国《仲裁法》中不符合国际通行做法的规定,提高我国

---

① 宋连斌:《理念走向规则——〈仲裁法〉修订应注意的几个问题》,载韩健等主编:《商事仲裁法律报告》(第1卷),中信出版社2005年版,第101页。

仲裁法律的国际化程度,提高中国仲裁制度的国际形象。另一方面,法律的修改不能不受制于本国宪政和经济体制以及文化传统,因而在《仲裁法》修改过程中坚持以国际化为主、克服无谓的国别特色的前提下,可适当兼顾中国本土特色。

三、关于仲裁委员会和仲裁协会

《仲裁法》第二章主要对仲裁委员会的性质、设立条件、组成、仲裁员资格及仲裁协会问题进行了规定,这一章最具中国特色。《仲裁法》第10条至第12条规定涉及仲裁委员会的设立、组成,这些规定体现了仲裁机构的独立性、公正性原则及其民间性、中介性特点,特别是仲裁委员会独立于行政机关与行政机关没有隶属关系的规定,为我国仲裁真正做到具有公正性、权威性创造了良好的外部环境与条件。

然而,随着时代的发展,《仲裁法》中的有关仲裁委员会及仲裁协会的规定在法律适用过程中的局限性及负面作用逐渐显现,仲裁法规定"仲裁委员会独立于行政机关,与行政机关没有隶属关系"解决了仲裁机构不是行政机关及不隶属于行政机关的问题但没有明确仲裁机构是什么的问题,即没有明确仲裁机构的性质。由于仲裁法未明确仲裁机构的性质,各地方政府对此理解各异。因此,这些仲裁机构在管理理念、管理制度、管理方式上依然存在较强的行政色彩;此外,《仲裁法》第七章"涉外仲裁"主要是对国际经济贸易仲裁委员会一家仲裁机构作出规定,其实该仲裁委员会既受理涉外案件又受理国内案件,其法律地位与其他新组建的仲裁机构相同,没有必要由法律为此作专门的规定,而且,法律中出现这样的条款,也有损于法律的统一性和权威性。笔者认为,仲裁机构的问题,既有仲裁法规定的问题,也有现行行政体制、国有事业单位管理体制的问题。解决这些问题,不仅需要相关法律规定的修改,更需要体制改革的配套进行。如果依靠赋予某机构行政权力的方式来强化管理,不仅不能从根本上解决问题,而且可能会增加解决问题的成本和难度。因此,解决仲裁机构问题的关键是深化体制改革,但从法律的角度,仲裁法修改时,应直接将仲裁机构定性为"社团法人",取消有关仲裁委员会的设立、人员组成等方面的规定,由国务院根据形势发展,单独制定条例。

此外,仲裁员素质(包括业务素质和道德水平)的高低直接关系仲裁质量,仲裁法规定的仲裁员资格条件相对严格。有人认为根据当事人意思自治的原则,当事人可自由选任其所信赖的人充任仲裁员,并且质疑这些规定是否为进步立法。但是,对仲裁员资格设定严格要求是大陆仲裁制度,特别是在涉外仲裁制度在某些规范尚付阙如、某些规范还存在缺失的情况下能够获得广泛赞誉的重要原因，换言之，大陆仲裁机制是以其运作主体的高素质来弥补制度的缺陷。因此，对仲裁员任职资格作严格规定符合我国的现状，对将来允许临时仲裁也有着重要意义。基于对不同国家关于仲裁员资格的立法之比较和对中国仲裁立法的分析，可以对我国仲裁员资格的条件进行下面的改革和完善。一是放宽仲裁员的资格条件，将现有的仲裁员必须具备的资格条件的表述改为原则性的规定，或者从排除的角度规定不可以担任仲裁员的情形。制定并推广更为具体可行的单独仲裁员的道德行为规范，从而让全社会对仲裁员应具备的道德约束有评价的标准，并对仲裁员公正行事施加外在的道德约束。二是变强制名册制为推荐名册制，即鼓励当事人从仲裁机构设置的仲裁员名册中委任仲裁员。在推荐名册制的情况下，当事人和被提名者均需证明被提名者符合仲裁法规定的仲裁员的资格条件，并且没有可能对仲裁员公正性产生怀疑、导致回避的情形。实行推荐名册制，使得仲裁员来源具有极大的开放性，既保护了当事人选择仲裁员这一重要的程序权利，又能保证仲裁水准与社会变迁保持同步成长。三是赋予当事人对仲裁员资格约定的自由。商事仲裁的本质特征决定了当事人具有依据自己的意愿选择仲裁员的权利，实际上也就是具有对仲裁员资格进行确定的自由，而作为国家没有必要加以干涉。① 这也是保障双方当事人服从于仲裁庭的仲裁权，并实现仲裁裁决所确定的权利的基础。

《仲裁法》关于仲裁协会的规定，反映出立法机关的矛盾心态：既担心协会成为行政性行业管理部门从而破坏了仲裁制度改革的成果，又担心没有部门监管仲裁发展会出现失控局面，这也是长期高度集权的计划经济下所形成的"只要市场有毛病，政府就应该管制"的思维习惯。② 当然，仲裁机构确实存在这样或那样的问题，如前所述，但这是因为仲裁机构的体制及其对行政机关的依附地位所造成的，需要通过深化改革，通过市场竞争机制来解决，而不是通过仲裁协会来管制。国外几十年管制的经验、大量的案例已经证明，管制可能比市场做得更坏而不是更好。

四、意思自治原则及仲裁协议的效力

仲裁协议，是指当事人愿意将他们之间已经发生的或者可能发生的产生于

---

① 吴进刚：《国际化视角下的中国仲裁法之分析》，兰州大学 2006 年硕士论文。
② 王红松：《关于仲裁法律修改与仲裁制度的完善》，对外经济贸易大学 2002 年硕士论文。

确定的民事法律关系的争议提交给中立的第三者作出有约束力的裁决的协议。① 仲裁协议是现代商事仲裁的基础，其有效性不仅关系到仲裁庭能否取得对仲裁案件的管辖权，而且还直接关系到依照仲裁协议作出的仲裁裁决能否得到裁决执行地国家法院的承认和执行。因此，仲裁协议的效力问题是商事仲裁实践中当事人始终都极为关注的一个重要问题。

与世界上许多国家相比较，我国对仲裁制度作出统一的立法是比较晚的。这一方面说明了仲裁制度在中国发展的滞后；另一方面，作为一个较晚进行统一仲裁立法的国家，我们可以借鉴和吸收他国先进、成熟的仲裁立法经验和成果。《仲裁法》有关仲裁协议有效性的规定，可以说基本上反映了国际上的通常做法，但其中存在的问题和缺陷也是不能忽视的。

"商事仲裁法中的首要原则就是当事人意思自治原则。"② 从目前仲裁实践来看，仲裁协议的形式一般包括书面形式和口头形式，有些国家明确规定仲裁协议应采用书面形式，也有些国家承认或默认仲裁协议的口头形式，但从总的趋势来看，书面形式仍然是主流。中国《仲裁法》第16条第1款规定："仲裁协议包括合同中订立的仲裁条款和以其他书面方式在纠纷发生前或者纠纷发生后达成的请求仲裁的协议。"从该条文的规定来看，仲裁协议的形式包括：仲裁条款，即当事人在商事合同中订立的把将来可能发生的与本合同有关的争议提交仲裁解决的条款；其他书面形式的仲裁协议。

对于仲裁协议的形式要件问题，法律规定宜作如下修改：首先，坚持以书面形式为要件的规定，这是国际通行的做法；其次，吸收仲裁实践中的规则制定成果，对书面形式的定义作出与《合同法》一致的规定；最后，借鉴国际立法，将默认达成有效仲裁协议与援引达成有效仲裁协议纳入立法。

五、仲裁地的再审视

仲裁地的确定关乎仲裁程序法及实体法的适用、法院的监督与支持、仲裁的国籍及在国外的承认与执行。然而我国相关法律却依旧未对这一概念予以明确规定，导致在现实适用中存在冲突，并且"非当地化仲裁程序理论"及"网上仲裁"等问题的出现，也给仲裁地的法律地位提出了一些新的挑战。

我国《仲裁法》第58规定了当事人如果要申请撤销仲裁裁决，可以向仲

---

① 王生长：《仲裁协议及其效力确定》，载《仲裁与法律》2001年合订本，第258页。

② ［英］施米托夫：《国际贸易法文选》，赵秀文译，中国大百科全书出版社1993年版，第611页。

裁委员会所在地的中级人民法院申请,而不是向仲裁地法院提出申请。那么我们可以推出《仲裁法》规定的仲裁地即是指仲裁机构所在地。这与国际通行的做法是相悖的。假如提交中国经济贸易仲裁委员会的争议当事人选择的仲裁地为外国,那么就会出现中国经济贸易仲裁委员会所在地中级人民法院和当事人所选定的仲裁地国法院对该仲裁裁决撤销权的冲突。但是,这种混沌的状态已经在逐渐清晰化,中国经济贸易仲裁委员会2005年的仲裁规则第31条,标题是"仲裁地",具体规定:"双方当事人书面约定仲裁地的,从其约定;如果当事人对仲裁地未作约定仲裁委员会或其分会所在地为仲裁地;仲裁裁决应视为在仲裁地作出。"第32条对"开庭地点"也给予了具体规定,区分于仲裁地。开始允许当事人就仲裁地作出选择,妥善处理了当事人选择的仲裁地和仲裁机构所在地之间的关系,在我国的仲裁制度上是一个很大的进步。所以笔者相信,当我们再次修改《仲裁法》时亦会对此作出与国际通行的修订,区分清楚相关概念,明确仲裁地的重要地位,更大限度地保护当事人自主选择仲裁地的权利,使我国的仲裁裁决更好地得到其他国家的承认和执行。

六、法院对仲裁裁决的撤销制度及司法与仲裁的关系

仲裁与司法是我国互为补充的两种解决民事纠纷的法律途径。仲裁对司法起辅助作用,司法对仲裁起支持和监督作用。然而,由于立法的缺陷,仲裁与司法的这种相互作用并没有得到充分的发挥。因此有必要对《仲裁法》中相关规定作出修改与完善。仲裁毕竟是一种民间的自治机构在双方当事人自愿的前提下对争议进行的处理,因此,它不可能像民事诉讼那样,可以通过国家强制力来确保程序的顺利进行和保证将来的裁决得以实现。所以,要充分地发挥仲裁解决民事纠纷的重要补充和辅助作用,司法的支持是必不可少的。

法律对当事人就同一裁决的同一事由申请撤销和申请不予执行仲裁裁决没有限制。往往是当事人撤销仲裁裁决申请被法院驳回后,又向其所在地法院申请不予执行,案件几经反复,不仅增加了当事人的诉累,延缓了仲裁裁决的执行,而且,浪费了社会资源,有时,由于受理的法院不同,对同一裁决会作出彼此矛盾的裁定,影响了法律适用的统一性和严肃性。鉴于上述问题和我国目前的状况,在修改仲裁法律时,一是规范法院撤销或不予执行仲裁裁决的程序,根据可能以考虑进一步提高审查不予执行申请法院的级别——如被执行人或被执行财产所在地的中级人民法院,或者限制不予执行的审查范围——将范围限制在比较简单,凭表面证据可以判断的事项上,减少审查撤销或不予执行范围上的重合事项;二是对法院裁定撤销或不予执行的案件,应允许当事人上诉。

法院对仲裁裁决的撤销是司法对仲裁进行监督的方式之一。它是指当仲裁裁决作出后,一方当事人（通常为败诉方）不服仲裁裁决,以在仲裁过程中存在某种法定情形为由,向法院提出申请或提起撤销之诉,要求法院撤销仲裁裁决。法院通过撤销制度对仲裁进行事后监督,既保证仲裁的民间性、独立性、高效性,又保证了公正性。法院对仲裁裁决的撤销制度已成为各国立法的通例。①

根据我国现行的《仲裁法》和《民事诉讼法》规定,司法对仲裁的监督包括开庭前的监督（即事前监督）和对仲裁裁决后的监督（即事后监督）两个方面。开庭前的监督,即对仲裁协议的效力的审查与确认。然而,由于我国《仲裁法》和《民事诉讼法》都对司法审查进行了多重制度设计,使仲裁裁决的终局性不能得到充分的保障,而且,由于审查内容过于宽泛,这在一定程度上也限制了当事人选择仲裁的权利,直接影响了我国仲裁事业的发展。鉴于此,我们完全有必要对现行的仲裁裁决司法监督制度和司法对仲裁支持的有关规定进行必要的完善,以充分实现司法对仲裁的支持和监督作月。《仲裁法》应当明确规定仲裁庭对仲裁协议的有效性具有优先决定的权利,以确保仲裁庭自裁管辖权的实现。笔者认为,2006年9月8日起施行的最高人民法院《关于适用〈中华人民共和国仲裁法〉若干问题的解释》对仲裁协议效力认定的有关规定值得借鉴。该解释第13条规定:"依照仲裁法第二十条第二款的规定,当事人在仲裁庭首次开庭前没有对仲裁协议的效力提出异议,而后向人民法院申请确认仲裁协议无效的,人民法院不予受理。仲裁机构对仲裁协议的效力作出决定后,当事人向人民法院申请确认仲裁协议效力或者申请撤销仲裁机构的决定的,人民法院不予受理。"该条规定实际上已经就人民法院对仲裁协议效力先行裁定的权力作出了明确的限制,确保了仲裁机构在仲裁过程中对仲裁协议效力的决定权。但美中不足的是,该条规定仍然将对仲裁协议效力的决定权赋予了仲裁机构,而且,也没有确认仲裁庭对仲裁协议的有效性具有优先决定权。因此,笔者建议修改《仲裁法》第20条之规定,取消人民法院对仲裁协议效力先行裁定的权力,赋予仲裁庭对仲裁协议效力的决定权。当事人对仲裁庭的决定有异议的,可以在仲裁裁决后,依据《仲裁法》第58条之规定以仲裁违反程序为理由申请撤销。此外,《仲裁法》应当取消对已经发生法律效力的仲裁裁决进行司法监督的双重制度设置,明确规定当事人对已经生效的仲裁裁决,只能向人民法院申请撤销。

---

① 王留彦:《我国法院对仲裁裁决撤销制度的完善》,载《宜宾学院学报》2011年第4期,第30页。

法院对仲裁裁决的撤销会影响到当事人的利益和法律关系的稳定，还会影响到仲裁机构的权威和社会信誉。因此，对法院撤销仲裁裁决的制度设计必须兼顾各方面的利益和关系。所以我国现有的仲裁裁决撤销制度仍需要从撤销理由、当事人要求撤销的方式、当事人要求撤销的期限和当事人申请撤销的效果以及法院对仲裁裁决撤销以后的法律效果等方面进行完善。

七、结语

从历史发展的角度来看，仲裁作为一种纠纷解决方式，其在诞生之初便具有非官方性（民间性），力图打破法律的地域限制，并朝多地域适用的方向发展。中国作为一个制定统一仲裁立法较晚的国家，其在仲裁法律制度的设计中体现仲裁的国际化趋势，并向仲裁制度较为发达和完善的国家仲裁立法、国际示范法和国际公约靠拢，不失为一种明智且合理的做法。同时，还要看到任何一种法律制度都是在一定的时空中生成的，法律对其生成时空的依赖形成了法律的本土化特征。就中国自身的实际状况而言，目前中国正处在改革开放、经济高速发展的时期，与外部的交往和联系正在日益广泛和密切。在此背景下，作为商事纠纷解决的一种广泛适用的商事仲裁，如果一味地强调具有中国特色的本土化做法，既不能反映和代表中国目前的实际状况，又与商事仲裁的国际化趋势不相一致。本文只是从几个方面对仲裁法中存在的问题进行揭示和分析，目前有关部门也正着手对我国仲裁制度进行修改，以使其更加适应国际仲裁制度和当事人的需要。相信伴随着仲裁制度的完善，我国仲裁事业将会得到进一步发展。

我国《仲裁法》的完善

——从建构临时仲裁的制度说起

陈 畅[*]

1995年9月1日,我国开始施行的《中华人民共和国仲裁法》(以下简称《仲裁法》),标志着现代仲裁制度在我国的正式确立。《仲裁法》实施近20年来,我国仲裁事业取得了很大的发展。然而,我国的仲裁制度在与国际接轨方面以及理论和现实的融合方面仍存在一定差距。我国早期仲裁立法是借鉴移植苏联的行政仲裁,现行仲裁法仍然未能完全褪尽仲裁机构的行政色彩,不承认临时仲裁即是体现。临时仲裁是19世纪中叶机构仲裁出现以前唯一的国际商事仲裁组织形式。直至今天,临时仲裁得到了相关国际公约的承认并被很多国家所应用,特别是在国际海事的纠纷处理方面,临时仲裁是主流。我国于1986年12月2日加入《承认及执行外国仲裁裁决公约》(因该条约于1958年在纽约签订,故常称《纽约公约》),有关司法协助协定也承认临时仲裁的效力,但是至今我国仍未以相关法律形式认可临时仲裁。这不仅不利于对当事人权益进行保护,也有碍我国与国际接轨的承诺。因此,探讨分析临时仲裁制度在我国的建构实有必要。

一、临时仲裁制度的发展现状

临时仲裁(ad hoc arbitration),又称特别仲裁或随意仲裁,是与机构仲裁(institutional arbitration)对应的一种仲裁方式。是指在事先不存在固定仲裁组织的情况下,在争议发生后,依据当事人之间的仲裁协议,将争议交给他们提选的仲裁员组成临时仲裁庭仲裁,仲裁审理终结后即自行解散。作为仲裁的最初形式,临时仲裁与机构仲裁相比,具有自主、灵活、简便的优势,能够充分体现当事人的意思自治。

---

[*] 广东省揭阳市榕城区人民法院研究室科员。

（一）国际上临时仲裁的立法和规定概况

临时仲裁在仲裁制度发展史上发挥着难以磨灭的作用，广泛受到国际组织和相关国家的青睐。英国、美国、德国、法国、意大利、奥地利、比利时、荷兰、芬兰等多个国家以及我国的香港、台湾地区都不仅规定了机构仲裁，还规定了临时仲裁制度。不仅如此，临时仲裁在有些国家和地区的仲裁中比例相当高，如瑞士的国内仲裁案件中有1/4为临时仲裁；瑞典仲裁案件一半以上为临时仲裁；西班牙则把临时仲裁确认为其唯一合法的仲裁方式。

在规定临时仲裁的国际公约方面，1958年的《纽约公约》明确指出："'仲裁裁决'不仅指专家选派之仲裁员所作裁决，亦指当事人提请仲裁之常设仲裁机关所作裁决。"可见，《纽约公约》赋予了临时仲裁与机构仲裁同等的地位。另外，临时仲裁还在《欧洲国际商事仲裁公约（1961）》、《美洲国家国际商事仲裁公约（1975）》、《联合国国际贸易法委员会仲裁规则（1976）》、《联合国国际商事仲裁示范法（1985）》等国际公约中得到确认。

由此可见，在仲裁机构遍布全球的今天，临时仲裁自身的特性使其在当今社会仍占有相当重要的地位。尤其伴随着国际商务往来的日益增多，临时仲裁理应受到更多重视。

（二）我国现行仲裁法和相关司法解释的规定

在我国，仲裁法将仲裁机构的约定和约定的明确性作为仲裁协议的有效要件。2006年施行的最高人民法院《关于适用〈中华人民共和国仲裁法〉若干问题的解释》就当事人对仲裁机构的约定和约定的明确性等问题予以解释。具体可分为五种情况：（1）约定的仲裁机构不存在，则仲裁协议无效。（2）仲裁协议约定的仲裁机构名称不准确。但是，因当事人对仲裁机构的名称不能够准确引用但能够确定具体的仲裁机构的，应当认定选定了仲裁机构。（3）仅约定纠纷适用的仲裁规则的，视为未约定仲裁机构。但当事人达成补充协议或者按照约定的仲裁规则能够确定仲裁机构的除外。（4）仲裁协议约定两个以上仲裁机构的。当事人可以协议选择其中的一个仲裁机构申请仲裁；当事人不能就仲裁机构选择达成一致的，仲裁协议无效。（5）仲裁协议约定由某地的仲裁机构仲裁且该地有两个以上仲裁机构的，当事人可以协议选择其中的一个仲裁机构申请仲裁；当事人不能就仲裁机构选择达成一致的，仲裁协议无效。

如上所述，我国仲裁法和相关司法解释实际上排除了在仲裁协议中不约定仲裁机构的临时仲裁。

（三）我国所签订国际公约及相关司法解释和实践

1986 年，我国加入《纽约公约》并签订有关司法协助协定明确认可临时仲裁。1987 年，最高人民法院《关于执行我国加入的〈承认及执行外国仲裁裁决公约〉的通知》规定，对在另一缔约国领土内作出的仲裁裁决加以承认和执行，并表示该公约与我国民事诉讼法有不同规定的，按该公约的规定办理。1990 年 10 月，广州海事法院承认并执行英国伦敦临时仲裁庭作出的三份仲裁裁决。1995 年，最高人民法院《关于福建省生产资料总公司与金鸽航运有限公司国际海运纠纷一案中提单仲裁条款效力问题的复函》指明："涉外案件，当事人事先在合同中约定或争议发生后约定由国外的临时仲裁机构或非常设仲裁机构仲裁的，原则上应当承认该仲裁条款的效力，法院不再受理当事人的起诉。"由此观之，目前在司法实践中，我国对临时仲裁所持的态度因大陆境内外的不同而不同，法院不认可在境内所作的临时仲裁的效力，但是在大陆以外则原则上承认其效力。

二、现行单一机构仲裁的不足

（一）仲裁机构渐趋行政化的表现

现代仲裁制度在我国运行近 20 载，高效便捷地解决了部分民商事纠纷，促进了经济的发展，但是仅仅依赖常设机构进行仲裁的弊端也暴露无遗，首当其冲就是仲裁机构和仲裁操作上的日趋行政化。一项有关仲裁机构现状的实证研究显示：我国相当一部分仲裁机构在性质定位、财政状况、人员构成以及业务状况等方面有明显的行政化色彩。在性质定位上，只有 26% 的仲裁机构认为自身不是行政性事业单位；在财政状况上，有 54.8% 的仲裁机构经费由政府财政拨款，其中依靠全额拨款的机构达 35.6%，只有 42.3% 的机构实行自收自支；在人员构成方面，作为仲裁机构最高决策部门的委员会其委员来自行政机关的比例达 73.9%，仲裁委常设办事机构的负责人在国家机关中有领导职务的达 66.3%；在业务处理上，81.7% 的仲裁机构允许仲裁机构现职工作人员担任仲裁员，71.2% 的机构有驻会仲裁员。

（二）仲裁机构的行政化不利于国际竞争

仲裁的特性在于"民间性"，民间色彩越浓厚，仲裁不同于诉讼的特性就越突出。充分尊重当事人的意思自治是仲裁的重要特点，当事人能够自主选择是否以仲裁解决纠纷、仲裁机构、仲裁员，是仲裁民间性的体现。仲裁的专业性则体现在对仲裁员的选择,一般由熟悉相关业务的专家担任,以便处理各种技术性、专业性的案件,从而保证仲裁裁决的准确性和公正性。国际著名仲裁机构斯德哥尔摩仲裁院就严禁本身机构职员成为本机构受理案件的仲裁员。

反观我国,因为《仲裁法》第10条规定,仲裁委员会由市人民政府组织有关部门和商会统一组建,仲裁机构的组成人员及所聘请的仲裁员中,有相当一部分是行政机关人员而非专家,因此案件裁决难免会受到干预,无法保证仲裁的质量。故而,一些国外专家学者对我国的这一情况多有诟病,我国的仲裁机构在国际上难有较强的竞争力,限制了仲裁业的发展。因此,有学者如此评价我国的仲裁制度:"立法上仅承认机构仲裁的单一模式,显然忽视当事人程序性的主体地位,限制当事人选择纠纷解决机制的范围,从而压抑仲裁制度本身应有的生机与活力。"

三、我国建立临时仲裁制度的必要性

经济全球化使得经济交往方式日益多元化,解决经济纠纷的方式也渐趋灵活化、自治化,临时仲裁的效率性正符合这一趋势,在保护当事人合法权益、快速解决纠纷、促进经济发展上,临时仲裁起着重要作用。

(一)有利于保护我国当事人的合法权益

如上所述,目前在司法实践中,我国对临时仲裁所持的态度因大陆境内外的不同而不同,法院不认可在我国大陆内所作的临时仲裁的效力,但是在大陆以外则原则上承认其效力。具体来说,对于一项根据临时仲裁协议在外国作出的仲裁裁决,如果当事人向我国法院申请执行,我国法院是应当执行的。因为作为《纽约公约》的成员国,我国不能以本国法律不承认临时仲裁而不予执行,不然就违反了本国在公约中应当承担的义务。反之,如果当事人依据同一临时仲裁协议在我国大陆申请仲裁则不可能得到裁决,即使得到裁决,也会以违反裁决地法律而无效。造成以上尴尬局面,是因为我国不承认临时仲裁造成的。这将迫使当事人放弃临时仲裁而参加诉讼,从而增加不必要的诉讼费和执行风险,形成我国与他国之间的不对等,使当事人权益得不到最终保障。因此,确立临时仲裁制度有利于维护我国当事人执行临时仲裁裁决时的合法权益,同时也缓解了在我国内部不同法域之间相互承认和执行仲裁裁决的困难。

(二)有利于改善我国的投资环境

国际商事仲裁是解决跨国经济纠纷的常用方法,由于外国法院解决纠纷的不确定性,投资者偏向于更具有自主性、高效性、灵活性并且较少受行政干预

的纠纷解决之道。然而，我国的仲裁机构在一定程度上仍具有相当程度的行政色彩，从人员构成、财政状况甚至业务处理等方面都容易使人产生政府干预的嫌疑。在机构仲裁短期内难以摆脱其行政色彩的情况下，临时仲裁更能迎合外商投资者的心理，增强其投资信心和安全感，从而改善投资环境。

（三）有利于完善我国的仲裁制度

国际上有关仲裁的立法和公约一般都既承认机构仲裁，也承认临时仲裁。临时仲裁所具有的优势和生命力使其在几个世纪的仲裁历程中熠熠生辉，更在机构仲裁确立以后与其相得益彰，共同发挥积极作用。由于未完全褪却行政色彩，我国的仲裁机构在没有竞争的情况下会安于现状而怠于自我完善。临时仲裁制度的建立，为当事人解决纠纷提供了另外一种机会和方式，将有助于仲裁机构加强自身的管理和改革，提高服务与办案的质效，降低仲裁的活动成本，最终促进我国仲裁制度的自我完善和良性发展。

四、我国建立临时仲裁的制度考析

制度构建成功与否以及制度推行后成效如何，在一定程度上受到制度适用者对该制度信赖程度的影响。建构临时仲裁制度首先应消除"临时仲裁不如机构仲裁保险、可靠"这一根深蒂固的思想。仲裁案件的实际处理中，仲裁庭享有案件管辖权、掌控审理流程并独立作出仲裁裁决的权力。尽管临时仲裁没有像机构仲裁就仲裁程序进行全程管理，但临时仲裁的当事人可以在协议中起草约定一套临时仲裁程序，或者在发生纠纷后授权仲裁庭自选程序，同样能够保证仲裁程序的规范化。所以，只要遵循仲裁的基本原则和法理规定，尊重当事人的意思表示，临时仲裁与机构仲裁本质差别不大。

（一）临时仲裁员的选任及责任制度

仲裁属于专家断案，立法上应该对仲裁员的独立性和公正性作出强制性要求，各国仲裁立法通常对仲裁员的资格仅作出最一般和抽象的规定。德国规定，凡是有行为能力并且恪守公正的自然人都可以成为仲裁员，但未成年人、聋哑人、经法院宣告被剥夺公职资格的人除外；新加坡则对仲裁员的资格在立法上不作直接规定，仅要求仲裁机构和法院尊重当事人对仲裁员资格的约定。作为国际商事仲裁典范的国际商会仲裁院对仲裁员的资格也是宽泛而抽象地要求独立和公正。综上看来，对仲裁员资格的限制为：限制行为能力和无行为能力人、被剥夺公民权的人不可担任；与案件当事人有利害关系的人及可能影响公正裁决的人不可担任。较严格者方要求仲裁员具备某方面的专门知识和较高的社会声望。因此,我国应改变严格限制仲裁员资格的立法模式,将仲裁员资格的立法约束降至最低的准入条件,具体资格再由当事人在个案中详细约定。此种立法模式既能保证当事人意思自治的充分实现,又能提高当事人选择的自由和范围,并使当事人在仲裁中表现出更乐意的顺从,从而提高仲裁效率并促使仲裁裁决的自动履行率得以提升。

仲裁员责任制度是保证临时仲裁质量的重要因素,引入临时仲裁后,仲裁员的来源将更为广泛,仲裁员素质也将参差不齐,建立仲裁员责任制度是确保临时仲裁有效性的必然要求。目前,我国尚未建立起一套健全有效的仲裁员责任制度,实践中仲裁员的行为也未能得到有效的规范。2006年《刑法修正案(六)》确立"枉法仲裁罪"后,仲裁员刑事责任规范方面得到完善,然而,对于仲裁员的民事责任,我国仲裁法及相关司法解释并没有相应规定。对此,我国可以借鉴世界上大多数国家的做法,规定临时仲裁员违反法定或约定义务时应承担有限的民事责任。对此,笔者认为,仲裁员应该对其在仲裁过程中的故意或者重大过失行为给当事人造成的损害负相应民事责任,这些行为包括但不限于:仲裁员违背保密义务致使当事人受到损害的;仲裁员不当拖延程序的;仲裁员有欺诈行为的;仲裁员在仲裁过程中对一方予以偏袒导致当事人地位不平等的,等等。

(二) 临时仲裁协议的缔结、内容和效力

临时仲裁以双方合意为基础,因此临时仲裁制度对仲裁协议的要求应当是严格的,即双方必须有表明临时仲裁合意的书面仲裁协议。临时仲裁的一切进程都有赖于临时仲裁协议的达成情况,后续出现的相关问题都要追溯到临时仲裁协议寻求解决,临时仲裁协议是支撑整个临时仲裁得以进行的核心支柱。临时仲裁协议的内容不仅要明确约定相关问题的"准据法",具体包括仲裁范围、仲裁员选任、仲裁规则、适用的实体法等;同时要明确规定"裁决条款",即在仲裁相关问题根据仲裁协议不能有效解决时,规定参照相关仲裁机构裁决的必有条款处理。比如,在仲裁员的选任不能达成一致时,任意一方都可以向约定的常设仲裁机构申请裁定。

关于仲裁协议效力的判定,我国《仲裁法》第20条规定由仲裁委员会决定或由法院裁定。然而,对于仲裁协议的效力判定,世界上大多数国家都实行"自裁管辖权原则",即规定由仲裁庭决定仲裁协议的效力。因此,当临时仲裁的效力存在争议时,可以由仲裁庭来决定是否有效。

（三）建立仲裁协会以完善仲裁管理

仲裁的行业管理应体现仲裁的民间性，寻求独立于行政管理的有效途径。尤其对临时仲裁制度的建立而言，行业管理是确保其可信赖的有效保障。然而，我国现有仲裁管理体制较为混乱，有的是独立的机构，有的挂靠在省市政府法制办、办公厅，也有的挂靠在司法局。因此，筹建仲裁协会非常必要。一方面，仲裁协会作为一个整合体更能发挥维权的职能以捍卫仲裁员的合法权利。另一方面，仲裁协会对仲裁员进行监督是提升仲裁质量的有效途径。仲裁协会能够以行规来避免如临时仲裁的"个别行为"的无序状态，从而增强仲裁规范的统一性，使对"个别行为"的"不信任"转化为具有可被普遍认同的"标准行为"，从而提高临时仲裁的公信力和权威，尤其是在获得外国法院认可的方面，具有重要的意义。

五、结语

随着我国市场经济的发展和国际商贸往来的日益频繁，民事纠纷越来越多，相对费力耗时的诉讼程序无法消化如此多的纠纷。为数不多的仲裁机构也日益显现出浓重的行政色彩，因此建立临时仲裁制度必要且必须。建立临时仲裁制度是一个系统且浩大的工程，需要考究的细节和问题很多，研究国际上已经相对成熟的临时仲裁制度，借鉴发达国家的经验，并根据我国的实际情况加以运用，对于制定出一套适合中国国情的临时仲裁程序性规则很有必要。

略谈《仲裁法》之完善

李潘华*

一、仲裁的内涵

仲裁（Arbitration），也称公断，是双方当事人通过协议将争议提交第三者，而由该第三者对争议的是非曲直进行评断并作出裁决的一种解决争议的方法。仲裁作为一种行之有效的解决争议的方法，已有悠久的历史，但它真正成为一种解决争议的法律制度是从中世纪开始的，世界许多国家也都从19世纪初起，或通过专门立法，或通过在民事诉讼法典中专章规定仲裁制度的方法，先后制定了仲裁法规。《仲裁法》于1994年8月31日第八届全国人民代表大会常委务员会第九次会议通过，于1995年9月1日起施行，《仲裁法》的颁布施行，结束了我国没有统一仲裁法的时代，在新中国仲裁法律制度的建设道路上树起了一座新的里程碑。

本文所指仲裁，仅指民商事仲裁，不包括劳动争议仲裁和农业承包合同纠纷仲裁，是指双方当事人在争议发生之前或发生之后，在自愿基础上达成书面仲裁协议，将协议所约定的争议提交约定的仲裁机构进行审理，并由其作出具有约束力的仲裁裁决的一种争议解决方式。与诉讼不同，仲裁是非经司法诉讼途径即具有法律约束力的争议解决方式，是一种准司法活动。由于仲裁具有自愿、秘密、快捷、经济等特点和优势，因此，在仲裁被法律确定为解决民事纠纷的法律途径时，就受到了人们的充分肯定，尤其是在这样一个被人们称为"诉讼爆炸"的社会里，在"传统的司法体制面对日益增长的诉讼负荷开始显得力不从心，难以满足现实生活需要，由此引发了所谓的司法危机"的情况下，仲裁成为民事诉讼的重要补充，在解决民事纠纷方面，对民事诉讼起到了重要的辅助作用。

---

* 广东省平远县人民法院研究室副主任。

二、《仲裁法》存在的不足

（一）仲裁意识问题

目前我国的仲裁法律制度建设与先进地区相比仍有较大差距，合同规范率较低，选择仲裁解决纠纷的约定率不足，这与经济发展的客观需要极不适应。之所以存在上述问题，主要是因为先进的仲裁制度与落后的仲裁意识之间的矛盾没有得到有效解决，新的仲裁理念尚不被人们理解，仲裁在解纠纷、化矛盾、促和谐上的作用没有得到充分发挥。人们在商业活动中，特别是在签订经济类的合同时，还没有转变观念、提高认识，使得仲裁法律制度的适用难以推广。

（二）仲裁协议的形式问题

关于仲裁协议，我国《仲裁法》第16条规定："仲裁协议包括合同中订立的仲裁条款和其他书面方式在纠纷发生前或者纠纷发生后达成的请求仲裁的协议。仲裁协议应当具有下列内容：（一）请求仲裁的意思表示；（二）仲裁事项；（三）选定的仲裁委员会。"但在实务中，仲裁协议存在瑕疵是很常见的，一旦对仲裁协议的效力发生争议，当事人在事后通过补充协议加以确认的意愿往往无法实现。国际社会的普遍实践是，仲裁协议是否约定仲裁机构，并不影响仲裁协议的效力。因此，从尊重当事人的私权自治的目的出发，我国应借鉴外国相关立法和经验，对仲裁协议尽量作比较宽松的规定及相对宽泛的解释。其次对于"其他书面方式"的理解过于狭隘，仅指仲裁协定书。在仲裁实践中，从国际仲裁的发展趋势看，"其他书面方式"不仅包含双方签署的仲裁协定书，还包括双方当事人之间能够表示有提交仲裁意愿的其他文件。《承认及执行外国仲裁裁决公约》第2条第2款规定："'书面形式'一词系当事人所签署的或者在互换书信、电报中所含的合同中的仲裁条款或仲裁协议。"《国际商事仲裁示范法》第7条也有类似规定："仲裁协议应是书面的。协议如载于当事各方签字的文件中，或载于往来的书信、电传、电报或提供协议记录的其他电讯手段中，或在申诉书和答辩书的交换中当事一方声称有协议而当事他方不否认即为书面协议。"

（三）仲裁的证据问题

《仲裁法》第43条规定："当事人应当对自己的主张提供证据。仲裁庭认为有必要收集的证据，可以自行收集。"有一种观点认为，仲裁庭作为一个独立的第三者审理案件，对于证据收集问题，应该处于被动状态，而不是主动状态，即仲裁庭仅负责审理证据，而不负责收集证据，证据的提供完全由提出主张的当事人一方负责。笔者认为，对于仲裁庭是否收集证据，关键在于对有必要的把握上。对于某些重要证据当事人和律师不可能收集到的，如果仲裁庭不加以收集，则可能使真正违法或违约的当事人逃脱责任，对于这样的证据，仲裁庭应当收集，以便使案件公正裁决；但对于有的案件，例如对于当事人的出资问题，仲裁庭完全可以要求当事人提供证据，对于这样的证据，如果当事人不能提交，即使仲裁庭去调查，也查不出结果，久而久之，可能引起当事人及律师动辄请求仲裁庭去取证，反而给仲裁带来额外的不必要的工作。所以仲裁庭在收集证据时应注意把握何为"有必要"。

（四）法院对仲裁的支持问题

我国《仲裁法》第 20 条第 1 款规定："当事人对仲裁协议的效力有异议的，可以请求仲裁委员会作出决定或者请求人民法院作出裁定。一方请求仲裁委员会作出决定，另一方请求人民法院作出裁定的，由人民法院裁定。"该规定把对仲裁协议效力认定的优先权赋予了法院，而现代国际仲裁立法的趋势是由仲裁庭作为最终判断仲裁协议效力和自身仲裁管辖权的机构。比如，《国际商事仲裁示范法》第 16 条规定："仲裁庭可以对它自己的管辖权包括对仲裁协议的存在或效力的任何异议作出裁定。为此目的，构成合同的一部分的仲裁条款应视为独立于其他合同条款以外的一项协议。仲裁庭作出关于合同无效的决定，不应在法律上导致仲裁条款的无效。"因此，我国未来仲裁制度改革可以考虑将认定仲裁协议效力的权力只赋予仲裁庭或者给予仲裁庭与法院同等的确认权，由先受理者行使决定权。另外，我国《仲裁法》第 28 条第 2 款规定："当事人申请财产保全的，仲裁委员会应当将当事人的申请依照民事诉讼法的有关规定提交人民法院。"第 46 条规定："在证据可能灭失或者以后难以取得的情况下，当事人可以申请证据保全。当事人申请证据保全的，仲裁委员会应当将当事人的申请提交证据所在地的基层人民法院。"根据最高人民法院《关于实施〈中华人民共和国仲裁法〉几个问题的通知》，对仲裁的保全申请由被申请人住所地或财产所在地法院作出裁决。考虑到实践中仲裁机构并不一定在被申请人住所地或财产所在地而且仲裁庭对案件情况的了解更为充分全面，因此在这个问题上可以借鉴国外立法，赋予仲裁庭直接对当事人的保全申请进行裁决的权力。

三、完善《仲裁法》的建议

1994 年颁布、1995 年施行的《仲裁法》是我国仲裁制度的基本法律，在保证公正、及时仲裁民商事纠纷，维护当事人合法权益，保障社会主义市场经济健康发展等方面发挥了重要作用。同时，仲裁作为一种非诉讼纠纷解决方式，对实现纠纷分流处理、减轻司法工作负担也具有重要意义。然而，该法施行至今已 20 年，在此期间，我国社会经济状况发生了巨大变化，该法的个别内容已无法适应社会发展和民商事纠纷解决的实际需要。为此，建议从以下几个方面对仲裁法进行修改和完善。

（一）强化司法与仲裁的关系

从本质上讲，仲裁毕竟是一种民间的自治机构在双方当事人自愿的前提下对争议进行的处理，因此，它不可能像民事诉讼那样，可以通过国家强制力来确保程序的顺利进行和保证将来的裁决得以实现。所以，要充分发挥仲裁解决民事纠纷的重要补充和辅助作用，司法的支持是必不可少的。而且，由于仲裁完全是在当事人自愿的基础上进行的，并实行一裁终局，为了切实保障仲裁裁决的公正性，以维护当事人的合法权益，也有必要对仲裁实行司法监督，司法与仲裁的关系应当保持一种支持与监督的关系。

（二）把规范仲裁员纳入立法

仲裁的公正性真正体现，关键在于仲裁员。首先，应当对仲裁员的选定严格把握，可以参照审判员的任命程序。其次，规范仲裁员在行使职责时的行为，仲裁员要具有司法精神，不要想说什么就说什么，想做什么就做什么。最后，《仲裁法》规定仲裁员私自会见当事人、代理人或接受当事人、代理人的请客送礼的，情节严重的，应当依法承担法律责任，但未明示是何种法律责任。中国的仲裁委员会不论其为涉外的抑或是国内的，均为民间机构，不是商业企业，不以盈利为目的，仲裁委员会的裁决可以直接在法院得到执行，其准司法性质是显而易见的，故不能将仲裁员所进行的解决争议的行为视为类似于其他社会中介机构那样提供的专业服务，需要对其过失承担民事责任。仲裁员身负法律所赋予的准司法性质的重要职责，在应当负责的前提下，理所应当恪守基本的职业道德和行为规范。

（三）统一对国内仲裁裁决和涉外仲裁裁决的司法审查标准

人民法院对仲裁裁决的司法审查，主要有两个方面：一是当事人申请撤销仲裁裁决，二是当事人申请执行仲裁裁决。对于这两个方面，现行法律实行国内、涉外两套不同的标准。2012 年修改后的《民事诉讼法》，对不予执行国内仲裁裁决的事由予以修正，取消了原来侧重实体审查的事由，体现出逐步与不予执行涉外仲裁裁决事由相接近、与国际仲裁规则相接轨的趋势。但是，该法仍未实现不予执行国内、涉外仲裁裁决事由的统一。目前，我国已有 200 多家仲裁机构可同时受理国内案件和国外案件，仲裁裁决的水平不断提高，仲裁业的格局大为改观，这使司法审查中区别对待国内仲裁裁决和涉外仲裁裁决已经失去了客观基础。广东省法院从 2012 年 1 月 1 日起，将国内仲裁和国际商事仲裁司法审查案件统一归口由涉外商事审判业务庭审理，实行商事仲裁司法审查案件并轨审理机制，着力统一同类型商事仲裁司法审查案件的审查尺度，效果良好。为此，建议统一撤销和不予执行国内、涉外仲裁裁决的司法审查标准，这也是实务界的共识。

（四）建立针对仲裁的第三人撤销之诉制度

仲裁具有秘密性，《仲裁法》规定仲裁不公开进行，双方当事人的仲裁事项不易为第三人知晓。但是，在仲裁裁决损害第三人合法权益，尤其是双方当事人恶意串通通过仲裁损害第三人合法权益时，由于法律没有为第三人设立保障权利的专门救济渠道，导致第三人投告无门。广东省法院在对一些涉及民间借贷（包括高利贷）、企业债务纠纷的仲裁裁决进行审查时，发现部分当事人有借仲裁这一合法形式掩盖高利贷的非法内容或恶意逃避债务，损害第三人利益的情形。对于这类仲裁裁决，利益受损的第三人只能通过提起执行异议之诉来解决。但是，由于执行异议之诉在构成上非常严格，使许多实际利益被侵害的第三人无法提起，因此建议参照民事诉讼法的第三人撤销之诉制度，探索建立仲裁的第三人撤销之诉制度，赋予第三人向人民法院申请撤销仲裁裁决的权利，使其能够及时维护自身合法权益，遏制恶意仲裁、虚假仲裁。

（五）赋予仲裁庭进行证据保全和财产保全的权力，增强仲裁在社会经济生活中的公信力

在我国，尽管对仲裁和仲裁权的性质还存在较大的争议，但是，在对仲裁庭是否应当具有采取证据保全和财产保全措施的权力问题上却是少有的统一。而否定仲裁庭决定权的理由多是认为"仲裁委员会不是国家权力机关"，"它是一个民间性组织，不具有国家赋予的可以采取强制措施的权力"。其实这是因为混淆了仲裁权和仲裁机构的性质而造成的误解。认为仲裁机构"属民间性，就得出仲裁权也只具有民间性，这是错误的；而由于对仲裁权的错误界定，导致运作仲裁权的主体无财产保全权力，更是错上加错！"通过考察国外的仲裁立法，我们可以惊奇地发现：无论是采取职权主义仲裁立法模式的国家，还是采取当事人主义仲裁立法模式的国家，都殊途同归地赋予仲裁庭以财

产保全的权力,这也成了"现代国际商事仲裁基本精神和趋向"。

四、结语

《仲裁法》实施多年,我国仲裁机构不断增加,仲裁员队伍不断壮大,仲裁质量也日益提高。但与此同时,也出现了一些问题。如一些仲裁机构为了开拓案源、提高收益,联合行业协会、大型企业通过格式合同订立仲裁条款,并承诺在仲裁中给行业协会、大型企业提供"方便"。这不仅对处于弱势的消费者的权利造成了损害,而且严重影响了仲裁机构的公信力,使得仲裁本应承担的纠纷分流、化解矛盾、促进社会和谐功能大大弱化。对此,建议通过宣传、普及仲裁法律法规知识,提高公众签订仲裁条款的能力,同时加强仲裁机构的行业自律,确保仲裁员能不偏不倚,增强当事人对仲裁的信心,促进我国仲裁事业的长远发展。

关于完善我国仲裁回避制度的几点思考

王小莉*

仲裁回避制度，是指在仲裁活动中，仲裁员以及其他可能影响案件公正裁决的有关人员，在遇有法律规定的特别情形时，退出某一案件的仲裁程序的制度。回避制度所蕴涵的技术性措施有助于维护仲裁员的中立，确保公正裁决；同时，回避制度还承担着为仲裁员减轻责任负荷的作用，使仲裁员免受人伦亲情与仲裁公正理念的双重压力。对当事人乃至案外人而言，回避制度通过维护仲裁中立性以实现仲裁公正，从而使其对于裁决寄予信赖感，有利于个案的解决以及仲裁权威的树立。有鉴于此，世界各国仲裁法及知名的仲裁机构皆对仲裁回避制度作了详细的规定。我国现行《仲裁法》将回避制度列为仲裁基本制度之一，在第34条至第37条对仲裁回避的对象、条件、程序等作了规定。然而，由于我国在制定仲裁法时，缺乏相应的现代民商事仲裁实践经验，对仲裁程序的研究也不够深入，仲裁法所规定的回避制度不可避免地存在着一定的缺陷。本文在分析我国现行仲裁回避制度的基础上，试图为我国仲裁回避制度的完善提供一点思路。

一、仲裁回避制度的价值取向

回避制度已成为现代仲裁制度一个不可或缺的重要组成部分。回避制度之所以如此重要，主要缘由有三：

（一）源于仲裁机制本身的要求

仲裁机制是由非冲突的第三者来处理纠纷。考察人类纠纷解决机制的发展史，可以发现，这种机制的基本理念在很大程度上取决于冲突者解决纠纷时的利益和主观愿望。一般而言，由于人际冲突在根本上是双方当事人对特定利益关系所发生的争执，因而他们在共同选择由第三方处理彼此冲突时当然力求最

---

* 广州仲裁委员会副主任，法学博士。

大限度地维护自己的利益,双方都有同样的愿望,因此,最后唯一实现和理性的决策,就是双方妥协,选择不偏向任何一方的第三方。因此,仲裁作为纠纷解决机制,必须要求用一定的制度来加以保障,回避制度就是顺应这种要求而产生和演变起来的仲裁基本制度之一。通过回避制度来确保裁决者与任何一方都保持中立关系,以使裁决者为双方所信任、接受,从而达到尊重裁决结果,以裁决来解决纠纷之目的。

(二) 确保裁决者中立

仲裁制度要求仲裁员和双方当事人之间必须保持中立,这种中立性的基本含义是指裁决主体在对立和冲突的仲裁当事人之间采取不偏向任何一方的立场态度和行为。从一定角度看,中立形式大致可分为静态中立和动态中立两种。所谓静态中立,是指裁决主体由与仲裁当事人相分离的独立第三者担任。具体而言,它包括三方面的内容:第一,裁决者与当事人相分离。最终对纠纷作出处理决定的裁决者既非申请人也不是被申请人,而是作为独立的第三方来解决纠纷当事人之间的冲突。用英美学者的话来说,任何人都不应是自身之法官。第二,裁决者的非偏向性、等距离性。裁决者在案件当事人间保持中立,不得与案件当事人有任何特殊的关系,如亲属关系、朋友关系、仇敌关系。如果案件的处理结果涉及到选定的裁决者的个人利益或其亲朋好友的重要利益,则其不能承担处理纠纷的职责。第三,裁决者对当事人和冲突事实无先入之见。裁决者在开始处理纠纷之前,应对冲突事实和冲突双方个性、品格等情况保持一无所知的空白状态。所谓动态中立,则是指裁决者在仲裁进程中的一切活动都必须严格中立,不得偏向当事人任何一方。如何保证裁决者的中立呢?回避制度就是确保裁决者中立的基本制度,将一切与任何一方当事人有利害关系而会影响公正裁决、中立裁决的可能性都加以排除。

(三) 促进仲裁公正

与诉讼不同,仲裁实行"一裁终局制",裁决作出后,当事人不能再就同一纠纷申请仲裁或者向人民法院起诉,[①] 因此,相对于诉讼,仲裁对于仲裁员公正办案有着更高的要求,"公正是仲裁的生命线,是仲裁机构赖以生存的基本条件。"[②] 仲裁公正又分为程序公正和实体公正。由于对实体公正这一问题

---

① 参见《中华人民共和国仲裁法》第 9 条。
② 李荣珍:《试论我国仲裁公正的保障机制及其完善》,载《新东方》1996 年第 6 期。

不同的主体有不同的主观判断标准，且仲裁活动本身就是对法律事实而非客观事实的裁决，因此实体即裁判结果的公正难有定论。由此，程序公正自然成了仲裁公正的逻辑起点和价值核心。程序公正的实质内容就是仲裁各方的平等性，即在整个仲裁过程中仲裁各方地位平等，平等受到对待，平等行使各项权利。回避制度是程序公正的主要内容，其通过排除仲裁活动中裁决主体的非中立性，实现仲裁的平等性，使仲裁双方感到自己受到公正对待，从而产生对裁决的信赖。回避的实质含义，即避嫌，排除怀疑，从而获得当事人对仲裁员中立性和公正性的一种信赖。回避制度的最终目的在于从仲裁程序上保证仲裁员公正裁决案件。第一，可以防止仲裁员不公正审理案件。仲裁员如果同案件有利害关系或者其他特殊关系，就可能自觉或不自觉地偏袒一方，或者受先入之见的影响，不能秉公办案。严格执行回避制度，就有利于使案件得到客观、公正的裁决。第二，可以消除当事人的思想疑虑。如果仲裁员有应当回避的情形而仍参加案件的审理，即使案件裁决是正确的，也难以消除当事人对仲裁员能否公正处理案件的怀疑，影响仲裁的威信。

二、我国仲裁回避制度的规定及存在的问题

（一）我国现行仲裁回避制度之法律规定

《仲裁法》对仲裁回避制度作出了规定，其中涉及仲裁回避的对象、条件和程序等。

根据《仲裁法》第34条规定，回避对象为"仲裁员"；回避类型为仲裁员自行回避和当事人提请回避；适用回避的情形有四个方面：一是本案当事人或者当事人、代理人的近亲属；二是与本案有利害关系；三是与本案当事人、代理人有其他关系，可能影响公正仲裁的；四是私自会见当事人、代理人，或者接受当事人、代理人的请客送礼的。

关于申请回避的程序，《仲裁法》第35条规定："当事人提出回避申请，应当说明理由，在首次开庭前提出。回避事由在首次开庭后知道的，可以在最后一次开庭终结前提出。"第36条规定："仲裁员是否回避，由仲裁委员会主任决定；仲裁委员会主任担任仲裁员时，由仲裁委员会集体决定。"

关于回避的效力，《仲裁法》第37条规定："仲裁员因回避或者其他原因不能履行职责的，应当依照本法规定重新选定或者指定仲裁员。因回避而重新选定或者指定仲裁员后，当事人可以请求已进行的仲裁程序重新进行，是否准许，由仲裁庭决定；仲裁庭也可以自行决定已进行的仲裁程序是否重新进行。"

（二）我国仲裁回避制度存在的问题

就我国《仲裁法》对仲裁回避制度的规定情况看，主要存在以下几方面问题：

1. 适用的对象过窄

根据《仲裁法》的规定，仲裁进程中回避的对象为"仲裁员"，这显然没有涵盖参与案件审理的全部人员，存在着适用对象过窄的问题。主要表现在：（1）未对专家咨询委员会委员明确规定回避。尽管我国仲裁法及相关的法规没有关于仲裁机构内设专家咨询委员会的规定，但根据国务院办公厅1995年7月28日颁布的《仲裁委员会章程示范文本》第10条规定，"仲裁委员会可以根据需要设立专家咨询机构，为仲裁委员会和仲裁员提供对疑难问题的咨询意见。"我国现行仲裁机构大都在其章程中对专家咨询委员会进行了规定并设立了专家咨询委员会。在实际办案中，在仲裁庭对案件有较大分歧或拿不准时，一般都会提交专家咨询委员会讨论。在这种情形下，专家的咨询意见有可能对裁决结果产生影响，如果具有利害关系的委员在讨论该案时发表倾向性的观点，产生有利于一方当事人的咨询意见，就不能保证仲裁结果的公正。专家咨询委员会实际上承担着裁决者的角色，然而，现行的仲裁法对专家咨询委员会委员是否回避、如何回避、应由谁决定回避，尚未明确规定。（2）未对办案秘书、翻译人、鉴定人、勘验人明确规定回避。办案秘书是指在商事仲裁机构中专职从事仲裁业务，负责案件的程序管理和服务工作的人员，根据仲裁法及仲裁规则的规定，办案秘书的工作将导致仲裁法律关系的产生和变更，并与一定的法律后果紧密相连。翻译人员是指受仲裁委员会聘请在仲裁过程中从事语言文字翻译工作的仲裁参与人，在仲裁进程中，翻译人员应按语言文字的原意如实进行翻译，不得隐瞒、歪曲或伪造。鉴定人是受当事人委托或仲裁庭指定后凭借自己的知识和技能对案件事实的某个专门性问题提出书面鉴定意见的仲裁参与人，鉴定人作为真实的发现者，其独立与公正与否对案件正确处理发挥着至关重要的作用。在上述人员中，办案秘书参与了案件办理的全过程，翻译人员和鉴定人员则根据需要参与案件审理，如果他们和当事人存在着某种利害关系而不回避，无疑会对案件的公正处理产生影响。然而，仲裁法并未对上述人员的回避进行任何规定。还有勘验人员，由于仲裁法赋予了仲裁庭收集调查证据的权利，这些证据中就包括需要勘验的证据。勘验既可以由仲裁庭组成人员直接勘验，也可以由仲裁庭组织专业人员进行。若是前者，则与仲裁员的回避程序相同，但若是后者，仲裁法则没有相应的回避规定。

2. 申请回避的难度过大

在仲裁程序中,当仲裁庭组成后,仲裁机构都会告知当事人有申请回避的权利,这似乎已保障了当事人的申请回避权。但是,当事人要真正行使这项权利却又十分困难。因为在现实生活中,人际关系十分复杂,仲裁机构虽然送达了仲裁庭组成人员名单,但对当事人来说,除由其选定的仲裁员外,其余的仲裁员仅是一纸名单,首先要把名单与具体的仲裁员对号入座,再对每位仲裁员的工作经历、家庭成员以及社会关系进行了解,才能确定仲裁员有无回避的法定情形。受时间和能力的限制,当事人往往不能用好申请回避权。

3. 立法对回避情形的规定不够完善

《仲裁法》虽然在第34条第(三)项规定了"其他关系"也可以申请回避,对"其他关系"的范围也可以扩大到极限,但这仍然不能概括依公正要求所出现的必须回避的其他情形。例如:在案件审理过程中,当事人发现仲裁员有着较强的民族主义情感,对案件中的本民族一方总会自觉不自觉地偏向时,仲裁员是否应当回避?应该说,偏见的存在是对案件结果公正性的一种潜在的危险。① 有意识的偏见应当回避,无意识的偏见也应尽量避免。

4. 在保障仲裁公正的前提下,未能最大限度地体现仲裁的效率性

公正和效率是仲裁制度最基本的价值目标,尤其是效率,对仲裁来说,更有着特殊的意义。在仲裁与诉讼的对比中,仲裁在同样追求公正这一基本价值的前提下,显然更加突出了纠纷解决的效率。② "商人们选择仲裁的最主要原因是其具有灵活性和迅速性,符合经济学的效益最大化原则。"③ 对效率的追求是人们选择仲裁来解决纠纷的初衷,也是仲裁产生和发展的生命力之所在。

---

① 闻戒:《试论特殊类型的仲裁员回避》,载《中国对外贸易》2003年第2期,第49页。
② 主要体现在三个方面:首先,从程序上看,诉讼程序严格、繁琐、周期长,庭审复杂,这些都不可避免地导致了纠纷无法快速地解决;而仲裁程序则简便、灵活,当事人对仲裁程序有着较大的自由选择权,仲裁庭会根据双方当事人的需要,尽快作出裁决,以节省当事人的时间。其次,从审级制度上看,在诉讼中,大多数国家普遍实行三审终审制,这种制度尽管有利于维护司法公正,符合人们对正义的追求,但却很容易浪费双方当事人的时间;而仲裁普遍实行一裁终局制度,从而较法律途径之一至三审节省更多时间。最后,从判决的执行上看,目前一国法院的判决若想在外国获得承认与执行,只能依据两国签订的双边条约或互惠协议,否则该判决就很难在国外获得承认及执行,这也就意味着纠纷并未得以快速、有效的解决;而在仲裁中,拥有100多个缔约国的《纽约公约》使国际商事仲裁裁决在外国具有远远优于法院判决的可执行性。仲裁裁决的有效执行,意味着双方当事人之间的纠纷得以快速、彻底地解决。
③ 黄晓慧:《论仲裁的终局性与司法复审》,载《学术研究》2000年第6期,第97页。

在公正本位与效率本位的价值抉择中,有学者甚至认为仲裁在价值取向上应以效率为本位。① 仲裁在价值取向上是以公正为本位或还是以效率为本位暂且不论,但其对效率的追求则是毫无疑问的。因此,仲裁中各项制度在保障公正的前提下,应尽可能地体现效率性。但分析我国现行仲裁法的规定,回避制度并未能很好地体现仲裁的效率性,主要表现为:(1)对当事人自行选定的仲裁员申请回避的条件未予区分。《仲裁法》第35条规定,"当事人提出回避申请,应当说明理由,在首次开庭前提出。"根据该条规定,不管是对自行选定的仲裁员,还是对他方当事人选定的仲裁员,当事人都有权在开庭前申请回避。而我们知道,仲裁与诉讼的区别之一,就是当事人有权选定仲裁员,② 如果允许当事人对自己选定的仲裁员随意提请回避,则不能排除当事人滥用回避权,从而达到拖延仲裁程序目的之嫌疑。如一方当事人为拖延仲裁程序,可能会先选择一个在法律上存在回避情形的仲裁员,这样在开庭前就可以运用回避权,重新启动仲裁员选定程序。因此,从提高仲裁效率的角度出发,有必要对当事人自行选定的仲裁员的申请回避情形予以区分。(2)对仲裁员回避作出决定前仲裁庭能否继续行使仲裁职权无明确规定。当事人申请仲裁员回避后,仲裁委员会主任就仲裁员是否回避作出决定前,被申请回避的仲裁员能否继续行使仲裁职权?我国仲裁法对此并无明确规定。而实践中的做法也不一致。一些仲裁委员认为,《仲裁法》对此并无明确禁止,与《民事诉讼法》的规定存在明显差异,③ 这体现了仲裁制度对效率的追求,因此,在此种情形下,被提请回避的仲裁员有权继续行使仲裁职权。这些仲裁员在其仲裁规则中明确规定了仲裁员在此种情况下有权继续履行仲裁职责。④ 而大多数的仲裁员在这个问题上语焉不详,实际上则根据《民事诉讼法》的规定,采取了休庭的做法,即暂停了仲裁案件的审理。笔者认为,在仲裁委员会主任就仲裁员的回避作出决定前,被申请回避的仲裁员是否需要回避实际上处于不确定状态,在此种情

---

① 汪祖兴:《效率本位与本位回归》,载《中国法学》2005年第4期,第113页。
② 在诉讼中,当事人无选择法官的权利,法官则由法院指定。
③ 《民事诉讼法》第45条第2款规定:"被申请回避的人员在人民法院作出是否回避的决定前,应当暂停参与本案的工作,但案件需要采取紧急措施的除外。"
④ 如《广州仲裁委员会仲裁规则》第25条第(九)款规定:"在就仲裁员的回避作出决定前,被申请回避的仲裁员应当继续履行职责。"《中国国际经济贸易仲裁委员会仲裁规则》第26条第(七)款规定:"在仲裁委员会主任就仲裁员是否回避作出决定前,被请求回避的仲裁员应当继续履行职责。"武汉仲裁委员会仲裁规则第27条第(七)款也有类似的规定。

况下，仲裁员继续行使仲裁权无疑有利于仲裁效率的提高。①

三、现行仲裁回避制度的完善

有位伟大的哲人曾经说过，法律是人类伟大的发明，其他的发明让人类学会如何驾驭自然，而法律的发明，则令人类学会如何驾驭自己。美国著名学者哈耶克对文明进步有这样一段评论："文明乃是经由不断试错，日益积累而艰难获得的结果，或者说它是经验的总和。其中的一部分为代代相传下来的明确知识，但更大的一部分则是体现在那些被证明为较优越的制度和工具的经验。"② 文明进步如此，制度的发展更是如此，制度的发展也是一种经过实践不断试错而建立起来的。现有的仲裁回避制度是在以前的基础上不断完善发展起来的，现有制度存在的缺失也是不断试错的负面反映，所以我国现行仲裁回避制度有进一步完善的必要。笔者认为，目前我们可从以下几个方面来完善我国的仲裁回避制度。

（一）与仲裁实践相适应，进一步明确回避对象的范围

仲裁法在保留现有回避制度适用对象的基础上，应当与仲裁实践发展相适应，扩大回避对象的适用范围。具体包括：办案秘书、翻译人、鉴定人、勘验人、专家咨询委员会委员。

（二）改变以"关系"为核心的仲裁回避制度观念

应改变我国以"关系"为核心的仲裁回避制度，代之以"独立、公正"为核心的仲裁回避制度。"关系"固然是影响公正办案的一个重要因素，但"关系"不能涵盖影响仲裁公正审理的全部因素。回避制度的目的是对一切可能有影响仲裁公正审理案件情形的排除，因此有违"独立、公正"是回避制度的核心。出现可能影响公正办案的情形应当回避，那么已经不能公正办案的人员就更应回避，凡明显偏向一方当事人或在程序上违法操作的人员，均应属回避之列。联合国国际贸易法委员会在1985年通过的《国际商事仲裁示范法》（以下简称《示范法》）中对仲裁回避的理由作了规定，其表述为"仅因

---

① 在仲裁员最后被确定为回避的情况下，根据《仲裁法》第37条的规定，当事人可以请求已进行的仲裁程序重新进行，在此之前由仲裁员行使的仲裁权并没有对仲裁的公正性产生影响；在仲裁员最后被确定为不需要回避的情况下，在作出决定前由仲裁员继续履行职责显然节省了时间，提高了效率。

② 哈耶克：《自由秩序原理》，邓正来译，三联书店2003年版，第67页。

存在对仲裁员的公正性或独立性引起正当的怀疑的情况或他不具备当事各方商定的资格时,才可以对仲裁员提出回避……"① 该规定值得我国仲裁法借鉴。

(三) 建立仲裁员信息披露制度

国际民商事仲裁制度包含着仲裁员的信息披露制度,"仲裁员的自行披露是一项普遍接受的保障商事仲裁中的仲裁庭公正性的原则。它要求仲裁员应当对于可能影响到商事仲裁程序中仲裁员公正性的事情向当事人以及其他商事仲裁员披露。"② 仲裁员的信息披露不仅有利于当事人获悉仲裁员的基本情况,从而决定是否提请回避,也有利于树立仲裁员的权威,增加裁决结果的可执行性。考察各国仲裁法及知名的国际商事仲裁机构,大都建立了仲裁员信息披露制度,《示范法》中也确立了仲裁员信息披露制度。③ 为适应仲裁发展的实际需要,近几年来,我国一些发展较好的仲裁机构,在其仲裁规则中也相继确立了该项制度,如《广州仲裁委员会仲裁规则》第 24 条第 (一) 款规定:"被选定或者指定的仲裁员应签署保证独立、公正仲裁的声明书,并向本会及当事人披露可能对其公正性和独立性产生合理怀疑的任何事实或情况。"《北京仲裁委员会仲裁规则》第 20 条第 2 款、第 3 款规定:"仲裁员决定接受选定或者指定的,知悉与案件当事人或者代理人存在可能导致当事人对其独立性、公正性产生怀疑的情形,应当书面披露。仲裁员在审理案件过程中知悉应予披露情形的,应当立即书面披露。"《武汉仲裁委员会仲裁规则》第 26 条规定:"被选定或者被指定的仲裁员应当签署声明书,向本会书面披露可能引起对其独立性或者公正性产生合理怀疑的任何事实或者情况。在仲裁过程中出现应当披露的情形的,仲裁员应当立即书面向本会披露。本会应当及时将仲裁员的声明书和书面披露的信息转交双方当事人。"因此,我国仲裁法有必要确立仲裁员信息披露制度,明确信息披露是仲裁员的一项重要义务和责任。仲裁员不仅要向仲裁委员会披露,也要向当事人披露;在披露时间上不仅限于仲裁员接受当事人指定或仲裁委员会主任指定时,也应包括在仲裁程序进行中的任何阶段。

---

① 1985 年联合国《国际商事仲裁示范法》第 12 条第 2 款。
② 乔欣:《比较商事仲裁》,法律出版社 2004 年版,第 70 页。
③ 1985 年联合国《国际商事仲裁示范法》第 12 条第 (1) 款规定:"在被询问有关其可能被委任为仲裁员之事时,其应该披露可能对其公正性或独立性引起正当的怀疑的任何情况。仲裁员从被委任之时起直至在整个仲裁程序进行期间,应不迟延地向当事各方披露任何此类情况,除非其已将此情况告知当事各方。"

(四) 明确当事人对其自行选定的仲裁员申请回避的条件

当事人对其自行选定的仲裁员,除回避的原因发生在选定后,或只有在选定后才知道回避事由外,不得请求仲裁员回避。国外很多仲裁法和仲裁机构的仲裁规则中都有类似的规定。如:《示范法》第 12 条第 (2) 款规定:"当事一方只有根据其作出委任之后知悉的理由才可以对其所委任的或参加委任的仲裁员提出回避。"《美洲国家商事仲裁委员会仲裁规则》第 10 条第 (二) 款规定:"当事人对自己所任命的仲裁员,只能根据在任命后所知悉的理由,提出异议。"我国台湾地区"仲裁法"第 16 条第 2 款也规定:"当事人对其自行选定之仲裁人,除回避之原因发生在选后,或至选定后始知其原因者外,不得请求仲裁人回避。"

(五) 增加当事人在仲裁员选定上的意思自治,在当事人双方都同意某仲裁员回避时,该仲裁员应予以回避

国外很多仲裁法和仲裁规则中都有类似规定。如:英国《1996 年仲裁法》第 23 条第 3 款规定:"仲裁员的权力不能废止,除非:……(A)当事人一致同意……"《美国仲裁协会国际仲裁规则》第 8 条也规定:"一经收到回避要求,协会行政管理人应通知其他当事人。一方当事人对某一仲裁员提出回避要求时,其他当事人可同意接受该要求,如同意,该仲裁员应当离职。"

(六) 明确在对仲裁员是否回避作出决定前仲裁员有权继续履行职责

如《示范法》第 13 条第 (3) 款就规定,"在等待对该请求作出决定的同时,仲裁庭包括被提出回避的仲裁员可以继续进行仲裁程序和作出裁决。"《示范法》是国际社会达成的较为一致的认识,一定程度上反映了仲裁的特点和发展的规律,对我们有很强的参考价值。

专题三

仲裁实务探究

论仲裁庭的调查取证权

王小莉*

一、从一个案例看仲裁庭调查取证权的现状

（一）仲裁庭调查取证权的由来

通过双方当事人提交的证据与仲裁庭的各项程序例如质证、辩论、仲裁庭调查、发表最后意见是多数仲裁庭查清案件事实的基本做法。根据笔者的办案经验，多数案件通过上述方法一般能达到查明案情的效果，但是不能排除个别案件需要借助调查取证的手段查明案件事实的情况。例如在买卖合同纠纷中，双方当事人会有财务上的往来，在电子商务以及网上支付手段日益发达的今天，当事人通过银行进行转账以支付货款的情况越来越多，通过银行转账等支付手段虽然存在快速、高效等特征，但也存在难以留下支付凭证的问题。有些当事人为证明自己已经将货款通过银行转账的方式支付给另一方当事人，会向仲裁庭提出调查取证的申请，请求仲裁庭就其付款问题向有关银行等金融机构进行调查取证。由于银行等金融机构出具的证明会对案件起着决定性的影响，因此仲裁庭是否接受当事人调查取证的申请就成为了一个极为重要的并且富有争议的问题。有学者认为，应严格遵循证据的举证原则，根据谁主张谁举证的规则，当事人一方若想其主张获得支持，应该提出相应的证据支持其主张，仲裁庭的调查取证不啻是为支持提出主张的一方增加胜诉的砝码，从而丧失仲裁庭的中立性。但也有学者认为，仲裁庭的调查取证权是在我国《仲裁法》中明文规定的。例如，《仲裁法》第43条第2款规定：仲裁庭认为有必要收集证据的，可以自行收集。第46条规定：在证据可能灭失或者以后难以取得的情况下，当事人可以申请证据保全。当事人申请证据保全的，仲裁委员会应当将当事人的申请提交证据所在地的基层人民法院。两种意见针锋相对，在深入分析这个问题之前，我们先来看一个案例。

---

* 广州仲裁委员会副主任，法学博士。

（二）对仲裁庭调查取证权的争议

在某诉讼代理合同纠纷的仲裁案件中，申请人甲是某律师事务所，被申请人乙是某公司，申请人在被申请人与案外第三人的买卖合同纠纷中担任被申请人的代理人，在接受被申请人的授权委托并签署委托合同之后，申请人随即为被申请人的诉讼展开了大量的准备工作，包括搜集证据、递交起诉状、申请财产保全、出庭等一系列行为。最终，法院判决被申请人在该买卖合同纠纷中胜诉，判决案外人给付全部货款给被申请人。但在被申请人胜诉后，却不向申请人支付本案的代理费。申请人在庭审时称案外第三人已经全部给付被申请人货款，因此被申请人应当支付全部的代理费。被申请人不确认案外人已经付款。并且被申请人还认为，根据合同约定，其必须是收到全部货款后才支付给申请人代理费，向申请人支付代理费的条件尚未成熟。因此，本案的争议焦点就在案外人向被申请人支付货款的数额上。申请人提供了一盘其与案外人通话的录音资料，但因该资料未经公证，不能作为定案的依据，被申请人也不愿透露其收到货款的具体数额。

此时，该案的关键是能否查明案外人向被申请人支付的货款数额，申请人在庭审时称，其曾经与案外人沟通，希望其可以将支付给被申请人货款的支付凭证出示给仲裁庭，但该案外人称，该支付凭证涉及其商业秘密，不愿配合申请人出示该证据。申请人也向仲裁庭递交了调查取证申请书，希望仲裁庭可以对案件情况进行调查以查清案件事实。对于申请人调查取证的申请，仲裁庭内部有两种不同的意见，一种意见认为，举证证明其仲裁请求是申请人的义务，申请人无法完成其证明责任，应当承担举证不能的责任，仲裁庭既无必要也无义务进行调查取证；另一种意见认为，从纯粹的公平正义的角度讲，仲裁庭有责任查明案件事实，如果事实是案外人确实已经给付了全部的货款，而申请人不能举证证明因此败诉，对于申请人来说无疑是极大的不公。由此可见，虽然我国《仲裁法》对仲裁庭的调查取证权作出了规定，但是由于相关配套措施不完善以及仲裁庭缺乏强制力等诸多原因，仲裁庭的调查取证权在现实中往往难以实现。

二、仲裁庭调查取证权利难以实现的原因探析

在笔者所经办的案件中，存在是否进行调查取证争论的案件不在少数，并且申请调查取证的种类繁多，不一而足，除前述的案件之外，还存在例如进行笔迹鉴定、工程造价鉴定、对案外人进行调查询问等请求。对于上述调查取证申请，除根据《仲裁法》第44条的规定仲裁庭可以将专门性问题提交鉴定部

门鉴定之外，对于其他调查取证申请，仲裁庭一般的观点是属于当事人的举证责任，由当事人承担举证责任，仲裁庭不主动进行调查取证。随着经验的积累，笔者在办案的过程中逐渐能够感觉到，一些当事人确实履行了合同义务，但因苦于难于举证，无法赢得胜利。笔者认为，某些调查取证申请的提出者，尤其是申请人，其申请并非空穴来风，因为相比于正常的履行合同义务来说，诉诸法律毕竟是不经济的。但法律讲求的是证据而非凭感觉行事。相比于诉讼完善的调查取证机制，仲裁庭调查取证权常常难以实现的原因何在？

（一）仲裁的性质决定了调查取证的尴尬

仲裁的性质很大程度上反映在仲裁机构的性质上，在我国，对于仲裁机构性质的争论一直在持续。但仲裁走民间化道路一直是国内仲裁界努力的方向。仲裁不具有类似司法的公权力属性，其权利是当事人赋予的。相比于仲裁，作为国家公权力象征的公安机关、检察院与法院的调查取证权是国家赋予的。公检法的强制力是国家公权力的化身，其行使调查取证权有充足的法律依据，并且作为维护社会稳定的机构，其履行调查取证权也是必须的。但根据契约理论，仲裁来自双方当事人的协议，当事人自行决定仲裁的组织，选择仲裁员、仲裁的时间、地点、仲裁程序等，仲裁很明显不具有国家公权力的司法机构的属性的，因此仲裁庭的调查取证权能否得到案外人的认可存在着很大的疑问。

（二）仲裁庭的调查取证实践中往往难以实现

在笔者的办案过程中，仲裁庭会根据案件情况向相关部门发出咨询函等文件以查清一些专业性的问题，一般都会得到配合，但涉及仲裁庭的调查取证问题，会出现不可避免的尴尬，相比于公检法单位的调查取证权，仲裁庭的调查取证显得苍白无力，在笔者经办的案件中，一旦遇到当事人申请仲裁庭就某一案件事实进行调查取证的时候，多数情况下仲裁庭均表示不予接受，因为仲裁庭的调查取证权在实践中是一个新课题。目前国内大多数仲裁机构的仲裁规则中都没有对仲裁庭的调查取证权作出明确的规定，目前笔者所见到的最为详细的关于仲裁庭调查取证的规定是《郑州仲裁委员会仲裁规则》。该规则第37条对于仲裁庭的调查取证权作出了规定：符合下列条件之一的，当事人可以申请仲裁庭调查收集证据：（1）申请调查收集的证据属于国家有关部门保存并须仲裁庭调取的档案材料；（2）涉及国家秘密、商业秘密或者个人隐私的材料；（3）当事人及其仲裁代理人确因客观原因不能自行收集的其他材料。当事人申请仲裁庭调取证据的，应当在举证期间届满5日前提出书面申请，是否调取由仲裁庭决定。上述证据经仲裁庭调取无法取得的，仍由负有举证责任的当事人承担不利后果。笔者认为，这样的规定虽有照搬最高人民法院《关于民事诉讼证据的若干规定》（以下简称《证据规定》）之嫌，但由于详细规定了仲裁庭调查取证的情形，其意义仍然是积极的。

尽管仲裁机构被视为是准司法机构，但仲裁机构仍被多数民众看作不同于代表国家公权力的公检法机构的民间组织，仲裁不具有司法强制力，是仲裁的天然属性使然，这种属性明显地表现在被广泛讨论的以下特点中：仲裁中没有第三人制度、仲裁机构没有执行部门、仲裁裁决的执行要到仲裁机构所在地的中级人民法院、仲裁中的财产保全与证据保全要到财产或证据所在地的基层人民法院等。

相比于人们对于仲裁庭调查取证权的争议，诉讼对于法院调查取证方面的法律规定则是比较完善的，《证据规定》对于人民法院在证据处理与调查取证的规定非常详尽，其中例如当事人举证的部分的规定就可以为仲裁所用。在人民法院调查收集证据部分，《证据规定》第 15 条明确规定了人民法院审理案件认为需要的证据的范围，是指"（一）涉及可能有损国家利益、社会公共利益或者他人合法权益的事实；（二）涉及依职权追加当事人、中止诉讼、终结诉讼、回避等与实体争议无关的程序事项。"第 16 条规定："除本规定第十五条规定的情形外，人民法院调查收集证据，应当依当事人的申请进行。"第 17 条规定："符合下列条件之一的，当事人及其诉讼代理人可以申请人民法院调查收集证据：（一）申请调查收集的证据属于国家有关部门保存并须人民法院依职权调取的档案材料；（二）涉及国家秘密、商业秘密、个人隐私的材料；（三）当事人及其诉讼代理人确因客观原因不能自行收集的其他材料。"笔者认为，前述案件如果在诉讼程序中进行，法院就可以根据《证据规定》，根据申请人的申请，向案外人调查收集证据。但在仲裁案件中，由于笔者下文所述的某些原因，仲裁庭的调查取证权往往得不到实现。而在笔者经办的案件中，开始有越来越多的当事人在开庭前向仲裁庭提出书面申请要求仲裁庭进行调查取证，甚至在庭审时当庭提出要求仲裁庭进行调查取证，如何较好地处理当事人的这一请求，是仲裁制度在发展中需要解决的一个新问题。

笔者认为，仲裁制度确实有着前文所述的"先天不足"。但仲裁制度既然有存在的空间，当然有其存在的道理，仲裁以其高效、公正和专业立足，并且走的是完全不同于诉讼的道路。如果要求仲裁具备诉讼的所有特点，那么仲裁的存在就会显得完全没有必要。但是笔者认为，尽管诉讼与仲裁在尊重当事人意思自治方面，抑或是在程序等方面存在诸多的差异，但追求公平与正义是这两种制度的不二选择。不管是多么先进的法律制度，如果其结果并非指向公平与正义，那么也绝对不是我们所追求的。仲裁与诉讼，本来就是在走相互借鉴、相互学习的道路，因此就有了诉讼仲裁化与仲裁诉讼化的现象产生。这并非表示仲裁要被诉讼同化，变为分担诉讼压力的附属物，也并不是一方吃掉另外一方的过程。因此从这个角度来说，在仲裁中引入或者说加强仲裁庭的调查取证权就显得尤为必要。

在仲裁实践中，仲裁庭的调查权证往往不会得到配合，佢如果是公安机关、法院以及检察机关进行调查取证，情形就大为不同。例如，在诉讼中的一方当事人可以根据《证据规定》向人民法院申请调查取证，人民法院在认为当事人的申请符合《证据规定》的情形下，可以进行调查取证。根据《民事诉讼法》和《人民检察院组织法》之规定，检察院享有民事检查活动中的调查取证权。上述两司法部门的调查取证权都源自法律的明文规定，并且作为长期的司法实践留下的痕迹，公检法机关在社会大众心目中的职能也是神圣的，其调查取证权更是不容置疑的，正因为如此，公检法机关的调查取证绝大多数情况下都能得到配合，不配合的是极少数情况。并且不配合调查取证也会有相应的制裁。据媒体报道，徐州铜山县法院在办理刘某等17名业主诉某房地产开发公司商品房预售合同纠纷一案中，依据当事人的申请，两名法官助理于2009年7月14日前往某燃气公司，调取涉案小区燃气工程竣工验收等相关材料，但该燃气公司以"单位管理不规范，没有竣工验收材料"为由未予提供。此后承办法官又先后两次前往该燃气公司，阐释法律规定，要求予以协助，但该公司仍以同样理由拒绝提供。铜山县法院认为，燃气公司作为正常经营的单位，其经营活动必然建立并保存相关档案资料，其拒不配合调查取证的行为已经触犯了2007年《民事诉讼法》第65条"人民法院有权向有关单位和个人调查取证，有关单位和个人不得拒绝"的规定，妨害了民事诉讼活动，故依照2007年《民事诉讼法》第103条、第104条之规定，决定对该公司罚款人民币30万元。在送达罚款通知书的同时，铜山县法院从该公司账户中强制划拨了罚款金额，并且警告该公司，如果继续藐视法律、拒不配合法院调查，将依法对其法定代表人实施司法拘留措施。燃气公司此时才认识到问题的严重性，第二天即将有关账册主动呈交到法院，保证了案件审判的顺利进行。①

前述是我国目前法律对于公检法机关调查取证权的规定，这些规定不但明确了上述机关调查取证权的正当性，也详细列明了有协助调查义务的单位如不配合调查取证的后果。但《民事诉讼法》的规定中并没有关于仲裁机构调查取证权的规定。此外，仲裁庭独立于仲裁机构对案件进行审理，仲裁庭的组成——仲裁员或是受聘于仲裁机构，或是仲裁机构本身的工作人员。外聘仲裁员身份具

---

① 引自徐州律师网 http：//www.xzlawyer.com/news/xuzhou/2420.html。

有多样化的特征，有律师、退休法官、检察官、大学教授等，但无论是外聘仲裁员还是仲裁机构内部的仲裁员，在审理仲裁案件的时候并不是在行使国家赋予的司法权，不具有公权力的属性，因此在进行调查取证时难以得到配合就成了经常遇到的情况。

三、对于仲裁庭调查取证权的争议与制度设想

仲裁庭的调查取证权面临着执行力不强、当事人配合度不高，以及仲裁员兼职身份限制等问题。对于仲裁庭调查取证权的争议，虽然目前在国内仲裁学界尚无大规模的讨论，但由于均为处理民商事纠纷的方式，学者们对于民事诉讼中法院调查取证的争议则由来已久。笔者认为，虽然诚如前文所述，仲裁与诉讼在诸多方面有较大差异，但在依据法律对案件作出公正的裁判方面是一致的。因此，对于民事诉讼中调查取证权的争议当然可以看作仲裁会同样面临的问题。我们不妨在本文中对于民事诉讼中法院的调查取证权遇到的争议加以分析，并提出解决方法，以为仲裁所用。

对于法院在民事诉讼中的调查取证权，国内早有学者提出过质疑，有学者指出，长期以来，受苏联民事诉讼模式的深刻影响，我国民事诉讼法赋予法官以极大的职权，因而被称为"超职权主义"的立法。其在民事诉讼证据制度上的体现即赋予法官主动调查、收集证据的职权；而这种职权，即使是在有"职权主义"之称的德国等大陆法系国家的民事诉讼中亦属罕见。[1] 该学者认为，首先，法院在民事诉讼中的调查取证权超越了我国宪法赋予法官的司法审判职权的合理内涵和外延，我国法院只规定人民法院依法独立行使司法审判权，并未规定人民法院享有证据的调查、收集权[2]。其次，它不利于作为诉讼主体之一的诉讼当事人主动性、积极性的有效发挥。法院应当是居中的裁判者，而不应当主动介入本应由诉讼当事人承担的举证责任当中。在"谁主张、谁举证"大原则的指导下，举证责任的分配应由提出主张的一方来承担，这种举证责任的规定有利于鼓励、促进当事人积极收集、认真保护、充分列举证据，从而高效、及时地处理纠纷。最后，该学者认为法院的调查取证权损害民事审判的公平正义，并有可能导致司法腐败、不合理的延长民事案件的审判期限、增加诉讼成本、降低诉讼效率等弊端。

---

[1] 郑若山：《论取消民事审判中法院调查取证的必要性》，载《华东政法大学学报》2001年第5期，第66页。

[2] 郑若山：《论取消民事审判中法院调查取证的必要性》，载《华东政法大学学报》2001年第5期，第66页。

此外，有学者从另外一个方面提出法院调查取证权的问题，该学者指出，根据程序正义的要求，所有有关案件的证据都应当经过双方当事人的质证才能作为定案的依据，而法院经过独立的调查取证后取得的证据，往往不经过质证程序就直接被认定，这样就使得一部分判决所依据的事实绕开了当事人的质证程序而直接出现在了判决中，造成了突击性裁判，而这一切弊病的根源就在于法院可以依职权进行证据调查。①

分析上述对于法院调查取证权的诟病，笔者认为，这些观点确实存在一定的道理，但是不难看出，以上学者所反对的调查取证权是一种无限制的调查取证权，法院完全替代了诉讼当事人的作用，为当事人搜集证据、进行调查，将"职权主义"发挥到了极致，这当然是应当遭到反对的。试想如果按照此种模式操作，关于举证责任的规定就变成了一纸空文，根本无法操作，因为举证的义务不再是当事人的事，而是法官的事了。这种情况不但是上述学者所反对的，也是笔者坚决摒弃的。笔者认为，赋予仲裁庭调查取证权是符合仲裁发展的，也是符合公平正义的要求的，但是在具体操作上，要对仲裁庭的调查取证权作进一步的细化。

对于仲裁庭的调查取证权的制度设计，笔者认为，仲裁庭的调查取证权实际上无论是在法律规定上还是在仲裁实务中，在我国都已有一定程度的体现。例如我国《仲裁法》第 46 条明确规定，在证据可能灭失或者以后难以取得的情况下，当事人可以申请证据保全。当事人申请证据保全的，仲裁委员会应当将当事人的申请提交证据所在地的基层人民法院。在对于专门问题的鉴定方面，虽然在我国，法学界并不认为鉴定问题属于调查取证的范围，但由于鉴定问题对于仲裁庭调查取证权的讨论具有积极的意义，故在此详述之。《仲裁法》第 44 条规定，仲裁庭对专门性问题认为需要鉴定的，可以交由当事人约定的鉴定部门鉴定，也可以由仲裁庭指定的鉴定部门鉴定。笔者认为，该条款对于扩大仲裁庭的调查取证权具有非常重要的意义，因为从性质上来说，当事人一方提出的对涉案标的进行的评估鉴定的申请与要求仲裁庭对于案件情况进行调查取证的申请在本质上并无不同。因《仲裁法》对评估鉴定的申请有明文规定，因此仲裁庭行使该调查取证权没有法律障碍。那么，在涉及案件其他事实的调查取证上，《仲裁法》是否可以借鉴《民事诉讼法》的规定，对此进行详细的规定呢？我们可以看到《仲裁法》第 43 条第 2 款规定："仲裁庭认为有必要收集的证据，可以自行收集。"既然《仲裁法》有这样的规定，笔者

---

① 周升乾、杨松：《从程序正义看法院的调查取证权》，载《重庆社会科学》2002 年第 5 期，第 23—24 页。

认为在立法上不再需要赘述，仲裁应从制度设计上考虑，走出一条不同于诉讼的调查取证之路。

由于仲裁不具有国家公权力的属性，因此仲裁庭不具有公检法机关一样的强制力，也就无法行使类似于前者的调查取证权，但这并不等同于仲裁庭就无法行使调查取证权。仲裁庭的权利来源于双方当事人的合意，当然也离不开法律的因素，法律所要求的公平正义与效率等诉求，亦是仲裁的愿景。针对实践中出现的越来越多的当事人申请仲裁庭进行调查取证的情况，就完善仲裁庭的调查取证权，笔者认为应从以下几个方面着手：

1. 正视仲裁庭自身对于某些问题无法进行调查取证的现实，对于某些专属于公安机关、检察机关与法院可以进行的调查取证权，仲裁庭在接到当事人调查取证的申请后，可以比照证据保全与诉讼保全的操作模式，将该申请递交至调查取证对象所在地的基层人民法院，由法院承担调查取证任务。这样的制度设计，既不会遇到仲裁庭在某些情况下无法进行调查取证的尴尬，也体现了仲裁与诉讼的相互配合，并且，该制度借鉴了已经成熟的财产保全与诉讼保全制度，在实践上应当具有很强的可操作性。但应在具体细则上加以完善，例如当事人应在开庭前多少日内提出该申请、如果当事人在庭审时提出该申请应如何处理、仲裁庭在接到该申请后应在几日内向有关人民法院提出、若仲裁庭拒绝该申请是否需出具决定书、在该案的裁决书中是否要写入该事项等。

2. 对调查取证的种类作出严格的限制，杜绝当事人的滥用。对于当事人提出要求调查取证的证据属于其自行可以收集或调取的，仲裁庭应当不予接纳其申请。对于当事人是否可以自行收集的证据的标准，由仲裁庭进行自由裁量。但对于当事人却因客观原因难以收集或者不能收集的证据，仲裁庭可以接受当事人的申请，进行调查取证。但仲裁庭是否可采纳《证据规定》第17条第（一）项及第（二）项的规定，为当事人调查收集属于国家有关部门保存并须人民法院依职权调取的档案材料，以及涉及国家秘密、商业秘密、个人隐私的材料，笔者认为应当对此持否定的态度。因为以上材料的调取属于公权力属性极强的司法行为，而仲裁庭的权利来源于当事人的合意，没有公权力属性，赋予仲裁庭如此大的调查取证权，有损仲裁独立于行政权力之外公平公正地处理民商事纠纷的形象，不利于仲裁事业的发展；况且，仲裁庭的调查取证权尚属初步讨论阶段，赋予仲裁庭调查取证权应按照循序渐进的原则。

3. 在调查取证的过程中，坚决贯彻"谁主张、谁举证"的证据规则，举证责任仍应该由提出主张的一方承担，仲裁庭所进行的调查取证，应当严格按照当事人提出的调查取证申请书上的要求进行，不应越俎代庖为当事人进行额外的取证，否则仲裁庭就会失去其中立性。在只有一名仲裁员审理的独任案件中，由于该仲裁员为双方当事人共同选定或者由仲裁委员会主任指定，其并不代表任何一方，该制度设计能够确保仲裁庭在调查取证中做到客观公正。但在三名仲裁员组成的合议庭中，由于存在除首席仲裁员之外的两位仲裁员分别由双方当事人分别选定的极大的可能性，该两名仲裁员有可能在调查取证的范围、调查的程度上存在分歧，因此在该类型案件中，首席仲裁员的选定就更加显得重要，其公正性与廉洁性将成为首要的选择依据。

对于仲裁庭的调查取证权所作的探析是笔者在办案过程中针对当事人越来越多的调查取证的申请引发的思考，本文对于仲裁庭的调查取证权的现状、法理基础、争议进行了分析，得出了肯定其发展的结论，并对于该制度的操作给出了较为粗浅的初步建议。希望可以对今后仲裁庭调查取证权的探讨提供一个新的角度，以使仲裁能够更加公平公正地处理民商事纠纷，更好地促进我国和谐社会的建设。

第三人撤销虚假仲裁之诉研究

肖少珍[*]　赵晓楠[**]

一、实践困境：不得不面对的现实挑战

（一）案情简介

从化市人民法院受理了原告CJ汽车修理厂诉被告JM物业有限公司建设用地使用权转让合同纠纷一案[①]。案件审理过程中，被告JM物业有限公司向法院补充提交了一份仲裁裁决书，拟证明被告已将涉案土地使用权转让给第三人欧阳某某，本案原告不享有涉案土地的使用权。法官在审核证据时，对该仲裁裁决的真伪存疑。在涉案土地已被法院合法查封的情况下，仲裁庭未向国土部门调查即适用简易程序作出被告与案外人关于涉案土地的使用权转让合同有效，且责令被告限期将涉案土地使用权转让给案外人的裁决。经初步调查发现，被告JM物业有限公司与案外人欧阳某某涉嫌恶意串通，捏造土地使用权转让合同，虚构土地使用权转让事实，隐瞒土地被法院查封的真相，利用仲裁和解制度虚假仲裁，欺骗仲裁员作出仲裁裁决，意图利用生效的仲裁裁决排除原告CJ汽车修理厂对涉案土地享有的合法权利。原告CJ汽车修理厂依据查明的事实，向仲裁庭提出异议。仲裁庭经审查后发现确实存在虚假仲裁情形，但在双方当事人均不提起司法审查的情况下，仲裁庭不能依职权主动撤销仲裁裁决。最后，经法官晓明利害，被告撤销了该仲裁裁决证据，最终，法院依据查明的事实证据不予支持被告抗辩。

（二）现实挑战

该案虽然以被告撤销仲裁裁决证据的方式得以妥善解决，但虚假仲裁给司

---

[*] 广东省从化市人民法院审监庭庭长。
[**] 广东省从化市人民法院办公室科员。
[①] 案件索引：（2012）穗从法房初字第204号。

法实践所带来的现实挑战却不得不引起我们重视。

1. 对仲裁制度的挑战

虚假仲裁给仲裁制度带来的最大挑战是即使发现虚假仲裁现象，仲裁机构无法依职权主动撤销仲裁裁决，利害关系人也不能通过仲裁途径进行救济。仲裁内部救济途径的缺失使得仲裁庭对虚假仲裁现象无能为力，虚假仲裁裁决的效力无法得到否定，进而导致法官在诉讼中对虚假仲裁裁决证据证明力认定困难的困境。造成这种困境的主要原因在于我国国内仲裁实行"一裁终局"制，且未在仲裁内部为第三人设立权利救济途径。

"一裁终局"是仲裁的一项基本制度，我国《仲裁法》第9条规定仲裁实行一裁终局的制度。"一裁终局"意味着纠纷一经仲裁审理和裁决即宣告终结，该裁决具有终局的法律效力。对仲裁当事人而言，裁决作出后，当事人不能就同一纠纷向仲裁委重新申请仲裁或者向法院起诉、申请再审；对仲裁庭而言，不能主动依职权重新仲裁或者撤销仲裁裁决；① 对利害关系人而言，即使仲裁裁决损害其利益，也不能通过仲裁或诉讼途径予以救济。"一裁终局"制度的设立对于提高仲裁效率、树立仲裁机构权威、减少人财物的消耗、促进经济发展和社会稳定均具有十分重要的意义，却也为仲裁当事人以虚假仲裁获取仲裁裁决后，利用仲裁"一裁终局"制度侵害其他债权人合法债权提供了可乘之机。

2. 对仲裁司法审查程序的挑战

仲裁与司法作为两种独立的纠纷解决方式，司法对仲裁既支持协助又监督限制。其中，仲裁司法审查程序是司法对仲裁监督限制的重要体现。然而，我国仲裁司法审查程序在面对虚假仲裁时却存在"失灵"现象。首先，程序启动"失灵"。目前，我国法律规定了不予执行仲裁裁决和撤销仲裁裁决两种司法审查程序，而这两种程序设置的目的主要在于对进入执行阶段的仲裁裁决的监督，启动主体均为仲裁当事人。在虚假仲裁案件中，双方当事人自然不会提请司法监督，利害关系人无权提起司法审查程序，最终导致法院对虚假仲裁的监督程序无法启动。其次，审查范围"失灵"。为保持仲裁的独立性和自治性，司法对仲裁进行监督审查时其审查对象多为程序性事项，不包括实体性事项，而仲裁双方是否虚构事实、伪造证据明显属于实体事项，即使启动司法审

---

① 《仲裁法》第9条规定："仲裁实行一裁终局的制度。裁决作出后，当事人就同一纠纷再申请仲裁或者向人民法院起诉的，仲裁委员会或者人民法院不予受理。裁决被人民法院依法裁定撤销或者不予执行的，当事人就该纠纷可以根据双方重新达成的仲裁协议申请仲裁，也可以向人民法院起诉。"

查程序，法院也不能对该事项进行审查。最后，规制效果"失灵"。在仲裁当事人未向法院提起仲裁司法审查的情况下，依据现有法律规定法院无权对作为主要证据的虚假仲裁裁决进行审查。为保证案件公正审理，审判过程中，法官只能通过劝说当事人撤销仲裁裁决证据的方式进行处理。然而这种做法并不能从根本上否认虚假仲裁裁决的效力，只是在现行法律规定下作出的无奈选择，合法债权人权益仍有遭受损害的危险。

3. 对第三人权利救济制度的挑战

虚假仲裁侵害的主要是合法债权人的权利，相对于仲裁双方当事人而言，合法债权人的地位相当于第三人。目前，我国法律规定的第三人权利救济途径主要有三种：审判监督程序①、第三人撤销之诉及案外人异议之诉，但这三种方式对于利害关系人因虚假仲裁权益受损的情形均无法进行救济。审判监督程序设立的目的在于纠正法院错误裁判，案外人可通过信访、投诉等途径向法院反映可能存在错误的裁判，经院长发现并提请审判委员会决定再审后方能启动再审程序。第三人提起的再审程序，其审理对象为法院作出的已经发生法律效力的判决、裁定及调解书，不包括仲裁裁决书和仲裁调解书。第三人撤销之诉的设置目的，大体可区分为两个方面：一个方面是给因故未能参加诉讼而没有获得程序保障、却可能受到判决既判力扩张效果拘束的第三人提供救济途径；另一个方面则是防止第三人的合法权益受到他人通过利用诉讼审判骗取法院生效法律文书等方式的不当侵害。② 其审理对象主要是法院作出的判决、裁定、调解书，也不包括仲裁裁决书和调解书。案外人异议之诉的提起有两个前提，一是案件已进入执行阶段，二是第三人对诉讼标的享有足以排除强制执行的权利，当然也只能针对诉讼案件引致的执行案件，不能针对仲裁执行案件。在虚假仲裁中，一方面虚假仲裁裁决不属于案外人执行异议之诉的审理范畴；另一方面当事人会利用仲裁裁决获取债权分配优先权（比如所有权、优先债权等），排除案外人提起异议之诉的可能，同时还会积极主动履行仲裁裁决，避免进入法院执行程序。这便导致执行异议之诉在规制虚假仲裁方面的无能为

---

① 最高人民法院《关于适用〈中华人民共和国民事诉讼法〉审判监督程序若干问题的解释》第5条规定："案外人对原判决、裁定、调解书确定的执行标的物主张权利，且无法提起新的诉讼解决争议的，可以在判决、裁定、调解书发生法律效力后二年内，或者自知道或应当知道利益被损害之日起三个月内，向作出原判决、裁定、调解书的人民法院的上一级人民法院申请再审。在执行过程中，案外人对执行标的提出书面异议的，按照民事诉讼法第二百零四条的规定处理。"此处的民事诉讼法是指2007年民事诉讼法。

② 王亚新：《第三人撤销之诉的解释适用》，载中国法院网 http://www.110.com/ziliao/article-323029.html，访问时间：2014年2月17日。

力。仲裁第三人法律救济途径的缺失，为当事人利用法律漏洞，虚假仲裁侵害其他债权人合法利益创造了条件。

"一裁终局"制度的局限性、仲裁司法审查程序的失灵、第三人权利救济途径在仲裁领域的缺失，使得仲裁当事人利用虚假仲裁裁决侵害利害关系人权益的行为愈演愈烈。为严厉打击虚假仲裁现象，解决审判执行困境，笔者主张构建由利害关系人提起，法院可对虚假仲裁裁决进行实体审查，并以撤销仲裁裁决为裁判方式的第三人撤销虚假仲裁之诉制度，以切实维护司法的公平正义。

二、宏观探索：第三人撤销虚假仲裁之诉的理论探求

（一）概念、性质及特征

第三人撤销虚假仲裁之诉指的是因虚假仲裁而权益受损的利害关系人，向法院提起的旨在撤销虚假仲裁裁决，维护自身合法权益的诉讼。从类型上看，第三人撤销虚假仲裁之诉是因虚假仲裁利益受损的第三人以原件裁当事人为被告，依据新的事实和理由（仲裁机构作出的仲裁裁决），向法院提起的变更虚假仲裁裁决所确定的法律关系的诉讼，属于形成之诉的范畴。

作为一个独立的诉，第三人撤销虚假仲裁之诉与普通诉讼相比具有两个明显特征：一是起诉主体特殊性。第三人撤销虚假仲裁之诉的起诉主体为因虚假仲裁而利益受损的第三人，并非仲裁当事人，它突破了仲裁制度中的两造格局，更侧重于第三人利益的保障。二是司法权限扩张性。在第三人撤销虚假仲裁之诉中，为依法维护第三人权益，法院在审理过程中必然会对仲裁实体性问题进行审查。这突破了仲裁司法审查的范畴，是司法权在仲裁领域的扩张。

（二）理论基础

法谚云："有损害就应有救济"，民事诉权理论淋漓尽致地体现了该法谚的精髓，是第三人撤销虚假仲裁之诉的理论基础。

通说认为，所谓诉权是指权益受到损害时请求法院进行救济的权利。[①] 完整意义上的诉权包括程序意义上的诉权和实体意义上的诉权两个方面。程序意义上的诉权是指在程序上请求法院行使审判权，保护其合法权益的权利，它使诉讼程序的启动成为可能；实体意义上的诉权是指请求法院通过审判实现实体权益的权利，它是诉讼主体意图通过诉讼所达到的终极目标。诉权的功能一方

[①] 江伟：《民事诉讼法》，中国人民大学出版社2013年版，第79页。

面在于为法定权利受损之人提供司法上的救济途径,另一方面它赋予权益人启动诉讼程序的权利,通过诉讼程序的进行确定纠纷主体之间的权利义务关系,推进法律上所保护的利益向法律上的权利过渡,从而推动新权利的创设。在第三人撤销虚假仲裁之诉中,第三人对虚假仲裁的撤销权在法律上并没有明文规定,属于法律上应当保护的利益,而诉权理论在程序上赋予第三人启动诉讼的权利,而且通过规范的审判程序使法律上应保护的利益通过判决的形式予以确认,进而影响法律制定者,促进第三人撤销虚假仲裁的法律上权益向法律权利的转变。从这个意义上讲,诉权既是第三人提起撤销仲裁之诉的理论基础,也是第三人通过诉讼创设权利维护自身利益终极目标的体现。

三、微观造设：第三人撤销虚假仲裁之诉的程序构建

2012年修改后的《民事诉讼法》第56条第3款规定:"前两款规定的第三人,因不能归责于本人的事由未参加诉讼,但有证据证明发生法律效力的判决、裁定、调解书的部分或者全部内容错误,损害其民事权益的,可以自知道或者应当知道其民事权益受到损害之日起六个月内,向作出该判决、裁定、调解书的人民法院提起诉讼。人民法院经审理,诉讼请求成立的,应当改变或者撤销原判决、裁定、调解书;诉讼请求不成立的,驳回诉讼请求"。该条款创设了第三人撤销之诉制度,通过赋予案外第三人对法院作出的生效判决、裁定及调解书提起诉讼的权利来对第三人受损权利进行救济。虽然第三人撤销之诉的撤销对象是法院作出判决、裁定及调解书,但其理论基础为权利救济原则,主要目的在于规制诉讼欺诈现象,与笔者所要构建的第三人撤销虚假仲裁裁决制度有异曲同工之妙,因而在程序设置上具有很大的参考意义。

（一）程序启动主体

第三人撤销虚假仲裁之诉的启动主体指的是能够以自己的名义向法院提起撤销虚假仲裁裁决的请求,从而使法院启动诉讼程序对虚假仲裁进行审查的人。虚假仲裁案件中,一般情况下,双方当事人自然不会积极主动向法院提起撤销仲裁裁决请求,有动力且有必要起诉的只能是因虚假仲裁而权益受损的利害关系人。所谓利害关系人指的是因确定的仲裁裁决而使其在私法上的地位受到直接或间接不利益的人。[①] 他首先必须是仲裁当事人以外的人,且因不可归责于己的事由未参加仲裁,提起诉求的原因在于自身权益因虚假仲裁而有可能遭受损害,诉求目的在于请求法院撤销仲裁裁决以维护自身合法权益。从这个

---

① 张妮:《第三人撤销之诉研究》,西南政法大学博士论文,第43页。

意义上讲，该利害关系人以原仲裁当事人为被告，对原当事人之间的仲裁标的有独立请求权，类似于民事诉讼中有独立请求权的第三人，诉讼地位相当于原告。

（二）申请期限

申请期限是指利害关系人发现仲裁主体恶意串通，有虚假仲裁情形发生时，向法院申请撤销仲裁裁决的法定期限。若申请人在法定期间内未提出申请，则撤销请求权归于消灭。申请期限属于除斥期间，其设立目的在于敦促利害关系人尽快行使权利，消除因形成权带给当事人法律利益的不确定状态，稳定彼此的法律关系。①

在第三人撤销虚假仲裁之诉中，利害关系第三人向法院提起撤销虚假仲裁程序是法院撤销仲裁裁决、维护合法权益人权利的关键。笔者认为，第三人撤销虚假仲裁之诉的申请期间可参照第三人撤销之诉中的规定，以利害关系人知道或应当知道虚假仲裁之日起 6 个月为宜。一方面，6 个月申请期间与我国法律规定的撤销仲裁裁决司法审查程序期间一致，在法律适用过程中不会发生冲突；另一方面，在第三人撤销虚假仲裁之诉中，赋予利害关系人较长的申请期间有利于利害关系人权利的充分维护。

（三）管辖法院

民事诉讼中的管辖是指各级人民法院、同级人民法院之间，受理第一审民事案件的权限和分工。它是在人民法院系统内部划分和确定某级或者同级中的某个人民法院对某一民事案件行使审判权的问题。② 确定一个案件的管辖权，最重要的是要确定地域管辖和级别管辖。第三人撤销虚假仲裁之诉的管辖法院以仲裁机构所在地的中级法院为宜。毕竟，法院在审理过程中会涉及到对仲裁庭确定的实体事项的审查，实际上是司法权在仲裁领域的扩张，由级别较高的中级法院进行管辖，体现了司法权扩张的审慎，也体现了司法对仲裁的尊重。

（四）审理方式和程序

第三人提起的撤销虚假仲裁之诉在本质上是第三人以原仲裁当事人为被告，以当事人之间是否存在虚假仲裁行为为审理对象而向法院提起的独立的

---

① 张卫平：《民事诉讼法》，法律出版社 2013 年版，第 273 页。
② 江必新：《新民事诉讼法的理解适用与实务指南》，法律出版社 2012 年版，第 79 页。

诉。法院在审理过程中，因审理对象的特殊性，适用一审普通程序进行审理较为适宜。

对于第三人提起的撤销虚假仲裁之诉，法院在审理过程中，应主要针对是否构成虚假仲裁进行审查，若构成则裁定撤销仲裁裁决，若不构成则裁定驳回诉求。如果利害关系人不仅要求撤销仲裁裁决，而且请求对涉及的权利义务进行裁判，此时，法院应分情况处理。如果利害关系人所提起的诉讼标的与原仲裁裁决所确定的诉讼标的合一，则法院可合并审理并作出裁判。① 如果二者属于不同诉讼标的，则告知利害关系人另行起诉。

（五）救济程序

在第三人撤销虚假仲裁之诉中，赋予受裁决约束的当事人以上诉权，建立权利救济程序，可更好地维护其权利。首先，第三人撤销虚假仲裁之诉是利害关系人依据新的事实（仲裁机构对案件所作的生效裁决）向法院提起的新的诉讼，对该诉讼的裁判，利害关系人和原仲裁裁决的当事人可以提起上诉②。其次，从权利救济的角度来看，赋予当事人提起撤销虚假仲裁的诉权，却剥夺其上诉权，易导致当事人权利救济不完善，丧失了赋予当事人诉权的意义。最后，在第三人撤销虚假仲裁之诉中，若法院裁定撤销仲裁裁决，则说明仲裁庭与法院之间存在分歧，如有疑问则应由更高的权威机构进行裁决。③ 因而有必要赋予上诉权，使当事人有获得权威机构裁决的机会。

---

① 张妮：《第三人撤销之诉研究》，西南政法大学博士论文，第114页。
② 全国人大常委会法工委编著的《中华人民共和国民事诉讼法解释与适用》指出第三人撤销之诉是依据新事实（即法院对原案所作的生效裁判）提起的新的诉讼，对该诉讼的裁判，第三人和原案当事人可以提起上诉。笔者认为，虚假仲裁司法审查程序本质与第三人撤销之诉相同。
③ 王唯俊：《我国撤销仲裁裁决司法审查制度研究》，华东政法大学博士论文，第67页。

对设立仲裁第三人制度的
理性分析与路径探究

洪泉寿[*]

随着市场经济的持续健康发展，平等主体间因合同和其他财产权益引发的仲裁纠纷变得日益复杂，但由于仲裁启动前置条件必需签订仲裁协议或存在仲裁条款，使得当事人因仲裁标的存在权利瑕疵或仲裁裁定的权益牵涉性，导致仲裁过程不可避免地引进有独立请求权的第三人或无独立请求权的第三人。但截至目前，作为理论研究热点、仲裁实务领域亟待解决的问题的仲裁第三人制度，学术界对其设立与否仍有争论。

一、仲裁第三人的内涵界定

第三人制度在我国民事、行政、行政复议和执行程序法中都有体现。如《民事诉讼法》第 56 条、第 227 条，《行政诉讼法》第 27 条，《行政复议法》第 10 条均规定，在民事、行政、行政复议和执行程序中，第三人或案外人是对当事人之间争议的诉讼标的、具体行政行为或处理结果有利害关系的，可以介入到原两造当事人业已开始的民事、行政、行政复议或执行程序中的人。不过，《民事诉讼法》对第三人的类型进行了明确界定，分为有独立请求权的第三人和无独立请求权的第三人两大类。但不管怎样，第三人制度是经济社会快速发展、法治实践持续深入和法学理论争鸣探索的产物。实践证明，在民事、行政、行政复议和执行程序中设立第三人制度有利于实现公正正义，解决相关联的各种争议和纠纷，维护民事、行政、行政复议和执行实体权益，实现快捷办案，节约诉讼成本，减轻对诉讼的压力，以及防止"同案不同判"情况的出现，并有效降低了执行工作的难度。而仲裁作为经济纠纷替代解决方式的一种，是有民事行为能力的两造当事人，在自愿的前提下订立有效的仲裁协议或确认合同中的仲裁条款，一致同意将仲裁协议或合同生效后发生的争议提交给

---

[*] 广东省湛江市赤坎区人民法院助理审判员。

确定且唯一的仲裁机构,由仲裁机构依法作出有约束力的仲裁裁决以解决争议。正因为第三人制度的优越性以及运行程序与仲裁程序的相似性,引发人们努力探究在《仲裁法》上设立类似于民事、行政、行政复议和执行程序中第三人制度。

要深入探究仲裁第三人制度,就必需先对仲裁第三人的内涵进行范畴界定。事实上,我国法学界对仲裁第三人问题关注探究时限已久,但在其内涵界定上却始终未能达成共识。一些学者认为,"仲裁协议的第三人,指非仲裁协议的签订者,由于某种原因接受了仲裁协议一方当事人权利义务的转移,由案外人变为当事人直接提起或者被提起仲裁;执行裁决过程中的第三人,指仲裁裁决作出后,被执行裁决的非仲裁当事人;仲裁程序进行过程中的第三人,即作为非仲裁程序的当事人申请参加到或者被他方申请追加到或者被仲裁庭通知加入到已经开始的仲裁程序中的当事人。"① 另有些学者认为,第三人分为有独立请求权的第三人和无独立请求权的第三人两种:有独立请求权的第三人是指对仲裁申请人、被申请人之间争执的标的认为有独立的请求权而参加到申请人与被申请人之间正在进行的仲裁程序中去的人;无独立请求权的第三人是指对仲裁当事人之间争议的标的没有独立的请求权,但仲裁结果与其有法律上的利害关系。② 还有些学者认为,仲裁第三人是法院或仲裁机构对未签订仲裁协议的其他人在法律上进行制度化合并仲裁的人,或是仲裁协议两造当事人以外的人。

诚然,仲裁与诉讼、行政复议都是解决当事人争议和纠纷的方式,但我们不能因为仲裁第三人与诉讼、行政复议、执行第三人存在某些相似,就简单认定仲裁第三人制度应该建立在诉讼、行政复议和执行第三人制度的基础上。需要注意的是,诉讼、行政复议和执行第三人以单一诉讼或纠纷的当事人为参照,是在该诉讼、行政复议、执行程序之外而又与该诉讼、行政复议、执行标的或处理结果有联系的第三人。而仲裁第三人的参照点是仲裁协议当事人,是未参加或介入仲裁协议或仲裁条款签订的人。况且,设立仲裁第三人制度的主要价值不在于违背仲裁的民间性、当事人的意思自治,使仲裁裹上诉讼化的外衣,而是妥善处理仲裁协议或条款与第三人的关系,赋予仲裁准司法性质,以求第三人能够参加或介入仲裁程序中来。因而,界定仲裁第三人内涵时,需要参照诉讼、行政复议或执行第三人的概念,并充分考虑第三人与仲裁纠纷的权益影响度。进言之,仲裁第三人是指未参加或介入仲裁协议或仲裁条款的签订

---

① 孙玛:《仲裁第三人的内涵界定与理论定位》,载《北京仲裁》2010年第3期。
② 夏蔚:《仲裁第三人研究》,载《当代法学》2000年第5期。

者，由于合同和其他财产权益纠纷，对仲裁协议或条款中涉及的经济利益有独立请求权，或虽无独立的请求权，但仲裁的结果与其有法律上的利害关系，经请求并获得仲裁机构同意而参加或介入，或经仲裁机构通知参加或介入原两造当事人之间业已开始的仲裁程序中的人。

二、设立仲裁第三人制度的必要性和可行性

目前，学界对设立仲裁第三人制度持肯定说和否定说两种态度。否定说认为设立仲裁第三人制度有违当事人的意思自治性、仲裁协议或条款的相对性、仲裁审理原则上的不公开性、仲裁兼具的快速性、简便性、确定性及法定性等。肯定说则从经济纠纷解决便捷性、仲裁准司法性等方面对现有仲裁制度进行反思及效力扩张。但无论是否定说还是肯定说，我们都不能以呆滞的思维判断两者的优劣，应从第三人制度设立现实需要和理论依据上找寻根据。事实上，仲裁实务已经为仲裁第三人制度提出了新的立法要求，使得设立仲裁第三人制度成为一种急迫性需要，同时学界与实务界的持续争鸣也为设立仲裁第三人制度提供了充分的理论依据。

（一）设立仲裁第三人制度的急迫性需要

1. 大部分仲裁纠纷涉及第三人的情况客观存在

随着社会分工日益专业化和格式化，人们经济往来日趋频繁，由此产生的争议变得异常复杂，加上各项法律关系的普遍联系性，使得仲裁当事人之间实体权利义务关系出现相互交叉或重叠，而他们未交集的部分涉及的法律关系复杂性及牵连性，必然会引发第三人对他们之间争议标的的权益诉求，或争议仲裁处理结果增加了第三人非利益的风险，尤其在仲裁比较多的航运、买卖、建筑等行业，关涉第三人的合同及其他财产权益的经济纠纷时有发生。

2. 增设第三人制度必将使仲裁变得更加经济、便捷

英国学者施米托夫认为："仲裁实质上是解决争议的一种合同制度……作为一种合同安排，仲裁应当受到当事人意思自治的支配。"① 但在现实中，两造当事人间的法律关系往往会关涉到第三人利益损益问题，两造当事人若发生争议，通过诉讼、行政复议及执行的方式解决纠纷，第三人便可以依据相关制度参加或介入。不过，由于当前我国仲裁法尚未明确第三人制度，假使两造当事人采用仲裁方式化解纠纷，那么第三人是不被允许参加或介入仲裁程序的，

---

① ［英］施米托夫：《国际贸易法文选》，赵秀文译，中国大百科全书出版社1993年版，第673页。

这就必然人为地将具有内在牵连性的法律关系置于纠纷之外，也与维护第三人合法权益、制度设定的经济便捷价值相违背。甚者，因有效仲裁的法律强制性，第三人在缺乏主体适格的前提下难以向人民法院申请撤销仲裁裁决，只能通过另行起诉或通过其他方式维权，这一方面必然牵扯原仲裁当事人的时间和精力，增加非利益的成本，另一方面可能因为第三人的另行起诉或采用其他维权方式而发现纠纷的真实情况，必然增大否定裁决的可能性。而否定裁决结果或裁决与判决的相互矛盾，不仅有损仲裁委员会的威信，使其处于更加被动、尴尬的境遇中，而且不必要地增加了仲裁机构裁决成本和人民法院司法成本。况且，设立仲裁制度的立法初衷在于分流社会矛盾，但阻隔第三人参加或介入仲裁，使同一纠纷辗转于仲裁与审判之间，不利于降低司法部门审判压力及满足群众的现实需要。由此可知，允许第三人参加或介入仲裁是形势所需，也是办案所需。

（二）设立仲裁第三人制度的理论依据

1. 仲裁具有当事人意思自治和准司法的性质

作为一种争议解决方式的仲裁制度，其赖以存在的基石是当事人意思自治原则。从各国仲裁实践看，当事人意思自治体现在仲裁制度的各方面，其是仲裁程序启动的前提和起点。然而，当事人意思自治是不完全的，意思自治和自治的限制是相伴相生的，而这种不完全性是国家法律干预的结果，是仲裁具有强制性的来源。主要表现在：一是启动仲裁程序的条件。当事人签订有效的仲裁协议或条款是仲裁开启与否的基础，当发生仲裁纠纷时，当事人依自主意思按法定程序向确定的仲裁机构申请处理才是仲裁程序启动的开始。虽然仲裁程序的启动以合法有效的仲裁协议或条款为条件，但一旦当事人达成仲裁协议或签订仲裁条款，一方向人民法院起诉的，人民法院一般不予受理。二是仲裁机构的权力来源。从程序启动层面看，仲裁机构的权力根源确实是当事人的自愿授权，但这种授权只是对争议解决的仲裁协议或条款、仲裁请求、仲裁规则的授权，而"仲裁协议或条款的效力、仲裁员的权力、仲裁裁决的承认和执行等方面的依据，均来源于国家法律"[①]。也就是说，仲裁机构权力的来源由当事人的授权及法律授权给仲裁机构的权力两部分构成。三是仲裁程序的运行。当事人可以选择仲裁机构、指定仲裁庭的组成人员、申请财产保全、委托律师和其他代理人进行仲裁活动，甚至在涉外仲裁协议的效力审查上可以约定适用

---

① 王红艳：《对我国仲裁第三人制度理论和实践的评析》，载《黑龙江省政法管理干部学院学报》2010年第4期。

的法律。但在仲裁运行中，仲裁机构有权按照相关法律规定行使裁决权，不受行政机关、社会团体和个人的干扰。四是仲裁裁决的执行与效力。仲裁裁决具有国家强制执行力，当一方不履行时，另一方可不以对方意志转移向人民法院申请执行，而且仲裁裁决是一裁终局的，它具有人民法院终审判决的效力。但不可回避的是，无论是仲裁裁决的撤销、承认，还是仲裁裁决的执行，都受到人民法院的监督制衡。可见，仲裁第三人制度的存在是仲裁当事人意思自治和准司法性的体现，是仲裁机构能否有权引入第三人进行裁决的理论依据。

2. 仲裁协议或仲裁条款效力的扩张

仲裁协议或条款本质上是一种实体法上的契约，是仲裁程序启动的依据，也是当事人在争议发生前或发生后合意将特定争议事项交付仲裁机构解决的载体。契约相对性原则认为，非仲裁协议或条款的表面签订者不受仲裁协议或条款的约束，当然不能成为仲裁当事人。但随着社会经济的快速发展，利益主体的多元化，利害关系的复杂化，涉他合同越发常见，契约相对性渐渐被突破。而仲裁协议或条款效力扩张理论则是对契约相对性原则的突破，它的目的是"限定仲裁第三人的范围，仲裁协议的效力可以在某些情况下扩张到仲裁协议签字人以外的其他人，从而对其产生拘束力"①。有学者认为，我国仲裁法司法解释中的主债的仲裁协议对连带保证人的约束，是仲裁协议效力扩张论中的非表面签字人，而不是仲裁第三人。② 事实上，这种观点只是原两造仲裁当事人主体身份的更改问题，仲裁仍是两造当事人的对抗，并没牵涉第三人利害关系。相反，仲裁协议或条款效力扩张论中的仲裁第三人是基于一种与仲裁裁决权益的牵连，在仲裁程序中取得仲裁程序当事人的地位的人。这种地位使第三人"在加入程序后它应具有独立的主体权利与义务，而原来已在程序中的另外两方仍继续参与程序，并没有被排除或替代，这样才能形成主体地位相互独立和对抗的'三足鼎立'局面"③。因此，突破仲裁协议或条款的表面限制，引入仲裁第三人，是适应仲裁实践的需要，回应契约相对性困境的路径选择。具体来说，一是实体法领域承认契约效力的扩张，说明契约相对性的原理只是基本而不是绝对的，允许契约效力在一定条件下可以扩展适用于第三人是符合

---

① 王鑫：《浅谈仲裁法中的第三人制度》，载《商品和质量：理论研究》2013年第1期。

② 周沫：《试探仲裁第三人——兼论对我国〈仲裁法〉之完善》，载《大观周刊》2012年第4期。

③ 孙玙：《仲裁第三人的内涵界定与理论定位》，载《北京仲裁》2010年第3期。

现实需要的制度设计；二是从实体法与程序法的关系来看，既然民事实体法上已经存在契约效力扩张的情形，那么作为解决实体争议的程序之一，仲裁相应地也应具有容纳该多方纠纷的功能，否则实体法上的权利便失去有力的救济途径，仲裁也难以成为与诉讼并驾齐驱、各有千秋的民事纠纷解决机制。①

三、对国内外推行仲裁第三人制度的思辨

（一）发达国家推行仲裁第三人制度的实践

在英国，是不允许仲裁当事人将非仲裁协议或条款的签署人拉进仲裁中的程序，只有在当事人一方申请并且与第三人签订书面协议的情况下，第三人才能介入或参加仲裁程序。1996年《英国仲裁法》第35条规定，除非当事人同意授予仲裁庭合并仲裁的权利，否则仲裁庭没有权利命令仲裁程序合并；伦敦国际仲裁院1996年仲裁规则第22条规定，在一方当事人申请时，仲裁庭可以允许第三人作为一方当事人参与仲裁，如果第三人和该提出申请的当事人书面同意并且此后就因此所涉及的所有仲裁当事人作出一份单一的或分开的终局裁决。② 荷兰《民事诉讼法典》就给予了合同第三人在诉讼和仲裁上获得充分救济的权利，该法第1045条规定："（1）根据与仲裁程序的结果有利害关系的第三人的书面请求，仲裁庭可以允许该第三人参加或介入程序，仲裁庭应不迟延地将一份请求发送给当事人；声称第三人应予赔偿的一方当事人可以将一份通知送达第三人，并不迟延地发送给仲裁庭和其他当事人。（2）如果第三人根据他与仲裁协议的当事人之间的书面协议参加仲裁，其参加、介入或者联合索赔仅可由仲裁庭在听取当事人意见后许可。（3）一旦获准了参加、介入或者联合索赔的请求，第三人即成为仲裁程序的一方当事人。"③ 而《比利时仲裁法》则规定："仲裁的一方当事人可以要求第三方参加仲裁程序，第三方也可以自动请求加入仲裁程序。仲裁庭必须一致接受第三方的加入，而且原先的当事人和加入的当事人必须签订一份仲裁协议。"④ 此外，《日本商事仲裁协会商事仲裁规则》规定了必须同时满足第三人同意、当事人同意、仲裁庭同意

---

① 张艳琼：《论仲裁第三人制度障碍的突破》，载《广州社会主义学院学报》2013年第2期。

② 宋连斌、杨玲：《论仲裁第三人》，载《仲裁研究》2005年第3期。

③ 顾微微、徐慎莉：《浅议仲裁第三人制度》，载《内蒙古农业大学学报（社会科学版）》2006年第3期。

④ 顾微微、徐慎莉：《浅议仲裁第三人制度》，载《内蒙古农业大学学报（社会科学版）》2006年第3期。

三个条件，才允许第三人参加仲裁。

(二) 国内对推行仲裁第三人制度的态度

我国《仲裁法》没有规定仲裁第三人制度，最高人民法院《关于适用〈中华人民共和国仲裁法〉若干问题的解释》对仲裁第三人问题也未作出明确规定，目前只有《中国海事仲裁委员会仲裁规则》部分承认第三人制度，该规则规定："对当事人的仲裁请求或反请求，当事人以外的利害关系人如认为案件处理结果同其有法律上的利害关系，经与双方当事人达成协议，并经仲裁庭同意，可以申请作为当事人参加仲裁。"① 这个规定明确说明了有利害关系的第三人参加或介入业已开始的仲裁程序，必须与原两造当事人达成仲裁协议或条款，且要经已组成的仲裁庭的同意，方可成为仲裁协议的主体，而不是仲裁程序的主体或作为独立请求的第三人，即有利害关系的第三人以申请人一方或被申请人一方主体身份参加或介入仲裁程序，其法律地位、权利义务等与当事人相同。不过，在司法实践中，时常遇到申请人或被申请人出于某种理由要求仲裁庭追加第三人，或者案外人要求以第三人身份参加或介入仲裁的情况。这可从1998年香港某地产公司诉澳门某地产公司关于解除合作协议书争议案，及1998年最高法院在关于江苏省物资集团轻工纺织总公司诉（香港）裕亿集团有限公司、（加拿大）太子发展有限公司侵权损害赔偿纠纷上诉案的裁定中看出，审判机关对仲裁第三人持否定态度，认为"仲裁庭在没有仲裁协议的情况下不能追究第三人的责任；第三人的利益并不会因为没有参加仲裁而不能得到保护；因第三人而主张由法院一并审理的抗辩无效。"②

从上述发达国家对仲裁第三人规则看，仲裁第三人介入或参加仲裁过程方式不一，有的是需要原两造当事人一方申请，且要与第三人签订仲裁协议或条款，或有利害关系的第三人申请，且需签订补充仲裁协议，或原两造当事人一方要求，且经仲裁庭同意，或原两造当事人与第三人签订协议，且经仲裁庭同意，或同时满足第三人同意、当事人同意、仲裁庭同意三个条件第三人才能参加或介入仲裁程序。但无论哪种方式，均对第三人介入或参加仲裁程序持积极肯定态度，这不仅源于制度设计遵循的公平和效益原则，更在于满足社会发展需要，这一点应值得我们深思。而对于国内，单就司法实践来看，坚持以仲裁协议或条款为启动仲裁程序的前提和起点，一方面是司法被动性的体现，另一方面也是对坚守法律明文规定的尊重。但若从经济成本角度看，增加仲裁第三

---

① 曹洁：《试析仲裁第三人》，载《金卡工程》2010年第9期。
② 林一飞：《论仲裁与第三人》，载《法学评论》2000年第1期。

人的制度设计，或许更能及时维护当事人的合法权益，避免当事人和第三人在仲裁与诉讼程序中辗转，同时也对当前审判机关案多人少矛盾是一种有效的化解举措。

四、设立仲裁第三人制度的路径探究

仲裁第三人制度所要解决的核心问题就是在何种情况下允许第三人获得仲裁当事人的资格，其本质是一个契约法上的问题。① 实践证明，设立仲裁第三人制度有其必要性和可行性，但如何反映到具体制度上来，还需要立法者的精心设计，因为仲裁第三人制度的设立既要守持当事人的意思自治，又要维护法律的公平效益价值。因此，通过采用设立新的规则对仲裁第三人参加或介入仲裁的方式、条件、时限和权利限制等方面进行明确的规制显得尤为重要。

（一）第三人参加或介入仲裁的路径

第三人参加或介入仲裁存在自愿和被动两种情形。其中，自愿参加或介入是第三人积极申请参加或介入原两造当事人间的仲裁；而被动参加或介入是由原两造仲裁当事人一方或双方共同提出或由仲裁机构主动通知第三人参加或介入仲裁。不过，无论方式怎样，对于有独立请求权的第三人和无独立请求权的第三人介入或参加仲裁的方式是迥异的。有独立请求权的第三人对原两造仲裁当事人的争议有独立的请求权，其参加或介入仲裁拥有处分权，故能以主动申请的方式参加或介入仲裁，但能否真正介入或参加仲裁的决定权取决于仲裁机构。具体有三种方式：一是第三人与原两造当事人事先达成仲裁协议，仲裁机构应允许第三人参加或介入仲裁程序；二是第三人与原两造当事人未签订表面协议，且其申请参加或介入仲裁程序并未遭到原两造当事人明确反对的，此时仲裁机构也应予以允许；三是原两造当事人"一方或双方以该第三人与他们没有仲裁协议为由反对其参与仲裁的，仲裁机构应根据案件实际情况，依职权决定是否同意其进入仲裁，如果仲裁机构认为该第三人不参加仲裁就难以作出公正裁决的，可以依职权决定该第三人参加仲裁。"② 而无独立请求权的第三人因为与仲裁争议无直接利害关系，其参加或介入仲裁是为了避免仲裁裁决非利益性后果。因此，其参加或介入仲裁不以仲裁协议或条款的存在为要件。具

---

① 顾徽徽、徐慎莉：《浅议仲裁第三人制度》，载《内蒙古农业大学学报（社会科学版）》2006年第3期。

② 何成兵：《论仲裁第三人》，载《湖南公安高等专科学校学报》2003年第15卷第1期。

体来说有两种参加或介入方式：一是第三人申请前已与原两造当事人达成仲裁协议，或未签订表面协议且未遭到原两造当事人反对，或虽遇到原两造当事人一方或双方反对且其不参加或介入仲裁程序将极大影响事实查清及可能严重损害他人利益或公共利益，此时仲裁机构应允许第三人参与仲裁；二是如果原两造当事人一方或双方申请追加第三人，仲裁机构应视案件具体情况作出裁定，但是否参加或介入仲裁，第三人有权决定。

（二）仲裁第三人参加或介入仲裁程序的决定机构及时间

从各国仲裁法律规定和仲裁机构仲裁规则看，日本、美国、荷兰等部分国家认为决定仲裁第三人参加或介入仲裁程序的机构应当由仲裁机构决定。虽然当事人拥有对争议解决的仲裁协议、仲裁请求、仲裁规则的选择权，但仲裁协议的效力、仲裁员的权力、仲裁裁决的承认和执行等具体事务是由仲裁机构决定的，所以对第三人参加或介入仲裁程序也应由仲裁机构决定。而仲裁第三人参加或介入仲裁程序的时间，目前学界并没有一致认识。有观点认为，在仲裁程序中参加或介入的人才是仲裁第三人，即第三人只能在仲裁进行过程中参加或介入才被作为仲裁第三人问题讨论。在仲裁程序启动前或结束后参加或介入的第三人，应该被当作原仲裁协议当事人或新仲裁程序主体。还有观念认为，仲裁第三人参加或介入时间应划分为仲裁庭组成之前和之后两种。但这种划分方法，只不过是将仲裁程序分成阶段性，并没有实质意义。从仲裁机构真正介入并对纠纷化解有实质影响的角度看，仲裁第三人加入的时间应当是在原仲裁程序启动后，因为无论是第三人哪种参加或介入方式都需要仲裁机构的参与。

（三）仲裁第三人参加或介入仲裁程序的权责

设立仲裁第三人制度是为了查清案件事情，节约仲裁成本，提高办案效率，维护合法的实体权利以及统一裁决结果。因而，有必要明确第三人参加或介入仲裁程序的权利及其限制，以便制度设计价值的实现。一方面，有独立请求权的第三人应当具有原两造当事人的权利，能够就争议的事实自由发表独立的意见，或支持或反对原两造当事人的主张。无独立请求权的第三人也应有独立的地位，并对利害关系的事实提出自己的主张及证据佐证。且均能在仲裁裁决作出后享有申请撤销仲裁裁决和申请不予执行仲裁裁决的主体资格。另一方面，由于第三人并非原两造当事人仲裁协议的表面签订人，其自愿或被动参加或介入业已启动的仲裁程序只是为了保护自身的合法权益，故其权利应受到原两造当事人之间的仲裁协议或条款的制约。第三人向仲裁庭提出参加或介入程序的申请，就意味着对业已组成的仲裁庭处理其与仲裁协议当事人之间的纠纷的正当性、合法性予以认可，因而不能提出管辖权异议，不能更换仲裁员，不能拥有选择仲裁规则等权利。

五、总结

奥地利法学家埃利希说过："法发展的重心不在立法、不在法学，也不在司法判决，而在社会本身。"在经济交往日益频繁的今天，仲裁以其便捷高效的独特优势，必将成为经济纠纷当事人化解纷争的重要选择。而纷争牵涉的第三人利益维护问题，仲裁实践已证明其立法必要性，而现有理论依据也提供了合理性。可以说，当前引入仲裁第三人制度是解决仲裁实务问题的现实需要，也是实现个案公正和追求实体正义的现实需要，更是营造公平高效的仲裁环境的现实需求。

可撤销仲裁协议初探

黄冰花[*]　胡俊辉[**]

《中华人民共和国仲裁法》（以下简称《仲裁法》）只对无效的仲裁协议进行了规定，最高人民法院《关于适用〈中华人民共和国仲裁法〉若干问题的解释》首次提出仲裁协议可被撤销，却未对可撤销的仲裁协议作进一步的定义和解释。根据仲裁协议与民商事合同的共性以及《合同法》对可撤销合同的规定，笔者认为在修改《仲裁法》时，应将可撤销的仲裁协议加入到新的《仲裁法》中，本文简要谈论笔者对可撤销仲裁协议的看法。

一、仲裁协议的定义及重要意义

仲裁协议是指双方当事人在自愿、协商、平等互利的基础上将他们之间已经或者可能发生的争议提交仲裁解决的意思表示一致的书面文件。仲裁协议是当事人申请仲裁、排除法院管辖的法律依据。随着民商事争议的增加，仲裁因为其专业性、国际性和灵活性越来越受到民商事主体的青睐。《仲裁法》第21条规定了当事人申请仲裁必须存在仲裁协议，由此可知，合法有效的仲裁协议是仲裁程序的必要条件，在整个仲裁制度中占据重要地位，可以说仲裁协议是仲裁程序的基础。

二、《仲裁法》以及最高院的司法解释对无效仲裁协议的规定

《仲裁法》第17条和第18条列举了无效仲裁协议的种类，但并未涉及可撤销仲裁协议。最高人民法院《关于适用〈中华人民共和国仲裁法〉若干问题的解释》第18条规定，仲裁协议被认定无效或者被撤销的，视为没有仲裁协议。该条提到"撤销"，但并未对可撤销的仲裁协议作进一步的解释和规定，正因如此"仲裁协议被撤销后，视为没有仲裁协议"成了一纸空文。所

---

[*] 广东省新丰县人民法院民二庭科员。
[**] 广东省韶关市中级人民法院研究室科员。

以，笔者认为我国《仲裁法》对仲裁协议的效力概括不够完整，未区别无效的仲裁协议与可撤销的仲裁协议，从最高人民法院上述司法解释第 18 条的规定可以看出，有必要在《仲裁法》中增加对可撤销仲裁协议的规定。

三、仲裁协议与民商事合同的比较

仲裁协议与其他民商事合同一样，是双方当事人意思表示一致的结果。合同是平等主体的自然人、法人、其他组织之间设立、变更、终止民事权利义务的意思表示一致的协议，合同的本质在于合意。从上文对仲裁协议的定义可知，仲裁协议与合同的共同点在于：

（一）仲裁协议与合同本质上都属于当事人的合意

仲裁协议与合同都是当事人达成的某种合意，仲裁协议是对解决争议手段的一致同意，合同是对设立、变更、终止民事权利义务的合意。

（二）仲裁协议与合同都是平等主体之间的民事法律行为

不管是仲裁协议还是合同，当事人在法律上是平等的，任何一方都不得将自己的意志强加给另一方。仲裁协议与合同属于民事法律行为，在本质上属于合法行为，在符合法律要求的情况下，仲裁协议与合同都具有约束力，与事实行为相区别。

（三）仲裁协议与合同都强调自愿性

仲裁实行协议管辖制度，在不违反法律规定的前提下，当事人可以自愿选择将争议提交仲裁机构，由仲裁机构进行裁决，与民法上的意思自治原则相呼应。

除此之外，仲裁协议通常是合同的一部分，作为解决合同争议的手段，是合同的保障，虽然仲裁协议具有独立性，合同无效不影响仲裁协议的效力。

基于仲裁协议与合同有着如此紧密的联系，《民法通则》与《合同法》也分别对无效合同和可撤销合同作出了规定，如《合同法》第 54 条规定因重大误解订立的，或者在订立时显失公平的合同，以及一方以欺诈、胁迫的手段或者乘人之危，使对方在违背真实意思的情况下订立的合同，当事人一方有权请求人民法院或者仲裁机构变更或者撤销。笔者认为，《仲裁法》应该借鉴相关法律对可撤销合同的规定，增加对可撤销仲裁协议的规定。《合同法》对可撤销合同的规定是为了保障当事人之间的公平正义，维护受损害方的合法权利。在《仲裁法》的修改中增加对可撤销仲裁协议的规定，可以弥补《仲裁法》

中的漏洞，全方位关注在仲裁协议的签订中当事人可能会遇到的各种有失公平的情况，从而保障仲裁协议的签订是公平、自愿、合法的。

四、在《仲裁法》中增加可撤销的仲裁协议与《合同法》第57条规定的仲裁协议的独立性不矛盾

《合同法》第57条规定，合同无效、被撤销或者终止的，不影响合同中独立存在的有关解决争议方法的条款的效力。该条中"解决争议方法的条款"包括仲裁协议。通常情况下，仲裁协议都是作为合同中相对独立的一部分，与合同可能同时签订。如果增加"可撤销的仲裁协议"，就可能面临着合同和仲裁协议都被撤销的情形，表面上看，似乎是合同的效力影响了仲裁协议的效力，因为合同被撤销，仲裁协议也被撤销。但实质上并非如此，因为仲裁协议的撤销在程序上先于合同的撤销。合同签订后出现争议，如果有仲裁协议，当事人会通过合同中的仲裁协议来解决合同的撤销问题，那么就必须先确定该仲裁协议的效力，不管仲裁协议是否被撤销，都与《合同法》第57条的规定不矛盾，因为仲裁协议的独立性决定了仲裁协议的撤销与合同的撤销是两个不同的法律行为，两个撤销行为针对的是完全不同的对象，前者针对的是仲裁协议，后者针对的是除仲裁条款外的合同条款。

五、参照可撤销合同的规定，可撤销的仲裁协议可分为三类

（一）因重大误解订立的仲裁协议

重大误解是指行为人对自己签订的仲裁协议的内容存在错误认识，从而严重背离了自己的真实意愿。比如实际中有当事人在签订合同时，对合同中的仲裁条款不理解，或者对方当事人对仲裁条款作出错误的解释，导致其背离自己的真实意愿签订了仲裁协议，当事人有权申请撤销该仲裁协议。虽然仲裁作为解决民商事法律争议的手段，常见于各种海内外贸易当中，但是仲裁与诉讼存在较大区别，如仲裁实行一裁终局制，现实中存在很多对仲裁不了解的当事人在对仲裁协议的错误认识下签订了仲裁协议。

（二）在订立时显示公平的仲裁协议

现实中，当事人会在签订合同时签订仲裁协议，约定仲裁作为争议解决的手段，通常情况下，仲裁协议是合同中的一部分。在一些格式合同的签订中，拟定合同的当事人一方会选择对自己有利的争议解决方式，如果该方倾向于选择仲裁，那么仲裁协议就是该合同的固有部分，处于弱势方的当事人要么选择

签订仲裁协议，要么选择放弃合同的订立，放弃合同将对弱势方造成重大的经济损失，这时候仲裁协议作为格式合同中的"霸王条款"应该是可撤销的仲裁协议，因为在订立仲裁协议时已经显失公平。笔者认为增加对可撤销仲裁协议的规定，最大意义在于防止仲裁协议成为合同中的"霸王条款"，保护弱势群体的合法权利。

（三）一方以欺诈、胁迫手段使对方违背真实意思签订的仲裁协议

《仲裁法》第17条第（三）项将一方被胁迫订立的仲裁协议定义为无效的仲裁协议，但是笔者认为该规定过于绝对，不适当地强化了国家干预、限制了当事人的自由意志。被欺诈、胁迫而签订的仲裁协议是否真正损害当事人的合法权益，以及当事人是否实际上因为被欺诈、被胁迫而遭受损失还有待于当事人或者法院做进一步的调查，简单地将此类仲裁协议确认为无效最终只会导致仲裁的适用范围被限缩。《合同法》第54条第2款规定，一方以欺诈、胁迫的手段或者乘人之危，使对方在违背真实意思的情况下订立的合同，受损害方有权请求人民法院或者仲裁机构撤销合同。《合同法》的该条款改变了以往《民法通则》将此类民事行为确认为绝对无效的规定，由此可知，最新的立法更倾向于将此类民事行为确认为可撤销的民事行为。综上所述，为更好地贯彻民法意思自治原则，以及创造更自由的法律选择空间，应该将一方以欺诈、胁迫手段使对方违背真实意思签订的仲裁协议确认为可撤销的仲裁协议。

六、仲裁协议撤销权的性质

因为《仲裁法》和相关司法解释都没有对可撤销的仲裁协议作详细的规定，所以理论界对仲裁协议的撤销权讨论较少，但是可以参考各学者对合同撤销权性质的讨论来理解仲裁协议撤销权的性质。合同撤销权的性质，归纳起来主要有以下几种观点：一是变更权说。该说认为，因为合同撤销权人行使合同撤销权使合同实质性效力发生变化，故称之为变更权。二是诉权说。该说认为，合同当事人无撤销合同的权利。撤销权属于法院和仲裁机关，当事人享有的只是一种诉权，即在除斥期间内请求法院或仲裁机关依法撤销。三是形成权说。该说认为，合同撤销权的行使为撤销权人单方的行为，无须相对人表示同意，也无须其配合，就能使合同的效力发生变化。四是可能权说。该说认为，如果合同撤销权人申请撤销合同，其合同效力可能消灭，故称之为可能权。

仲裁协议的撤销权兼具以上四种说法的特点，但是从可撤销仲裁协议的种类看，不管是重大误解还是被欺诈、被胁迫、显失公平，撤销仲裁协议的原因

主要是有失公平，为保障当事人间的公平，应该将仲裁协议的撤销权定性为形成权，它强调该撤销权的行使无须另一方当事人的一致表示，属于遭受不公平一方当事人的单方行为。

七、如何行使仲裁协议的撤销权

仲裁协议撤销权的行使包括以下两方面内容：

（一）是向法院申请撤销还是向仲裁机构申请撤销

笔者认为，应该向法院申请撤销。向法院申请撤销仲裁协议符合公平自愿原则，与仲裁协议的自愿性一致。当事人行使撤销权意味着该方当事人不愿意以仲裁协议上选定的仲裁机构作为解决争议的裁决人，当事人行使撤销权后可能面临着仲裁协议被撤销，即该选定的仲裁机构不得作为解决争议的裁决人，如果法律规定当事人必须向仲裁机构申请撤销仲裁协议，与仲裁协议的自愿性是相矛盾的。

《仲裁法》第20条规定了当事人对仲裁协议的效力有异议的，可以请求仲裁委员会作出决定或者请求人民法院作出裁定。一方请求仲裁委员会作出决定，另一方请求人民法院作出裁定的，由人民法院裁定。该条规定在一定程度上体现了仲裁协议自愿性的理念，但是笔者认为，当仲裁协议存在效力问题时法律给予仲裁机构审查仲裁协议的效力不符合公平原则，撤销仲裁协议涉及仲裁机构是否有权解决民事争议问题，如果让仲裁机构自身来决定是否有权处理该民事争议，则在程序上不公平，而且仲裁机构与司法机关不同，仲裁机构是政府有关部门与商会统一组建的组织，不属于司法机关，在自律性、专业性、正义性上与司法机关有所区别，而法院是国家的审判机关，是解决争议的国家机构，依法行使司法权。因此，应由法院来审查仲裁协议是否该撤销。

（二）何时行使仲裁协议的撤销权

笔者认为，当事人应在知道或者应当知道仲裁协议的撤销事由之日起一年内行使撤销权。《合同法》第55条规定，具有撤销权的当事人自知道或者应当知道撤销事由之日起1年内没有行使撤销权，或者具有撤销权的当事人知道撤销权事由后明确表示或者以自己的行为放弃撤销权，撤销权消灭。该1年期间应属于除斥期间，撤销权一旦消灭，民事行为即成为确定有效的民事行为。相同道理，具有撤销权的当事人自知道仲裁协议的撤销事由之日起1年内也应及时行使撤销权，否则撤销权归于消灭；当事人明确表示放弃或者以自己的行为放弃撤销权的，撤销权也归于消灭。规定1年的除斥期间是相对科学合理的，除斥期间是为了督促当事人及时解决已经发生的争议问题，设置过长的除斥期间不利于社会关系的稳定。可撤销的仲裁协议虽然有违背民法上公平、平等原则，但不存在对国家利益或社会公共利益的损害，国家不应该大力干涉该种行为，可能会因为可撤销的仲裁协议遭受损害的当事人一方应该积极行使自己的权利，在除斥期间内向有关机关申请撤销仲裁协议。

八、仲裁协议被撤销的后果

根据最高人民法院的司法解释，仲裁协议被撤销之后，视为没有仲裁协议。所以仲裁协议被撤销后，除非当事人重新签订合法有效的仲裁协议，否则视为不存在仲裁协议，当事人可以通过诉讼等途径来解决双方的争议。仲裁的自愿性决定了当仲裁协议被撤销后应视为没有仲裁协议。

针对目前《仲裁法》及最高人民法院司法解释未区分无效的仲裁协议和可撤销的仲裁协议的情形，以上是笔者提出的个人看法，希望在未来《仲裁法》修订的过程中可以考虑增加对可撤销仲裁协议的规定。同时也希望在民商事活动中，各方当事人都可以秉承公平自愿、诚实信用原则，减少争议的发生，营造更良好的贸易环境。

论仲裁第三人撤销之诉制度

——以完善《仲裁法》为视角

陈中越[*]

仲裁作为当事人协议选择的纠纷解决方式，具有自治性、效率性、终局性等优势，随着市场经济的日渐繁荣越来越受到民商事活动主体的青睐。自1994年《仲裁法》颁布并实施至今，仲裁机构增加至200多家，受理的案件数量近十万件，标的额过千亿元[①]，仲裁业取得了长足发展。与此同时，仲裁案件类型越来越复杂，出现了许多新问题、新情况，比如本文所要探讨的仲裁导致第三人利益受损问题，现行《民事诉讼法》和《仲裁法》均存在缺陷与不足，导致第三人在利益受损时难以通过法律途径有效维权。民事诉讼活动中出现的损害第三人利益问题早已为公众所知晓，并通过民事诉讼法的修订（增加第三人撤销之诉条款）加以解决，与原有的案外人申请再审、执行异议制度并存构成了比较完善的第三人利益保护制度[②]。仲裁与民事诉讼相类似，可在考虑仲裁特殊性的基础上，将现行民事诉讼法第三人撤销之诉制度移植至仲裁中，完善仲裁第三人利益保护之制度，促进仲裁事业健康发展。

一、仲裁损害第三人利益的主要情形

（一）恶意避债

双方当事人之间根本不存在民商事纠纷或者纠纷的金额较小，却虚拟法律关系或人为扩张纠纷金额，继而请求仲裁庭予以确认，以此逃避债务的目的。

---

[*] 广东省高级人民法院研究室副主任科员。

[①] 2012年全国仲裁委员会达219个，共受理案件96378件，案件标的总额1315亿元，参见《仲裁受案数量连续17年增长》，载《法制日报》2013年4月23日。

[②] 《"第三人撤销之诉相关法律问题"研讨会综述》，载《上海法学研究》2013年第3期。

（二）通过仲裁处分第三人财产

此种情形可能是由于仲裁机构的失误，更有可能是由于仲裁当事人恶意串通引发，均表现为通过仲裁裁决对第三人的财产进行了处分，损害其财产权益。

（三）分支机构与他人恶意串通

分支机构与他人恶意串通，达到损害企业法人利益的目的。① 分支机构基于执行阶段可以追加企业法人为被执行人的规范基础，与他人虚构法律关系，通过仲裁予以确认后，在执行阶段追加企业法人为被执行人，从而达到非法侵害案外人财产的目的。

二、《民事诉讼法》与《仲裁法》对仲裁第三人利益保护的现状与缺陷

（一）《民事诉讼法》的第三人撤销之诉制度不适用于仲裁第三人

根据《民事诉讼法》第56条第3款规定，有独立请求权和无独立请求权的第三人，因不能归责于本人的事由未参加诉讼，但有证据证明发生法律效力的判决、裁定、调解书的部分或者全部内容错误，损害其民事权益的，可以自知道或者应当知道其民事权益受到损害之日起6个月内，向作出该判决、裁定、调解书的人民法院提起诉讼。根据文义解释，该规定针对"判决、裁定、调解书"，仲裁裁决显然被排除在外；范围限制在民事诉讼活动中，仲裁虽具有准司法性质，但民间性是其区别于民事诉讼的重要特性，仲裁明显不纳入其范围。该制度从立法背景、立法本意以及司法实践均未将仲裁第三人的情况加以考虑②，即使最高人民法院出台的司法解释，也不能将该项制度扩大适用于仲裁，否则属于越权。这就意味着仲裁第三人发现仲裁裁决损害自身利益时，也无法依照该规定提起撤销仲裁裁决之诉。

---

① 孙业刚：《仲裁案外人救济途径初探》，载北大法律网 http://article.chinalawinfo.com/Article_Detail.asp? ArticleID = 64385。

② 参见《〈中华人民共和国民事诉讼法〉释解与适用》，人民法院出版社2012年版，第81页。第三人撤销之诉制度是针对司法实践中的恶意诉讼现象，为保护民事诉讼活动中第三人的权益而设计的。

（二）《民事诉讼法》的案外人异议制度存在缺陷

《民事诉讼法》第 227 条规定的案外人异议制度适用的前提是案件已经进入执行程序，仲裁第三人对执行标的有异议的方可提出书面异议。但在当事人恶意串通虚假仲裁的情况下，通常不需要通过法院强制执行当事人已自动履行完毕，这就意味着利益受损的仲裁第三人无法利用案外人异议制度寻求权利救济。

（三）现行申请撤销仲裁裁决和申请不予执行仲裁裁决的主体不适用于仲裁第三人

申请撤销仲裁裁决相当于主动进攻，挑战裁决的法律效力，申请不予执行仲裁裁决属于被动防御[①]，当事人可以根据这两种监督程序寻求救济。申请撤销仲裁裁决的主体可为双方当事人的任何一方，申请不予执行仲裁裁决则限于被申请强制执行的一方当事人，均把仲裁第三人排除在外。对于法院在审查仲裁裁决时发现存在损害第三人利益的情况，最高人民法院（2007）执他字第 9 号函指出，执行法院如果认为当事人恶意串通进行仲裁裁决损害其他债权人利益，妨害执行秩序的，执行法院应当依法将该裁决视为有违背社会公共利益的情形而裁定不予执行。[②] 最高人民法院将仲裁损害第三人利益、妨害执行秩序的行为视为违背公共利益的情形，虽在一定程度上为仲裁第三人提供了救济途径，但第三人利益和公共利益毕竟不能完全等同，公共利益涵盖的范围比第三人利益要大得多，最高人民法院的函复难免有些牵强。

（四）另行起诉制度存在困境

仲裁第三人在仲裁裁决损害自身利益时，可根据《民事诉讼法》第 119 条规定提起民事诉讼。但另行起诉有以下两个问题：一是管辖问题。按照民事诉讼法级别管辖规定，一审案件主要由基层法院管辖，倘若第三人胜诉，新的裁判是否意味着仲裁裁决与裁判不一致的内容将被撤销或无效？《仲裁法》第 58 条规定对申请撤销仲裁裁决的管辖法院为仲裁委员会所在地中级法院，基层法院是否与中级法院一样具有撤销仲裁裁决的权限？二是另行起诉不能解决原仲裁裁决效力问题。既然撤销仲裁裁决的管辖法院为仲裁委员会所在地中级

[①] 赵健：《国际商事仲裁的司法监督》，法律出版社 2000 年版，第 238 页。
[②] 黄金华：《异议案外人应如何主张实体权利》，载《人民法院报》2012 年 2 月 9 日版。

法院，那基层法院作出的裁判与仲裁裁决不一致的，仲裁裁决未必无效。

三、《民事诉讼法》第三人撤销之诉制度可移植至仲裁活动中

（一）仲裁第三人撤销之诉的建立基础与民事诉讼第三人撤销之诉的基础基本相同

首先，民事诉讼与仲裁建立（或拟建立）第三人撤销之诉制度的原因相同，均为发生法律效力的裁判或裁决致使第三人利益受损。法谚有云："无救济则无权利"，第三人利益既然受到损害，不管是在民事诉讼还是在仲裁中发生，都应有救济渠道。其次，导致第三人利益受损的法律关系性质相同，均为民商事法律关系。主要案件类型大多相似，民事诉讼里面主要是虚假诉讼，仲裁主要是虚假仲裁（也称仲裁欺诈）。最后，这些法律关系适用的法律规则有诸多重叠之处，民事诉讼活动依据宪法、法律、行政法规、规章、地方性法规等规定，仲裁虽然可以依据商业惯例、国际规则或当事人协议选择适用的其他规则，但现阶段主要还是依据法律、法规和规章的规定。

（二）仲裁第三人撤销之诉制度的建立有法理依据

首先，英国学者 Robert Merkin 认为，仲裁的基本原则是仲裁裁决对第三方的权利没有影响，一个仲裁裁决只能对仲裁协议的当事人有效。这个原则产生的后果有三：一是一个仲裁裁决不能在第三方参加的某个程序中被用来作为证据使用，不论仲裁当事人是否受到这个程序的影响；二是第三方不能出于他自己的需要而执行仲裁员的决定；三是第三方不能因为一个仲裁裁决而被强加上义务；四是一个仲裁裁决不能破坏参加仲裁的当事人与第三方的合同，也不能干涉第三方权利。[①] 当然，这个原则还有例外。由此来看，第三人可以申请撤销侵犯其权益的仲裁裁决的权利根据有二：一是仲裁裁决对非仲裁当事人的第三方不能发生效力的原则，也即仲裁委员会没有权力作出一个损害第三人利益的裁决，这是最基本的根据；二是裁决的事项不属于仲裁协议的范围或者仲裁委员会无权仲裁的，当事人可以申请撤销。那么赋予仲裁第三人申请撤销仲裁裁决的权利，是否会侵犯当事人双方的意思自治？我们认为，当事人的意思自治应当是建立在不侵犯他人权益的基础上的，如果侵犯了第三人权益，那么在这个所谓的"意思自治"下作出的裁决，是不合理的。法国判例有一条著

---

① Robert Merkin, LLB, LLM, Arbitration Law, 15 - 11, 15 - 12, Lloyd's of London Press Ltd, 1991. 转引自张建华：《仲裁新论》，中国法制出版社2002年版，第199页。

名的规则:"他人之间的既判力不能使他人遭受损失,他人也不能从中得利。"① 尤其是在双方当事人采取了仲裁欺诈行为的情况下,裁决更应无效,"欺诈使一切归于无效",这是民法上的一般原理,在这里也同样可以适用。其次,《民事诉讼法》第 119 条规定,与本案有直接利害关系的公民、法人和其他组织可以提起民事诉讼。当仲裁裁决的处理结果直接涉及第三人的权利义务时,第三人显然与其有直接利害关系,可依法对该仲裁裁决提起民事诉讼,通过撤销之诉否定该仲裁裁决的法律效力。

(三) 从民事诉讼第三人撤销之诉制度实施效果来看

从实践来看,民事诉讼中规定的第三人撤销之诉虽然仍存在一些不完善之处,但对于打击虚假诉讼、维护第三人合法权益起了重要作用,② 因此在仲裁中引入第三人撤销之诉制度的积极效果是可预期的。

四、构建仲裁第三人撤销之诉制度需要注意的几个问题

(一) 仲裁第三人的概念

有学者认为,仲裁第三人是指因对仲裁标的有独立请求权或者与仲裁结果有法律上利害关系而参加仲裁的人。③ 从而建议建立仲裁第三人制度,使与仲裁争议有利害关系的案外人可以仲裁第三人的身份参与到仲裁中来,使他们的利益得到主张和保护。这是借鉴了民事诉讼中的第三人制度。笔者认为,这是对民事诉讼第三人制度的生搬硬套,并未充分考虑仲裁之本质。仲裁的基础来自当事人的协议,仲裁机构不像法院具有强制解决纠纷的职权,其对纠纷的管辖来自当事人的仲裁协议。仲裁机构采用法院的做法,将未与当事人达成仲裁协议的第三人纳入仲裁活动中,明显有悖仲裁之本质,于法理上行不通。且秘密性是仲裁的重要特征,与法院审判公开不同,仲裁不公开审理。作为第三人一般对仲裁活动不知情,不具备参与仲裁活动的现实操作性。因此笔者不赞成有关学者所提的仲裁第三人制度,本文所指的仲裁第三人是在仲裁第三人撤销之诉制度里面的概念,是指因仲裁裁决导致利益受到损害的、仲裁当事人之外的其他公民、法人和其他组织。因为仲裁第三人并不参加当事人的仲裁活动,

---

① 沈达明:《比较民事诉讼法初论》(上册),中信出版社 1991 年版,第 157 页。
② 《第三人撤销之诉:遏制恶意诉讼再下制度"猛药"》,载《人民法院报》2013 年 5 月 20 日;《恶意诉讼侵害第三人权益时有发生 救济虚假诉讼首选撤销之诉》,载《法制日报》2013 年 12 月 30 日。
③ 张楠:《仲裁案外人权利救济制度研究》,载《西部法学研究》2013 年第 4 期。

因此不存在有无独立请求权之区分。

(二) 撤销仲裁裁决效力问题

仲裁第三人申请撤销仲裁裁决,只能对侵害本人利益的裁决部分内容提起撤销之诉,法院所撤销的只是侵害第三人利益的内容,其他裁决内容并不因此失效。法院根据对第三人和原仲裁当事人之间的实体法律关系作出撤销仲裁裁决的判决,该判决的既判力的客观范围是什么呢?撤销仲裁裁决是判决主文的内容,当然具有既判力,问题是法院对第三人和仲裁当事人之间的实体法律关系的裁判是否具有既判力呢?也就是说,撤销仲裁裁决之诉后,第三人或者仲裁当事人能否再以他们之间的实体法律关系另行提起普通的诉讼呢?笔者认为,仲裁裁决是由仲裁机构作出的,第三人请求撤销该仲裁裁决,表面上是第三人与仲裁机构之间的法律关系,第三人请求撤销仲裁,不是对仲裁行为本身不服,实质上是对仲裁的标的——仲裁案件中的实体法律关系不服,所以撤销仲裁裁决之诉并不是围绕是否撤销仲裁裁决而展开的,而是围绕着第三人和仲裁当事人之间的实体法律关系而展开的,撤销仲裁裁决的诉讼请求必然要以确认第三人和仲裁当事人之间的实体法律关系为前提,只是这种确认没有明确地在诉讼请求中表现出来而已。就如在给付之诉中,诉讼请求是给付标的物或金钱,但该给付请求之后必然隐含着对给付请求权的确认,不能因为诉讼请求中只有给付的请求而没有确认法律关系的请求,就认为判决对于法律关系的确认没有既判力。同样,撤销仲裁裁决的判决也必然地隐含着确认第三人和仲裁当事人之间实体法律关系的判决,因此该判决对第三人和仲裁当事人之间的实体法律关系具有既判力。

(三) 仲裁第三人申请撤销仲裁裁决的期限问题

仲裁的生命力在于其效率性。仲裁当事人申请撤销仲裁裁决的时限均为6个月,期限过长,为当事人拖延执行提供了可乘之机,与仲裁的效率原则背道而驰。在构建仲裁第三人撤销之诉制度时,宜对申请期限进行缩短,笔者认为3个月较为妥当。

(四) 有无必要赋予仲裁第三人对不予执行的申请权问题

《民事诉讼法》和《仲裁法》规定了对仲裁司法审查的双重监督模式,即为申请撤销和不予执行仲裁裁决。这两种制度的功能设置基本相同,有立法重复之嫌,容易被当事人滥用,有悖于仲裁的效率性。① 司法实践中,当事人往往在法院驳回其关于撤销仲裁裁决的申请时,又在执行阶段提出不予执行的抗辩。如果法院对该裁决作出不予执行的裁定,则原法院的裁决归于无效,这就从根本上否定了原法院不予撤销该裁决的裁定的法律效力,在法理上进入了一个悖论:法院的不予执行程序可以推翻另一法院撤销裁决程序的法律效力,成为实质上的终审。不予执行这种监督途径的作用只是否定错误仲裁裁决的执行力,其作用完全可以通过撤销裁决的途径实现。且由于对申请撤销和不予执行仲裁裁决由法院不同的业务庭负责,容易造成裁判尺度不统一。鉴于此,学术界和实务界许多学者和法官呼吁关于取消申请不予执行仲裁裁决,只保留申请不予撤销仲裁裁决。因此,只需从构建仲裁第三人撤销之诉制度入手完善仲裁第三人利益保护制度,没必要赋予第三人不予执行仲裁裁决的申请权。

（五）如何防止仲裁第三人申请撤销仲裁裁决被滥用问题

广东部分法院反映,2012 年修改后民事诉讼法实施以来第三人撤销之诉案件激增,法官担心该制度被滥用以达到拖延时间、转移财产的目的。② 对此,任何一项制度都不可能十全十美,要防止在仲裁第三人撤销制度中出现滥用的情况,应由司法解释对何为利益受到损害的第三人进行科学合理界定,再由法院对该类案件严把立案关,同时对滥用该制度实现非法目的的当事人施予必要的惩罚,如罚款、拘留等。

五、修改和完善现行《民事诉讼法》和《仲裁法》以构建仲裁第三人撤销之诉制度的建议

（一）在现行《民事诉讼法》中增加仲裁第三人撤销之诉条款

如前所述,考虑到仲裁第三人与民事诉讼第三人内涵的区别,不宜将仲裁第三人撤销之诉条款合并在现行《民事诉讼法》第 56 条一并表述,故应单独列一条,确定仲裁第三人的概念以及仲裁第三人有权申请撤销仲裁。现行《仲裁法》规定当事人申请撤销仲裁裁决的法院为仲裁机构所在地中级法院,该规定可同样适用于第三人申请撤销仲裁裁决。仲裁第三人为原告,仲裁当事人列为共同被告,对起诉的审查应仅限于形式审查,即审查当事人是否适格、

---

① 贺晓翔:《从双轨走向并轨:我国国内仲裁与涉外仲裁司法审查制度之反思与重构》,载《人民司法》2013 年第 17 期。

② 《第三人撤销之诉猛增 纠错需要还是滥用诉权?》,载《人民法院报》2013 年 12 月 23 日。

是否具有诉的利益、是否属于本院管辖。第三人提起撤销仲裁裁决之诉，并不能产生中止仲裁裁决执行的效力，否则就会构成对原仲裁当事人权利的威胁。只有在情况紧急，如不中止执行可能造成不可挽回的严重后果的情形下才能中止执行，并且是否中止执行最终由法院决定，法院可以决定是否要求第三人提供担保。由于仲裁第三人撤销仲裁裁决之诉属于实体争议，适用普通诉讼程序，对一审不服可以提起上诉。具体表述建议为："因仲裁裁决而使自身合法权益受到损害的第三人，有权自知道仲裁裁决作出之日起三个月内向仲裁机构所在地中级人民法院申请撤销仲裁裁决。人民法院应组成合议庭进行审理，理由成立的，裁定撤销仲裁裁决；理由不成立的，裁定驳回起诉。"

（二）对其他相关条款进行修改、删除

为与仲裁第三人撤销制度规定一致，将现行《仲裁法》中当事人申请撤销仲裁裁决期限缩短至 6 个月，并删除当事人申请不予执行仲裁裁决条款，只保留撤销仲裁裁决这一司法审查制度，避免司法资源浪费，保证仲裁自治性、效率性与终局性制度优势的发挥。

从民事诉讼法的修改看商事仲裁
司法审查理念的回归

李民韬[*]

在当前社会转型时期,随着我国经济的快速发展,大量案件涌向法院,繁重的办案压力使得法院不堪重负,发展多元纠纷解决机制的呼声愈来愈高涨。仲裁因其自治性、灵活性、保密性以及民间性等特点,在整个社会纠纷解决机制中呈现出重要的地位。公正、高效仲裁制度的培育离不开司法的有效监督和支持,这一点集中体现在商事仲裁司法审查工作。但就目前而言,我国仲裁司法审查理念跟不上实践的发展,诉讼化倾向严重,导致仲裁司法审查长期无法真正起到对仲裁应有的支持和监督作用。2012年《中华人民共和国民事诉讼法》(以下简称《民事诉讼法》)进行了第三次修改,自1991年制定的不予执行仲裁裁决的审查标准被修改,申请不予执行仲裁裁决的审查标准与申请撤销仲裁裁决的审查标准统一起来,改变了对仲裁本质属性的背离,从而回归仲裁司法审查应有的尊重市场、尊重当事人意思自治之本义。

一、市场和自治:仲裁的本质属性

市场和自治作为仲裁的本质属性,相互依存,不可分割。基于市场,市场主体才可以自由交易、等价交换等,市场是自治的基础。同时,市场主体自主经营、自由交易才能构建起真正的市场,自治是市场的应有之义。市场和自治共同构成仲裁的灵魂核心。

(一) 仲裁的市场属性

仲裁的市场属性体现在两个方面:一是仲裁源于市场,应市场的需求而生,服务于市场。二是仲裁本身是市场,仲裁机构与当事人之间是一种以提供解决纠纷服务为商品的交易关系,仲裁机构需充分参与市场竞争才能得以

---

[*] 广东省高级人民法院民四庭助理审判员。

生存。

首先,市场经济是借助于市场交换关系,依靠供求、竞争、价格机制,组织社会经济运行,调解社会资源配置和人们利益的经济。① 市场经济中,每一市场主体通过等价有偿的交换与自由竞争来实现其经济利益。在此过程中,每个市场主体必然会产生利益的纷争,这就产生了解决利益纷争之需求。仲裁就是在这样的背景下产生的。仲裁本质上是满足市场主体解决自身利益诉求的一种市场自我解决纠纷的机制。在今天经济全球化下,仲裁具备服务"两个市场"的作用。仲裁不仅要为本国经济贸易往来的国内市场提供仲裁服务,也要为全球化经济贸易往来的国际市场提供仲裁服务。② 在此之中,仲裁通过解决市场主体之间的纠纷,最大限度地保护和促进市场的依法竞争,最大限度地减轻和防止因经济纠纷而给市场竞争带来的负面作用,对市场经济的依法运行起着很好的润滑作用。③

其次,从商品经济的角度来看,仲裁机构根据当事人之间协议对他们之间的纠纷作出裁判,并向当事人收取一定的仲裁费用。因此,仲裁是服务贸易市场的一个重要领域,本身也是市场。国家有关部委1999年颁布实施的《中介服务收费管理办法》、《中华人民共和国国民经济和社会发展第十一个五年规划纲要》明确将仲裁列为"商业服务业"范畴。仲裁机构作为市场交易的主体,需要遵守市场规律,遵守市场的平等竞争机制。而仲裁与其他商品服务的区别在于它不存在市场准入问题。在其他商品服务市场,外国商品服务提供者必须经过相关审批机构审批通过才能将商品服务输入本国市场。而仲裁市场中,在仲裁协议有效的前提下,只要当事人协议选择外国仲裁机构仲裁,该外国仲裁机构就可以对当事人之间纠纷进行仲裁,而无须经过相关审批机构审批就可以进入本国市场为当事人提供跨境的仲裁服务。并且,该外国仲裁机构还可以在当事人约定或仲裁规则规定的情形下,将仲裁地点设在本国国内。同时,《承认与执行外国仲裁裁决公约》(以下简称《纽约公约》)在当今国际有关仲裁司法审查的条约中缔约国最多、适用范围最广。外国仲裁机构作出的仲裁裁决在仲裁裁决作出地之外的国家和地区承认与执行不存在任何障碍。直接影响当事人选择提供服务的仲裁机构的因素,是仲裁机构的品牌和信誉。品牌和信誉依赖于仲裁机构通过提高仲裁效率、优化仲裁服务质量、公正裁决当事人之间纠纷等一系列行动来提高。

---

① 伍伯麟主编:《社会主义市场经济学教程》,复旦大学出版社1993年版,第4页。
② 林广海:《涉外审判的理念:派与汇》,载《法庭》2012年第7期,第30页。
③ 陈忠谦:《仲裁机构市场化问题探析》,载《仲裁研究》2009年第1期。

（二）仲裁的自治性

在市场经济中，每一交易参与者都应当具有独立平等的市场主体资格，自由地订立任何商品交易的契约，包括解决他们之间纠纷的仲裁协议。仲裁是根据争议双方当事人的仲裁协议，将争议事项提交第三者居中裁决解决争端的方式，它体现着当事人意思自治这一符合市场经济的基本原则。① 这一基本原则决定了仲裁当事人可以凭借自己的意思决定仲裁的受理、审理、裁决的作出，以自己的意思主导整个仲裁过程。具体而言，主要表现在以下几个方面：

1. 选择纠纷解决方式的自治性。仲裁本身体现着当事人的意思自治，当事人可以依据自己的独立意志，协商一致订立仲裁协议，将争议提交仲裁机构管辖，排除诉讼管辖。

2. 选择仲裁机构和仲裁地的自治性。仲裁当事人可以自由选择管辖受理纠纷的仲裁机构，不必局限于是否属于国内仲裁机构还是外国的仲裁机构，也不受一国诉讼法关于管辖法院的属地管辖权、专属管辖权、级别管辖权等规定的限制。而且，仲裁当事人还可以选择仲裁地，而诉讼当事人选择管辖的法院必须根据一国之诉讼法选择法律规定之管辖地法院。如果选择的管辖法院不符合法律之规定，他们之间的纠纷将会被移送至有管辖权的法院。

3. 选择"裁判员"的自治性。仲裁当事人可以自由约定选任仲裁员的条件或选择裁判他们之间纠纷的仲裁员或仲裁庭组成成员，而不像诉讼那样，无权决定裁判他们之间纠纷的法官或合议庭组成成员。

4. 选择裁决程序的自治性。仲裁当事人可以为自己的便利自由选择审理纠纷的程序规则，可以采取如虚拟网络仲裁、书面仲裁等各种仲裁形式，而不必像诉讼那样只能按制定的程序法进行审理程序。

5. 选择适用纠纷实体法的自治性。仲裁当事人可以为解决他们之间的纠纷选择适用的法律或规则，不仅可以选择适用民商事实体法，还可以适用行业习惯规则，甚至在友好仲裁或当事人同意的情况下仅依据公平原则而不适用任何具体实体法的规定。诉讼当事人可选择适用解决他们之间实体争议的法律范围则小得多，行业习惯规则通常被排除在外，友好仲裁式的规则更不可能。

二、诉讼式审查和重复审查：剖析 2007 年《民事诉讼法》第 213 条

2007 年《民事诉讼法》第 213 条关于不予执行仲裁裁决的审查规定延续

---

① 陈忠谦：《仲裁机构市场化问题探析》，载《仲裁研究》2009 年第 1 期。

了 1991 年《民事诉讼法》第 217 条关于不予执行仲裁裁决的审查规定，突出体现了诉讼式的审查方式。同时，由于与我国《仲裁法》第 58 条关于撤销仲裁裁决的审查事由规定不尽相同，又存在着重复审查的问题。

（一）诉讼式审查

1991 年《民事诉讼法》第 217 条和 2007 年《民事诉讼法》第 213 条均规定："被申请人提出证据证明仲裁裁决有下列情形之一的，经人民法院组成合议庭审查核实，裁定不予执行：（一）当事人在合同中没有订有仲裁条款或者事后没有达成书面仲裁协议的；（二）裁决的事项不属于仲裁协议的范围或者仲裁机构无权仲裁的；（三）仲裁庭的组成或者仲裁的程序违反法定程序的；（四）认定事实的主要证据不足的；（五）适用法律确有错误的；（六）仲裁员在仲裁该案时有贪污受贿，徇私舞弊，枉法裁决行为的。"其中，第（四）项"认定事实的主要证据不足的"及第（五）项"适用法律确有错误的"作为审查不予执行仲裁裁决的法定事由，是诉讼中二审法院对一审判决全面审查的内容。诉讼强调二审法院要严格审查一审判决查明的事实是否正确、适用法律是否正确及处理结果是否恰当。如果一审判决认定事实的证据不足，适用法律错误或处理结果不当，二审法院可对一审判决予以撤销、改判或发回重审。据此，仲裁裁决被看作为一审判决，仲裁司法审查就是仲裁裁决的二审审查。

此种审查方式给仲裁的发展造成了种种不利影响，特别是严重影响到仲裁的公信力和效率。第一，诉讼式审查是对当事人之间的纠纷重新进行了一次审理，这明显加重了法院办案工作的负担和加大了司法审查的压力，浪费司法资源。第二，仲裁裁决作出后需重新经过法院审理。这意味着仲裁裁决在经过法院审理之前，其效力仍是待定的。仲裁的权威在此得不到尊重，也损害了仲裁在当事人中间的公信力。第三，当事人的纠纷经过仲裁之后，仍得不到最终解决，还要经过诉讼审查，这使得仲裁一裁终局原则成为摆设，仲裁的效率优势得不到体现。第四，"认定案件事实的主要证据不足"和"适用法律确有错误"两项理由赋予了法官更大的自由裁量权，法官很容易依据上述两点理由去否定仲裁裁决的效力，存在滥用的可能。

（二）重复审查

我国法律设置了撤销仲裁裁决与不予执行仲裁裁决两种制度，两者均属于仲裁司法审查程序。根据《仲裁法》第 58 条及第 65 条的规定，撤销涉外仲裁裁决的管辖法院与撤销国内仲裁裁决的管辖法院的一致，为仲裁委员会所在地法院。根据 2012 年《民事诉讼法》的规定，一方当事人不予执行仲裁裁决的申请是在另一方当事人申请执行仲裁裁决过程中提出，管辖的法院为被执行人所在地法院或被执行财产所在地法院。《仲裁法》关于撤销仲裁裁决的审查事由和2007年《民事诉讼法》关于不予执行仲裁裁决的审查事由并不一致。某些当事人故意利用上述规定，在裁决作出地的法院申请撤销仲裁裁决被驳回后，又以不同的理由在执行地法院申请不予执行仲裁裁决，使得同一仲裁裁决经受两次审查。在这一情形之下，一方当事人向仲裁委员会所在地法院申请撤销仲裁裁决，仲裁委员会所在地法院作出驳回当事人撤裁申请的裁定。该裁定表明仲裁裁决的效力已经得到法院的认可，具有既判力。该当事人在另一方当事人向其财产所在地法院申请执行时又提出不予执行仲裁裁决的申请，此时财产所在地法院必须尊重仲裁委员会所在地法院所作出的裁定。如果财产所在地法院认定仲裁裁决不予执行，则会出现法院之间的审查结果相互矛盾。同时，一份仲裁裁决具有法律效力又不能执行，实质上就是剥夺了仲裁裁决实现的可能，将会使得仲裁裁决成为一纸空文。因此，2007年《民事诉讼法》关于不予执行仲裁裁决的审查事由与《仲裁法》关于撤销仲裁裁决的审查事由不一致的情形，不仅会损害法院的权威也会损害仲裁的公信力。

（三）根源分析

2007年《民事诉讼法》第213条规定的诉讼式审查和重复审查，体现着司法对仲裁的偏见。这与我国仲裁产生的历史背景密不可分。首先，我国仲裁机构诞生于计划经济时代。计划经济条件是以国家对市场的干预为主要特征，国家权力渗透着市场活动的方方面面。作为市场服务的仲裁自然不能免除受到来自国家权力的干预和控制。从根本上讲，诉讼式审查和重复审查就是国家以司法的公权力干预市场自我纠纷解决的一种体现。其次，我国仲裁机构依据行政命令组建，从出生之日起就带着浓厚的行政色彩，在体制、人事、财物等方面完全依附于行政权。至今，仲裁机构仍被定性为行政支持类事业单位。我国仲裁机构此种"行政化"的性质造成缺少所应有的中立性、自主性，也影响到司法对仲裁的态度。基于仲裁机构的事业单位属性，法院往往忽略了仲裁本应有的市场自治属性，而把仲裁作为一种司法或行政手段。在仲裁司法审查中，法院是将仲裁等同诉讼或行政决定对待，将仲裁裁决视同一审判决或行政决定予以审查。再次，中国2000多年的封建体制和计划经济造就了我国官本位思想的形成。在中国传统官本位思想之下，"官"大于"民"，权力大于权利。由于仲裁具有"非行政性"和"民间性"的性质，法院作为行使国家公权力的机关，自然对仲裁存在优越感，认为法院的地位高于仲裁机构，法院管辖仲裁机构。因此，法院有权也有职责对仲裁机构的自主权予以干预。最后，仲裁机构自主权来源于当事人意思一致的授权，仲裁过程和仲裁裁决体现了当事人的意思自治。而法院以司法的公权力对仲裁机构自主权的干预实质是对当事人意思自治的干预。这也是国家权力对公民权利的一种渗透，是权力大于权利观念的体现。

总之，诉讼式审查和重复审查背离了仲裁的本质属性，造成了我国仲裁和仲裁服务市场目前发展举步维艰的局面。仲裁市场发展的紧迫性、纠纷解决的极度需求呼唤着我国仲裁司法审查理念的拨乱反正，回归正道。

三、尊重市场、尊重当事人意思自治：商事仲裁司法审查理念的回归

2012年8月31日通过的全国人民代表大会常务委员会《关于修改〈中华人民共和国民事诉讼法〉的决定》明确删除了2007年《民事诉讼法》第213条中"（四）认定事实的主要证据不足的；（五）适用法律确有错误的"两项内容，并增加了"（四）裁决所根据的证据是伪造的；（五）对方当事人向仲裁机构隐瞒了足以影响公正裁决的证据的"两项内容，作为第237条的内容。该修改与《仲裁法》第58条关于撤销仲裁裁决的审查事由统一起来。这充分体现了我国商事仲裁司法审查对仲裁员和仲裁庭事实认定和实体法适用自主权的认可和尊重，是商事仲裁司法审查尊重市场、尊重当事人意思自治理念的回归。

（一）仲裁司法审查的定位与功能

市场的良好发展离不开国家的适当干预。司法是国家以公权力解决当事人之间的纠纷。在一方当事人不自觉履行仲裁裁决的情况下，仲裁裁决需依赖于司法的强制执行才能实现裁决的内容。由此，司法对仲裁具备了监督与支持之职能。

仲裁作为市场手段，隐含着天生的缺陷。它是当事人自愿选择的争议解决方式，缺乏权力监督机制。同时，仲裁机构也是市场主体，有自身利益的追求。在缺少权力监督之下，仲裁机构行使权力之时就有出现偏离公正之可能。而且，仲裁国际化要求仲裁庭应根据当事人选择和纠纷之情形，选择适用不同国家的法律、国际条约和国际惯例甚至是行业规则作为解决不同国家当事人之间纠纷的依据。仲裁因而具有维护"两个公正"的双重职责。一方面，公正对待本国法律与外国法律作为准据法的效力，或内地法律与港澳台法律作为准据法的效力；另一方面，公正对待本国当事人与外国当事人，或内地当事人与

港澳台当事人的权利义务。① 因此，仲裁需要司法的监督，以克服上述缺陷，更好地承担起维护两个公正的重任。

同时，仲裁也需要司法的支持。首先，司法可以充分保障仲裁和仲裁市场实施市场化改革，保证仲裁机构的独立自主，不受来自政府机构的不当干预。在此原则下，仲裁司法审查将充分尊重当事人的意思自治，充分尊重仲裁机构自主权，把审查的范围严格限定在仲裁当事人的申请和法律的规定。其次，司法充分尊重市场规律，保障每个仲裁机构都能平等地参与市场竞争，不轻易以权力去干预仲裁机构之间对市场的竞争。例如，在申请确认仲裁协议效力案件中，仲裁司法审查不会对某个仲裁机构是否对具体纠纷具有管辖权作出决定。最后，司法充分保障仲裁机构的品牌建设，力助仲裁打造国际品牌，提高国际信誉度。

综上，仲裁司法审查对仲裁和仲裁市场同时具备监督与支持两项功能，而在市场化的今天，则以支持为主。

（二）有限审查

"法律应当便利或促进私人之间的交换协议，消除贸易壁垒和其他不利于私人交易的因素。"② 仲裁司法审查的实质是国家利用司法权对仲裁市场的一种干预手段，其审查的理念应以有利于仲裁市场发展，尊重仲裁当事人意思自治为核心，充分把握仲裁司法审查的特殊性，严格按照当事人的申请和法律的规定审查。

2012 年《民事诉讼法》第 237 条对不予执行仲裁裁决的审查事由作出修改，将"认定案件事实的主要证据不足"与"适用法律确有错误的"等实体审查事由排除在审查范围之外。它改变了之前诉讼式审查的方式，对仲裁作有限审查。2012 年《民事诉讼法》第 237 条的规定尊重了仲裁庭在事实认定和实体法适用上的自主性和灵活性③，把仲裁司法审查的范围限制于仲裁的程序公正、仲裁机构的自律以及仲裁当事人诚信等三方面内容。并且体现的方式和结果不同于二审法院对一审裁判的审查，不适用全面审查原则，排除合理性审查，不对仲裁裁决认定的事实是否正确、裁决的结果是否合理等作出判断，审查的结果也仅限于执行或不予执行仲裁裁决，不会对仲裁关于当事人权利义

---

① 林广海：《涉外审判的理念：派与汇》，载《法庭》2012 年第 7 期。
② 郑戈：《法治的可能性及其限度》，载北京大学法学院编：《价值共识与法律合意》，法律出版社 2002 年版，第 268 页。
③ 黄亚英：《论商事仲裁的十大特点和优势》，载《暨南大学学报》2013 年第 4 期。

务、责任比例等裁决项作出改变。2012年《民事诉讼法》第237条规定已回归到尊重市场、尊重当事人意思自治之上。

（三）一裁终局

《仲裁法》第9条第2款规定，裁决被人民法院依法裁定撤销或者不予执行的，当事人就该纠纷可以根据双方重新达成的仲裁协议申请仲裁，也可以向人民法院起诉。根据该条款规定的精神，仲裁实行一裁终局制。为了确保仲裁的效率性和权威性，法院就申请撤销或不予执行仲裁裁决作出的裁定也应是一裁终局。当事人无权上诉、无权申请再审。最高人民法院在《关于当事人对人民法院撤销仲裁裁决的裁定不服申请再审人民法院是否受理问题的批复》（1999年1月29日最高人民法院审判委员会第1042次会议通过　法释〔1999〕6号）和《关于对驳回申请撤销仲裁裁决的裁定能否申请再审问题的复函》（（2003）民立他字第71号）均已明确，当事人对人民法院驳回申请撤销仲裁裁决的裁定不服申请再审的，不属于申请再审案件受理范围，人民法院不予受理。

最高人民法院《关于适用〈中华人民共和国仲裁法〉若干问题的解释》（以下简称《仲裁法司法解释》）第26条规定，当事人向人民法院申请撤销仲裁裁决被驳回后，又在执行程序中以相同理由提出不予执行抗辩的，人民法院不予支持。根据该条规定，一份仲裁裁决只应审查一次，一次审查的结果即是最终结果，不应再对同一份仲裁裁决启动二次审查。此规定的目的在于避免重复审查带给仲裁裁决效力的不确定性，充分保障仲裁的效率性，保证仲裁裁决的既判力和执行力的统一。2007年《民事诉讼法》第213条的规定造成《仲裁法司法解释》第26条规定在实践中实施的困难，让该条起不到其应有的作用。2012年《民事诉讼法》将不予执行仲裁裁决的审查事由与撤销仲裁裁决的审查事由统一，有利于贯彻《仲裁法司法解释》第26条的立法精神。《第二次全国涉外商事海事审判工作会议纪要》第76条规定，当事人向人民法院申请撤销仲裁裁决被驳回后，又在执行程序中提出不予执行抗辩的，人民法院不予支持。也就是说，一方当事人申请撤销涉外仲裁裁决被驳回后，不管是以同样的理由还是不同的理由申请不予执行涉外仲裁裁决，也应驳回其申请。在撤销国内仲裁裁决与不予执行国内仲裁裁决审查事由统一的基础上，《仲裁法司法解释》第26条可以进一步吸收《第二次全国涉外商事海事审判工作会议纪要》第76条的规定，同时适用国内和涉外仲裁裁决。在一方当事人申请撤销仲裁裁决被法院驳回，又申请不予仲裁裁决的，人民法院一律不予受理，已受理的驳回其申请。

四、适度监督：商事仲裁司法审查机制的基本建构——以广东实践为例

2012 年《民事诉讼法》关于不予执行仲裁裁决规定的修改体现了我国仲裁司法审查对仲裁的规律性认识不断加强，理念与时俱进、不断更新，从过去单纯的监督逐步过渡到监督与支持并举，以支持为主。广东法院在仲裁司法审查实践中锐意创新实行国内仲裁和涉外仲裁司法并轨审查机制，同时坚持"依法审查"和"适度审查"原则相结合，尊重仲裁机构的仲裁权，突出保护当事人意思自治权利，保障仲裁的效率。

（一）以透明、高效、公正为目标，实行国内仲裁和涉外仲裁司法并轨审查机制

仲裁是解决商事纠纷的一种方式，仲裁司法审查则以仲裁协议和裁决为审查对象，实质上也是解决商事纠纷的一种手段。营商环境法治化、国际化要求提高商事纠纷解决的司法效率，这要求仲裁司法审查必须具备透明、高效、公正的体系。

我国商事仲裁司法审查目前实行"双轨制"模式，即区别对待国内仲裁与涉外仲裁，分别适用不同司法审查机制及审查标准。与此相应的是，仲裁司法审查案件由不同部门进行审理，由此带来了种种问题，例如案件的裁判尺度不统一、管理不规范、审查程序不透明等。为了克服"双轨制"带来的弊端，广东法院在全国先行先试，将"双轨制"审查模式改为并轨归口审查机制，即将仲裁司法审查案件统一归口涉外商事审判庭或涉外商事审判合议庭审理。通过统一归口审查，进一步理顺职能划分，整合仲裁司法审查的审判力量，提高机制的运行效率，增强仲裁司法审查的透明化和规范化管理。具体措施包括：申请确认仲裁协议效力、申请撤销仲裁裁决、申请不予执行仲裁裁决、申请承认（认可）和执行外国（港澳台）仲裁裁决由涉外商事审判庭审查后作出裁定；已经进入诉讼的案件，当事人以有仲裁协议为由提出管辖权异议的，由受理该案的业务庭审查处理；在执行仲裁裁决中当事人提出不予执行抗辩的，由执行部门移至涉外商事审判庭审查。涉外商事审判庭裁定驳回不予执行抗辩的，由执行部门执行。该机制的实施在实践中取得了良好的成效，进一步促进了仲裁司法审查尺度的统一，推动了审查程序的统一，规范了审判管理。

（二）以适度审查为原则行使仲裁司法审查权

基于对仲裁的契约性质和当事人意思自治原则的尊重，对仲裁的效率和终

局性的维护，法院对仲裁的司法审查应当遵循适度原则。否则，司法超出范围、过度干预仲裁，将会影响仲裁的效率，不利于仲裁市场的发展。根据适度审查原则，法院是有限地行使仲裁司法审查的权力，严格把握司法审查范围。一是严格依照仲裁当事人的申请审查。根据《仲裁法》及2012年《民事诉讼法》的规定，仲裁司法审查程序依据仲裁当事人的申请启动，法院的审查范围由当事人的申请决定。法院对超出当事人申请范围之外的事由不予审查，对于非仲裁当事人包括作出仲裁裁决的仲裁委员会的申请也不予审查。二是严格根据法律规定的范围审查。撤销国内仲裁裁决应依据《仲裁法》第58条规定的审查事由进行审查，不予执行国内仲裁裁决的审查则依据2012年《民事诉讼法》第237条的规定进行。《仲裁法》第70条、第71条明确规定，申请撤销或不予执行涉外仲裁裁决应依照2012年《民事诉讼法》第274条规定的事由审查。2012年《民事诉讼法》第283条规定，承认和执行外国仲裁裁决应依照《纽约公约》的规定审查。在法律明确规定了仲裁司法审查范围的情况下，当事人不能协议扩大审查的范围。即使当事人进行了约定，法院也应排除此约定的适用。三是适度把握审查尺度。基于尊重仲裁裁决终局性，依据尽量使之有效的原则，法院对仲裁程序的监督限定在维持"基本程序争议"的范围之内。只有仲裁裁决存在着不符合程序规则，且此种不符已经影响到当事人权利的保障及裁决的公正性时，才应予被裁定撤销或不予执行。

（三）界定事前和事后审查的权限，合理行使仲裁司法审查权

司法对仲裁行使最终决定权的方式包括事前审查和事后审查两种方式，而为了保证仲裁程序的完整性，以事后审查的方式为主。根据事后审查原则，法院在仲裁庭就当事人之间的纠纷作出裁决之后，依据法律规定对作出的仲裁裁决进行程序性审查。事前审查包括仲裁协议认定和管辖权异议两种方式。结合最高人民法院《民事案件案由规定》中对于仲裁司法审查案件所规定的案由，法院对于仲裁协议效力的审查，应当仅包括对其有效、无效的审查，而不能决定某个仲裁机构对纠纷的管辖权。事前审查的内容决定当事人之间的纠纷是属于诉讼管辖还是仲裁管辖，这就像是管辖权的一次分配。而当事人之间的纠纷属于哪一仲裁机构管辖，则是管辖权的二次分配，属于事后审查的内容。管辖权二次分配的内容同时属于仲裁庭的自裁管辖权的范围，不属于司法对纠纷管辖权一次分配的决定范围。如果当事人认为仲裁机构对纠纷的管辖不符合仲裁规则或有违当事人之间的约定等，可以在仲裁庭作出裁决后申请撤销或不予执行，即以事后审查的方式提出。但在管辖权异议中，一方当事人可以就提起诉讼的纠纷是否属于仲裁管辖提出异议，这又属于法院事前审查的内容。

（四）确立确定、具体、透明的公共利益审查标准

仲裁司法审查中的公共利益是公共秩序保留制度的重要组成部分，它要求仲裁裁决应当符合本国社会公共利益，不应与本国根本法律制度相冲突。但公共利益的审查标准应谨慎适用，避免损害国际商事仲裁制度，破坏正常的国际民商事交往秩序。为此，最高法院确立了以下原则：（1）严格限制违背社会公共利益或公共政策的运用；（2）从社会公共利益的时代性、发展性出发，坚持对具体案件的不同情况进行分析，不僵化地适用这一概念。广东法院在此基础上进一步明确了公共利益审查的程度标准和结果标准：（1）适度把握判定违反公共利益的程度标准。公共利益与一国的政治制度、文化传统等各方面紧密相连，并且随着经济、文化的发展演变，而不断发生变化。但基本原则不变，应包含一国善良风俗、道德准则、正义观念等最基本的价值理念，或者一国国家或社会的重大利益。在审查涉外仲裁裁决是否违反公共利益时，应以上述的基本原则作为判断基准，不随意地降低或提高。一般来说，以下两种情况不构成对社会公共利益的违反：一是仅仅涉及部门或者地方利益的；二是违反中国法律的单项强制性规定的。（2）严格把握判定违反公共利益的结果标准。结果标准要求涉外仲裁裁决只有在承认与执行的结果对公共利益造成重大的影响时，才应被认定违反公共利益。

浅析商事仲裁司法监督的模式

——徘徊在程序与实体之间

张海疆[*]

一、商事仲裁内涵及其价值

"仲裁的产生早于诉讼"[①],它不是法学家的创造,而是人们在实践中的创造。公元前5世纪,古罗马共和国时代,曾制定了举世闻名的《十二铜表法》,其中对仲裁多有记载。古罗马商业发展时期,人们用仲裁方法解决贸易往来中的争议,如果纠纷自己解决不了,争议双方就找有威望的人作为仲裁人居中解决纠纷。显然,在仲裁的起源阶段,并不存在司法对其进行监督的问题。[②] 而到了中世纪的欧洲,商人法庭与王权之间围绕仲裁的权力斗争出现。在斗争的最后,商人社会保留对部分案件的最终处理权,王权承认其地位和效力的同时,也对商人的裁判行为进行监督,仲裁方式被国家政权认可并以法律的形式确立,仲裁司法监督也始于此。[③] 当仲裁不断深入发展,并得到各国司法制度支持的同时,法院的司法审查必将对仲裁的发展和整体效果产生深远的影响。自从仲裁制度确立之日起,仲裁与司法的关系就一直是学术界和实务界热议的话题。要研究司法审查的依据及其路径,必须先对仲裁权的概念及内涵进行界定。如有学者用概括式的方式将仲裁权定义为:仲裁权就是仲裁机关依法享有的对某些案件进行裁决的权利。有的学者以仲裁权的本质为起点,认为仲裁权就是指仲裁主体对争议双方当事人议定由其裁决的某些民商事纠纷以第

---

[*] 广东省江门市中级人民法院行政庭副庭长。

[①] 李双元主编:《国际经济贸易法律与实务新论》,湖南大学出版社1996年版,第383页。

[②] 陈治东:《国际商事仲裁法》,法律出版社1998年版,第8页。

[③] 李祖军、王嘎利:《论我国仲裁司法监督制度的完善》,载《仲裁研究》2012年第1期。

三者的身份依法作出公断的权利。① 又有学者认为仲裁权实质上是发生纠纷的当事人事前或者事后在协商一致的基础上,赋予仲裁机构对其争议的公正裁决权。② 也有学者认为,仲裁权是指在法律授权的范围内经双方当事人协议授权的仲裁庭对所提交仲裁的当事人之间的争议作出公正裁决的权力。③

　　无论采用何种定义,都只是语言的排列组合而已,从这些定义中不难看出仲裁的基本内涵。所谓内涵,是指一事物区别与其他事物的核心特征。仲裁的内涵表现为契约性与司法性的有机统一,是以当事人一致同意为基础的、高度自治的,并由国家法律保障实施的一种纠纷解决方式。在仲裁中,契约性是仲裁的基础,司法性则是仲裁的法律效力的保障。④

　　近几个世纪以来,社会物质条件的发展,激发了个人权利意识的觉醒,而商事仲裁则推动了市民社会不断追寻并维护自身之独立。为了和国家力量对抗,市民社会需要自身拥有一个能够消解纠纷并保障其不断发展的系统。传统的诉讼方式,因为来源于"命令—服从"话语体系的国家观念,可能会在某种程度上侵蚀当事人的自由意志,这就必然要求建立一种以契约精神为立足点并有一定约束力的纠纷化解方式,这或许是商事仲裁制度的出发点。商事仲裁制度的孕育、生成和发展在某种意义上"凸显了政治国家对市民社会某种程度的妥协"。⑤

　　虽然我们将商事仲裁界定为市民社会的自有纠纷解决机制,但是关于其性质的争论从来没有停止过。归纳起来,主要有司法权说(Jurisdictional Theory)、契约说(Contractual Theory)、混合说(Mixed Theory)和自治说(Autonomous Theory)四种学说。⑥ 笔者认为,混合说更能全面反映其内在本质,与其将仲裁的性质简单地理解为司法性、契约性或自治性,不如全面地将之视为兼具契约性、自治性、民间性和准司法性的一种争议解决方式。⑦ 换言之,商事仲裁基础的性质是契约性,这种契约性构建起其自治性,而这种自治性又外

---

① 谭兵主编:《中国仲裁制度研究》,法律出版社1995年版,第10页。
② 刘家兴:《论仲裁权》,载《中外法学》1994年第2期。
③ 乔欣:《仲裁权研究:仲裁程序公正与权利保障》,法律出版社2001年版,第15页。
④ 参见宋连斌:《仲裁的契约性新探——以国际商事仲裁为例》,载《仲裁与法律》2000年第4期,第23—24页。
⑤ 郭树理:《民商事仲裁制度:政治国家对市民社会之妥协》,载《学术界》2000年第4期。
⑥ 参见周江:《商事仲裁司法监督模式的理论反思》,载《北京仲裁》2006年第4期;杜新丽:《论国际商事仲裁的司法审查与立法完善》,载《现代法学》2005年第6期。
⑦ 黄进编著:《仲裁法学》(修订版),中国政法大学出版社1999年版,第5页。

化表现为其司法性。①

  缘何在经济贸易活动日益繁杂的今天,仲裁的运用程度逐渐广泛,这得益于其在利益衡量过程中公正与效率的恰当安排。虽然纠纷的当事人都注重公正,但是商事仲裁显然与民事诉讼还是有本质区别的。民事诉讼通过设置严格的举证、不同的审级等制度来确保不公正的交易关系得到纠正。但是商事仲裁面临的众多贸易活动,更多的是对经济资源的配置,与人身属性无涉,如果这些纠纷不能得到及时解决,市场对资源的利用和配置功能也将大打折扣。经济活动自身追求效益最大化特点也决定了这些纠纷必然要符合经济人的理性思维。上述情况决定了在解决这些经济纠纷时应当在保证公平的前提下更加注重效率。因此,法律规定这一类型的纠纷可以由仲裁来解决,就已经要求仲裁必须尊重这种经济纠纷的"经济性"。否则仲裁本身就是一种资源浪费,有悖于法律认可仲裁的初衷。② 基于上述分析,商事仲裁的本质在于契约性,价值追求在于效率。正是由于这种契约性及其高效性,仲裁的优势通过以下几个方面彰显出来:

  第一,仲裁自主性原则是商事仲裁追求效率价值的基础。仲裁自主性原则是当事人意思自治在仲裁领域的具体体现。商事仲裁法中的首要原则是当事人意思自治原则。③

  第二,仲裁的专业性是其追求效率价值的制度保障。现代商业交往的复杂性造就了由其产生的纠纷的复杂性,这就对纠纷解决者的专业知识提出了极高的要求。也正因此,当事人可以约定自己信得过的机构来裁判自己遇到的纠纷,这种信赖就来源于对专业技术的尊重。"复杂的商业仲裁不像刑事案件,后者可以用一般市民的普通常识来判决,但前者却需要有大量的专业知识、特殊做法,根本不能用常识去理解。"④ 正是这种专业属性,造就了仲裁行业的服务特点,使得仲裁的发展日益强盛,不断满足贸易活动的多样性需求。⑤

---

  ① 周江:《商事仲裁司法监督模式的理论反思》,载《北京仲裁》2006年第4期。
  ② 参见张斌生主编:《仲裁法新论》,厦门大学出版社2002年版,第37页。
  ③ [英]施米托夫:《国际贸易法文选》,赵秀文译,中国大百科全书出版社1993年版,第611页。
  ④ 杨良宜:《国际商务仲裁》,中国政法大学出版社1997年版,第60页。对于商事仲裁的专业服务特性,沈四宝教授曾主张将其作为商事仲裁制度的基础予以高度重视,详见沈四宝、薛源:《论我国商事仲裁制度的定位及其改革》,载《法学》2006年第4期。
  ⑤ 对于商事仲裁的专业服务特性,沈四宝教授曾主张将其作为商事仲裁制度的基础予以高度重视,详见沈四宝、薛源:《论我国商事仲裁制度的定位及其改革》,载《法学》2006年第4期。

二、对商事仲裁进行司法监督的正当性分析

如前文所述,仲裁的契约性决定了仲裁的根基,既然是当事人自治权的内容,缘何要进行司法监督,监督的正当性何在,笔者试从以下几个方面予以分析:

(一) 从权力的角度看监督

仲裁是一种司法外解决争议的制度化形式。[①] 虽然当事人有很大的自主权,但是一旦当事人约定采用仲裁形式来化解纠纷,那么仲裁庭就行使了法律赋予的权力。权力必须有监督和制约。权力趋向于腐败,绝对的权力导致绝对的腐败。[②]

(二) 从国家的权威看监督

毕竟司法权是国家权力的一种,并以国家强制力作为后盾确保社会秩序平稳运行。国家一经产生,便在社会生活中享有威严地位,并通过法院、警察等部门来确保这种威严。国家的这种特性决定了社会产生纠纷时,国家权力必须介入,对权利义务重新配置。司法在当今社会"被奉为最为正统、公平和权威的纠纷解决方式"。[③] 此种情况导致了司法必须关注仲裁等纠纷解决制度,通过对这些制度监督以确保国家在社会生活中的权威地位。

(三) 从协议的性质看监督

仲裁协议是一切仲裁活动的基础,在实践中由于主客观条件的限制,仲裁协议的内容会出现不够规范和明确的问题,因此为了保证仲裁活动的正当性,对仲裁协议的监督应是仲裁司法监督的应有之义,这种监督不仅体现在事中的审查仲裁协议效力之上,也体现在事后的仲裁裁决的司法监督中,包括仲裁决议的撤销和执行监督。

(四) 从一裁终局看监督

一裁终局制度是指仲裁案件一经仲裁庭作出裁决就发生法律效力,争议双

---

① 参见[英]施米托夫:《国际贸易法文选》,赵秀文译,中国大百科全书出版社1993年版,第666页。
② 19世纪英国历史学家阿克顿勋爵名言,转引自林喆:《权力腐败与权力制约》,法律出版社1997年版,第72页。
③ 范愉主编:《ADR原理与实务》,厦门大学出版社2002年版,第70页。

方当事人不得再就同一纠纷起诉至法院或者再次申请仲裁。一裁终局制度能够满足争议双方当事人便捷、经济地解决纠纷的需要，体现了仲裁中追求效益这一价值目标的一面，但一裁终局确实也存在着一定的危险性，如果仲裁权行使不当而其后又没有任何的监督和补救机制，则会导致仲裁的不公，损害争议双方的利益。这种不公，可能来源于仲裁员的选任、仲裁程序的隐秘性、仲裁员的业务能力等方面，必须通过司法监督来确保当事人的合法利益得到维护。

三、当前几种监督模式的辨析

从国际上对仲裁的司法监督模式进行归纳分析，不难看出，存在两种性质不同的监督模式。第一种司法监督涉及的问题是："仲裁程序是否遵守了自然正义（natural justice）的要求，以及按照当事人适用的法律，该仲裁协议是否有效"。而第二种则是"对仲裁裁决的是非曲直的审查，这里问题是仲裁员是否犯有错误。"① 国内学术界对两种监督模式也存在极大的研究兴趣，为了讨论的方便，我们大体将之分为两类：一是程序性监督；二是实体性监督。② 1995 年后，陈安教授与肖永平教授之间展开的学术论战更是将争论推向高潮。③

主张进行程序性监督的学者认为，快速、灵活是商事仲裁程序的特点，与诉讼程序相比，商事仲裁程序的"效率性"是商事仲裁程序的魅力所在，也是符合经济规律的体现。为了保证商事仲裁程序的效率性以及独立性，应当排斥法院对商事仲裁裁决的实体监督。一旦对仲裁进行实质性监督，会带来两方面的问题。一方面，否定了裁决的法律效力。实体性审查损害了仲裁的"一裁终局"的优点，是一种与"裁了又审"、"一裁二审"类似的制度。可以说，

---

① ［英］施米托夫：《国际贸易法文选》，赵秀文译，中国大百科全书出版社 1993 年版，第 675 页。

② 周江：《商事仲裁司法监督模式的理论反思》，载《北京仲裁》2006 年第 4 期。

③ 关于仲裁裁决的监督制度，陈安教授先后发表论文有：《中国涉外仲裁监督机制评析》，载《中国社会科学》1995 年第 4 期；《论中国的涉外仲裁监督机制及其与国际惯例的接轨》，载《比较法研究》1995 年第 4 期；《中国涉外仲裁监督机制申论》，载《中国社会科学》1998 年第 2 期；《英、美、德、法等国涉外仲裁监督机制辨析——与肖永平先生商榷》，载《法学评论》1998 年第 5 期；《再论中国涉外仲裁的监督机制及其与国际惯例的接轨——兼答肖永平先生等》，载《国际经济法论丛》1999 年第 2 卷。肖永平先生发表论文有：《也谈我国法院对仲裁的监督范围——与陈安先生商榷》，载《法学评论》1998 年第 1 期；《内国、涉外仲裁监督机制之我见——对〈中国涉外仲裁监督机制评析〉一文的商榷》，载《中国社会科学》1998 年第 2 期。

授予人民法院对仲裁裁决的实体部分行使司法审查除直接冲击"一裁终局"原则外，还会在适用法律方面诱发分歧。① 另一方面，由于仲裁具有专业性强的优点，使得复杂的商事纠纷可以由该领域的专家予以评断，而对仲裁进行司法监督的法官们却无法做到精通每一个领域的各项事务，如果允许他们对仲裁的实体事项进行审查，甚至可能犯更大的错误。关于这一点，GAFATA（the Grain and Feed Trade Association，英国谷物与食品贸易协会）的"看一看嗅一嗅仲裁"（Look and sniff arbitration）方式或许可以作为例证。在这种仲裁中，对买卖粮食中农产品的质量是否符合双方的合约标准，仲裁员拿来摸一摸、嗅一嗅就作出裁决。这种做法的可信度，全赖仲裁员极高的专业素质。而法院是做不到的，法官把粮食拿来嗅也嗅不出什么名堂来。②

主张进行实体性监督的学者认为，当事人选择仲裁方式解决纠纷，放弃的只是向一审法院起诉的权利，而不是上诉的权利。除非当事人另有明文协议放弃上诉权，否则，绝不应任意推断：当事人一旦选择仲裁方式之后，即使面临错误的或者违法的涉外终局裁决，也自愿放弃了向法院申诉和请求加以监督和纠正的权利。③ 无论从"违法必究"这一基本法理准则来衡量，还是从当代各国先进的仲裁立法通例来考察，都应当在仲裁领域严肃认真地、全面地贯彻"违法必究"。④ 毕竟再精明的商人，在追求效率的同时，绝不会忘记对正义的渴望。只要当事人提出确凿证据足以证明某一裁决有重大错误或重大违法情形，则不论其为程序上还是实体上的错误或违法，都属于法院应当依法实行仲裁监督之列。⑤

为了更好地说明程序监督与实体监督的利弊，笔者列举了一些国家的仲裁立法，希望能有所借鉴。

（一）英国的仲裁监督制度

英国于1996年颁布并施行了新的仲裁法（即"Arbitration Act 1996"，以下简称英国《1996年仲裁法》）。英国《1996年仲裁法》规定的仲裁裁决司法监督主要规定在第68条至第70条。第68条第（1）款规定，仲裁当事人发

---

① 张斌生主编：《仲裁法新论》（修订版），厦门大学出版社2004年版，第387页。
② 参见杨良宜：《国际商务与海事仲裁》，大连海运学院出版社1994年版，第29页。
③ 参见陈安：《中国涉外仲裁监督机制评析》，载《中国社会科学》1995年第4期。
④ 参见陈安：《再论中国涉外仲裁的监督机制及其与国际惯例的接轨——兼答肖永平先生等》，载《国际经济法论丛》（第2卷），法律出版社1999年版。
⑤ 参见陈安：《中国涉外仲裁监督机制评析》，载《中国社会科学》1995年第4期。

现仲裁过程中存在"重大不法行为"（Serious irregularity）时，可以向法院申请对仲裁裁决提出异议。第 69 条第（1）款规定："当事人除非另有约定，一方当事人在通知其他当事人及仲裁庭的情况下，可以就仲裁裁决中的某个法律问题向法院提起上诉。"① 由此可见，英国对仲裁裁决司法监督的范围，既包含程序方面，也有实体方面。虽然英国在仲裁法修改过程中，不断缩小了实体监督的范围，提高了实体监督的门槛，但是实体监督的权力却从未放弃过。

（二）美国仲裁裁决的监督

美国联邦仲裁法未明确规定法院对仲裁实体问题干预的权力，但在美国法院的司法实践中出现了允许当事人协议扩大司法审查范围直至审查仲裁实体问题的判例。1995 年美国联邦第五巡回法院在 Gate-way Technologies, Inc. 诉 MCI Telecommunications Corp. 一案（以下简称 Gateway 案）中，首次对当事人协议扩大司法审查问题予以支持。该案当事人在仲裁协议中约定，对裁决中的法律错误可以上诉，法院以仲裁的契约性质以及保证私人仲裁协议可执行性的联邦政策等为由，认定这种扩大协议有效。1997 年美国联邦第九巡回法院在 Lapine Technology Corp. 诉 Kyocera 一案（以下简称 Lapine 案）中，也承认了扩大协议的效力，上述两案中，Gateway 案将司法审查扩大到了仲裁的法律问题，Lapine 案则将司法审查扩大到了事实和证据问题。②

（三）法国仲裁的司法监督模式

法国没有专门的仲裁法，其商事仲裁制度是由《法国民事诉讼法典》规定的。《法国民事诉讼法典》第 1484 条、第 1502 条以及第 1504 条具体规定了法国法院对商事仲裁裁决的司法监督。其中，第 1484 条规定的第一、二、四、五项为程序性事项，第六项是关于公共秩序的规定，尤其值得注意的是该条第三项规定："仲裁员作出裁决时，违背了他承担的职责"，显然该项规定在一定程度上含有对仲裁裁决进行实体审查意义。③

---

① 参见张斌生主编：《仲裁法新论》，厦门大学出版社 2008 年版，第 317—318 页。
② 参见万鄂湘、于喜富：《再论司法与仲裁的关系——关于法院应否监督仲裁实体内容的立法与实践模式及理论思考》，载《法学评论》2004 年第 3 期。
③ 张祖平：《论我国法院对商事仲裁裁决的监督》，华东政法大学 2012 年硕士论文。

（四）德国仲裁的司法监督模式[①]

德国的仲裁司法监督制度主要见之于《德国民事诉讼法典》，其在第十编第1025条至第1048条规定了仲裁程序，仲裁司法监督的形式体现在指定仲裁员、请求仲裁中回避、终止仲裁协议、撤销或者不予执行仲裁裁决等情形。第1041条规定了当事人可以向法院申请撤销裁决的情形，包括不存在有效的仲裁协议或程序、承认裁决违反德国法律基本原则，特别是基本法、当事人未能行使申述权等。该法条赋予了司法对仲裁协议的实质性审查，但是审查的范围比较窄。

四、立法建议

通过上述分析，英美法系采用了实质性审查模式，大陆法系虽然也支持实质审查，但是法院干预的范围要窄。当然，随着英美两国法律制度的改革，国际上司法对仲裁的不同监督模式的差异在缩小，普遍倾向是都支持一定程度上的实质审查，但是要减少干预程序，同时尊重当事人的意思自治。以英国1996年仲裁法为例，该法虽然规定了法院干预仲裁实体问题的权力，但这种干预不是强行性的，当事人可以约定排除。与1950年仲裁法相比，1979年仲裁法更重要的变革是允许当事人以"排除协议"（exclusion agreement）排除法院对仲裁实体问题的审查，与1979年仲裁法相比，1996年仲裁法除了进一步限制法院干预仲裁实体的权力以外，还取消了对排除协议适用上的限制，当事人对于任何类型的争议，均可通过排除协议放弃就法律问题向法院提出上诉的权利。这种模式被称为非强制性的实体监督模式。[②]

我们在对程序和实体监督模式进行分析时，其实是对仲裁的效率与公正进行的一种平衡思考，如肖永平教授认为当事人选择仲裁，就是希望获得一份终局裁决，避免繁琐的上诉程序。[③] 但是无论当事人如何追求效率，只要当事人还愿意选择第三方来化解纠纷，相信在他们心中都对"公正"怀有最低限度的渴求，否则连仲裁也可以省略了。无论仲裁的独立性及便利性有多么吸引当事人，但不能据此排除国家司法权力的介入和监督，只是这种监督需要保持适

[①] 李祖军、王嗳利：《论我国仲裁司法监督制度的完善》，载《仲裁研究》2012年第1期。

[②] 参见万鄂湘、于喜富：《再论司法与仲裁的关系——关于法院应否监督仲裁实体内容的立法与实践模式及理论思考》，载《法学评论》2004年第3期。

[③] 肖永平：《肖永平论冲突法》，武汉大学出版社2002年版，第241—242页。

当。因此，我们在反思我国仲裁法的制度设计时，可以对监督模式的灵活性进行微调，不必拘泥于文字层面的"实体"或"程序"，特别是在何谓"实体"以及"程序"还存在诸多不确定因素的前提下。

英国 1996 年仲裁法的监督模式和当今美国判例法上允许当事人协议扩大法院司法审查范围的模式，提供了仲裁裁决司法审查由僵硬走向灵活的两种制度模型。鉴于对域外法例的比较，我们也可以在监督中引入这种弹性模式，适当放开当事人对司法权力介入的选择权，由当事人自身对"效率"与"公正"作出选择。即使是在陈安教授与肖永平教授进行激烈学术讨论时，双方对制度设计也都保持了一定的灵活性。陈安教授在论述法院监督仲裁实体内容的必要性时说了这样一段话："除非当事人间另有明文协议'各自自愿放弃任何上诉权利'，否则，决不应任意推断：当事人一旦选择仲裁方式之后，即使面临错误的或违法的涉外终局裁决，也自愿全盘放弃了向管辖法院提出申诉和请求加以监督和纠正的权利。"这段话表明，他并不否认当事人协议排除这种监督的权利。1987 年《瑞士联邦国际私法法典》第 12 章第 192 条中就有关于当事人排除协议的规定，它体现了对当事人意思自治的充分尊重和对仲裁的高度支持，可以说是国际仲裁立法的发展趋势。我国的仲裁立法可以学习和借鉴。①

事实上，当我们对"程序"与"实体"两种监督模式进行对立时，却忽略了当事人意思自治的选择权，因此看似对立的两种模式，实则有相关转化的可能。因此随着商事活动的频繁，仲裁法的改革应该对简单的两分法进行扬弃，不必在"程序"与"实体"之间纠结。完全可以进行灵活的设计，对法院主动进行司法监督予以适度肯定，同时允许当事人协议确定司法权介入的范围及强度。

---

① 陈静：《浅析瑞士国际仲裁中的排除协议》，载《仲裁研究》2009 年第 1 期，第 46 页、第 51 页。

论我国仲裁司法审查制度的修改与完善

刘 靖[*]

《中华人民共和国仲裁法》(以下简称《仲裁法》) 1995 年 9 月实施以来,在社会各界的支持下,各地仲裁机构做了大量的工作,已经逐步被社会和公众认可,在市场经济中的重要作用日益彰显。但是仲裁机构发展到现在其受案率远远低于行政仲裁时期,使仲裁的应有作用不能得到充分发挥。究其原因,除了仲裁这种争议解决方式尚不为民众普遍所知以及仲裁必须有仲裁协议之外,仲裁裁决的终局性不能得到充分的保障,也是制约我国仲裁事业发展的重要因素。由于我国国内仲裁裁决从程序到实体都必须接受严格、繁琐的司法审查后方能得到法院的承认与执行,因此当事人自然不愿冒着最终仍需通过诉讼来解决争议的风险而将纠纷提交仲裁。根据我国《仲裁法》和《民事诉讼法》的有关规定,对仲裁裁决进行司法审查,主要有撤销仲裁裁决或发回重新仲裁以及裁定不予执行这两种形式。笔者现结合当今国际商事仲裁的普遍实践,就我国人民法院对仲裁裁决的司法监督问题作一探讨,并提出若干粗浅的建议,以期对促进我国仲裁司法监督机制的进一步完善有所助益。

一、关于区分国内仲裁裁决与涉外仲裁裁决的双轨制监督模式

我国《仲裁法》和《民事诉讼法》区分国内仲裁裁决和涉外仲裁裁决规定了不同的监督标准。《仲裁法》从仲裁案件的角度对国内仲裁裁决和涉外仲裁裁决的不予执行或撤销,分别规定了不同的理由和条件。《民事诉讼法》则从受理案件的仲裁机构的角度对国内仲裁机构和涉外仲裁机构作出的裁决的不予执行,也分别规定了不同的理由和条件。

根据《仲裁法》第 70 条、第 71 条以及 2012 年《民事诉讼法》第 274 条第 1 款的规定,人民法院在裁定对涉外仲裁裁决不予执行或撤销时,须认定该裁决存在以下任何一种情形:(1)当事人在合同中没有订有仲裁条款或者事

---

[*] 广东省广州市花都区人民法院花山法庭副庭长。

后没有达成书面仲裁协议的;(2)被申请人没有得到指定仲裁员或者进行仲裁程序的通知,或者由于其他不属于被申请人负责的原因未能陈述意见;(3)仲裁庭的组成或者仲裁的程序与仲裁规则不符的;(4)裁决的事项不属于仲裁协议的范围或者仲裁机构无权仲裁的。由此可见,人民法院对涉外仲裁裁决不予执行和撤销所依据的理由和条件是完全相同的。

根据《仲裁法》第63条和《民事诉讼法》第237条第2款的规定,人民法院在裁定对国内仲裁裁决不予执行时,须认定该裁决存在以下任何一种情形:(1)当事人在合同中没有订有仲裁条款或者事后没有达成书面仲裁协议的;(2)裁决的事项不属于仲裁协议的范围或者仲裁机构无权仲裁的;(3)仲裁庭的组成或者仲裁的程序违反法定程序的;(4)裁决所根据的证据是伪造的;(5)对方当事人向仲裁机构隐瞒了足以影响公正裁决的证据;(6)仲裁员在仲裁该案时有贪污受贿、徇私舞弊、枉法裁决行为的。《仲裁法》第58条规定,裁决存在以下任何一种情形时,人民法院应将其撤销:(1)没有仲裁协议的;(2)裁决的事项不属于仲裁协议的范围或者仲裁委员会无权仲裁的;(3)仲裁庭的组成或者仲裁的程序违反法定程序的;(4)裁决所依据的证据是伪造的;(5)对方当事人隐瞒了足以影响公正裁决的证据的;(6)仲裁员在仲裁该案时有索贿受贿、徇私舞弊、枉法裁决行为的;(7)人民法院认定裁决违背社会公共利益的。

从上述规定不难看出,人民法院对国内仲裁裁决的监督严于对涉外仲裁裁决的监督:对涉外仲裁裁决只进行程序审查,而对国内仲裁裁决不仅要进行程序审查,还要进行实体审查,例如对裁决所依据的证据等问题进行审查。这表明我国目前对仲裁裁决实施的仍然是一种"内外有别"的双轨制监督模式。

是否应该区分国内仲裁裁决与涉外仲裁裁决,对其分别确定不同的监督标准,或者说是否应该对仲裁裁决继续保留双轨制监督的问题,在我国《仲裁法》的起草过程中就曾引起过激烈的争论。有人认为,人民法院不应对仲裁裁决中认定的事实问题进行审查,而只应审查仲裁裁决的依据与程序是否违反法律。多数人却认为,考虑到我国仲裁水平的实际状况和《民事诉讼法》的规定,对国内仲裁裁决应当进行实体审查,对涉外仲裁裁决则可依照国际惯例不进行实体审查,这也符合已有的法律规定。《仲裁法》最终采纳了后一种意见,在《民事诉讼法》的基础上继续保留了对仲裁裁决的双轨制监督。

应该说,《仲裁法》保留对仲裁裁决的双轨制监督,对国内仲裁裁决实施更为严格的司法审查,与我国当时的涉外仲裁和国内仲裁的发展状况基本上是相适应的。但是作为一种立法,这样做显然缺乏必要的前瞻性。因为我国国内仲裁在当时之所以处于一种严重混乱的状况并体现出浓重的行政色彩,与当时极不健全的国内仲裁制度是密切相关的,而《仲裁法》的颁布实施无疑会使这一状况迅速得到改变,从而使国内仲裁与涉外仲裁之间的差距缩小并最终融合。另外,《仲裁法》囿于《民事诉讼法》中的已有规定而不在立法上进行突破显然也是不明智的。《仲裁法》的推出无非是为了适应我国建立和发展社会主义市场经济,全面推进我国仲裁业健康发展的需要。如果因为片面地强调法律的连贯性、稳定性而忽略了法律的适当性、合理性,就会导致立法停滞不前,使立法与不断发展变化的实践迅速脱节。《仲裁法》在目前就属于这种情形。

总的来看,《仲裁法》中对仲裁裁决双轨制监督的保留有以下几个弊端:

(一) 与国际社会的普遍实践相违背

从当今各国的立法与实践来看,大多数国家都对国内仲裁裁决与涉外仲裁裁决采用相同的监督标准,即使是一向采用双轨制监督的英国,也终于在其《1996年仲裁法》生效时废除了这一做法。

(二) 导致仲裁实践中司法监督的复杂化

由于目前我国的涉外仲裁机构和国内仲裁机构都既有权受理涉外争议,又有权受理国内争议,这便会导致在司法监督方面对同一仲裁机构作出的裁决给予不同的待遇,即对涉外仲裁机构作出的涉外仲裁裁决只进行程序审查,不进行实体审查,而对其作出的国内仲裁裁决则不仅要进行程序审查还要进行实体审查;对国内仲裁机构作出的涉外仲裁裁决亦只进行程序审查,不进行实体审查,对其作出的国内仲裁裁决则既要进行程序审查也要进行实体审查。这样做显然缺乏合理性,对仲裁机构也不公平,而且导致了仲裁司法监督的复杂化。也正是基于此,在实际操作中,人民法院在对仲裁裁决尤其是涉外仲裁机构作出的国内仲裁裁决和国内仲裁机构作出的涉外仲裁裁决进行审查时,往往无所适从。这在很大程度上影响了我国仲裁司法监督机制的正常运作,影响了仲裁裁决的合理执行,进而影响了对当事人合法权益的切实保障。

(三) 不利于我国国内仲裁业的健康发展

允许人民法院对国内仲裁裁决进行实体审查,实际上等于否定了这类仲裁裁决的终局效力。这无疑违背了我国《仲裁法》中确立的"或裁或审、一裁终局"的基本原则,必将极大地限制和阻碍我国国内仲裁业的健康发展。其实,涉外仲裁与国内仲裁之间仅仅是仲裁形式而非仲裁本质上的差异,国内仲裁不具有涉外因素并不构成对国内仲裁裁决进行实体审查的理由。与涉外仲裁一样，国内仲裁当事人之所以选择仲裁而不去法院提起诉讼，无非也是想通过一种比诉讼更快捷、更经济和更灵活的方式来解决他们之间的争议。但如果当事人在经过仲裁后还不能获得一项终局裁决，仍免不了要进一步去提起诉讼，无疑会使国内仲裁当事人提请仲裁的积极性大受打击，甚至从此对仲裁彻底丧失信心。因为实体监督下的国内仲裁已在很大程度上失去了仲裁快捷、经济、高效、保密等固有优势，正所谓"过多的监督同没有监督一样百弊丛生"。此外，与涉外仲裁相比，我国国内仲裁的起点本来就很低，再以更为严格的司法监督对之进行控制，必然会进一步拉大两者之间的差距。这不仅使我国制定《仲裁法》的目标难以实现，也不利于我国仲裁制度的进一步完善。

鉴于此，笔者认为，我国《仲裁法》应顺应国际商事仲裁发展的普遍趋势，限制法院对仲裁的司法干预，对仲裁裁决无论是国内仲裁裁决还是涉外仲裁裁决均采用同一的监督标准，并将对裁决的司法监督严格限定在程序事项上，而不涉及实体问题，以维护裁决的终局性。

二、关于裁决的不予执行和撤销程序

根据我国《民事诉讼法》和《仲裁法》的规定，对于国内仲裁裁决，当事人有权向人民法院申请撤销仲裁裁决或是申请不予执行仲裁裁决。下面，笔者就这两种请求权之间的关系分析如下：

（一）两者的共同点

撤销仲裁裁决与不予执行仲裁裁决的申请，可以由相对人或被申请人提出。没有相对人或被申请人提出撤销或不予执行的申请，除仲裁裁决违背社会公共利益外，人民法院不能依职权对仲裁裁决进行审查。《民事诉讼法》和《仲裁法》对申请撤销和不予执行的仲裁裁决的审查规定是相同的：（1）没有仲裁协议的；（2）裁决的事项不属于仲裁协议的范围或者仲裁委员会无权仲裁；（3）仲裁庭的组成或者仲裁的程序违反法定程序；（4）仲裁所根据的证据是伪造的；（5）对方当事人向仲裁机构隐瞒了足以影响公正裁决的证据的；（6）仲裁员在仲裁该案时有索贿受贿，徇私舞弊，枉法裁决行为的。

（二）两者的不同点

1. 申请主体不同。撤销仲裁裁决的申请，当事人双方（相对人、被申请人）均可以提出申请。不予执行仲裁裁决的申请，只能由被申请执行人向负责执行的人民法院提出。

2. 申请时间不同。撤销仲裁裁决的申请，当事人可以在申请执行之前行使,也可以在执行程序中行使。不予执行仲裁裁决的申请,只能由被申请执行人在执行程序中行使。

3. 管辖的法院不同。撤销仲裁裁决的案件,由仲裁委员会所在地的中级人民法院管辖。申请不予执行仲裁裁决的案件,由执行法院(包括基层人民法院)管辖。

申请撤销和申请不予执行仲裁裁决在法律规定上存在的冲突表现在,不予执行仲裁裁决和撤销仲裁裁决分别由《民事诉讼法》和《仲裁法》作出了规定,当事人(申请人、被申请人)依据《仲裁法》申请撤销件裁,审查权由仲裁委员会所在地中级人民法院行使,而被申请人依据民事诉讼法申请不予执行仲裁裁决,审查权却由执行地人民法院(包括基层法院)行使。撤销和不予执行裁决的方法审查权分开行使,必然就会出现不同的法院、不同的法官,基于不同的判断而作出不同的结论。即使审查申请撤销和不予执行裁决的法院为同一法院,被申请人根据法律规定,仍可以分别行使申请撤销权或申请不予执行权。如果被申请人对同一仲裁裁决分别行使了申请撤销权和不予执行权,人民法院仍进行审查,则势必造成重复劳动,更为严重的是如果审查结果不一致,人民法院必将陷入"两难"境地。特别是仲裁所在地中级人民法院与执行地所在地法院不是同一法院,同时各自的隶属也不相同,那么法律冲突将更加严重。

我国已经加入WTO,《仲裁法》与国际接轨迫在眉睫。发展仲裁,解除对仲裁的重复审查和过分干预势在必行。在国外实践中,法院对仲裁裁决的审查一般采取形式审查,而不是审查仲裁裁决是否存在实体错误、适用法律是否正确。日本、德国、英国、法国等国也只是申请一次,或申请撤销或申请不予执行,只要法院就任一项作出裁定,就立即生效。学习国外先进的立法技术和经验,对我国的司法实践是非常必要的。

笔者建议,应当修改现行的法律规定,法律不应将申请撤销和不予执行仲裁裁决的审查权分开,而应将两者的审查权统一归到执行地中级法院行使。这样被申请人既可以选择申请撤销仲裁裁决,又可以选择申请不予执行仲裁裁决。对于上述两种权利,被申请人只能择一行使,而不能同时行使,以避免被申请人利用法律冲突,达到拖延履行债务的目的。防止人民法院对同一事实和理由作出重复审查,甚至作出相反的认定,同时也有利于及时保护当事人的合法权益,确保人民法院司法公正,有利于维护国家法律的统一和尊严。

三、关于重新仲裁制度

我国《仲裁法》确立了重新仲裁制度。该法第61条规定,人民法院受理撤销裁决的申请后,认为可以由仲裁庭重新仲裁的,通知仲裁庭在一定期限内重新仲裁,并裁定中止撤销程序。仲裁庭拒绝重新仲裁的,人民法院应当裁定恢复撤销程序。

我国在《仲裁法》中确立重新仲裁制度,旨在为仲裁庭提供更正其自身错误和裁决瑕疵的机会,减少裁决被撤销的可能,保证当事人以仲裁方式解决争议的初衷得以实现。该制度既体现了司法机关在监督仲裁中给予仲裁越来越多司法支持的普遍趋势,同时也反映了解决争议时注重效益、注重合理配置和防止社会资源浪费的理念。但是,由于重新仲裁制度在我国《仲裁法》中还属于一个新制度,因此我国《仲裁法》中的有关规定还很不成熟,对有关问题要么付之阙如,要么规定得过于简单、模糊。为了进一步充实和完善我国的重新仲裁制度,充分发挥其实效,仲裁立法有必要在现有规定的基础上对有关问题作进一步的补充和澄清,尤其是关于人民法院裁定重新仲裁的条件以及实施重新仲裁的主体等重要问题。

(一)人民法院裁定重新仲裁的条件

《仲裁法》第五章"申请撤销裁决"以专章规定了当事人申请撤销仲裁裁决的条件与程序。该法第58条规定,当事人提出证据证明裁决有该条所规定的六种情形之一的,仲裁委员会所在地的中级人民法院经组成合议庭审查核实后,应当裁定撤销。上述六种情形中,第(四)项"裁决所根据的证据是伪造的"和第(五)项"对方当事人隐瞒了足以影响公正裁决的证据的"都直接规定了裁决所涉及的实体方面的内容。也就是说,我国法院在对国内仲裁裁决进行司法审查时,不仅要审查仲裁程序是否合法,仲裁员是否公正,还要审查裁决所依据的事实是否正确。这样的规定,不仅与我国法院对涉外仲裁裁决的审查具有完全不同的标准,而且也与当今世界仲裁立法改革的发展趋势相悖,因此笔者认为应当予以修改。

首先,从当今世界各国仲裁立法的现状及发展趋势来看,各国均是增加仲裁庭的权力、减少法院的司法干预、提高仲裁效率。如美国仲裁法案中关于撤销裁决的理由,均是仲裁员有违反公正原则的情形,而不涉及裁决的事实和适用的法律问题。英国的仲裁制度历来很发达,早在1698年便颁布了第一部仲裁法。在1996年改革之前,其仲裁法允许当事人在仲裁裁决生效后,申请法院对裁决的法律要点进行司法审查,而1996年仲裁法则对这种上诉进行了很大的限制,要求双方当事人均同意才能行使这种权利,并且在任何类型的案件中,双方当事人均可事先约定放弃这种权利。联合国《国际商事仲裁示范法》第5条规定:"由本法管辖的事情,任何法院均不得干预,除非本法另有规定",而该法在第 34 条"申请撤销作为对仲裁裁决唯一的追诉"中,明确规定只有仲裁程序方面的原因才能导致裁决被撤销。虽然该法只是国际商事仲裁方面的示范法,但从该法的规定也能体现出当今世界各国对仲裁只进行有限司法审查的立法态度。随着中国加入 WTO 与对外开放的进一步扩大,必将有越来越多的外国企业、组织和个人在我国境内投资设厂,与我国经济组织和个人发生各种形式的经济合作。而外商投资企业与我国法人、其他经济组织和个人之间的仲裁又不属于涉外仲裁,仲裁裁决的终局性不能得到很好的保障,这必然会影响外国投资者对我国法制环境的信心和我国仲裁事业的发展。

其次,从仲裁本身的特点来看,仲裁是双方当事人均自愿将争议提交仲裁庭予以解决,其目的是为了以一种比较友好的方式,快速、经济地解决双方间的纠纷,而这都是当事人自己有权处置的事宜。从仲裁机构的选择、仲裁庭的组成到争议的审理,双方当事人均有较诉讼更大的自主权和参与权,能够就争议的事实与法律适用充分地发表自己的意见。同时,既然当事人愿意采用仲裁来处理争议,一方面表明其相信仲裁的公正性,另一方面也说明当事人对仲裁裁决的终局性已有充分认识,不论事实与法律适用的正确与否,当事人都自愿接受,否则当事人可能就会直接选择诉讼方式解决,这也是各国法院通常不对仲裁裁决进行实体审查的原因。而我国《仲裁法》规定只对这两种因存在证据瑕疵的裁决予以撤销,既不能保证所有仲裁裁决在事实方面的正确,又严重损害了裁决的终局性原则,实为得不偿失。因此笔者认为我国《仲裁法》应当废除对国内仲裁裁决进行实体审查的规定。

《仲裁法》第 61 条规定,人民法院受理撤销裁决的申请后,认为可以由仲裁庭重新仲裁的,通知仲裁庭在一定期限内重新仲裁。但该条却未明确规定法院在何种情况下才可以通知仲裁庭重新仲裁。因此,从理论上讲,法院可以仲裁裁决在实体或者程序上存在任何瑕疵,甚至不说明任何理由即将裁决发回重新仲裁,这样极易导致法院滥用司法权。笔者曾代理过一宗仲裁案:甲公司与乙企业签订了一份药品的全国总代理销售合同,约定由甲公司在全国范围内独家代理销售乙企业所生产的某种药品。双方还约定因该合同而产生的一切争议均提交某仲裁委员会以仲裁方式解决。后在履行合同过程中,因药品质量原因,甲公司遂向该仲裁委员会申请仲裁,请求裁决合同无效,并要求乙企业赔偿损失。仲裁庭经审理作出裁决,基本支持了甲公司的仲裁请求。乙企业不服该裁决,以仲裁庭适用法律错误、认定事实不清、越权裁决等为由,向仲裁委员会所在地的某中级人民法院申请撤销原仲裁裁决。该中级法院在组成合议庭审查后,仅仅以一句"本院经审查认为,该案由仲裁庭重新仲裁为妥",在未说明任何理由的情况下,即裁定中止撤销程序,并通知仲裁委员会在 3 个月内重新仲裁。这种不说明任何理由的裁定，自然引起甲公司的极大不满，但又无法通过法律途径解决，只得向各级党政机关、人大申诉，对该仲裁委员会的工作，也产生了较大的负面影响。所以笔者认为，我国的仲裁法应当明确规定对裁决发回重新仲裁的条件。从世界各国的立法来看，通常重新仲裁的条件就是能够撤销裁决的条件。如英国仲裁法允许当事人对裁决所适用的法律问题进行上诉，法院将裁决发回重审的条件就是"要求仲裁员或第三仲裁员结合法院对作为上诉主题的法律问题的意见，重新考虑"。联合国《国际商事仲裁示范法》的规定亦体现了这种原则。而美国仲裁法则是规定只有"裁决已经撤销，但是仲裁协议规定的裁决的期限尚未终了，法院可以斟酌指示仲裁员重新审问"。对照我国《仲裁法》规定的可以撤销裁决的法定条件（因第（四）项、第（五）项笔者认为应予废除，故不在此讨论之列），其中，第（一）项没有仲裁协议的当然不能重新仲裁；第（六）项因仲裁员严重违背公正原则，再由其重新仲裁已不可能获得当事人的信任，且其自身也须因此而承担相应的法律责任，实际也无法再履行职责，所以也不可能重新仲裁；在第（二）项中，如果提交仲裁的全部事项均不属于仲裁协议的范围或者是仲裁委员会无权仲裁的，自然不应当重新仲裁，但如果只有部分事项不属于仲裁协议的范围或者是仲裁委员会无权仲裁，且该部分事项与裁决的其他事项是可分的，则可以由仲裁庭重新仲裁予以更正；在第（三）项中，如果仲裁庭的组成违反法定程序，而重新仲裁应由同一仲裁庭进行，则这种违法情形已无法通过重新仲裁来改变。但对于仲裁的程序违反法定程序或仲裁规则的，如当事人未能在仲裁规则规定的期限内得到开庭通知，或者是对对方当事人提交的证据未能质证的，则可以由仲裁庭重新进行仲裁，给予其充分的准备时间和质证机会，以此来改正程序上的错误。综上，笔者认为《仲裁法》第61条应修改为："人民法院受理撤销裁决的申请后，认为具有下列情形之一的，可以通知仲裁庭重新仲裁，并裁定中止撤销程序：（一）裁决的部分事项不属于仲裁协议的范围或者仲裁委员会无权仲裁的；（二）仲裁的程序违反法定程序或者仲裁规则，可能影响公正裁决的。"除上述两种情形外，法院不应当将裁决发回重审，以免影响裁决的终局性原则或者过于拖延撤销裁决程序。

（二）实施重新仲裁的主体

人民法院裁定重新仲裁的案件应交由原裁决该案的仲裁庭处理还是重新组成仲裁庭处理，《仲裁法》未直接作出规定。但是，根据《仲裁法》第61条的规定，人民法院受理撤销裁决的申请后，认为可以由仲裁庭重新仲裁的，通知仲裁庭在一定的期限内重新仲裁。不难推断出重新仲裁案件只能是提交给原仲裁庭而不可能是提交给重新组成的仲裁庭。因为在人民法院根据上述规定裁定重新仲裁之时，新的仲裁庭不可能已经组建成立，此时人民法院如果要通知仲裁庭重新仲裁，只可能通知本来就存在的原仲裁庭，而不可能通知也无从通知尚未成立的所谓的"新仲裁庭"。

对于《仲裁法》的这一规定，有学者提出了批评的意见认为，由于仲裁十分强调当事人的意思自治原则，强调当事人对仲裁机构（仲裁庭）的信任，意思自治原则是仲裁的首要原则，既然原仲裁庭在程序工作中出现失误，而程序中的瑕疵又是当事人在订立仲裁协议时即默示地表示不予接受的，出现程序工作失误的仲裁庭便不再受到当事人的信任，再由原仲裁庭重新仲裁有违当事人的心愿。这体现了我国仲裁法对当事人意思自治原则的一种限制，或者说对当事人的意思尊重不够。

笔者赞同这种观点，并认为我国仲裁立法中有必要区分不同的情况，对重新仲裁应由原仲裁庭或新组成的仲裁庭来实施的问题，作出更为详明的规定。首先，应把由原仲裁庭重新进行仲裁确定为一般原则。因为原仲裁庭的组成方式以及对仲裁员的选择都是根据双方当事人的意愿决定的，是当事人意思自治原则的体现。而且，由于原仲裁庭对案件已经审理过一次，对案情已十分熟悉，因而由原仲裁庭重新仲裁必然更节省当事人的时间和费用。其次，在由原仲裁庭重新进行仲裁时，如果其中某一仲裁员基于某种原因，例如工作日程出现冲突或身体状况欠佳等，不能履行职责，应当允许依照法定程序更换仲裁员。再次，在由原仲裁庭重新仲裁的基础上，如果双方当事人对该原仲裁庭已失去了原有的信任，并达成一致的协议，应当允许双方当事人重新选择仲裁员，另行组成仲裁庭，对原仲裁案件进行重新仲裁。又次，如果案件适于交由原仲裁庭重新仲裁，但原仲裁庭拒绝受理，则应重新组建仲裁庭重新仲裁该案，而不能依《仲裁法》第61条的规定轻易撤销裁决。最后，如果重新仲裁是基于仲裁员在仲裁该案时有索贿受贿、徇私舞弊、枉法裁决的行为，亦应重新组建仲裁庭，而不应该也不适于将裁决发回原仲裁庭。总之，将仲裁案件是交由原仲裁庭还是新组成的仲裁庭重新仲裁，既要考虑最大限度地尊重和满足当事人的愿望，又要考虑仲裁成本的节约，还要考虑是否能彻底消除裁决中的错误和缺陷等因素。

四、结语

同其他事业一样，我国的国内仲裁事业是社会主义事业不可或缺的组成部分，而且同样也面临着极大的发展压力。或许正是在重压之下，我们才不乏发展的激情和活力，但除了激情与活力外，更重要的前提是我们解决发展问题的思想认识到位，我们选择的发展思路和方向正确。仲裁大国的历史经验告诉我们，仲裁自身实现良性发展，甚至通过修改仲裁法律推动仲裁发展都需要长久且艰难的历程。由于当前国际竞争的日趋激烈和我国社会主义市场经济快速发展的迫切需要，我们无法等待仲裁自身的全面适应和相关环境的有限调整来逐步实现国内仲裁事业的全面发展，我们应该认真总结发展其他事业的成功经验，仔细研究，选择出台促进法的方法来化解矛盾、消除冲突，通过仲裁与外界的互动、配合，共同营造我国国内仲裁事业发展的良好氛围，共同推动我国国内仲裁事业的大发展。

仲裁协议效力认定相关问题探析

麻锦亮*　萧稚娟**

仲裁协议效力的认定,指的是法院或仲裁机构(仲裁庭)对已归其管辖的案件,基于当事人确认仲裁协议无效的申请或以存在有效的仲裁协议为由提出的管辖权异议,根据一定的准据法认定仲裁协议的效力。《仲裁法》第三章专门用 5 个条文对仲裁协议的效力作出规定,最高人民法院进一步对仲裁协议的"书面形式"、仲裁事项所包含的内容、瑕疵仲裁协议效力的认定、仲裁当事人变更或者债权债务转让时仲裁协议对权利义务继受者的效力问题等问题以司法解释、批复等形式作出了明确解释。从司法实践的角度看,当事人因仲裁协议的书面形式、仲裁事项而对仲裁协议的效力提起异议的情形相对较少,当事人的异议理由更多的集中在是否选定了仲裁委员会以及在仲裁协议转让场合如何认定仲裁协议的效力等问题,本文主要围绕这两个问题展开探讨:

一、关于选定的仲裁委员会

"选定的仲裁委员会"是仲裁协议的生效要件之一,《仲裁法》第 18 条规定,对仲裁委员会没有约定或者约定不明确的仲裁协议无效。很显然,这是对仲裁机构的约定以及约定的明确性作为仲裁协议有效的强制性认定条件。但由于当事人受其自身法律知识和对仲裁制度、仲裁机构了解程度的局限,往往在订立合同时不能具体而明确地表述仲裁机构名称,且发生纠纷后双方当事人对立情绪较大,很难就此达成补充协议,因而往往导致仲裁协议无效,使双方当事人通过仲裁解决纠纷的愿望落空。对此,学界和仲裁实务界的普遍看法是,只要仲裁协议对仲裁机构的表述在文字和逻辑上不发生歧义,并能够从文字和逻辑上确定仲裁机构,法院就应当对仲裁协议的效力予以确认。采取"尊重当事人意思自治"的标准,最高人民法院《关于适用〈中华人民共和国仲

---

* 最高人民法院民四庭助理审判员,法学博士。
** 广东省东莞市中级人民法院民四庭副庭长,商法学硕士。

法〉若干问题的解释》（以下简称《仲裁法司法解释》）在此问题上作出了积极而正面的回应，该司法解释第 3 条规定："仲裁协议约定的仲裁机构名称不准确，但能够确定具体的仲裁机构的，应当认定选定了仲裁机构。"该司法解释还就实践中常见的几种对仲裁机构约定不明确的仲裁协议效力的认定问题作出了以下明确规定：

1. 仅约定纠纷适用仲裁规则的仲裁协议效力问题

当事人在仲裁协议中仅约定了纠纷适用的仲裁规则，是否意味着其就选定了该仲裁机构来解决他们之间的民商事纠纷？对此，在《仲裁法司法解释》起草过程中，存在两种不同意见。一种意见认为，仲裁协议仅约定纠纷适用的仲裁规则的，视为未约定仲裁机构，但当事人达成补充协议的除外。在我国不承认临时仲裁的情况下，此种约定就是无效的。另一种意见则认为，此时不宜轻易否定此种仲裁协议的效力，而可以按照最密切联系原则来确定此种仲裁协议所指仲裁机构；或者，据其选定的仲裁规则能够确定仲裁机构的，应认定当事人选定了仲裁机构，因而该约定是有效的。《仲裁法司法解释》综合了前述两种意见，该司法解释第 4 条规定，仲裁协议仅约定纠纷适用的仲裁规则的为无效，但按照约定的仲裁规则能够确定仲裁机构的除外。也就是说，仲裁机构的仲裁规则如果有类似于"当事人约定按照本《规则》进行仲裁但未约定仲裁机构的，视为同意将争议提交仲裁委员会仲裁"的规定的，则可以通过仲裁规则的指引确定仲裁机构，从而使仲裁协议有效。但目前，除中国国际经济贸易仲裁委员会的仲裁规则①有类似规定外，国内绝大部分仲裁机构的仲裁规则尚未作出类似规定，其实际结果是仲裁协议因为没有约定仲裁机构而无效。

2. 约定了两个以上仲裁机构的仲裁协议效力问题

当事人在仲裁协议中约定了两个以上仲裁机构的，其效力如何？对此，最高人民法院在不同阶段有不同的认识。1996 年，最高人民法院曾在给山东省高级人民法院的法函〔1996〕176 号中指出："本案当事人订立的合同中仲裁条款约定'合同争议应提交中国国际贸易促进委员会对外经济贸易仲裁委员会，或瑞典斯德哥尔摩商会仲裁院仲裁'，该仲裁条款对仲裁机构的约定是明确的，亦是可以执行的。当事人只要选择约定的仲裁机构之一即可仲裁。"也就是说，当事人在仲裁协议中选择两个以上明确并可执行的仲裁机构，这样的仲裁协议是有效的，当事人可以选择其中任何一个仲裁机构申请仲裁。但

---

① 《中国国际经济贸易仲裁委员会仲裁规则（2012 版）》第 4 条第（四）款规定，"当事人约定按照本规则进行仲裁但未约定仲裁机构的，视为同意将争议提交仲裁委员会仲裁。"

《仲裁法司法解释》并未承继此种做法，而是另作规定。该司法解释第5条规定："仲裁协议约定两个以上仲裁机构的，当事人可以协议选择其中的一个仲裁机构申请仲裁；当事人不能就仲裁机构选择达成一致的，仲裁协议无效。"实践中，纠纷发生后当事人因利益考量以及情绪对立，很难就仲裁机构的选择达成一致，因此，《仲裁法司法解释》这样规定实际上是间接否定了此类仲裁协议的效力。

有学者认为，与法函〔1996〕176号的规定相比，《仲裁法司法解释》在此问题的规定上有所倒退。因为，如果仲裁协议中约定了两个以上明确并可执行的仲裁机构，就意味着当事人的意愿是要将纠纷提交给其中任一仲裁机构仲裁。也就是说，其通过仲裁方式解决纠纷的合意是明确的，只是在将纠纷提交给哪一个仲裁机构上需要进一步确定。对此，自可按照"行为优先"原则，当事人向仲裁协议约定的仲裁机构分别申请仲裁，先受理案件的仲裁机构就对案件具有管辖权。[①] 此种观点确有一定的道理，但判断哪一种做法更为合理，首先应确定法院是支持仲裁还是限制仲裁。如果法院对仲裁持支持态度，则在仲裁协议的效力存在有效或无效两种可能的理解时，应选择使仲裁协议有效的理解。就此而言，第一种做法显然更为合理。倘若法院对仲裁持限制或不信任的态度，则在仲裁协议的效力存在有效或无效两种可能的理解时，应选择使仲裁协议无效的理解，尽可能使当事人通过诉讼解决纠纷。就此而言，《仲裁法司法解释》的做法可能更为合理。但在当前法院极力提倡建立健全非诉讼纠纷解决机制的大环境下，本文认为第一种做法更合理且更符合解决诉讼爆炸的需求。

3. 约定由某地仲裁机构仲裁的仲裁协议效力问题

如果当事人在合同中约定由某地的仲裁机构仲裁，且该地仅有一个仲裁机构，此时的仲裁协议效力如何？最高人民法院在1998年7月6日给河北省高级人民法院的法经〔1998〕287号函中指出："该合同中虽未写明仲裁委员会的名称，仅约定仲裁机构为'甲方所在地仲裁机构'，但鉴于在当地只有一个仲裁委员会，即石家庄仲裁委员会，故该约定应认定是明确的，该仲裁条款合法有效。"《仲裁法司法解释》对此予以肯定，其第6条规定："仲裁协议约定由某地的仲裁机构仲裁且该地仅有一个仲裁机构的，该仲裁机构视为约定的仲裁机构。"在此基础上，《仲裁法司法解释》进一步规定，如果该地有两个以上的仲裁机构，则当事人需就仲裁机构的选择达成一致，否则仲裁协议无效如前所述，这样的规定实际上是间接否定了约定由某地的两个以上仲裁机构仲裁

---

① 马占军：《我国仲裁协议效力认定研究》，载《环球法律评论》2008年第5期。

的仲裁协议的效力。

4. 既约定仲裁又约定诉讼的仲裁协议效力问题

当事人在仲裁协议中约定发生纠纷后既可诉诸法院又可申请仲裁的，此种约定是否有效？在《仲裁法司法解释》起草过程中，对此也存在两种不同观点。一种观点认为，这种仲裁条款实质上是给予提出请求一方当事人优先选择仲裁或者诉讼的权利，即当事人首先选择了仲裁，则仲裁条款有效，反之则诉讼条款有效。如无法确定双方选择仲裁或者诉讼先后行为的，则可按照"行为优先"原则来确定案件的管辖权。另一种观点则认为，由于仲裁协议未能排除法院管辖权，无法确定当事人有明确而肯定的仲裁意思表示，因此此类仲裁协议应被认定无效。《仲裁法司法解释》最终采纳了第二种意见，该司法解释第 7 条规定："当事人约定争议可以向仲裁机构申请仲裁也可以向人民法院起诉的，仲裁协议无效。"

有学者认为，《仲裁法司法解释》的此种规定并不符合当事人的真实意思，因为这种条款毕竟包含了当事人进行仲裁的意思表示，根据意思自治原则，不宜轻易否定其效力，而应给当事人一个选择仲裁或者诉讼的权利。[①] 此种观点也有一定道理，事实上，《仲裁法司法解释》在否定或裁或诉仲裁协议效力的同时，也以但书的形式规定了一种例外情况："但一方向仲裁机构申请仲裁，另一方未在《仲裁法》第 20 条第 2 款规定期间内提出异议的除外。"我国《仲裁法》第 20 条第 2 款规定："当事人对仲裁协议的效力有异议，应当在仲裁庭首次开庭前提出。"也就是说，当事人在仲裁协议中虽然约定发生纠纷后或裁或诉，但如果一方当事人选择申请仲裁，而另外一方当事人在首次开庭前对此未提出异议，则或裁或诉的仲裁条款仍然有效。这一但书规定实际上是确认了默示仲裁协议的效力，即当事人只要具备仲裁合意，即便仲裁协议不明确，只要在《仲裁法》规定的期限内另一方当事人未对申请仲裁的行为提出异议甚至参加了仲裁庭审程序，则此类仲裁协议因当事人以默示的方式达成一致而有效。

二、关于仲裁协议的第三人效力问题

所谓仲裁协议的第三人效力问题，是指非仲裁协议签订者，因合同转让等原因成为仲裁当事人，此时仲裁协议对其是否产生效力的问题。从《仲裁法司法解释》的规定来看，仲裁协议第三人问题主要包括当事人变更时仲裁协议对继受者的效力以及合同权利义务转让时仲裁协议对受让人的效力两个方面

---

① 马占军：《我国仲裁协议效力认定研究》，载《环球法律评论》2008 年第 5 期。

的问题。

1. 当事人变更时仲裁协议对继受者的效力问题

仲裁当事人变更，是指在仲裁程序的进行中，由于特殊事由，仲裁当事人由程序以外的人取代参加程序的情形。作为自然人一方的当事人死亡、作为法人的一方当事人的合并、分立都会导致仲裁当事人的变更，此时，仲裁协议对继受者的效力如何？对此应作具体分析：

第一，因自然人死亡引起的仲裁当事人变更。自然人死亡的法律后果是死亡人的权利义务由其继承人承受。虽然继承人并不是该案仲裁协议的一方当事人，但因其继承了被继承人所有的权利和义务（专属于被继承人的权利除外），而这些权利义务应包括被继承人根据仲裁协议进行仲裁的权利和义务，所以应当认定继承人已取代被继承人在仲裁程序中的地位，享有被继承人的权利，承担被继承人的义务，进而成为仲裁当事人。英国1996年《仲裁法》第8条第1款对此有明确规定："除非当事人另有约定，仲裁协议不因一方当事人的死亡而解除，其仍可由或向该当事人的个人代表执行。"《仲裁法司法解释》第8条规定，除非当事人另有约定，否则当事人订立仲裁协议后死亡的，仲裁协议对其权利义务的继承者有效，也采取了类似的做法。

第二，对于因法人合并、分立引起的仲裁当事人变更。法人合并是指两个或者两个以上的独立法人经法定程序成为一个法人的情形；法人的分立则是指一个法人经法定程序分立成两个或者两个以上独立法人的情形。合并后的法人概括性地继承法人合并时合并各方的全部权利和义务，因此一方或者双方当事人与其他非仲裁协议签字方发生合并后，合并后的法人就继承了原仲裁协议签字方的权利义务，包括仲裁的权利和义务，取代了原仲裁当事人的法律地位，成为仲裁当事人。对于法人分立的情形，我国《合同法》第90条规定，当事人订立合同后分立的，除债权人和债务人另有约定外，由分立的法人或者其他组织对合同的权利和义务享有连带债权，承担连带债务。因此，法人分立后，其权利义务由分立后的法人连带继承，原仲裁协议对承受权利义务的分立后的法人具有约束力，除非当事人另有约定。根据《仲裁法司法解释》第8条的规定，除非当事人在订立仲裁协议时另有约定，否则当事人订立仲裁协议后合并、分立的，仲裁协议对其权利义务的继受者有效。但《仲裁法司法解释》并未对法人被撤销、解散或者宣告破产时仲裁协议对继受者的效力问题作出规定。事实上，法人被撤销、解散和宣告破产而终止，亦属于仲裁当事人变更的一种情形。故法人被撤销、解散或者宣告破产后，其权利义务应由作出撤销或者解散的主管机关或者清算组织继受，则原来的仲裁协议对承受被撤销或者被解散法人的主管机关或者破产清算组织亦应有效。

2. 合同转让时仲裁协议对受让人的效力问题

合同转让是指合同有效成立后、履行完毕前，合同的一方或者双方当事人将合同的全部或者部分权利义务转让给第三人。不同国家的法律对于合同权利义务转让时，仲裁协议对受让人是否有效采取了不同的态度。比如德国法认为仲裁协议对受让人有效，而法国法以及美国纽约州法律则认为仲裁协议主要是为当事人创设了义务而非权利，因而只有受让方表示明确的同意后才能对其产生效力。瑞典最高法院则采取了中间立场，即如果当事人未明确作出其他约定，则仲裁条款被推定是可以转让的，但是，一旦转让，其仅在受让人实际或者推定知悉仲裁条款的情况下，才对受让人发生作用。由于我国《仲裁法》对此问题未作明确规定，一些地方法院多以此种情形下不存在仲裁协议为由否定此类仲裁协议的效力。最高人民法院在 1998 年 5 月 12 日的法经〔1998〕212 号函中指出，合同的转让方与合同的另一方当事人所签订的仲裁条款对受让人和合同的另一方当事人具有约束力。此种观点认为，合同转让后，新的合同主体将取代原来的合同主体或者新的合同主体与原合同主体成为合同共同体，但无论合同主体如何变更，合同的内容并未因此发生变化，新的合同主体应受原合同中仲裁条款的约束，这一约束应当也及于仲裁条款。但在《仲裁法司法解释》起草过程中，最高人民法院转变了此种立场，改采与上述瑞典最高法院相似的立场。该司法解释第 9 条规定，当事人对此问题未作其他约定，则债权债务全部或者部分转让的，仲裁协议对受让人有效；但在受让债权债务时，受让人明确反对或者不知道有单独仲裁协议的，则仲裁协议对债权债务的受让人不产生拘束力。

试析网上仲裁的仲裁地确定

杨 诚*

  计算机和互联网的发明与应用,是人类文明与智慧的结晶,网络已走进人们社会生活的方方面面,从利用网络进行简单的资料查询,到利用网上虚拟空间开展商贸活动,人们对网络资源的开发利用日益走向成熟。随着网络时代的到来,传统的国际经济贸易等活动越来越多地在网上进行,电子商务在世界范围内得以迅速发展。① 计算机和网络技术的发展使我们的生活发生了巨大的变化,同时与其有关的法律问题也是纷繁复杂、法律纠纷层出不穷,通过何种方式解决这些纠纷引起了广泛的讨论。在众多的纠纷解决机制中,利用网络技术在线解决纠纷的尝试已经开始了。作为网上争议解决机制(ODR)之一的网上仲裁(Online Arbitration)以其与生俱来的方便、快捷等优点,自问世之初就受到了广泛关注,正如美国仲裁协会主席兼 CEO William K. Slate II 指出,ODR 对仲裁领域来说就如同 ATM 卡之于银行和金融业,技术上的突破使人们无论什么时候在世界的什么地方都可以获得服务。②

  如何界定网上仲裁?网上仲裁在什么"地方"进行?如何确定网上仲裁的"仲裁地"以使物理世界中的仲裁地法适用于网上仲裁并赋予裁决以执行效力?物理空间中现有的法律尚未对此给出明确的答案。本文将结合相关资料对前述问题进行一一解析,以期求得相对令人满意的答案。

---

  * 广东省东莞市第三人民法院民二庭助理审判员,法学硕士。
  ① 2006 年世界电子商务交易额达 12.8 万亿美元,占全球商品交易的 18%,2008 年中国电子商务市场交易额达到 2.4 万亿元,同比增值达到 41.2%,2009 年电子商务交易总额在 2.51 万亿元、2010 年是 3.22 万亿元人民币。参见《电子商务服务业及阿里巴巴商业生态的社会经济影响》白皮书,http://www.idc.com/research/searchresults.jsp? sid = 0,访问时间 2009 年 5 月 23 日 10∶43。
  ② William K. Slate II, Settling claims on the Internet: Dispute prevention and resolution in eCommerce, Vital speeches of the Day, Sep. 1. 2001, p. 687.

一、仲裁地在仲裁中的地位和作用

仲裁地指的是仲裁发生地或仲裁程序的进行地。根据国际商事仲裁的发展和实践来看，仲裁地具有两层含义：第一层是传统的物理空间意义上的仲裁地，即仲裁程序实际进行的主要地点；第二层是法律意义上的仲裁地，有人称之为"仲裁本座"（seat of arbitration），即仲裁与特定国家法律体系的连结点，它可以独立于仲裁程序发生的物理地点。[①] 仲裁地在整个国际商事仲裁制度中处于核心地位，其重要性主要体现在以下几个方面：

（一）仲裁地在很大程度上决定着仲裁程序的法律适用

仲裁地是决定国际商事仲裁程序准据法的一个重要标准，或者说仲裁地是关于仲裁程序法律适用的一个重要连结点。诚然仲裁的基石是当事人意思自治，当事人在管理调整仲裁程序方面享有很大的自由，可自由约定仲裁程序进行的方式，也可约定适用于仲裁程序的法律。但是，即使当事人已经约定了仲裁程序适用仲裁地以外国家的法律，仲裁地国法的强制性法律规定以及公共政策仍须得以遵守。[②] 此外，就当事人未就适用于仲裁实体争议的法律作出约定时，仲裁庭也往往根据仲裁地国的法律冲突规范予以确定，甚至直接适用仲裁地国的国内法。

（二）仲裁地法决定仲裁地国对仲裁的支持程度和监督方式

仲裁活动的高效进行不能脱离特定国家的法律。一般来说，可仲裁事项的范围、仲裁协议的效力、仲裁管辖权、仲裁员的指定与更换、仲裁员回避、财产和证据的保全、证人的询问、仲裁程序的合并等程序事项均属于内国仲裁法的调整范围。因此，仲裁活动的顺利运作必然要依赖于内国仲裁法在上述诸多方面的明确规定以及通过内国法院所提供的司法支持与协助。同时，内国法院拥有对国际商事仲裁形式一定范围的监督和控制的权力，绝大多数国家都采取这样的立场，仲裁裁决的撤销与不予执行是内国仲裁法所通常规定的对裁决进行司法监督的两种主要方式，内国仲裁法既可以规定两种司法监督方式同时使用，也可以只规定其中一种，甚至可以规定仲裁撤销程序可由当事人之

---

① See Michael E. Scheider and Christopher Kuner, "Dispute Resolution in International Electronic Commerce", Journal of International Arbitration, 1997 No. 3, p. 14.

② ［英］艾伦·雷德芬、马丁·亨特等：《国际商事仲裁法律与实践》（第四版），林一飞、宋连斌译，北京大学出版社2005年版，第102页。

间的明示协议予以排除。这些规定对于仲裁程序的进行都起着至关重要的作用。

(三) 仲裁地决定着仲裁裁决的国籍

一般认为,仲裁受仲裁地法律支配,由适用仲裁地法所进行的仲裁而作出的仲裁裁决构成仲裁地法律的组成部分,由仲裁地法赋予其法律上的拘束力,被视为仲裁地国裁决,从而具有仲裁地国籍。[①] 仲裁地国法院基于国家主权原则和地域原则可以对在其境内作出的本国裁决依法行使可予撤销的监督权,而对不在其境内作出的外国裁决则仅能在胜诉方在该国境内申请执行时行使可不予执行的监督权。仲裁地因此决定着裁决的国籍,裁决的国籍则标志着裁决法律效力的来源。[②] 这种以地域标准确定裁决国籍的理念已经为以1958年《纽约公约》为基石的现代国际仲裁制度所确认。《纽约公约》第1条明确规定,《纽约公约》适用于在强制执行地国以外的国家作出的裁决。裁决在其原作出地国的执行及撤销均受裁决原作出地国法律的专属管辖。

仲裁地的重要功能和作用就在于,它使仲裁活动与特定国家的法律制度联系起来,在仲裁地国进行仲裁程序时,获得仲裁地国法支持,接受仲裁地国法的监督,并由仲裁地国家的法律赋予仲裁程序以合法的地位,赋予仲裁裁决以终局性和法律上的执行效力,可依据仲裁地国法和《纽约公约》在仲裁地境内外申请强制执行。

二、网上仲裁对于传统仲裁地理论的挑战

网上仲裁是在电子商务的发展浪潮中,随着网上争议的激增,为适应有效地解决网上争议的需要而产生的。关于网上仲裁,目前暂时还没有一个为国际社会和学术界与实务界所普遍接受的定义。结合当前网上仲裁的发展实践,为大家所接受的一种定义是指仲裁程序的全部或主要环节,包括仲裁协议的提交、开庭审理、提交证据、作出仲裁裁决等,是在互联网上进行的仲裁。

网上仲裁得以实现主要是依靠互联网技术的飞速发展,仲裁庭可以利用现

---

① 韩健:《现代国际商事仲裁法的理论与实践》,法律出版社2000年版,第264页。
② 也有少数国家根据仲裁程序所适用的程序法归属来判断裁决的国籍。如德国、希腊、黎巴嫩等国采纳这一标准。参见杨弘磊:《中国内地司法实践视角下的〈纽约公约〉问题研究》,法律出版社2006年版,第64页。

代化的音像通讯设备来进行①，仲裁协议不必采取传统的文本形式，仲裁程序不需要一个现实的场所进行，当事人和仲裁员可在其各自的国家和地区同时利用计算机开庭，由当事各方陈述其各自的观点，仲裁员也可以向各方当事人就争议的事实问题和法律问题提问，完全打破了地域的界限。在由两个以上的仲裁员组成的仲裁庭的情况下，仲裁庭的合议，以及仲裁裁决的作出和传递，也可以在网上进行，整个仲裁过程都飘浮于虚拟空间之中。这样就形成了当事人、各仲裁员处于不同国家或法域的分散型局面。因此，网上仲裁中，只存在一个电信网络，并不存在实际的仲裁地。同时，网上仲裁过程中，信息在瞬间通过网络传输，其间可能穿越很多国家的通讯网络，必然有多台计算机（可能位于全球各地）得到使用。而且，这种信息传输往往频繁交互进行，每一次所使用的电脑、服务器有可能是不同的，但是每一台电脑、服务器在整个通讯过程中都是不可或缺的，无法确定一个中心。因此，网上仲裁中，也无法确定一个所谓的"中心"作为仲裁地。

网上仲裁在大多数情况下，从仲裁程序的发起，到有关文件和证据的提交，乃至案件的最终审结，都是通过网络进行的，当事人和仲裁员无须共处一地进行面对面的交流，仲裁"悬浮"于网络空间，不在任何特定地点进行。因此，和传统仲裁相比，网上仲裁缺少了传统仲裁中具有特定场所意义的仲裁地，出现了仲裁地"真空"现象，这种现象也被学者们称为仲裁地"落空"或仲裁地"缺失"。虚拟网络空间并不以现实物理空间中的疆域和国家主权为划分标准，传统仲裁法中的仲裁地理论在运用于以互联网为基础的网上仲裁中遇到了前所未有的挑战。

三、仲裁地的虚拟化发展趋势

仲裁地无论是对于法律的适用还是仲裁裁决的承认与执行，都有着举足轻重的意义，然而在网上仲裁中，仲裁地的认定却成了难题。互联网本身是由相互连接并使用特别计算机软件的计算机群组成的一个虚拟空间，其并不像地理空间一样存在某个特定的地点。从现代国际商事仲裁的发展趋势看，"仲裁地"越来越体现为法律上的地点，而仲裁程序地理上的地点逐步被淡化。显然，这时的仲裁地已经虚拟化了，实际上指的是仲裁法律上的所在地，而非仲裁程序实际上的进行地，仲裁地（the place of arbitration）也就演变成了仲

---

① 现在为各国网上仲裁所普遍采用的音像通讯设备主要有：电子邮件（network email）、交谈组（chat groups）、视频或音频会议系统（teleconference or videoconference）等。

的"本座"(the seat of arbitration),"仲裁本座论"也随着人们对仲裁地的法律属性的关注,逐渐受到重视。

依据"仲裁本座论",仲裁地是由当事人在仲裁程序开始前约定的,或由仲裁机构预先确定的。仲裁地确定以后,并不必然意味着所有程序都必须在该地进行,出于当事人、证人或仲裁员各自便利的考虑,仲裁庭可以在仲裁地以外的任何其他国家或地区举行听审会。当采用书面审理方式时,仲裁员可能因为身处不同国家或地区,而在多个国家或地区审理同一案件。一个仲裁案件从仲裁申请的提交至裁决的作出,虽然可能发生于多个国家和地区,但仲裁地却只在一个国家或地区。①

仲裁地的"仲裁本座论"不仅在理论上,而且在仲裁法律和实践中也已经得到了确认和广泛采用。荷兰1986年《仲裁法》第1073(3)条规定,仲裁庭可视情况在荷兰境内外的任何地点进行案件的开庭听证、合议、证据的对质和证人的盘问。英国1996年《仲裁法》明确规定:如仲裁地在英格兰和威尔士或北爱尔兰,则适用本编规定;在不违背当事人有权商定任何事项的前提下,仲裁庭得决定何时何地进行任何程序。② 瑞典1999年《仲裁法》第22条规定,当事人应约定仲裁地,在当事人没有约定时,仲裁地由仲裁员决定。除非当事人另有约定,仲裁员可以在瑞典国内或国外其他地点举行庭审或其他各种会议。③ 联合国国际贸易法委员会(UNCITRAL)制定的《国际商事仲裁示范法》第20条也规定:"除非双方当事人另有协议,仲裁庭可以在它认为适当的任何地点聚会,以便在它的成员间进行磋商,听取证人、专家或当事各方的意见或检查货物、其他财产或文件。"

鉴于此,笔者认为,传统仲裁中的仲裁地存在着虚拟化的发展趋势,这样一种虚拟化的发展趋势,对于我们确定网络仲裁的仲裁地将有着积极的借鉴意义,网上仲裁所面临的难题之一就是物理空间意义上仲裁地的"落空",但是传统仲裁的仲裁地虚拟化发展态势,就给网上仲裁仲裁地的确定提供了一个可供参考的模板,即强化仲裁地的法律功能,淡化甚至是忽略物理空间意义上仲裁地。

四、网上仲裁地的确定

由于网上仲裁中仲裁程序全部或主要是在网络上进行,其并不存在于物理

---

① 韩健:《现代国际商事仲裁的理论与实践》,法律出版社2000年版,第219—220页。
② 参见1996年《英国仲裁法》第2条第1款,第34条第1、2款。
③ 以上法条资料来源于中国商事仲裁网 http://www.ccarb.org/。

世界中某一地点或空间，因此也就没有所谓的物理空间意义上的"仲裁地"。这就意味着网上仲裁程序也就无法与特定国家法律制度相关联，从而获得该国法律的支持，以保证仲裁程序的合法性以及裁决法律上的可执行效力。因此，如果要解决网上仲裁仲裁地空缺所引起的法律问题，我们就必须要找到一个类似于物理空间中的"仲裁地"的东西，作为连结点，从而发挥"仲裁地"的功能，将网上仲裁与特定国家的仲裁法联系起来，依循该国仲裁程序法合法有效地进行仲裁程序，所作裁决亦可根据现行国内国际仲裁法律在国内外寻求承认与执行。

（一）网上仲裁地应为法律上的虚拟地

通过上面的分析，笔者认为，在现有的仲裁法律制度下，解决网上仲裁仲裁地的切实可行的方法便是以"仲裁本座论"为理论基础，对仲裁地进行法律上的虚拟化处理，仲裁地为法律上的虚拟地。

第一，"仲裁本座论"已经有效地解决了网上仲裁地空缺所带来的法律问题，使网上仲裁成为可能，具体体现在：（1）以当事人假定的仲裁地为连结点，可成功地使网上仲裁与物理世界中某一特定国家的仲裁法相联系，从而使该法作为准据法赋予仲裁协议和仲裁裁决以法律效力、赋予仲裁程序以合法性；（2）虚拟仲裁地也同时有效地解决了为仲裁程序提供协助与支持以及司法监督的管辖法院，使裁决可依循国内国际法律在国际范围内寻求承认和执行。

第二，"仲裁本座论"不仅在理论上，而且在仲裁法律和实践中都已经得到了确认和广泛采用，尽管仲裁程序的一部分或全部实际上在当事人所约定的国家之外的一国或多国进行，但仲裁程序仍视为在当事人约定的国家进行，裁决视为在该国作出。因此，仲裁地的虚拟化本身不仅并不违反多数国家的仲裁法律和仲裁实践，反而得到了内国仲裁法律和仲裁实践的普遍确认。

第三，"仲裁本座论"尊重了当事人的意思自治。根据仲裁本座理念，仲裁地确定后，仲裁庭可以选择在仲裁地点所在地国之外的国家和地区的任何适当的地点开庭审理该仲裁案件。这既尊重了当事人选择对其有利的法律制度指引和支持仲裁活动的意思，又尊重了当事人选择在交通便利的地点进行仲裁的愿望，在更大程度上体现了当事人意思自治。

第四，网络空间本身是一个虚拟空间，网上仲裁也是在网络空间中所构筑的虚拟程序，那么，为网上仲裁约定或规定一个虚拟仲裁地，也是与网络空间和网上仲裁程序的虚拟性相符合，能够反映出网上仲裁的特征。

（二） 确定网上仲裁地的原则

与传统仲裁一样，网上仲裁可以由当事人约定，当事人未对仲裁地达成合意时由仲裁庭根据具体情况决定。当事人可以在仲裁协议或仲裁条款中明确约定仲裁地，网上仲裁机构应在接受提交争议时要求当事人把选择仲裁地作为一个重要的项目来填写，加强"仲裁本座论"的适用。如果当事人未对仲裁地作出约定，则由仲裁庭或仲裁员决定。但是一般而言，当事人约定或仲裁庭指定的仲裁本座不能与仲裁毫无联系。否则，与网上仲裁没有一定联系的国家，可能会拒绝提供为网上仲裁支持和协助，拒绝行使管辖权。[①] 无论是当事人还是仲裁员，确定网上仲裁的仲裁地时，应该遵循以下基本原则：

1. 依照一定的事实根据进行选择

网络仲裁的顺利进行需要国家法院的支持和协助，有管辖权的国家才能撤销裁决，而与一个特定的网络仲裁没有一定联系的国家，可能拒绝提供这种支持和协助，拒绝行使管辖权。因此，当事人或仲裁员所选择的仲裁地国不能与仲裁毫无联系。网络仲裁是"虚拟仲裁"，而"虚拟"不等于"虚无"。尽管"仲裁地空缺"，但是却存在着若干与网络仲裁相关联的场所，如网络仲裁机构本国、与争议有联系的国家、当事人的住所地国或本国、仲裁员（或首席仲裁员）的住所地国或本国等。当事人或仲裁员在这些场所中进行选择时要以最密切联系原则为指导，从诸多有联系的场所中进行选择。

2. 侧重从法律角度考虑仲裁地的选择

在传统仲裁中，当事人选择某一地点做仲裁地常常是出于方便、中立及花费等方面的考虑，有时甚至是纯属偶然。网络仲裁中，由于全部或绝大部分程序都是"在线"进行，当事人、仲裁员一般并不需要实地的旅行，没有通常的车旅花费，所以就没有必要考虑是否方便和花费多少等因素。当事人或仲裁机构在确定仲裁地时，应该多加考虑相关地域的仲裁程序法，如特定国家仲裁法的完备程度、其对网上仲裁的支持态度及其网上仲裁的发展程度等，一般来说，选择仲裁制度比较完善、网上仲裁较为发达的国家作为仲裁地，对于当事人来说是比较有利的。

3. 尽量选择《纽约公约》的缔约国为仲裁地国

《纽约公约》是一国承认和执行外国仲裁裁决的国际法律依据。公约第1条第1款规定："因自然人和法人之间的争执而产生的仲裁裁决，在一个国家

---

① 钟丽：《网络仲裁的界定及其仲裁地问题探讨》，载《社会科学》2002年第3期，第45页。

的领土内作成,而在另一个国家请求承认和执行时,适用本公约。"从这一条款本身来看,公约的适用范围是相当宽泛的,对于"外国仲裁裁决"没有特别的限制,只要裁决是在任何一个"外国"作出的,不管该国是否为公约的缔约国,都属于《纽约公约》裁决。但是,《纽约公约》第1条第3款又规定了互惠保留条款,即各缔约国"可以在互惠的基础上声明,本国只对在另一缔约国领土内所作成的仲裁裁决的承认和执行适用本公约",从而提供了各缔约国将公约仅适用于在另一缔约国领域内作出的仲裁裁决的一种可能。从《纽约公约》的参加国来看,大约有2/3的国家适用了这一保留条款。虽然随着世界上大多数国家都已成为《纽约公约》的缔约国,这一保留条款现在已变得越来越无必要,一国境内作出的仲裁裁决在外国寻求承认与执行已不存在实质性障碍。但是,毕竟还有一少部分国家没有加入《纽约公约》,出于承认与执行的考虑,当事人和仲裁员在确定仲裁地时,应选择在《纽约公约》的缔约国境内。

五、结语

网络时代的到来,为国际商事仲裁带来了新的机遇和挑战。网上仲裁的产生便是为国际商事仲裁制度注入的新鲜血液,有效解决了传统仲裁在处理网上争议方面的不便和不适的问题。较之于传统仲裁,网上仲裁在许多方面有着无可比拟的优势。与此同时,网上仲裁也存在着传统仲裁所没有的法律问题。目前,网上仲裁还处于起步阶段,通过网络仲裁解决案件的数量极为有限,争议金额也比较小。然而,随着电子商务的蓬勃发展以及相关法律和物质环境的不断完善,网上仲裁必将在世界范围内得到普遍应用,网上仲裁必将有着更为广阔的发展空间。可以看到,作为一种新兴的替代性争端解决方式,网上仲裁正显示出极强的生命力和远大的前景。

我国仲裁裁决司法监督制度研究

——以撤销仲裁裁决和不予执行仲裁裁决为研究对象

顾党辉[*]

仲裁裁决司法监督是指对已经发生效力的仲裁裁决如发现确有错误或违法，有关当事人可依据法定程序向有管辖权的人民法院申请撤销裁决或申请不予执行。在我国仲裁制度的建立过程中，人民法院的仲裁司法监督职能不可或缺，人民法院对仲裁的司法监督主要表现在两个方面：一是根据当事人的申请，对错误的裁决予以撤销；二是在执行裁决过程中对错误的裁决不予执行。但在司法实践中，这两种监督制度存在一些问题。本文以撤销仲裁裁决和不予执行仲裁裁决两种司法监督制度为研究对象，采取理论联系实际的方法，指出两种制度存在的问题，以公正与效益为价值取向提出若干完善建议，以期对完善我国仲裁裁决司法监督制度有所裨益。

一、我国仲裁裁决司法监督制度的运行现状

（一）我国对仲裁裁决的司法监督方式

目前，我国法律确立人民法院对仲裁实施监督的方式，主要有申请撤销仲裁裁决和不予执行仲裁裁决两种。

《仲裁法》第58条规定："当事人提出证据证明裁决有下列情形之一的，可以向仲裁委员会所在地的中级人民法院申请撤销裁决：（一）没有仲裁协议的；（二）裁决的事项不属于仲裁协议的范围或者仲裁委员会无权仲裁的；（三）仲裁庭的组成或者仲裁的程序违反法定程序的；（四）裁决所根据的证据是伪造的；（五）对方当事人隐瞒了足以影响公正裁决的证据的；（六）仲裁员在仲裁该案时有索贿受贿，徇私舞弊，枉法裁决行为的。人民法院经组成

---

[*] 广东省河源市中级人民法院研究室科员。

合议庭审查核实裁决有前款规定情形之一的，应当裁定撤销。人民法院认定该裁决违背社会公共利益的，应当裁定撤销。"

《民事诉讼法》第 237 条第 2 款规定："被申请人提出证据证明仲裁裁决有下列情形之一的，经人民法院组成合议庭审查核实，裁定不予执行：（一）当事人在合同中没有订有仲裁条款或者事后没有达成书面仲裁协议的；（二）裁决的事项不属于仲裁协议的范围或者仲裁机构无权仲裁的；（三）仲裁庭的组成或者仲裁的程序违反法定程序的；（四）裁决所根据的证据是伪造的；（五）对方当事人向仲裁机构隐瞒了足以影响公正裁决的证据的；（六）仲裁员在仲裁该案时有贪污受贿，徇私舞弊，枉法裁决行为的。"第 3 款规定："人民法院认定执行该裁决违背社会公共利益的，裁定不予执行。"

（二）撤销仲裁裁决和不予执行仲裁裁决两种监督制度的比较分析

1. 两种制度的相同点

（1）两种制度的启动必须由当事人向人民法院提出申请，人民法院不能依职权主动对仲裁裁决进行审查。

（2）两种制度司法审查的法定事由完全相同，即没有仲裁协议；仲裁的事项不属于仲裁协议的范围或者仲裁委员会无权仲裁；仲裁庭的组成或者仲裁的程序违反法定程序；裁决所根据的证据是伪造的；对方当事人隐瞒了足以影响公正裁决的证据；仲裁员在仲裁该案时有索贿受贿、徇私舞弊、枉法裁断行为。

（3）两种制度适用的法律后果基本相同。即或者裁定驳回申请人的申请（或者予以执行），或者裁定撤销（或者不予执行）。

（4）裁定撤销或者不予执行仲裁裁决后的救济方式相同。即当事人就该纠纷根据双方重新达成的仲裁协议申请仲裁，也可以向人民法院起诉。

2. 两种制度的区别

（1）申请的主体不同。申请撤销裁决的主体，仲裁的申请人和被申请人均可以提出申请。不予执行裁决的申请主体只能是被执行人。即二者的侧重点不同，撤销裁决同时兼顾胜诉方的利益，而不予执行侧重于被诉方的利益。

（2）申请人时间不同。申请撤销裁决的时间是自当事人收到裁决书之日起 6 个月。也就是说，当事人可以在申请执行前提出，也可以在执行程序中提出。不予执行裁决的申请，只能由被申请人在执行程序中提出。

（3）申请受理的法院不同。撤销裁决案件，由仲裁委员会所在地的中级人民法院管辖。申请不予执行裁决案件，由执行法院（可能是中级人民法院，也可能是基层人民法院）管辖。

（4）法律后果不完全相同。撤销裁决案件的法律后果之一，人民法院认为可由仲裁庭重新作出仲裁的，通知仲裁庭重新仲裁。而在不予执行制度中，人民法院无须通知仲裁庭重新仲裁。

二、存在的问题

通过上述两种制度的比较分析，可以发现两种监督制度存在以下问题：

（一）两种制度设置不当

撤销裁决案件只能由中级人民法院管辖，而不予执行案件，除中级人民法院管辖外，基层人民法院也有管辖权。出现此问题的原因，在于两种制度分别规定在不同的法律中，撤销裁决制度规定在《仲裁法》中，而不予执行裁决制度规定在《民事诉讼法》中。两部法律没有进行必要的协调，不能不说是立法上的失误。

（二）两种制度之间没有联系

撤销裁决制度与不予执行制度各自为政，互不干涉。不论撤销裁决程序出现何种法律后果，在不予执行程序中仍可以申请不予执行裁决。这样就造成了人民法院的重复劳动，也使得撤销裁决制度形同虚设。不予执行裁决的申请只能在执行程序中提出，由执行程序对裁决进行审查，而对撤销裁决案件而言，由人民法院的审判程序进行，审判程序对裁决进行审查。这既不符合人民法院的内部分工，也不符合审执分离的原则。

（三）当事人对法院作出的不予执行仲裁裁决的错误裁定，没有法定的救济手段

根据最高人民法院的司法解释，对于人民法院作出的撤销裁决或者驳回申请的裁定，以及作出的不予执行裁决的裁定等，包括当事人对仲裁协议的效力有异议的裁定，当事人不得上诉，也不得提出再审申请，人民检察院也不可以提出抗诉。换言之，人民法院对仲裁行使司法监督权时，不受当事人和人民检察院的任何制约，当事人必须无条件地执行人民法院所作出的裁定，包括错误的裁定。对此，笔者认为，这种做法值得商榷。原因在于：一是人民法院对仲裁进行司法监督时错误在所难免，剥夺当事人对错误裁定上诉和申请再审的权利，就不能充分保护无过错当事人的合法权益；二是如果人民法院裁定撤销裁决或者裁定不予执行裁决，双方当事人之间很难重新达成仲裁协议，实质上推翻了双方当事人选择仲裁的共同意愿，无形中限制了仲裁案件的数量；三是司

法实践证明,不允许当事人对人民法院作出的裁定上诉或者申请再审,不仅不利于纠纷的迅速解决,而且也不适应审判实际。①

（四）申请撤销仲裁裁决的法定期限过长

根据我国相关法律的规定,当事人申请撤销仲裁裁决的,应当在收到裁决书之日起6个月内向人民法院提出。笔者认为,6个月的法定期限和各国的立法相比是过长的,例如美国规定是收到仲裁裁决书90天提出,英国为28天,德国为3个月。最为重要的是,如此长的期限使得仲裁快捷、高效的优势得不到发挥,且容易被不想执行仲裁裁决的一方当事人恶意利用。

三、我国仲裁裁决司法监督制度的完善路径

（一）改造我国仲裁裁决司法监督制度应坚持的价值取向

仲裁法的改革必须有明确的价值取向,尤其是在"公正司法"和"为民司法"的大背景下,我国仲裁裁决的司法监督制度的改造应坚持以公正和效益价值取向。仲裁的价值取向是仲裁理论研究中的基本问题,也是仲裁作为争议解决机制存在的原因和根据,更是其自身发展的逻辑起点和归宿。它从理论层面上决定和影响着仲裁制度的相关立法以及实践运作,并且为在仲裁实务中缺乏法律规制的仲裁行为提供原则和依据。公正和效益是所有争端解决程序追求的目标,仲裁自不例外；公正和效益也是司法改革追求的价值目标,两者是矛盾统一体,公正是效益的目标,效益是公正的保障,两者同等重要；对于两者的关系,我们应该从二者之间寻求平衡,应当协调好两者之间的关系,争取既确保司法公正,又能取得良好的效益。在全球化迅猛发展的今天,一个高效、公平的民间争议解决机制,已成为世界经济发展客观要求；立足仲裁自身的发展,也应该将公平、效率之平衡作为自身追求的目标,而且这种追求是没有止境的。否则,仲裁就必将失去其生存、发展的空间。②

（二）我国仲裁裁决的司法监督制度的立法完善

一是取消不予执行仲裁裁决。仲裁法规定当事人有权申请法院撤销仲裁裁

---

① 刘惠荣:《论法院对商事仲裁的司法监督》,载《郑州大学学报》2002年第9期,第146页。

② 参见宋连斌:《刍议仲裁的价值取向》,载《中国国际私法与比较法年刊》（2000年）,法律出版社2000年版。

决或不予执行仲裁裁决，但法院撤销和不予执行仲裁裁决的法律事由却基本一致，对撤销和不予执行仲裁裁决引起的后果的规定也是一致的。那么，法院驳回撤销仲裁裁决的申请后，败诉方可否以同样理由再申请不予执行？或者相反，法院驳回不予执行仲裁裁决的申请，能否再向法院申请撤销仲裁裁决？如果两个程序可以先后启动，一项仲裁裁决可能受到两次挑战，使生效的仲裁裁决迟迟得不到实现，从而影响仲裁的效率。而且，撤销仲裁裁决的管辖权在仲裁委员会所在地的中级人民法院，不予执行仲裁裁决的管辖权在被执行人住所地或者被执行的财产所在地的基层人民法院。这就意味着中级人民法院驳回了当事人撤销仲裁裁决的申请后，基层人民法院还可裁定不予执行仲裁裁决，严重损害法律的严密性和司法机关的权威。[①] 所以《仲裁法》在修改时有必要简化制度设置，对已经生效的仲裁裁决只允许当事人申请撤销，取消不予执行仲裁裁决的制度，将其有关功能归并到撤销程序中。这样可以克服立法上的矛盾和操作中的消极后果，提高仲裁效率，从而使我国对仲裁的司法监督制度走上国际化的轨道。

二是将申请撤销仲裁裁决的法定期限缩短为3个月。我国规定撤销申请期限为"收到裁决书后的6个月内"。此期限过长，使仲裁裁决的效力在6个月的时间内始终处于不稳定的状态。前文已经叙述，当事人之所以选择仲裁，就是看重了它的快捷、高效，若按规定申请的期限为6个月的话，可能出现这样的情形：一份裁决书在当事人收到后，可能放4或5个月都怠于执行，而在6个月快到期时提出撤销仲裁裁决。会带来极大的不良后果，特别是在商事仲裁领域中，会给当事人带来极大的经济损失。[②] 笔者认为，应该将期限缩短为3个月，一方面能够使当事人为申请撤销仲裁裁决做充分的准备，另一方面能够有效避免当事人故意拖延而带来的损失。

---

① 张祥云：《完善我国商事仲裁司法监督制度之思考》，中国政法大学2006年硕士论文。

② 刘俊海：《完善国内仲裁司法监督问题的法学思考》，载《北京仲裁》2004年第1期。

我国仲裁证据制度完善之路径

罗 浩[*]

一、引论：我国仲裁证据制度的研究背景

从 1994 年《中华人民共和国仲裁法》（以下简称《仲裁法》）的颁布起，中国仲裁制度开始迈出其现代化进程的步伐。历经 20 载发展，利用仲裁方式解决商事纠纷已得到商事主体广泛和深入的认同。然而受时代制约，其本身难免存在一些问题。现行《仲裁法》先天的不足与发展中衍生的一些问题不能不说是根源所在。[①] 可是我国 20 年来并未对《仲裁法》有过任何形式的修订，仅通过 2006 年施行的最高人民法院《关于适用〈中华人民共和国仲裁法〉若干问题的解释》（以下简称《仲裁法解释》）对《仲裁法》中有争议的、不符合时代精神的条文进行了阐释和"修正"。对于仲裁证据制度，《仲裁法》言之甚简，《仲裁法解释》也未对这一部分问题作出任何补充完善。在民事诉讼中，"确立完整科学的证据制度是规范、制约审判权的需要"[②]；而在仲裁活动中，确立科学有效的证据制度也是规范当事人和仲裁员行为、提高仲裁社会公信力的需要。

（一）立法现状

由于证据对于诉讼的重要性，有学者将证据法视为诉讼的脊梁，这样的赞誉同样适用于仲裁。[③] 然而《仲裁法》中涉及证据制度的条文寥寥无几，仅作

---

[*] 广东省佛山市顺德区人民法院法律研究室，书记员。

[①] 宋连斌：《理念走向规则：仲裁法修订应注意的几个问题》，载《北京仲裁》2004 年第 2 期。

[②] 王福华：《我国民事证据的认定规则及其模式选择》，载《法学评论》2000 年第 4 期。

[③] 汪祖兴：《完善我国仲裁证据制度若干问题思考——以民事诉讼证据制度为参照》，载《诉讼法论丛》2005 年第 00 期。

基础原则上的勾勒。作为完善证据制度的补充,我国仅在《仲裁法》第 15 条第 3 款中规定"中国仲裁协会依照本法和民事诉讼法的有关规定制定仲裁规则",又在第 75 条中规定"中国仲裁协会制定仲裁规则前,仲裁委员会依照本法和民事诉讼法的有关规定可以制定仲裁暂行规则"。同时,《中华人民共和国民事诉讼法》(以下简称《民诉法》)以及最高人民法院《关于民事诉讼证据的若干规定》(以下简称《规定》)对于民事诉讼证据制度作出了详细的规定。这意味着仲裁证据制度并不具有独立性,在中国仲裁协会至今仍未成立这一现状下,我国仲裁委员会只能依照《民诉法》和相关司法解释[①]中的规定在其暂行规则中确立仲裁证据制度,或者直接比照民事诉讼证据制度在仲裁程序中进行适用。

形式上,我国仲裁证据制度确实存在法律定位不清、立法不完善的问题。从实质上讲,是对仲裁和诉讼程序价值的理解上产生了交叉和混同。仲裁和诉讼毕竟是两种性质不同的纠纷解决方式。诉讼审判是国家司法权的体现;仲裁则是带有民间性的居中裁决,是私权处分权的授予。两种程序在立法宗旨上的差别决定了其不可能也不应当在证据制度上有本质相同的设置。国外某些仲裁规则明确规定,仲裁庭可以不受本国证据法的约束。[②] 然而,我国立法通过直接类比于诉讼法的方式适用仲裁证据制度,本质上忽视了仲裁程序的特殊性。再则,仲裁证据制度一方面要符合《仲裁法》和仲裁规则上的强制性规范,另一方面似乎又受《民诉法》的掣肘,受到民事诉讼制度和仲裁制度的双重框架限制。因此,理应从《仲裁法》立法原则和理念出发,理解仲裁程序和诉讼程序中产生不同证据制度的本质性原因,进而在修订《仲裁法》的过程中,对这一空白作出填补。

(二) 研究现状

有关仲裁制度的论著不在少数,但是论及仲裁证据制度的却较为少见;即使有涉及这一问题,也大多数是从民事诉讼程序和仲裁程序的比较入手,对仲裁证据制度的条文作出一些技术性的修改和补充。然而,单纯的技术线路和小修小改于事无补,以立法宗旨、原则理念和具体制度为框架的分析与建构,需

---

① 司法解释是否能作为《仲裁法》中证据制度的适用依据,有学者认为"在仲裁证据方面没有法律规定的,可以直接适用《民事诉讼法》的规定,《民事诉讼法》没有规定的,直接适用《规定》",笔者实然上赞同这一观点,但从学理角度而言仍值得推敲。

② 1993 年《美国仲裁协会商事仲裁规则》第 31 条第 2 款规定:"仲裁员……但不必遵循有关证据的法律规则。"

要总揽全局的眼光。①

二、证据制度的完善应契合《仲裁法》的立法宗旨

《仲裁法》第 1 条规定："为保证公正、及时地仲裁经济纠纷，保护当事人的合法权益，保障社会主义市场经济健康发展，制定本法。"该条文是对《仲裁法》立法宗旨的明确阐述，其核心宗旨是为了革除我国 1994 年之前一直采行的行政仲裁方式这一弊端，建立符合社会主义市场经济体制要求的现代仲裁制度，服务于我国改革开放以来经济社会发展的需要。而《民诉法》在立法宗旨上的规定与《仲裁法》相比有显著的区别。

两相比较发现，《民诉法》大体上涵盖了《仲裁法》与实体目的相关的宗旨，如追求公正、效率价值，保护当事人权益和保障经济发展方面的宗旨；然而《民诉法》却包含了与司法过程紧密相关的宗旨，如"保护当事人行使诉讼权利"、"确认民事权利义务关系"、"制裁民事违法行为"等。这一领域的宗旨《民诉法》有非常具体的体现，而《仲裁法》中基本上不存在。当然，这并不能当然推出《仲裁法》没有仲裁独有的程序意义这一荒诞的结论，而恰恰暗含了另外一层意思——仲裁程序是一套独特的程序，它不同于诉讼程序，因而不具有民事诉讼程序上的刚性，而恰恰应当保持一定的可塑性状态。换言之，仲裁并不需要拘泥于民事诉讼中为精确权衡当事人权利义务而设定的狭窄的程序通道，而完全可以为了更好地实现其立法宗旨而放宽限制标准。

仲裁证据制度作为重要的仲裁程序性规则，理应体现出契合《仲裁法》的立法宗旨的设置。然而，《仲裁法》中"依照本法和民事诉讼法的有关规定制定"的规定不仅有含糊其辞和欠缺指导性之嫌，而且显然对其明示和暗含的立法宗旨体现不足，这是导致实践中大量仲裁案件在适用证据制度上仍然沿袭照搬民事诉讼证据制度的原因之一。在完善这一规则的途径上，应体现出《仲裁法》与《民诉法》在宗旨上的差异性特点，适度降低仲裁证据制度的刚性。具体而言，只要是在《仲裁法》所规定的强制性规范所构成的边界范围内，仲裁证据制度上所受之限制完全可以不必一一对应民事诉讼证据制度中的相应的限制，而应顺应仲裁的特点作出变通。也就是说，一方面，对于《民诉法》或《规定》中涉及证据制度的任意性规范，均可予以借鉴用以设置仲裁证据制度，但应尽量以《仲裁法》立法宗旨为一种权衡；而对于相应的强制性规范，无须强行要求仲裁证据制度有相同的设置，除非这些规范及其必然

---

① 王斐弘：《修改〈仲裁法〉论纲——以理念、基本原则和具体制度为框架的建构》，载《甘肃政法学院学报》2004 年总第 72 期。

推论与《仲裁法》本身的强制性规范是一致的。这一点将在后文详细展开论述。

三、证据制度的完善应顺应《仲裁法》的原则理念

（一）意思自治原则对证据制度的影响

意思自治原则是仲裁的基本原则，这一原则在仲裁中有两个层面的含义。首先，审判权来自宪法的授权，而仲裁权的产生仅依赖于当事人双方订立的仲裁协议，即通过意思自治的方式形成，这是"契约性"意义上的意思自治。将这一层含义放到仲裁证据制度中去，不难理解，正是基于仲裁权异于审判权的契约基础，因此仲裁庭本质上是为契约缔结者服务，那么对证据真实性、合法性、关联性标准完全可以据双方合意作出适当调整，即仲裁庭应当有在双方的授权范围内认定证据的有效性及效力大小的裁量权。

其次，仲裁程序作为当事人之间一种诉讼外纠纷解决途径，如未违背法律的强制性规范，理应赋予当事人理性选择程序具体适用方式的空间，这是程序选择上的意思自治。这一原则具体到仲裁证据制度中去，得出的推论是：仲裁庭不必拘泥于司法程序所严格规定的证据程序规则来处理案件，可以适当合理地考虑当事人的合意选择，以适于解决纠纷的方式对司法程序中的证据程序规则作调整，或是引入新的证据程序规则。当然，这种调整以不违反案件处理的公正性和效率性要求为前提。

（二）独立性原则对仲裁证据制度的影响

独立原则包括两方面：一方面，仲裁机构的设置不隶属于行政机关，也不存在仲裁机构之间的隶属关系；另一方面，仲裁机构具有独立的仲裁权，仲裁纠纷的整个过程都是仲裁机构独立进行的。这一独立性原则决定了仲裁程序无需考虑行政上的干涉，也以有限的方式与司法程序接壤。正因如此，仲裁员的角色身份同样具有独立性，其职务身份和职权上受到的约束不仅在性质上不同，强度上也会比法官要低。在仲裁的整个举证、质证和认证程序中，围绕裁决者角色替换所产生的程序和规则的变化必然也会在证据制度上有所体现。

（三）根据事实、符合法律、公平合理原则对证据制度的影响

根据事实、符合法律、公平合理原则，与《民诉法》第7条所规定的"以事实为根据，以法律为准绳"原则看似并无二致，实则有许多细致的差异。

首先，根据事实，就是在仲裁审理过程中，要全面、深入、客观地查清与案件有关的事实情况，包括纠纷的发生原因、发展过程、现实状况以及争议各方的争执所在。① 从法理上讲，司法中的"事实"是一种证据事实，这是由于客观事实不可能完全调查清楚，司法也不可能承担得起为客观事实负责的能力。因此，必须以证据为载体，通过举证责任分配的方式，将这种客观无法避免的风险控制并转让给当事人，从而既能避免司法对证据的认定与客观事实查明之间无法调和的矛盾，维护法律的权威，又能平衡双方当事人的权利义务。正因如此，法律事实和客观事实有着天然的距离。然而，在仲裁中的"事实"虽然同样是一种证据事实，但是能够通过更加全面、深入、客观的查明拉近其与客观事实的距离。事实上，只有以更为灵活的证据制度为手段，才可能在仲裁中达到这一追求。

其次，符合法律，是指仲裁仍然需要受法律规定的约束，不能撇开法律，随心所欲。从表述上而言，其严厉性低于《民诉法》的规定，意味着仲裁无论在程序还是在实体上的确要符合法律原则性要求，不能违反强制性规范，但是其程序自主性和自由裁量权理应有更大的可操作范围，这必然影响到对仲裁证据制度的构建。

最后，公平合理原则，一方面是指仲裁员应当处于公正地位，不偏不倚；另一方面是指仲裁中所适用的法律对有关争议的处理未作明确规定时，可以参照经济贸易惯例或者行业惯例来判别责任。必须发现，仲裁员的公正地位与法官的公正地位有着微妙但又显著的区别——诚然，公正的裁判应当反映案件的事实真相，而不能仅仅满足于形式上的平等对抗。② 然而，基于审判权的性质，法官的中立必须是消极的中立，这一职权要求必须超然地立足于司法的角度解决纠纷，即使是为了追求实体公正也不得主动逾越程序和结构上的设置。例如，《民诉法》规定"除非审理案件需要"，法官不得有调查收集证据的行为；而仲裁员收集证据的尺度显然较之要更大，其身份立场更趋向于积极中立。在实体法立法水平足够科学的前提下，更清晰的案件事实总能让裁判者以更准确的方式解决纠纷。据此，仲裁员完全可以以主动的姿态引导、协调双方，以三方互动的方式发现事实真相，并以清晰明确的事实为依据定纷止争。正因如此，仲裁在还原事实真相上的作用理应比诉讼更强，这也是完善独立的仲裁证据制度的价值之一。

---

① 《中华人民共和国仲裁法解读》，载 http：//hi.baidu.com/ycszr/item/c5e3ee2223244f53c28d59f6。

② 孙长永：《探索正当程序》，中国法制出版社 2005 年版。

四、从框架构建入手完善仲裁证据制度

（一）举证程序

1. 举证责任分配

在我国民事诉讼领域，举证责任的配置方式有二，即法定配置（谁主张谁举证、举证责任倒置）和酌定配置。[①] 首先，"谁主张谁举证"这一原则诉讼和仲裁基本一致。其次，在诉讼中实行举证责任倒置的一类案件里，只有知识产权侵权、产品质量侵权、海事侵权等纠纷中涉及财产权益的事项具备可仲裁性，这类事项在仲裁中适用举证责任倒置也没有太大问题。最后，在仲裁庭是否有权酌定举证责任分配的问题上，存在一定的争议。如前文所论述，笔者认为，既然仲裁的"公平合理"原则涵盖了"仲裁庭可以参照经济贸易惯例或者行业惯例来判别责任"这层意思，这意味着仲裁庭应当具有举证责任的酌定权——当然这一权利并非可以随意为之，仲裁庭仍应为其选择结果提供"贸易惯例"、"交易习惯"之类的依据；如有必要，亦可在一定程度上以双方当事人的意思选择作弹性。

2. 证据收集

在证据收集制度上，《仲裁法》赋予了仲裁庭在"认为有必要"时自行收集证据的权利。这一阐述较为抽象，到底什么情况为"有必要"容易引发争议。具体而言，一是在一方当事人负有举证责任，而出于其个人的合理意愿而不愿出示证据的情况下；二是一方当事人出于疏忽大意或者自己非合理意愿（如怠于出示证据）而未出示证据的情况下；三是在一方有明确依据表明另一方当事人或第三人手中握有重要证据却无正当理由拒不提供的情况下；四是在当事人因客观原因无法收集证据的情况下；五是双方当事人均未予以举证，仲裁庭同样认为该证据虽然与案件审理本身没有直接关联，但却与案件有其他间接性的关联。这几种情况仲裁庭是否均有必要收集？

对于前四个问题，如前所述，首先，基于仲裁的性质和仲裁员的独立地位，仲裁庭应当立足于当事人，以趋向于积极中立的身份解决纠纷。这意味着在证据收集问题上，仲裁庭既要考虑到当事人的合理意思自治，也要基于自身的专业性，引导案件纠纷的处理。从这一角度而言，笔者认为除第一种情况之外，仲裁庭都有必要主动收集证据。

---

① 汪祖兴：《民事诉讼证据规则与仲裁证据规则的差异性解读》，载《广东社会科学》2005年第4期。

对于第四个问题,可以通过比较《仲裁法》和《民诉法》的规定得到解决。后者将"审理案件需要"作为自行收集证据的前提,而前者并没有这一限制。笔者的理解是,仲裁作为诉讼外的纠纷解决方式,更多的考虑是如何化解双方的矛盾纠纷,因此仲裁庭不单可以为了案件的审理,也可以基于主动促成双方调解、和解的需要,或者基于拓展个案解决方式的需要收集证据。在证据对案件有上述作用的情况下,认为仲裁庭可以主动收集证据。

值得一提的是,由于仲裁的民间性,在自行取证上仲裁庭并不具有法院取证的强制力。如果赋予法院协助仲裁庭取证的权利,对仲裁的独立性又有一定的影响。比较日本、德国和加拿大等国外立法,认为可以在严格限制适用条件下,引入法院协助取证制度。该人拒绝提供的,仲裁机构可以将证据调查令发送人民法院,申请人民法院依据该调查令强制该人提供;法院收到仲裁机构申请的,即应按照申请,协助仲裁机构收集证据。[①]

3. 证据保全

《仲裁法》第46条规定:"当事人申请证据保全的,仲裁委员会应当将当事人的申请提交证据所在地的基层人民法院。"国外法律有两种方式,一种是将保全措施的决定权交给仲裁庭,一种是交给法院,两种都有合理之处。我国选择的是第二种方式。

此外,由于我国在仲裁的证据保全制度上并没有赋予仲裁庭申请证据保全的权利,有学者认为应当"赋予仲裁庭申请证据保全的权利",因为"当当事人双方谁也不愿意申请对自己不利的证据进行保全时,仲裁庭有责任申请法院对需要固定和保护的证据采取保全措施"。[②] 笔者并不赞同这一观点。首先,当事人双方自愿对所持证据作出处分,恰如前所诉第一种情况,是当事人权利处分上的自由;其次,对于与案件联系密切的双方都存在的一些瑕疵行为,如果以证据形式提上法庭,严格按照法律上的权利义务关系分析,对双方而言有可能都会造成损失,例如商业信用或商业秘密上的损害。这时候立足于解决纠纷的角度,不举证会比举证显然更易维护双方的利益,促成"双赢"。从某种意义而言,仲裁程序正是考虑到这种状况而产生,仲裁相对于诉讼的优势也在于此。上述观点实则背离了仲裁的宗旨。

---

① 宋朝武:《仲裁证据的非诉化及其路径选择》,载《河南社会科学》2010年第3期。

② 姜霞、廖永安:《重构我国仲裁证据制度之探析》,载《求索》2008年第5期。

（二）质证程序

1. 证人、鉴定人出庭

仲裁缺少强制力的特点不仅体现在取证和执行等环节，同样体现在质证程序中。我国仲裁程序没有提及证人、鉴定人的出庭问题，但是如果参考《民诉法》的规定，强制证人或鉴定人出庭在仲裁中不具有可行性。为了公正合法地作出裁决，需要审判权协助仲裁权强制证人或鉴定人出庭，帮助仲裁庭顺利开展质证活动。①

另一方面，考虑到仲裁的保密性特点，可以通过规定为证人、鉴定人的证词保密等方式促进证人和鉴定人的出庭积极性。司法实践中，大多数法院在审理案件中，证人和鉴定人出庭率同样维持在一个较低标准，司法强制力不能为证人和鉴定人出庭带来足够动机。结合仲裁的特点，通过保护证人和鉴定人一定的作证隐私，减少给他们带来的后果承担上的压力，能够一定程度上提高出庭和质证的效果。

2. 质证的主持

民事诉讼中的质证程序可以划分为出示证据、辨认咨询证据以及辩驳证据三个阶段。举证方出示证据后，由质证方进行辨认辩驳；如果质证方提出否认意见，举证方可以针对否认的理由提出反驳，如此循环直至双方意见穷竭。仲裁大体上可以在采纳这一程序的基础上，作出适当的调整。在诉讼框架下，法官对质证程序的主持主要是对当事人的活动作一定限制，防止当事人偏离争议焦点或核心法律关系，法官对于质证程序的引导是极其有限的。而在仲裁中，仲裁庭可以积极发挥其引导和协调作用，灵活把握质证活动。例如对一方举证质证的意见进行概括归纳以平衡双方认知，或是对双方争议内容的本质进行梳理使双方对案件有更清楚的把握，再或是利用释明权使双方了解自己质证中的权利和义务，从而提高质证质量和审理效率。仲裁庭在对质证的主持上理应体现出其灵活性和效率性上的优势。

（三）认证程序

1. 证据三性标准

民事诉讼证据的证明力包含三个方面的要求，即证据的真实性、合法性和关联性的要求。首先，对证据真实性的要求仲裁和诉讼应当是一致的。其次，在合法性问题上，《规定》第68条规定："以侵害他人合法权益或者违反法律

---

① 姜霞、廖永安：《重构我国仲裁证据制度之探析》，载《求索》2008年第5期。

禁止性规定的方法取得的证据,不能作为认定案件事实的依据。"在某些情况下,非法证据排除规则会对公民通过诉讼程序实现其合法权益造成实质性的障碍。① 仲裁中对这一类瑕疵证据不宜全盘否定,这类证据应当在一定程度上左右仲裁庭的自由心证。最后,笔者认为可以适当降低仲裁中证据关联性的标准。学理认为,民事诉讼证据的关联性指的是作为证据内容的事实与案件的待证事实之间存在某种客观的联系,因此具有对案件事实加以证明的实际能力。② 但是在实际司法过程中,这一标准又由法官自行掌握,而法官往往只关心影响法律关系判断的证据。另一方面,当事人在举证时,经常会将其认为有可能与案件相关的所有证据全部提交,某些证据虽然与案件中法律关系的判断没有严格的关联性,但确实与案件事实有着各种其他形式的关联性。正因如此,仲裁庭对证据的关联性上理应持宽松的态度,便于更深入清晰地挖掘案件事实真相,从而为解决纠纷提供更多依据和条件。

2. 证据的推定

《规定》第 73 条第 1 款规定:"双方当事人对同一事实分别举出相反的证据,但都没有足够的依据否定对方证据时,人民法院应当结合案件情况,判断一方提供证据的证明力是否明显大于另一方提供证据的证明力,并对证明力较大的证据予以确认。"证据推定规则为诉讼中不可调和的证据矛盾提供了解决方式。仲裁中,有必要对这一不可调和之证据的确认作一定缓冲,首先是考虑到仲裁一审终局的特点,对于证据的处理更应审慎;其次因为如果迳行确认一方的证据,有可能无法有力说服另一方,最终的仲裁结果不利于双方定纷止争。考虑到仲裁程序的特点,并非如诉讼程序般严格限制证据的提交时间,即意味着对于证据的冲突矛盾可以通过一定沟通协调,以更接近案件事实的方式处理。因此,仲裁程序应允许在运用仲裁庭自由裁量进行证据推定之前与双方当事人对证据的认定做适当沟通。

---

① 李润光:《民事非法证据认定标准研究》,载 http://china.findlaw.cn/lawyers/article/d18360.html。

② 奚玮、刘晓东、余茂玉:《证据关联性问题之研究》,载《审判研究》2006 年第 1 期。

浅论我国商事仲裁送达制度

杨勰勰*

仲裁中的送达,是指仲裁机构将有关仲裁材料送交给仲裁当事人及其他仲裁参与人的活动。联合国国际贸易法促进委员会《国际商事仲裁示范法》将当事人未得到适当通知作为了拒绝承认和执行国际商事仲裁裁决的理由。仲裁文书的送达是对当事人仲裁权利的基本保障。我国实务中,如果当事人由于不能接收到有关的仲裁文件,从而导致了其错过了某项仲裁权利的,仲裁机构应视具体情况继续或终止仲裁程序,当事人也可根据《仲裁法》第70条、第71条的规定,向法院申请撤销或不予执行仲裁裁决。

我国《仲裁法》没有就送达问题作出规定,虽然大多数仲裁机构的仲裁规则都有关于送达的内容,但规则之间存在一定的差异。在理论界,人们对诉讼中的送达给予了较多的关注,对仲裁中的送达则讨论得较少。各仲裁委员会之间、法院之间、仲裁委员会与法院之间对仲裁中的送达的方式、送达的标准等问题存在不同的看法。

仲裁送达问题在司法实践中存在不少,本文试以武汉仲裁委员会的现行仲裁规则为蓝本从以下几个方面做初步的探讨:

一、我国仲裁送达的内容及方式

仲裁送达的内容是直接关系到当事人实体权利的主张,送达内容的不恰当或者不完整或者仲裁规则规定的事项未被仲裁机构执行,都有可能不能构成有效送达,影响当事人的权利义务,影响最终裁决的承认与执行。

在需要进行送达的内容中,受理仲裁案件送达书以及相应的仲裁文书可以说是最为重要的。这类送达往往是告知被申请人有关争议已被仲裁机构受理,其有权提交答辩状或提出反请求,并按时出庭参加仲裁审理。另外,此类送达还告知当事人在一定期间内根据仲裁规则的规定指定仲裁员,以便组成审理案

---

* 广东省人民政府法制研究所副主任科员。

件的仲裁庭。这类文书是启动仲裁程序且对当事人权利起着决定性作用的。另外一类重要文书是对仲裁庭组成和开庭的送达。此类文书告知双方当事人仲裁庭的组成人员和具体的开庭地点和时间。该送达关系到当事人能否如期参加开庭，在庭审中行使陈述意见的权利。对于仲裁程序中的实体或程序上的变更或其他事项，仲裁庭或仲裁机构都有义务向当事人进行送达，以便其陈述意见主张权利。

概括起来我国仲裁送达的文书主要包括启动仲裁程序的仲裁申请书副本的送达、指定仲裁员的通知文件送达、组建仲裁庭的通知文件送达、开庭通知的送达、举证期限的送达、裁决书的送达等。对这些内容的送达是每个仲裁案件的必经程序但不是全部程序。根据每个案件的特殊性，需要对当事人进行不同类型文件的送达。具体送达方式因各仲裁机构制定的仲裁规则有不同规定，有直接送达、留置送达、邮寄送达、公告送达、电子邮件送达等。

二、目前仲裁送达存在的问题和难点

（一）仲裁送达诉讼化趋势严重

在我国商事仲裁送达领域，法院应当依据作出该仲裁裁决的仲裁机构的相关仲裁规则对送达程序的有效性进行判断。但我国的仲裁规则众多，相关的仲裁规则大同小异且没有相应的实施细则进行解释，外地的法院也不能很好地掌握该规则设立的初衷和标准。在仲裁制度日益广泛的今天，缺乏统一的司法审查规则无疑是大问题。更有甚者，习惯于诉讼程序的法官出于职业惯性，在审查仲裁裁决时往往会无意识地以诉讼的做法来对仲裁送达的有效性进行判断。这种做法不仅失去了司法对仲裁监督与支持的初衷，反而迫使仲裁不得不向诉讼靠拢，从而使得仲裁庭或仲裁机构不得不采用法院认可的适用于诉讼的送达方式。

（二）留置送达见证难

《武汉仲裁委员会仲裁规则》对于留置送达的规定较之《民事诉讼法》没有明确地规定适用条件，但由于现行的司法实践中法院对仲裁有撤销和重新裁决的司法监督权，对送达难免会以《民事诉讼法》和习惯的诉讼送达为评判标准，而在民诉上留置送达有严格的适用条件：一是受送达人拒绝接收诉讼文书，拒绝在送达回执上签字或盖章；二是必须有见证人，无人见证的情况下不适用留置送达；三是见证人身份有着较为严格的规定，即有关基层组织或者所在单位的代表；四是留置送达的地点为受送达人的住所。其中，基层组织的界限难以把握。我国民事诉讼法及其司法解释对"基层组织"这一概念未作明确界定,使得送达人对基层组织范围难以确定,特别是法人和其他组织、外来暂住人口、进城务工农民等人员的基层组织是谁,难以确定。由于现行的留置送达制度要求比较苛刻,实际上起不到解决"送达难"的作用,影响了裁决效率的提高。

(三) 邮寄送达作用有限

根据《武汉仲裁委员会仲裁规则》第86条第1款规定,有关仲裁的一切文书、通知、材料等由本会办公室派人或者以挂号信、特快专递、传真、电传、电报或者本会办公室认为适当的其他方式发送给当事人或者其仲裁代理人。2004年最高人民法院制定了《关于以法院专递方式邮寄送达民事诉讼文书的若干规定》对以法院专递方式邮寄送达进行了比较具体的规定,对仲裁可有一定的借鉴作用。邮寄方式虽然起到了非常明显的效果,但毕竟邮政部门不是司法部门,邮政人员在履行仲裁送达时,如果受送达人拒收仲裁文书,邮政人员由于其身份限制,无法邀请有关基层组织或所在单位代表到场见证,也就无法进行留置送达。其次,由于仲裁文书送达原则上以受送达人签收或以其成年家属的身份进行准确的核实,可能将他人误以为受送达人或其家属,将仲裁文书送达给非受送达人,造成失误。

(四) 送达规范的僵硬

由于立法上过于追求具有普适性的送达方式,对送达程序的限制过多,缺乏简便、灵活、具有弹性的送达方式,程序措施不够经济,反复送达现象严重,增加了不必要的仲裁耗费,由此可能造成程序不利益。

(五) 公告送达与仲裁保密性原则相冲突

公告送达是我国民事诉讼制度所特有的一项送达制度,采用该制度的国家本身也不多见。《海牙送达公约》也没有公告送达的约定,在国际商事仲裁领域也无国际性仲裁机构、国家性涉外仲裁机构采用公告方式送达仲裁文书的。因此,公告送达能否在我国商事仲裁中采用还是一个具有中国特色的问题。事实上,我国《仲裁法》也未对是否可适用公告送达问题作出明确规定。该法第75条也只是规定民事诉讼法是制定仲裁规则的依据之一。因此,仲裁规则规定适用公告送达解决当事人下落不明等不能送达的僵局是合法的。但公告送达本身就难以达到送达当事人的目的,若还要兼顾保密性因素在公告中不描述案件内容和程序就更难以达到合理送达的效果。且公告需60日与仲裁的高效、快捷的特点相左。

三、解决送达难的办法

针对以上问题试从以下几个方面做初步的改进：

（一）《仲裁法》中应明确送达的方式种类

在《仲裁法》中明确规定送达方式，这样有利于国内仲裁的规范性和专业性的提高，把各个仲裁机构的不同仲裁规则在一个大范围的框架内统一将有利于当事人对仲裁规则的使用。约定送达、直接送达、邮寄送达、公证送达等合乎仲裁原则的送达方式以法律的形式规范下来，对于送达活动来说无疑是十分有利的。

（二）改革留置送达的见证方式

改革留置送达需要基层组织、单位见证的规定，一是送达人在送达仲裁文书遇到当事人不愿意签收时，用拍照或摄像的形式，客观准确地记录下送达过程，作为留置送达的法律依据。二是有偿见证，在留置送达时邀请公证人员、法律服务所或司法所具有见证资格的人员到场，对拒绝接收仲裁文书的过程予以见证，由此产生的费用由拒收仲裁文书的当事人承担。

（三）建立补充送达制度

这里可以借鉴我国台湾地区的民事送达立法，建立补充送达制度，发挥基层群众组织和公安派出所的"近水楼台"和"便利"优势，实施在直接送达、留置送达通知当事人故意回避送达（注意，将其与一开始当事人根本找不到或不存在的情况严格区分开来）等送达不能情况下的拟制送达制度，将送达文书送达于当地的派出所或社区居委会，并将留置或留交的情形做成书面通知，张贴于受送达人的住所门上，即视为送达。

（四）增加当事人的送达义务

美国联邦诉讼规则规定，当事人要承担法律文书送达义务及送达不能的风险，这一点对我国立法有一定的借鉴意义。最高人民法院就当事人义务与风险的承担问题已经做了一些司法解释，如送达地址的提供和确认程序。最高人民法院《关于以法院专递方式邮寄送达民事诉讼文书的若干规定》第3条规定："当事人起诉或者答辩时应当向人民法院提供或者确认自己准确的送达地址，并填写送达地址确认书。"包括送达地址的邮政编码、详细地址以及受送达人的联系电话等内容。当事人在第一审、第二审和执行终结前变更送达地址的，应当及时以书面方式告知人民法院。就仲裁而言，则可借鉴此种做法。仲裁当事人由于其商事往来的关系比一般诉讼当事人之间的关系更为频繁，在很大程度上他们是彼此知悉的，一般都知晓对方的联系方式。因此，当事人在起诉时应向仲裁庭提供《送达地址确认书》，告知自己的通讯地址和电话，确认这一地址为仲裁委的送达地址，还应提供被申请人的联系方式、通讯地址，当事人应承担由于提供的地址和通讯方式不实或错误而导致不能送达的法律后果，若送达地址或通讯方式变更，当事人应将重新确认变更后的送达地址，主动、及时地书面向仲裁庭报告。该确认书要求当事人签名或盖章，以尽可能地减少申请人出于自利因素隐瞒被申请人基本情况，造成被申请人不能及时联系不能到庭抗辩和主张。

（五）规范邮寄送达

代收人签收时记下与当事人的关系，并记录其身份证号码便于查询和取证。邮寄送达的在会见和开庭时通过笔录记录下其已收到送达通知的情况，以进一步明确和固定。

（六）均衡送达的安全性和迅捷性

要均衡送达的安全性和迅捷性这对要素，对仲裁的公正与效率在总体上进行把握，并还应根据案件的特性需求分别判定。作为最主要的替代性争议解决方式，仲裁具有诉讼所不能比拟的优势。仲裁的便捷性、经济性、灵活性等特点来自于其程序上与诉讼不同的设计和规定，仲裁应摒弃不符合仲裁效益取向的僵化、冗长而又无实际意义的送达程序。应当设计出能够满足不同行为的多元价值需求的仲裁送达规则。在实践中，通过切实可行的电话、传真、电子邮件等方式来通知组庭、会见、开庭日期等事项，并在会见及开庭笔录中加以确定。邮寄送达的也应在会见及开庭笔录中加以确定。还应根据案件的特性需求分别判定，如在小额案件中从保障当事人的利益考虑，强调效率价值应优先于公正价值，在送达程序上应相应地简化；对关系当事人重大实体权利和程序权利的仲裁事项，则应当采用较为严格的送达措施。

作为最主要的替代性争议解决方式，仲裁具有诉讼所不能比拟的优势，而仲裁的经济性、灵活性、便捷性等特点很大程度上来源于其程序上与诉讼不同的设计与规定，如果以诉讼中送达的固有思维模式与传统送达习惯作为衡量仲裁送达的标准，无疑会束缚仲裁送达的活力，冲击甚至淡化仲裁的优势，削弱仲裁送达的效力最终影响仲裁的公信力与权威性。要充分发挥仲裁经济性、灵活性、便捷性的优势就必须完善并发展仲裁送达制度，节约资源，创新送达方式，提高仲裁送达效率，从而使仲裁制度更好地为解决商事争议而服务。

仲裁专业化问题初探

陈忠谦[*]

"仲裁"（Arbitration）一词来源于拉丁文，是指争议双方协议将争议交给第三者即仲裁员来裁决的做法。[①] 有学者进一步指出仲裁实质是解决纠纷的一种"准司法手段"，属于民间司法的范畴。[②] 因此，作为一种非司法的争议解决方式，仲裁是最受到重视、最有效用、最制度化并被广泛使用的方式。仲裁制度之所以通过私力救济否定之否定，最终成为人类社会普遍予以法律承认并不断得到应用的法律制度，是因为它具备有其他程序制度所不可替代的合理性。[③] 仲裁制度的这种其他程序制度不可替代的合理性体现在当事人意志的自主性、案件的高度保密性、结案的高效性、仲裁的专业性、裁决的终局性等方面。目前，仲裁学界对上述问题都或多或少进行了研究，但是对"仲裁的专业性"问题的研究还是很不充分的，仅就仲裁专业化而言，也大都只是从聘任专业仲裁员的角度进行了研究，[④] 而忽视了仲裁专业化对仲裁案源的开拓、仲裁机构的进一步发展所产生影响的研究。故本文拟结合广州仲裁委员会所确立的发展新思路——"融入市场经济，走仲裁专业化发展之路"，对仲裁专业化问题进行探讨，以求教于仲裁界同仁。

一、仲裁专业化语解

按照利伯曼（M. Lieberman）的定义，所谓"专业"应当满足如下基本条件：（1）范围明确，垄断地从事社会不可缺少的工作；（2）运用高度的理智

---

[*] 广州仲裁委员会主任，法学博士。
[①] 杨良宜：《国际商事仲裁》，中国政法大学出版社1997年版，第10页。
[②] 陈桂明：《程序理念与程序规则》，中国法制出版社1999年版，第203页。
[③] 杨荣新主编：《仲裁法理论与适用》，中国经济出版社1998年版，第18页。
[④] 田平安主编：《律师、公证与仲裁程序》，法律出版社2002年版，第394页；张斌生：《仲裁法新论》，厦门大学出版社2002年版，第11页；杨良宜：《国际商事仲裁》，中国政法大学出版社1997年版，第61页。

性技术；（3）需要长期的专业教育；（4）从事者无论个人、集体均具有广泛的自律性；（5）在专业的自律性范围内，直接负有作出判断、采取行为的责任；（6）非营利性，以服务为动机；（7）形成了综合性的自治组织；（8）拥有具体化的伦理纲领。① 可以说，利伯曼关于专业的定义是一种结构—功能主义的界定，这种界定明示了作为"专业"的理想模型。具体到对仲裁专业化的界定，我们发现仲裁完全满足"专业"所需的上述八个条件，即仲裁业务范围是明确的，几乎是垄断的从事社会不可缺少的以具有法律效力的方式解决诉讼外纠纷的工作；受过长期教育的仲裁员能够运用高度的理智性的法律知识为当事人服务；无论是仲裁机构还是仲裁员均具有广泛的自律性；仲裁机构、仲裁员都在专业性的自律范围内，负有直接作出判断、采取行为的责任；仲裁机构完全是非营利性的以服务仲裁当事人为动机的自治性综合组织；仲裁员和仲裁机构的伦理纲领具体体现在公平而有效率的解决当事人之间的民商事纠纷。对仲裁专业化我们还可以从两个方面来作进一步的理解：一是仲裁机构的专业化，即仲裁机构自身的业务呈现出某种专业化，如闻名世界的伦敦海事仲裁，其业务范围集中在与船舶和船舶活动以及航海贸易有关的一系列海事争议。正如有学者所指出的那样，伦敦海事仲裁的基本特点就是海事仲裁的专业特色。② 这种专业性仲裁机构又有开放性与封闭性之分。所谓开放性是指对本专业（或行业）团体成员和非团体成员的案件都受理的仲裁机构；所谓封闭性，是指仅对本专业（或行业）的团体成员的案件才受理的仲裁机构。③ 与专业性仲裁机构相对应的是综合性常设仲裁机构，其可以受理各种不同种类的仲裁案件，比如美国仲裁协会、英国伦敦仲裁院、中国国际贸易仲裁委员会、广州仲裁委员会等。综合性常设仲裁机构也可以通过内部精细的专业化分工达到仲裁机构业务的专业化目的。二是仲裁员知识结构的专业化。按照我国《仲裁法》对选任仲裁员条件的规定来看④，只有具有专门知识和精通业务的专家和知名人士才能担任仲裁员。《仲裁法》对仲裁员作出业务方面的严格规定，是从仲裁专业化角度考虑的，因为仲裁常常会涉及复杂的法律、经济贸易和技

---

① 转引自钟启泉：《教师"专业化"：理念、制度、课题》，http://www.edu.cn/20011231/3015967.shtml。

② 邓杰：《伦敦海事仲裁制度研究》，法律出版社2002年版，第1页。

③ 张斌生：《仲裁法新论》，厦门大学出版社2002年版，第180页

④ 《中华人民共和国仲裁法》第13条第2款："仲裁员应当符合下列条件之一：（一）从事仲裁工作满八年的；（二）从事律师工作满八年的；（三）曾任审判员满八年的；（四）从事法律、教学工作并具有高级职称的；（五）具有法律知识、从事经济贸易等专业工作并具有高级职称或者具有同等专业水平的。"

术性问题，不熟悉相关专门知识的人士是无法胜任仲裁工作的。

二、仲裁有别于司法和行政的独特专业化优势

现代社会的一个特征是社会分工日趋精密，技术分工和专业化的发展客观上要求专业化市场的存在和发展，经济发展客观上也要求专业化市场存在。亚当·斯密认为"劳动分工依赖于市场的大小"。美国经济学家阿林·杨认为"劳动分工依赖于市场分工的水平"。上世纪80年代斯蒂格里茨、卢卡斯等西方经济学家研究了社会分工、专业化与市场的相关性，他们一致认为在知识经济、信息爆炸的时代，社会分工的专业化是推动市场经济发展的条件之一。市场经济日益发达，交易规则日趋复杂，各种纷繁复杂的、技术性极强的专业化法律纠纷层出不穷，市场经济使社会关系趋于复杂，社会分工越来越细，正是这种社会分工的专业化导致了社会纠纷的专业化。在现实生活中，几乎所有的领域都需要法律的介入来调整人与人之间的关系。法律界人士面对日益复杂和陌生的专业领域，仅靠原有的法律知识和生活经验已很难对纠纷作出正确的判断，这就需要本领域的专家对涉及该领域的专业问题作出权威解释，再辅之以相关法律规定，才能公平合理地解决当事人之间的纠纷。面对这种纠纷解决专业化的趋势，司法、行政、仲裁三者作出了不同的回答。

司法机关行使的是国家审判权，实行的是职业化法官任职制度，但是法院的法官却往往无法实现专业化。以香港为例，一般高等法院法官是什么案件都要审理的，比如各种刑事、民事案件等。杨良宜先生形象地把这些什么案子都可以审的法官称为"万金油法官"。香港法院也希望可以专业化，有所谓海事名单（admiralty list）、商业名单（commercial list）、建筑与仲裁名单（construction&arbitration list），由在这方面有专长的法官审理这一类商业案件，尽管香港的商业案件不少，但仍不足以使他们达到专业化的水平。真正能有足够商业案件来培养专业化的法官也只有英国伦敦的商业法院（commercial list），其20多位法官每天都可专职去处理商业案件。[①] 法院的法官无法实现专业化审案，一是因为没有足够多的同类型案件能使其得到锻炼，二是作为国家职业法官在无同类型案件的情况下仍然必须从事其他相关案件审理。这就说明同类型案件数量的多寡以及专职化都会影响专业化的实现。香港法官职业化程度尚且如此，我国法官的专业化程度也是不容乐观的。我国在过去很长一个时期内，法官任职的专业化问题并未解决好，其选拔法官的方式与一般行政公务员的选拔方式几乎一样，并未体现出法官任职职业化和办案专业化的特点。虽然这几

[①] 杨良宜：《国际商事仲裁》，中国政法大学出版社1997年版，第61页。

年在统一司法考试的推动下,法官任职的职业化程度有了一定的提高,但在法官专业化方面,因同类型案件数量的有限以及职业化本身的限制,法官专业化程度比香港法官的专业化程度还要低一些。由于法官专业化程度不高,因此面对知识剧增和信息爆炸的知识经济时代和社会分工日益精细的客观情况,法官常常感到有些力不从心,他们对专业性纠纷往往是聘请相关领域的专家提供专家意见,以解决自身专业知识不足的问题。但当专家意见相左的时候,法官又往往会陷入迷茫中,只能寻求更多、更为权威的专家的意见来解决专业性争议问题。专业性纠纷已经对法官独立判断能力提出了严峻的挑战。

对于这些专业性的社会纠纷,法院被证明并非是一个适当的解决场所,相反,行政专业部门却可以利用自身的专业知识以及工作经验,有效、及时地解决此类纠纷。我国在纠纷解决机制的设计上也曾非常重视行政仲裁制度。上世纪80年代初,在各地工商行政管理局下统一设立"经济合同仲裁委员会",明确了"地域管辖"、"裁审自择"、"一方申请"、"一裁两审"制度;上世纪90年代初我国还实现了技术合同纠纷与著作权纠纷的行政仲裁制度。随着1994年《仲裁法》的颁布,一度盛行的行政仲裁制度被取消,仅剩劳动仲裁一枝独秀。尽管行政仲裁制度在解决专业化纠纷方面具有专业知识和技能的巨大优势,但由于行政仲裁在仲裁程序、仲裁效力以及尊重当事人意思自治和自身独立性方面存在着一系列问题,因而由其发挥解决专业化纠纷的制度设计并未能发挥出预先估计的效果。虽然有关法律法规仍然赋予行政机关一定的解决专业化纠纷的职权,但由于其所作出的处理结果并不具备终局性的法律效果,因此行政机关虽具备专业化的优势却不能有效而及时地解决当事人之间的专业化纠纷。

仲裁却可弥补司法与行政机关的不足,发挥其独特的优势有效地解决专业化纠纷。仲裁之所以能取司法和行政机关之长而避其短从而发挥作用,就在于仲裁解决机制设计上的两个基本原则,即一裁终局原则和专业化原则。一裁终局原则是指,仲裁裁决作出后即发生法律效力,即使当事人对裁决不服,也不能就同一纠纷向人民法院起诉,同时也不能再向仲裁机构申请仲裁或者复议。一方当事人不履行仲裁裁决的,对方当事人可向人民法院申请执行。一裁终局原则克服了行政机关处理结果没有最终法律效力的缺陷。专业化原则主要是指仲裁员知识结构的专业化。"由于仲裁具有当事人自治的特点,针对一些专业性很强的争议,可以选择该专业领域的专家作为仲裁员,为正确合理地解决争议,加快解决争议的速度提供保障。"[①] 仲裁的专业化发展就是仲裁机构运用

---

① 韩健:《国际商事仲裁的理论与实践》,法律出版社2000年版,第24页。

当事人赋予的权利，作为组织者、管理者、服务者，将相关专业领域的专家和法律界专家组织起来，以仲裁的方式在诸如证券、电子商务、体育竞技等方面为当事人提供优质而高效的法律服务。仲裁可以充分发挥专家断案的独特优势，从而弥补法院法官专业领域知识不足的缺陷。

三、仲裁专业化的领域

世界著名的仲裁机构如斯德哥尔摩商事仲裁院、伦敦国际仲裁院、美国仲裁协会无一不是规模庞大、分工精细的仲裁机构。正如有学者所指出的那样，仲裁规模化是必然导向，仲裁专业化是必然趋势，仲裁品牌化是必然选择，仲裁规范化是必由之路。而这一切的基础在于明确专业定位。依据市场经济规则，仲裁机构应当有自己的专业定位和发展方向，比如金融、证券、知识产权、电子商务、房地产、医疗事故、体育竞技等。就广州仲裁委员会而言，近几年受案数量逐年增长，2003年全年共受理各类民商事案件2682件，争议标的金额达到了35.0329亿元，已具备了相当发展规模。然而，广州仲裁委员会的专业化发展却远远与其规模化发展是不相称的。在2003年受理的案件中，买卖合同纠纷1669件，占总数的62.4%；租赁合同纠纷58件，占总数的2.2%；建设工程合同纠纷49件，占总数的1.86%；承揽合同纠纷48件，占总数的1.84%；借款合同纠纷55件，占总数的2.1%；委托合同纠纷、运输合同纠纷及其他纠纷794件，占总数的29.6%；港澳台及涉外案件28件。[①]总体上来看，案件类型与前几年相比已呈现出一定的多样化，但受理案件主要还是以普通的民商事纠纷为主，尤其是买卖合同纠纷案件占了绝大多数，而有关证券、知识产权、电子商务、医疗事故等专业化纠纷所占数量微乎其微。因此作为一个颇具规模的仲裁机构，广州仲裁委员会开始在金融、证券、电子商务、体育竞技、医疗事故等领域进行仲裁专业化的尝试。在此，笔者拟就证券期货、体育竞技以及电子商务三个领域的仲裁专业化问题作进一步分析。

由于证券期货争议具有相当的复杂性、专业性和技术性，要求对证券期货争议进行裁判的人员具有相应的专业理论和经验，因此我国证券期货仲裁制度很强调仲裁的专业化问题。2004年3月17日，国务院法制办和中国证监会联合印发了《关于依法做好证券、期货合同纠纷仲裁工作的通知》（以下简称《通知》），对证券期货仲裁的专业化问题作了更为详尽的规定。《通知》认为证券期货仲裁工作专业性强，应当由符合仲裁法规定条件的证券期货专业人员（包括证券法律专业人员和熟悉证券市场的其他专业人员）担任仲裁员。证券

---

① 上述数据系广州仲裁委员会内部统计数据。

期货专业人士是指下列人员：（1）经过系统的证券、期货专业教育，从事证券、期货业相关工作5年以上的；（2）具备较丰富的证券、期货专业知识，从事证券、期货相关法律工作5年以上的；（3）熟悉证券、期货市场的情况，从事相关领域研究、教学科研工作5年以上或者取得高级职称的。可见，我国证券期货仲裁的专业化主要体现在仲裁员的专业结构方面，突出强调了仲裁员的专业性。这与美国的做法稍有不同。在美国证券仲裁中，为了更好地保护投资者的利益，证券仲裁庭的组成强调专业性但非从业性，仲裁庭的多数成员应当由非证券从业人员担任。美国全国证券仲裁员名册所列绝大多数是知名的法律界人士，他们针对各种证券争议案件进行审理，依法判断是非曲直，而不纠缠于证券业务的细节，这往往使他们比证券从业人士更加胜任高效的仲裁工作。① 但需要注意的是，为了保障证券仲裁的专业性，很多美国仲裁协会的仲裁规则都规定仲裁庭的组成必须包含至少一名具有证券从业背景的仲裁员。从总体上看，行业仲裁员的加入仍然体现了专业化的理念。② 美国证券仲裁的仲裁庭组成既体现了证券仲裁的专业性特点，也注重保护投资者的利益。这一点很值得我国证券仲裁借鉴。广州仲裁委员会目前也正在启动证券期货仲裁，我们拟在证券仲裁的专业规则中规定，仲裁庭的三名仲裁员必须有一名是证券行业仲裁员，而其他两名则为非行业仲裁员。这一方面可以彰显证券仲裁的专业性特点，另一方面也可防止因行业仲裁员过多而对证券投资者所产生的不利影响，以保证证券仲裁的公正。

由于体育运动本身的性质及规则的专业性要求，对体育纠纷的裁决应当具有专业性和权威性，由于法院的法官并非体育运动方面的专家，因此从国际上看体育纠纷作为一种专业化纠纷一般是通过仲裁方式加以解决的。仲裁机构给当事人所提供的仲裁员名单中既有体育专家又有法律专家，这就体现了仲裁专业化的特点。我国有关体育法律法规也明确规定体育仲裁可以作为体育纠纷的有效解决方式。③ 体育仲裁机构的创建模式有两种，一是建立专业性体育仲裁

---

① 叶红光：《证券仲裁制度：证券诉讼的替代机制》，载《证券市场导报》2002年第5期，第25页。比如，美国仲裁协会编有一个全国证券仲裁员名册，供当事人选择。当仲裁协会受理仲裁后，立即同时向当事人各方送交两份列有仲裁员姓名及简历的名册。一份名册列有作为证券从业人员的仲裁员的姓名及其简历；另一份名册列有非证券从业人士的仲裁员的姓名及其简历。当事人在20日内，把不同意的名字从名册中勾去，将余下的名字编上优先次序，返回美国仲裁协会。协会将据此确定当事人指定的仲裁员的人选。

② 何霞等：《浅议美国证券仲裁制度的特征》，载《武汉大学学报（哲学社会科学版）》2003年第4期，第427页。

③ 《中华人民共和国体育法》第33条。

机构，比如国际奥委会的体育仲裁院、韩国的体育仲裁委员会、日本体育仲裁机构等；二是由综合性的仲裁机构组织体育专家来解决体育纠纷。有学者指出在我国应当建立专业性体育仲裁机构。① 但是笔者认为，根据1996年国家法制局的立法规划，体育仲裁条例的性质是行政法规，那么按照行政法规设立的体育仲裁机构，肯定会隶属于体育行政机构，那么体育仲裁有可能成为具有行政属性的仲裁制度，而且目前我国也还未建立起专业化的体育仲裁机构。因此，在我国目前比较可行的一个方案是由综合性的仲裁机构以专业化方式来解决当事人之间的体育纠纷。广州仲裁委员会作为一个综合性仲裁机构已在这方面迈出了积极一步，目前正在着手聘任一批知名体育专家作为仲裁员来推动本会体育专业仲裁的发展。

信息技术的发展，打破了传统上的地域概念，它将世界连接为一个统一的大市场。据有关人士估计，在网上所进行的交易额，包括商业企业与消费者之间和商事企业之间，每年超过5亿美元。② 另据估计，1997年电子商务在网上的交易额为244亿美元，到2001年底这一金额数字超过了1000亿美元。③ 国内电子商务也有了很大的发展，尤其是像广州这样信息化程度较高的城市，在电子商务方面更是走到了全国前列。随着电子商务的发展，与电子商务相关的法律纠纷也就接踵而来。由于电子商务涉及确认交易发起人身份、传送数据真实性的判断、未经授权的信息披露、网络保密制度等高度专业化问题，因此仅具备一般网络知识的法官和仲裁员是很难对纠纷作出准确而及时的处理。因此在电子商务如此高度专业化的领域应该由资深的电子专家以及相关领域的专家来处理电子商务这种专业化纠纷。目前，以仲裁方式解决电子商务纠纷的方法也有了新的突破，这就是网上仲裁的开展。随着人们越来越多地利用因特网进行商事交易，他们也最终愿意通过因特网以仲裁的方式解决因电子商务所产生的争议。电子商务纠纷高度专业化和便捷解决的要求都可通过仲裁而得以实现。

专业化在仲裁业具有普遍性。法律博大精深，"万金油"的仲裁员，"大而全"仲裁机构从长远发展来看是不现实的，专业化的仲裁机构和专家型的

---

① 郭树理：《建立中国体育仲裁制度的设想》，载《法制论丛》2004年第1期，第61—66页。

② Jim Kolbe, An Adress before the National law Center for Inte — American Free Trade Organization of American States Business Software Alliance, October 1, 1999, Arizona Journal of International and Comparative Law, Vol. 17, Number 1, 2000, p. 215. 转引自赵秀文：《国际商事作出及其适用法律研究》，北京大学出版社2002年版，第354页。

③ The Economist, 25 January 1997, p. 69.

仲裁员才是有生命力的，才是可持续发展的。仲裁专业化发展是市场经济发展的需要，是大势所趋，仲裁机构作为参与市场竞争的主体，要利用自身优势，在证券、体育竞技、电子商务、医疗等专业领域扩大影响，发展仲裁事业，真正使仲裁这一在我国尚属起步的事业在专业化中融入市场经济，在为市场经济服务之中取得自身的又一次跨越式发展。

专题四

仲裁法律制度前沿研究

网络时代的仲裁发展

陈忠谦[*]

在人类社会的发展历程中，几乎每个世纪里都有一种技术占据着主导地位。18 世纪的工业革命带来了机械时代；19 世纪是蒸汽机的时代；而 20 世纪则是信息时代。各种信息的收集、处理和传送是这一时代的关键技术，计算机技术及网络技术成了主导和核心。互联网拓宽了人们获取知识信息的渠道，从根本上改变了人们获取信息的方式，也改变了人们的交流模式。那么，互联网对于仲裁这种传统的纠纷解决模式又将会产生什么样的影响，带来什么样的变化呢？互联网创造了一种新的仲裁宣传推广模式——网站，造就了大量的新型仲裁纠纷模式——电子商务纠纷，使全新的仲裁模式——网上仲裁成为可能。

一、互联网与仲裁的起源与发展

（一）互联网的起源与发展

互联网的发展源起于 20 世纪 60 年代美国国防部的"先进研究规划机构"（简称 ARPA）。在冷战时期，美国国防部为防止其军事指挥中心遭受敌人核弹攻击而造成国防陷于瘫痪的危机，遂积极规划使全美境内各军事基地电脑得以相互连线以传输资料。该机构成立之目的，即为解决此问题。1969 年，该机构成功地开始连结一些大学或工业实验室的计算机设备，建立了一个称为 AR-PANET 的实验网络。[①] 1970 年初，ARPA 规划出 TCP/IP 作为各型计算机硬件间共通使用之通讯协定，以便使异种计算机间亦能彼此沟通交流。1979 年，该机构成立了一个互联网管制及通讯委员会（简称 ICCB）以直辖市并指导互联网间连线的规划，该委员会也就是今天的互联网活动委员会（简称 IAB），至此，世人首见互联网这一名词，但此时 Internet 的含义并非今日代表跨世界

---

[*] 广州仲裁委员会主任，法学博士。

[①] 何宇明：《网际网路法律问题特质之研究》，台湾大学法律学研究所 1997 年硕士论文，第 27 页。

网络的意思。① 由于 ARPANET 所推行的通信协定广为美国各大学所采用，因此，连结上 ARPANET 的网络日益增多。然而，由于 ARPANET 原本的主要用途是军事国防，为顾及国防安全，ARPANET 于 1983 年正式一分为二，一为军事国防专用的 MILnet（Military Net），另者则沿用 ARPANET 的名称，专供民间与研究单位使用。1987 年，美国国家科学基金会（简称 NSF）在全美各地建立了 7 个超级计算机中心，并连线形成 NSFNET，且与已极为庞大的 ARPANET 相连；② 同时，NSF 做出一项非常重大的决定，即允许外国的研究机构与其连线。于是，全世界的网络开始相互连结，网络使用人口逐年激增，互联网的应用与功能也不断增进。此时 Internet 正式成为跨国际的计算机网络。1991 年 3 月，NSF 正式宣布开放商业用途，始造成今日网络的蓬勃成长。③ 1996 年全球互联网用户不足 0.4 亿，到 2000 年 6 月已经达到 2.6 亿以上，并且仍在不断增长，预测 2010 年内全球上网人数将增至 20 亿。1996 年中国互联网用户为 10 万，1999 年互联网用户为 400 万，增长了 40 倍，2000 年达到 1690 万，2001 年达到 2650 万，2000 年我国上网计算机数为 650 万台，2001 年我国上网计算机数为 1002 万台。根据 2005 年 5 月 12 日的统计数据，中国互联网上网人数已达 9880 万。

（二）仲裁的起源与发展

"仲裁"一词来源于拉丁文，它是指争议的双方当事人在自愿的基础上，将争议提交非司法机构审理并作出对争议各方有拘束力的裁决的一种解决争议的法律制度。④ 仲裁的产生，据专家考证，早在公元前 403 年，雅典就出现了仲裁的最初形式；⑤ 著名的《十二表法》中有多次关于仲裁的记载，如干七表中"土地疆界发生争执时，由长官委任仲裁员三解决之"。⑥ 世纪中叶，瑞典的地方法院已把仲裁作为解决争议的手段列入法令之中，但直到 1697 年英国议会承认仲裁制度并于 1889 年制定了仲裁法，1887 年瑞典正式制定有关仲裁

---

① 何宇明：《网际网路法律问题特质之研究》，台湾大学法律学研究所 1997 年硕士论文，第 28 页。

② 参见罗泽生：《Internet 商用化》，载《资讯与电脑》1995 年 7 月，第 38 页。

③ 参见果芸：《网际网络发展之回顾与展望》，载《资讯与电脑》1996 年 11 月，第 26—31 页。

④ 参见宋连斌：《国际商事仲裁管辖权研究》，法律出版社 2000 年版，第 2 页。

⑤ 参见赵秀文：《香港仲裁制度》，河南人民出版社 1997 年版，第 2 页。

⑥ 参见周枏：《罗马法原论》（下册），商务印书馆 1996 年版，第 937 页。

的法律,① 至此，现代意义的仲裁制度才产生。从 19 世纪起，欧洲的法国、德国，亚洲的日本等均通过专门立法或在民事诉讼法典中建立自己的仲裁法制。② 但当时只适用于解决国内的民事纠纷。直到 20 世纪以后，国际经济贸易的蓬勃发展，大量出现的国际商事纠纷也通过仲裁途径来解决。随着国际仲裁的发展，国际联盟和联合国为协调各国仲裁制度的冲突，分别于 1923 年、1927 年签订了《仲裁条款协议书》和《关于执行外国仲裁裁决的公约》，1958 年签订了《承认及执行外国仲裁裁决的公约》（简称《纽约公约》）。1995 年 9 月 1 日《中华人民共和国仲裁法》开始施行，新型的与国际惯例接轨的仲裁制度得以建立。经过 11 年的艰苦创业，我国重新组建了 185 家仲裁机构，仲裁事业发展进入了新纪元。

（三） 互联网之于仲裁发展的意义

互联网的迅速普及，对我国社会结构、政治形态、交往方式、管理模式、经济运行、教育模式等诸多方面产生了重要影响。它从根本上改变了人们获取信息的方式（互联网被称为"第四种媒体"、"立体媒体"），也大大改变了人们的交流模式，当人们通过网络实现发送电子邮件、视频聊天、电子购物、虚拟旅游、交互式娱乐，或漫游于电子图书馆、远程教育等一系列网络应用平台时，人们的生活观念、消费观念、教育观念等都会发生相应的变化。那么，互联网的发展之于仲裁的发展有何影响和意义呢？笔者认为，互联网之于仲裁发展的意义主要有三个方面：一是网站的出现为仲裁提供了更为广阔的宣传、推广、教育平台；二是随着互联网及电子商务的发展，电子商务纠纷成为一种全新的纠纷类型，它为仲裁这一争议解决方式提供了新的空间也提出了新的挑战；三是随着网络技术的发展，网上仲裁成为可能，互联网造就了一种全新的仲裁途径。

二、网站——仲裁宣传、推广和教育的重要平台

网络时代，人们获取信息的方式已经发生了巨大变化，网络成为新一代人获取信息的重要渠道，而且随着网络的继续发展，可以预见，网络在信息传播上将发挥垄断性的作用。经过 12 年艰苦创业、快速发展的中国仲裁事业也应当搭乘网络快车，实际仲裁的网络化发展，促进仲裁事业再上新台阶。自 1995 年《中华人民共和国仲裁法》实施以来，我国的仲裁业界人士对仲裁法

---

① 参见《瑞典的仲裁》，周子亚等译，法律出版社 1984 年版，第 4 页。
② 参见宋连斌：《国际商事仲裁管辖权研究》，法律出版社 2000 年版，第 2 页。

和仲裁制度的推广付出了艰辛的努力。但传统的宣传推广模式，如举办仲裁法律知识讲座、仲裁法律咨询，与企业、机构、行业协会、个人进行面对面、点对点的宣传与推介等形式，存在受众单一、成本高、传播范围窄等缺陷。随着网络的发展，通过建立专门的仲裁网站等网络途径，将大大促进仲裁制度的宣传推广工作，通过网络推广仲裁具有以下优势：一是传播范围广。网络传播不受时间和空间的限制，它通过国际互联网络 24 小时不间断地传播到世界各地。只要具备上网条件，任何人在任何地点都可以阅读。二是实时、灵活、成本低廉。三是强烈的感官性。网络载体基本上是多媒体、超文本格式文件，这种以图、文、声、像的形式，传送多感官的信息，将更大大增强网络推广的实效。因此仲裁的宣传和推广应当依托网络平台，最重要的方式就是办好仲裁网站，建立宣传和推广基地。

（一）关于网站定位

1. 服务对象定位。要办好一个网站，首先有个对象定位问题，即网站的目标受众群体。笔者认为，仲裁机构办网站，其目标受众应分为几个层次：一是仲裁案件的当事人，他们身处仲裁案件之中，属于最希望了解仲裁知识和程序，尤其是案件进度等情况的群体；二是律师、法律顾问、企业等，他们每天接触法律和纠纷，他们对纠纷解决途径及相关法律制度的学习最具自主性和能动性；三是法学院校师生及法学科研机构人员，作为法学理论的学习者、教育者和研究者，其也有必要了解和掌握作为纠纷解决重要途径的仲裁实务知识；四是社会大众，当前社会每个人都避免不了与法律打交道，因此人人都可能成为仲裁法律网站的访问者。当然，仲裁机构在办网时主要应当考虑到前三个群体的需要。

2. 网站理念定位。好的理念是网站成功的关键，笔者认为，仲裁机构办网站应当设立以下几个层次的理念：一是宣传教育理念。仲裁机构网站应当树立宣传仲裁制度和民商法律知识，传播民商法律动态，提高受众法律意识与法律操作能力的理念。二是推广理念。仲裁机构网站应树立推广仲裁模式，促进尽量多的民商事纠纷通过仲裁途径解决，以充分发挥仲裁定纷止争、化解社会矛盾的理念。三是服务理念。仲裁机构网站更重要的是要树立服务理念，使网站成为服务案件当事人、律师、企业、个人的一个重要平台。

（二）关于网站的栏目设置

国内 185 家仲裁机构中已有部分机构建立了自己的网站，但在栏目设置上普遍存在着内容局限、更新慢、逻辑性不强等缺陷，如大部分网站简单停留在对仲裁条款、仲裁指南、仲裁法规、仲裁特色的介绍上；部分网站长期不更新，内容缺乏新颖性。笔者认为，仲裁机构要办好网站，在栏目设置上必须体现全面、新颖、更新快、参与性强的特色。由于当前民众对仲裁的了解还缺乏普遍性，其对仲裁知识的需求还不旺盛，而民众对民商法律知识的需求程度很高，因此仲裁机构网站要吸引足够多的访问量，在内容设置上就不应仅局限于仲裁知识的介绍，而应扩展到民商法律的层面上来。由广州仲裁委员会创办的中国商事仲裁网的栏目设置可作为我国仲裁机构网站的借荐和参考。该网站不仅设有仲裁指南、仲裁园地、各地仲裁、仲裁员、仲裁资料、仲裁新闻等传统栏目，而且还增设了商界法律新闻、民商案例数据库等民商法律方面的栏目。同时，该网站还设立了民商热点聚焦、企业法律咨询、在线仲裁和虚拟仲裁等具有新颖性和较强参与性的栏目，使网站的吸引力进一步增强。另一个值得强调的问题是网站内容的更新速度。网站内容，尤其是咨询类栏目内容一定要经常更新，注重时效性。中国商事仲裁网商界法律新闻及仲裁新闻两个栏目内容每天均有更新，确保了网站的吸引力。

（三）关于网站自身的宣传

网站作为一种宣传媒介，其本身也存在一个宣传推广的问题。笔者认为，一个网站，其本身的质量和价值是其扩大影响力的最根本点，同时，也应当辅以相应的宣传推广手段。一是要尽量多地与国内有影响力的法律网站及相关网站建立链接，达到一种互相宣传的效果；二是网站宣传与传统宣传模式相结合、相促进，即在举办仲裁法律知识讲座、仲裁法律咨询，与企业、机构、行业协会、个人进行面对面、点对点的宣传时，加强对网站的宣传，通过受众登录网站又强化了其传统宣传模式的推广效果；三是向著名搜索引擎和目录站登记网站，很多网站内容丰富，颇有创意，却鲜有访问者，原因在于没有针对网站的宣传计划。没有网站宣传，网上推广就不会成功。找出与网页内容相关的专业性、地区性搜索引擎和目录站点，并向它们登记。95%的网上用户是通过Baidu、google、Yahoo等搜索引擎来寻找他们所需要的信息，因此仲裁机构网站也要争取在这些搜索站点登记网站。

三、电子商务纠纷——新的仲裁纠纷类型

电子商务，有广义和狭义的两种解释。根据《联合国国际贸易委员会电子商务示范法》，广义的电子商务是指利用数据信息进行的商业活动，而数据信息是由电子的、光学的或其他类似方式所产生、传输并存储的信息。狭义的电子商务是指基于互联网这个平台实现商业交易电子化的行为。专家预言，电

子商务是21世纪经济增长的引擎。

(一) 电子商务的发展

1. 国外电子商务发展的状况。全球电子商务交易量增长迅速,电子商务有着巨大的市场与无限的商业机遇,蕴含着现实的和潜在的丰厚商业利润。1994年全球电子商务销售额为12亿美元,1997年达到26亿美元,增长了1倍多,1998年销售额达500亿美元,比1997年增长近20倍,2000年全球电子商务的交易额达3770亿美元,2010年交易额将达到1万亿美元,未来10年中1/3的全球国际贸易将以网络贸易的形式来完成。世界各国,特别是发达国家对电子商务非常重视,在拥有世界3/4以上互联网资源的美国,电子商务的应用领域与规模远远超过其他国家,美国政府认为,电子商务的发展是未来经济发展的一个重要推动力,甚至可以与200年前工业革命对经济发展的促进相比,自1999年开始,美国每年以2000亿的政府采购计划推广电子商务。

2. 国内电子商务的发展状况。国内的电子商务发展也非常迅速,在中国的上网人口里,有接近2/3的人每月都会浏览电子商务类的网站,其中还有接近1/3的人(既包括个人,也有企业)确实在网络上交易。截止到2000年,我国电子商务网站数量已达1100余家,其中网上零售商600余家,拍卖类网站100家左右,远程教育网站180家,远程医疗网站20家。1999年,我国电子商务交易额为人民币1.8亿元,均比1998年增长1倍以上。2000年电子商务交易额达到人民币4亿元,增长态势强劲。我国的电子商务最近几年发展迅猛,平均年增长率为40%,2004年我国电子商务交易总额累计达到4400亿元人民币(其中,上海电子商务的年交易额达到743.19亿元,同比增长47%,北京、广州的电子商务年交易额分别为666亿元和230亿元),2005年我国电子商务交易总额突破了6000亿元人民币。

(二) 网络经济的特性决定了仲裁是解决电子商务纠纷的最佳途径

网络时代地球成了一个村,电子商务已不再受空间距离的限制,仲裁所采取的无地域限制原则正好满足了电子商务纠纷的这一特点;网络交易将商事交易对高效、快捷的追求推向极致,人们只需轻轻敲击键盘,即可完成交易,仲裁同样以及时、高效、便捷为特点;在互联网中,所有人都是平等的,没有高低贵贱之分,大家完全自由、自愿地与对方交流、交易,这也与仲裁所倡导的意思自治、尊重当事人意愿原则不谋而合;网络是高科技的产物,电子商务纠纷天生具有专业性、科技化的特点,仲裁具有专家办案的优势,可聘请网络专家做仲裁员来解决电子商务纠纷,真正做到网络人解决网络纠纷;网络是一个开放性的虚拟世界,在这样一个开放的世界里,商业秘密的保护显得更为重要,仲裁不公开审理、程序灵活、尊重当事人自愿等特点可以实现网络时代的商业秘密保护。因此,可以说,网络经济的特性决定了仲裁是解决电子商务纠纷的最佳途径。

(三) 电子商务纠纷法律问题

电子商务纠纷将成为仲裁的一种重要的纠纷类型,因此研究电子商务纠纷存在的主要法律问题,对于仲裁而言非常重要。

1. 电子商务合同生效时间问题。按照《合同法》的规定,经过要约和承诺两个阶段,承诺生效时电子商务合同成立。采用数据信息形式签订电子商务合同,收件人指定特定系统接收数据信息的,该数据信息进入该特定系统的时间,视为到达时间。

2. 电子商务合同的签订地点问题。《合同法》规定,当事人可以在电子商务合同成立之前要求签订确认书,签订确认书时电子商务合同成立。承诺生效的地点为电子商务合同成立的地点。采用数据信息形式订立合同的,收件人的主营业地为合同成立的地点;没有主营业地的,其经常居住地为合同成立的地点。

3. 举证问题。在电子商务纠纷中,举证是个难题,证据不好保存,也不便让当事人采取律师见证、公证机关公证、外交机构认证、工商行政管理部门鉴证以及利用先进的电子设备制成视听资料等方式保存证据。

4. 冲突法问题。由于网上交易有很多是国际性的交易,所以,电子商务纠纷的解决经常要碰到冲突法问题。如何认定电子商务纠纷案件的准据法?这个问题的解决同样取决于如何认定电子合同的履行地、签订地、电子票据的出票地、付款地、电子提单的签发地等连结点的确定。电子商务天然具有跨国界交易的特点,因此适用何国法律调整网络上的某项交易就涉及复杂的冲突法问题。我国现有的冲突法规则无法解决这类冲突。欧盟和日本的有关法律文件规定,电子商务经营者应当被经营活动的来源国所监督,即电子商务经营者受其机构所在国法律的管辖。这样规定是为了增强适用法律的确定性。

5. 计算机能否作为缔约主体的问题。传统民商法理论认为,成为缔约主体必须具备完全民事行为能力。有学者认为,计算机在电子商务所进行的信息处理流程,实际上都是遵从用户预先设定好的程序所作出的反应,体现了当事人意思表示,因此应承认计算机具有代理缔约的主体资格。联合国国际贸易法委员会1996年制定的《电子商务示范法》就肯定了自动订立合同的效力,其第11条第(1)款规定:"就合同的订立而言,除非当事人各方另有协议,一项要约以及对要约的承诺均可以通过数据电文的手段表示……"但我国《合同法》没有类似的行为规定,计算机缔约主体资格的确认是判断电子商务合同成立与否的前提,若当事人就此问题产生混淆,将会阻碍我国电子商务的发展。

四、网上仲裁——全新的、替代性的仲裁模式

(一)从物理空间到虚拟空间——争议解决方式的又一次飞跃

互联网为我们营造了一个总体上与人类社会物理空间相对应的虚拟空间。在这个虚拟空间,人们可以以域名/IP地址和密码构筑起无限多个的子空间(网站)。在这些无限多个的空间里,人们则以没有时空概念的全新模式相互作用、相互影响。任何一个网络空间都有网络工具作支撑,提供相应的方法以执行特定网络空间中的信息服务。网络工具之间相互结合的方式则决定着网络空间的特点及相互之间的不同,因此网络空间也各具特色。人们充分利用网络工具建造具有多种多样用途与功能的网络空间。争议解决便在其中。

先进的技术通常会使我们拥有新的工具,并会营造新工具得以适用的新环境。网络技术便是如此。网络工具在争议解决中也自然具有相应的价值,而争议解决在网络工具所营造的网络空间中也必然具有其存在的意义。网络工具在争议解决程序中的应用必将导致传统争议解决方式的演变,网上仲裁和网上调解等网上替代性争议解决办法应运而生。仲裁与调解是对法律诉讼的选择或替代,信息技术和网络工具反过来导致网上仲裁和网上调解对传统仲裁和调解的选择和替代。

传统上,最正统的争议解决方式无非是在固定的物理空间(法院/法庭)所进行审判程序,而替代性争议解决办法作为对传统法院诉讼的选择或替代,则将争议解决部分地移出了法院,由固定的地点移到了其他任何地点。调解和仲裁等法院诉讼之外的替代性争议解决办法在19世纪20年代以来获得了长足发展,仲裁因而成为国际商业社会首选的争议解决方式,这种情形更加加剧了仲裁、调解与法院诉讼之间的上述差距。仲裁与调解等替代性争议解决办法的发展不仅代表着争议解决走出了原固定的地点,也代表着争议解决程序走出了僵硬而正统的程序,更加简便灵活。争议解决可在办公室、工厂、学校等任何地点进行。网上仲裁等网上替代性争议解决办法则承继上述趋势,以网络作为

其争议解决的地点,将争议解决程序从双方所约定的物理空间进一步移至虚拟空间。如果说网络技术是网上仲裁等网上替代性争议解决办法产生的技术基础的话,对替代性争议解决办法是对法院诉讼的选择或替代的广泛认同,以及正义不仅仅存在于法院的理念则是网上仲裁等网上替代性争议解决办法产生的人文基础。网上仲裁使仲裁的可获得性更加容易。网上仲裁的参与者可位于世界任何地点,只要其轻轻点击鼠标,即可进入虚拟的网上仲裁空间。网上仲裁与常规仲裁的最大不同即在于:对于网上仲裁而言,空间所具有的"当事人各方相互会面、开庭听证以解决争议之所"的特性已失去意义,而使得网上仲裁得以进行的虚拟空间的设计和特性反而成为关键。虚拟空间的性质决定着在访空间内专业知识技能所能提供的方式以及当事人双方互动的方式。如前所述,网络技术和网络工具及其相互结合的方式决定着网络空间的特点及相互之间的不同,虚拟网上仲裁空间(网站)的功能以及网站的设计与安排也就决定了网上仲裁空间可提供的程序、相关的知识与服务的类别及复杂程度、高级程度。

(二) 网络技术使网上仲裁成为可能

程序实际上就是一系列的信息交换过程。常规仲裁中的约定仲裁、仲裁文书制作、文件的提交、开庭审理、作出裁决、档案管理均是以面对面的形式进行的。随着网络技术的发展,尤其是视频会议系统和网上交谈系统的出现,使人们渐渐认识到可以将仲裁的程序移至网上,通过网络空间来实现仲裁的所有活动,从而网上仲裁被广泛关注。要建立网上仲裁空间、设置网上仲裁程序,就应当采取适当的手段与方法来确保当事人之间的互动以及信息的交换能够顺利进行,采用适当的媒介并合理地平衡技术与人之间的关系。

1. 扫描技术(scanning)使证据及文件的网络提交成为可能。包括证人证言及有关物证在内的所有证据材料,以及当事人身份证明文件,均可以通过扫描技术将其予以计算机化的方式得到解决。在一个仲裁案件中,所有的仲裁文书及证据材料经常要被多次复印(普通程序案件至少需要复印 5 次),而扫描一次便可以供直至案件审理结束之前的多次使用。这无论在技术上还是经济上都是可行的。

2. 电子邮件系统与在线材料提交平台技术成就网上资料传递。电子邮件系统是互联网上最简单、最普遍的文件传递方式。与以往在现代办公中被广泛使用的传真相比,以电子邮件与文讯更加灵活、安全、高效和经济。电子邮件系统不仅仅可以传送普通的文本文件,还可以同时传送声音和图像,还可以采用电子签名来确保信息发送者的身份真实性。网上仲裁过程中产生的大量信息可通过电子邮件在瞬间传递给位于世界各个角落的当事人。有人把电子邮件称为国际商事仲裁的文件经理——最好的文件传递者。

在线材料提交平台技术是另一种可以实现网上资料传送的网络技术。仲裁机构可以建立在线材料提交平台，这种平台只有一个集中的、统一的案件数据库。当事人有关电子文本的文件和讯息可以通过仲裁机构经过加密的在线材料提交平台传递和提交，平台系统将当事各方提交的案件文档资料集中保存在一个地方，当事人、仲裁员和仲裁机构案件经办人员通过口令或密码可以进入系统，查看文档资料。当事人各方通过这种文档管理软件，可以查看、浏览和搜寻已提交的案件文档资料，但无权予以修改。在线材料提交平台是文件提交和传递信息的一种高级形态。

3. 视频会议系统和网上交谈系统实现网上开庭。网上开庭与常规仲裁庭审一样，是仲裁庭与当事人双方共同进行的一项重要的仲裁活动，包括当事人双方的仲裁请求与答辩、证据的出示与质证、仲裁庭询问和调查、双方辩论、庭审调解、最后陈述等环节。网络视频会议系统是一种远程的通信手段，它可以代替常规仲裁中的"面对面"的开庭审理，从而实现开庭审理的网络化。网络视频会议软件的数据传输和切换功能不仅可以使庭审参与人听到他方的声音，还可以看到他方的画面，包括文件、照片和动态图像。

网上交谈系统是视频会议系统以外的另一种远程通信方式，它是通过网上聊天软件（常用的聊天软件如 QQ 聊天软件、MSN 聊天软件）实现仲裁案件的"聊天室审理"。仲裁程序参与者可以凭其用户名和密码集中在聊天室，通过键盘输入文字，实现相互间的对话，进行即时交流。庭审参加者通过计算机屏幕实现案件的审理，读到庭审记录并方便地进行拷贝。

4. 文讯加密与电子签名等技术确保网上仲裁的安全性。最重要的文讯加密形式是公用密匙加密。其原理是，通过加密（将原来信息中的一段信息通过加密成为一段数字信息）和解密（将加密的一段数字恢复为原来的一段信息），在实现文讯传输的同时，防止被窃听和伪造。关于文讯收发者身份鉴别的方法可使用为用户创建的特定数字签名程序以及使用由第三方认证机构检验、管理并发放的数字身份证即电子凭证来对文讯进行身份认证。数字身份证是一种用于确定个人和团体身份的电子证书。文讯加密与电子签名等技术不仅保障了信息传递的安全，而且还确保鉴别信息发送者的身份，保证了网上仲裁活动的安全性。

（三）网上仲裁的优势

随着网络技术的发展以及网络的进一步普及，网上仲裁必将成为一种全新、重要、替代性的仲裁模式，因为其具有巨大的优势，主要体现在以下几个方面：

1. 网上仲裁可以大幅度降低仲裁费用。首先，在网上仲裁程序中，所有文字的传递和证据材料的提交均以数字化方式通过互联网进行，当事人不必以传统的纸面文件提交陈述和证据，这样就大大节省了纸面文件的复印费、传真费和邮寄费；其次，在网上仲裁程序中，开庭听证均以多媒体视频会议的方式进行，案件当事人各方和仲裁员彼此安坐家中即可进行案件的开庭审理，从而节省了当事人双方及仲裁员跨地区、跨国界前往指定地点开庭的差旅费；最后，在网上仲裁程序中，仲裁机构一般均采用具有复杂信息处理功能和自动信息生成与管理功能的网上案件管理系统，全程在线管理案件和进行案件程序，案件程序管理的自动化必会大幅度降低仲裁机构（仲裁庭）仲裁案件的成本，从而节省仲裁费用。

2. 网上仲裁可以大大提高办案效率。在网上仲裁程序中，由于网络技术的应用，仲裁程序的各方可在线即时互动，文讯的传递可同步进行，案件程序必会大大加快，结案效率必会大幅度提高，从而节省了办案时间，提高了办案效率，使仲裁程序简便灵活、快捷高效的仲裁价值观得到充分的发挥。

3. 网上仲裁的可利用性大大加强。网上仲裁可以在世界范围内一周 7 天、一天 24 小时不间断地进行，为当事人提供在线仲裁服务。这不仅减少了当事各方时间安排的冲突，还解决了当事方之间不同地域潜在的时差问题。此外，网上仲裁为当事人提供了一个可随时发表意见的方式。同时，因为当事人约定将其争议提交网上仲裁，当事人应被认为对网络媒介予以认可，从而更愿意在这种适合解决其争议的网络环境中去解决争议。

4. 网上仲裁进一步提升"仲裁服务"理念。网上仲裁机构除提供具体案件网上仲裁程序服务外，还利用在线平台全天候发布相关仲裁信息，提供相关仲裁资料，让潜在的投诉人或在线交易者充分了解其网上仲裁程序及服务。仲裁机构的角色从单纯的案件办理转而同时为其客户比较选择不同的仲裁机构，推荐自己的仲裁服务，从而进一步强化了"仲裁服务"的理念，提供周到的信息与服务。

（四）网上仲裁目前面临的阻碍

目前，国外已有个别网站开始提供网上仲裁服务，但通过互联网进行仲裁是否能被目前国内法和国际条约（其中，最重要的是《承认及执行外国仲裁裁决》，又称《纽约公约》）所确定的法律体系确认为有效，依然存在争议。在我国，推行网上仲裁，目前主要存在有法律层面、观念和技能层面的阻碍。

1. 网上仲裁的机构和业务，尚未被我国国内法承认。目前，网上仲裁尚未被我国国内法明确承认是最大的法律障碍。没有法律承认，那么可以说这就不是法律意义上的网上仲裁。因为法律不承认，即使网上仲裁的程序和结果再公正，法院也是不承认和执行。综观目前准备采取网上仲裁的两个组织，一个是由国家已经明确承认的合法登记的仲裁机构，比如中国国际经济贸易仲裁委员会等，可惜他们直到现在还没有真正网上仲裁一起域名以外的商事案件而无先例可循；另一个是尚未确认合法性的新兴网络组织自行实行的网上仲裁机构（如中国在线和解中心等）。因此，设立网上仲裁机构或开展网上仲裁业务，要尽快取得我国《仲裁法》的承认。只要取得我国《仲裁法》认可，那么网上仲裁就是合法的，法院就必须按照《仲裁法》和《民事诉讼法》的规定予以承认和执行。

2. 网上仲裁真实性法律障碍。网上仲裁的所有程序（申请和受理、组成仲裁庭、审理和作出裁决），都通过互联网来进行，网上仲裁的真实性，涉及影响仲裁公正的事项主要包括：（1）（原件）证据展示。网上仲裁的证据，将大多是电子证据。电子证据的真实性，是网上仲裁遭遇的最大挑战。由于扫描技术的准确率目前最高只能达到99.3%（大部分还远未达到此标准），使得电子证据与原始证据之间多少都会存在差异，从而影响对证据的真实性及证明力的审查。同时，当事人相互之间不能当面审查和质证证据，仲裁员不能面对面观察当事人谈话、直接向当事人提问、了解他们的身体上或感情上的一些信息。而所有这些很难把握的信息，却可影响到仲裁员对当事人的"可信任度"的判断。（2）裁决的确认和执行。在网上仲裁程序中，仲裁庭经审理，根据案件应予适用的法律对案件争议，以电子形式作出裁决，通过电子邮件或网上案件管理系统通知双方当事人。但目前来讲，电子裁决从法律上未得到确认，电子裁决无法得到人民法院的确认和执行。

3. 观念以及技术掌握方面的阻碍。网上仲裁的发展还有赖于仲裁机构、仲裁员、大众观念的转变和对技术的掌握。（1）目前，很多商人仍不习惯应用电脑、Internet，特别是网上交流技术如交谈屋、即时信息发送、视频会议系统等，普通民众仍有相当比例人员未接触过电脑和网络，因而大多数人仍不可能接受完全在网上进行的仲裁方式。这就是在当前可能导致不仅线下争议而且不少网上争议都会求助于传统仲裁，也是传统仲裁在很长时间内仍然会繁荣的原因之一。因此要发展网上仲裁，必须以网络的进一步普及，作为网上仲裁参与者的仲裁员及当事人对网络技术的接受和掌握程序的大大提高为前提。（2）我国仲裁机构对网上仲裁的研究和重视程度还远远不够，未对网络软硬件建设给予足够的投入。目前，我国仲裁机构的网络建设还无法满足方便、可信、专业的网上仲裁的需要。同时,仲裁员在网上仲裁相关信息的掌握和操作水平上也存在较大差距。

(五)积极推动"网上仲裁"

从现实世界走向虚拟世界是人类社会的一大飞跃,从常规仲裁到网上仲裁则是仲裁争议解决方式的一大飞跃,随着网络技术的日新月异以及网络的进一步普及,网上仲裁必将成为一种重要的、替代性的争议解决方式。因此,我国各界,尤其是仲裁界应当积极加强对网上仲裁的研究和投入,力争实现和普及网上仲裁模式。

1. 技术层面。网上仲裁系统要想具有生命力,并得到社会公众的普遍采用,必须具备三个基本条件:一是解决程序具有一定程度的方便性。如果程序过于复杂,使人们望而却步的话,当事人宁可选择具有相同或相似功能的其他程序。二是程序具备可信度。程序必须安全可靠、公平合理,足以让当事人相信其争议可经由该程序而获得公平合理的解决。三是程序本身应该允许能够凭借之以提供相应的专业技术知识,具备相应的专业性。因此,要真正实现和推广网上仲裁,首先仲裁机构必须积极加大对网络软硬件环境的投入,要建设和不断完善电子邮件系统、在线材料提交平台系统、视频会议系统、网上交谈系统以及电子档案管理系统,掌握和优化扫描技术、文讯加密与电子签名等技术,使网上仲裁系统真正达到方便、可信、专业的要求。同时,仲裁机构应当加强对仲裁员及仲裁工作人员的技术培训,使其熟练掌握网上仲裁的各种操作方式,从而达到熟练应用的程度。仲裁机构还应当通过各种方式,向当事人介绍、宣传、推广网上仲裁,帮助当事人掌握网上仲裁的相关知识和技术,从而促进网上仲裁的普及。

2. 法律层面。就网上仲裁而言,法律的创新远远落后于技术的发展。法律的滞后主要表现在两个方面:一是立法的滞后,不论在国内法还是在国际法层面,网上仲裁至今未得到国内法或国际公约的完全承认,关于网上仲裁的法律法规仍未制定出来;二是司法实践的滞后,时至今日,网上仲裁的具体案例极其罕见,对网上仲裁裁决的司法保护和承认、执行更是乏例可陈。虚拟世界与现实世界有不同规则和习惯,网上纠纷解决模式自然也与传统模式在具体程序和实体处理上存在不同特点,主要体现在:(1)程序上,《承认及执行外国仲裁裁决公约》及仲裁理论界都倾向于网上仲裁的"非本国化"特点,即主张仲裁程序的非本国化、非当地化,主张仲裁的程序摆脱仲裁地国家法律的适用或控制,应当制定统一的网上仲裁程序规则。(2)实体上,仲裁适用的实体法的非当地化,即仲裁庭基于当事人的选择,或在当事人没有选择时仲裁庭可以不适用任何特定国家的法律而通过适用国际法、商人法、一般法律原则、合同条款来判定争议的是非曲直。最主要的原则是，按照商事交易习惯来解决商事纠纷，我们应当组织制定统一的网上仲裁商事规则，从而对网上仲裁案件进行统一的实体处理。

推动粤港澳仲裁合作
营造国际化营商环境

陈忠谦[*]

一、粤港澳合作与南沙新区发展

广东和港澳的关系由来已久,源远流长,港澳 80% 人口的祖籍都来自广东,地缘相邻、血脉相连,岭南文化一脉相承,三地之间的交流往来亲密。随着改革开放和港澳回归,三地的交流合作更加紧密,特别是这几年,在各方共同努力下,推动合作的节奏明显加快,效果更加明显。其中有几个方面尤其引人关注:

第一,中央政府高度重视。2008 年底,中央政府批准实施《珠江三角洲地区改革发展规划纲要》,第一次把粤港澳合作上升为国家战略。同年,中央政府批准在 CEPA 框架下推出服务业对港澳开放在广东先行先试的措施。2009 年、2010 年中央先后批复同意了《横琴总体发展规划》和《前海总体发展规划》。2010 年和 2011 年,中央政府又先后批复同意实施粤港、粤澳合作框架协议,这是内地省份与港澳签署的第一个综合性文件,协议里面有相当的政策含金量。2011 年,在国家出台的"十二五"规划纲要里面,专节阐述了粤港澳合作,这是国家中长期发展规划中篇幅最长的一个有关粤港澳合作的论述。《南沙新区发展规划》也提出将南沙建设成为"粤港澳全面合作示范区"。中央政府密集出台重大文件,凸显了粤港澳合作在国家发展中的战略地位和作用。

第二,粤港澳三地政府高度重视。2009 年广东省政府出台《推进与港澳更紧密合作的决定》,从基础设施、服务业、优质生活圈等八个方面提出了推进合作的具体措施和要求。同时,港澳特区政府在近几年的施政报告里专门论述和广东及内地其他地方的合作,而且相应提出了推进合作的一些重点领域和

---

[*] 广州仲裁委员会主任,法学博士。

具体项目。另外，每年一次的粤港、粤澳合作联席会议制度，是政府间非常重要的合作机制。联席会议通过签署协议的形式来明确双方的责任，确保双方推进的每一个项目都能够落实到位。

第三，粤港澳三地社会各界高度重视。不论是规划纲要、两个框架协议的出台，还是横琴和前海的政策批复，社会各界都有强烈的反响，从而也反映了粤港澳合作是大势所趋，符合社情民心。

关于粤港澳合作，如今从国家层面而言，三地合作选择以南沙新区作为突破口，要建设成为合作示范区，这是南沙新区的一个机遇。南沙新区地处珠江出海口，距香港、澳门仅38海里和41海里，是珠江流域通向海洋的重要通道。新区规划面积803平方公里，方圆100公里范围内囊括了广东经济最发达的珠三角城市群以及港澳地区，周边75公里范围内有广州、深圳、珠海、香港、澳门等五大国际机场。广州南沙新区是国家为了进一步推动改革开放、加快现代化建设步伐、提升东部沿海地区科学发展水平而设立的重要的国家级新区，承担着探索新型城市化道路、推动珠三角发展转型、深化粤港澳全面合作的重大使命，必将对构建我国开放型经济新格局、促进港澳长期繁荣稳定产生深远影响。南沙新区的活力在于大胆创新，只有大胆创新、先行先试，勇于突破发展的瓶颈，争创体制机制的优势，才能增强发展的动力；南沙新区的生命力在于开放合作，只有深化合作、进一步扩大开放，才能实现资源要素的高效集聚和优化配置，有效提高集聚辐射能力；南沙新区的竞争力在于错位发展，只有错位发展，才能充分发挥自身的比较优势，实现与周边区域的优势互补和共同发展。

我们都知道，世界经济发展中心均设置有最先进的仲裁中心，比如说美国仲裁协会是世界上最大的冲突处理和争议解决机构，总部就设在纽约市，还有英国的伦敦国际仲裁院、瑞士苏黎世商会仲裁院、法国巴黎的国际商会仲裁院、瑞典斯德哥尔摩商会仲裁院、新加坡国际仲裁中心、日本东京的商事仲裁协会等也是如此，在经济发展最好的地方必定设置仲裁机构，仲裁在经济发展过程中要起一个重要作用。现在我们在南沙打造粤港澳合作平台，必然引入更多的国际化要素，吸引更多的外资企业，企业的跨国经营将越来越依赖高效而商业化的途径来解决各种商事纠纷，仲裁作为一种成熟的、国际通行的解决纠纷的途径，必须在此要有一席之地，仲裁的加入将为南沙营造国际化的营商环境提供必不可少的法制保障。

二、粤港澳三地仲裁合作的优势

（一）集中世界三大法域的优势

香港地区的法律移植英国的普通法和衡平法，经过100多年的发展，历史悠久。根据"一国两制"的原则，香港特区的法律制度以普通法为依归，并由本地法例作补充。澳门地区由《中华人民共和国澳门特别行政区基本法》、澳门原有法律和当地制定的法律构成，经过葡萄牙大陆法系400多年的熏陶，具有浓厚的大陆法系氛围。中国则是具有中国特色的社会主义法律体系。现在这三个生机勃勃、充满活力的先进法律体系将在南沙接轨，三种典型法系汇合、整合、融合，在同一平台上大合唱，形成合力，必将对南沙的发展起到关键性影响。三地仲裁机构加强交流与合作，求同存异、互相借鉴、取长补短，深入研究三地服务贸易自由化，营商环境法治化、国际化进程中的法律问题，为进一步完善相关法律政策和制度框架提供强有力的理论支持和决策服务。

（二）三地仲裁机构和人才强强合作具有现实优势

香港国际仲裁中心既受理香港本地仲裁案件，又受理国际商事仲裁案件，是世界上著名的国际商事仲裁机构。澳门以博彩业闻名，域内商业交往频繁，近年来，澳门的仲裁机构已经在推广仲裁上作了很多的努力，仲裁法律制度与机构设置也日益完善。广州仲裁委员会经过17年的发展，从小到大，业务量逐年成倍递增。统计资料显示，截至2012年10月底，广州仲裁委员会累计受理各类仲裁案件将近40000件，受案数量以平均每年60%的速度递增，远远超过国内仲裁机构的平均增长水平。无论受案的数量、标的，还是裁决质量，广州仲裁委在中国大陆仲裁机构中都处于领先地位，是同行的标杆。三地仲裁机构合作是珠联璧合，优势巨大。

（三）南沙国际仲裁中心具有开放优势

香港商人可以在南沙选择香港仲裁员，选择使用熟悉的香港法律、程序和规则，澳门也是一样，就像使用自己家里熟悉的物件一样。其他国家商人可以选择使用联合国《国际商事仲裁示范法》。仲裁收费方面，由于三地的仲裁制度有区别，香港有临时仲裁，内地没有，所以我们明确规定案件审理如果适用香港、澳门仲裁规则的，按照港澳地区的标准进行收费，如果当事人约定不明确，适用最密切联系地原则。仲裁语言方面，可以选择英语、粤语、普通话、葡语等多种语言，我们还将适当考虑决定使用一种或数种语言进行仲裁。各法域仲裁机构无论大小、历史是否悠久，法律地位一律平等，无论是根据内地、香港还是澳门仲裁机构作出的裁决，应该获得一致尊重。我们希望，外地企业来南沙投资就像在本地投资一样，没有任何差别，大家选择熟悉的法域，有归属感，有认同感。只有这样，才能够推动一个公平公正、诚实守信、高效透明、宽松有序的国际化营商环境的形成。

三、南沙国际仲裁中心将以先进运作理念推动合作

南沙国际仲裁中心的设立也是南沙贯彻今年10月召开的省委省政府广州南沙新区开发建设现场会精神，按照市委、市政府"率先形成与港澳营商环境接轨的融合区"的要求，营造与国际接轨的营商环境的重大举措和体制机制创新的重大突破。仲裁中心将充分发挥仲裁法律制度服务和促进国际贸易的纽带作用，公正、及时地解决各种商事纠纷，为南沙新区创造更好的投资和营商环境，努力把南沙新区打造成珠三角乃至全国最具国际竞争力的区域。南沙国际仲裁中心的成立，将为南沙新区的开发建设提供更好的法律服务，具有深远的战略意义。南沙国际仲裁中心前期由广州仲裁委员会派员开展相关工作，同时，引导投资企业在签订合同时加入相应的仲裁条款，选择国际仲裁方式解决贸易纠纷。为体现国际化、专业化特色，仲裁中心采用与国际惯例接轨的运行模式，依据《联合国国际商事仲裁示范法》，结合香港、澳门的仲裁规则，制订南沙国际仲裁中心的仲裁规则，并建立国际化的专业仲裁员名册。

（一）仲裁中心的运作引入现代公司治理理念

仲裁中心实行"三权分立与制衡"的运作模式，由理事会、仲裁员和监事会组成。理事会行使决策权，由粤港澳三地的仲裁机构及相关法律、经济界人士共同组成。仲裁员行使裁决权，负责具体办案工作。监委会行使监督权，对仲裁员进行监督和考核，确保仲裁员依据法律规定及国际惯例公平、公正并高效地处理案件。决策权、监督权、裁决权三权之间互相配合，互相制约，权利在阳光下运行，保证仲裁中心高效运行，给创造国际化营商环境提供最好的机制保障。

（二）南沙国际仲裁中心坚持民主、开放、平等原则

在仲裁员的选择上，我们给予当事人自由选择各法域仲裁员的机会，除了首席仲裁员依照制度拥有程序发动权之外，在进行仲裁程序中享有同等的法律地位。仲裁员独立办案，民主投票，每一票都是平等的，按照少数服从多数原则确定裁决意见。仲裁中心审理案件过程中涉及准据法的适用时，应该严格按

照中心规则的指引适用,对各法域的实体法同等对待。如果没有足够的法律依据,不能拒绝适用当事人协商选择的实体法。总之,国际仲裁中心按照国际标准组建,国际化程度高于其他地区的国际仲裁中心,辐射面也更广,外地企业完全可以放心投资,放心将案件交给仲裁中心办理。

四、加强粤港澳仲裁合作的几点思考

作为投资者而言,决定其投资的因素很多,而营商环境无疑是其考虑的一个重要指标。借助良好的营商环境,企业的发展更是如虎添翼。而作为城市主管方来说,建设并完善好软硬环境,是吸引投资十分必要的条件。当前,广东省正处于加快转型升级的关键时期,一方面,当今世界人才、资源、资金、技术、市场竞争日益激烈,营商环境的优劣决定了高端要素资源的流向与集聚,成为能否在全球经济技术竞争中获胜的关键因素;另一方面,随着我国全方位改革开放不断深入拓展,广东省原有的许多先发优势正逐步丧失,改革步入深水区,转型升级到了爬坡越坎的关键阶段。要重塑广东的竞争优势,必须在推进产业、技术等方面硬转型的同时,更加重视软转型。营造法治化、国际化营商环境就是推进软转型的核心内容。在营商环境方面,无论是企业的管理、行业协会的建立,还是廉政建设,南沙都应向香港学习。广东省第十一次党代会提出"力争通过五年努力,基本形成法治化、国际化营商环境的制度框架"。为贯彻会议精神,省委省政府决定制定《建设法治化国际化营商环境五年行动计划》,提出"建设公平正义法治环境、透明高效政务环境、竞争有序市场环境、和谐稳定社会环境、互利共赢开放环境"五大任务,为建设法治化、国际化营商环境指明了努力方向。

当然,任何一个成功的营商环境的塑造都不是一朝一夕的事情,浙商有浙商的风格,闽商有闽商的特色,南沙新区在粤港澳合作平台之上要形成更加诚恳、务实的营商环境,离不开仲裁这样一种国际化解决纠纷的途径,居中裁判,为守信的企业、商人提供法治保障。朱小丹省长在《广州南沙新区发展规划》发布会上说过"在建设法治化、国际化营商环境上,我们争取在南沙形成一个新的、具有普遍指导意义的好的典范",为了实现这个理想和抱负,各方已经先行先试,成立了国际仲裁中心,接下来还有很多工作需要努力尝试。

第一,要完善营商法规规章,提高民商事合同纠纷仲裁效率,健全商事纠纷非诉讼解决机制,完善不动产物权登记制度,加强知识产权保护,完善企业退出机制,弘扬营商法治精神。特别是知识产权保护方面,要加强对知识产权的主动、适时的认定和保护。在进行有关知识产权仲裁时,可以加强粤港澳律师之间的相互合作或协助，建立长期的合作或协助机制，节约仲裁成本，在最大的范围内维护有关知识产权纠纷当事人的利益。

第二，要通过粤港澳三地的仲裁合作，互通有无，取长补短，从而实现标杆引领、规则对接，坚持借鉴香港、澳门先进经验与南沙本地实践相结合，积极对接国际先进理念和通行规则，使营商环境更规范、更透明、更便利。当然，三地仲裁机构还可以彼此开展互相沟通、互相交流、互相访问的活动，通过学术、实践案例研讨，通过开展模拟仲裁庭研讨、互派专家讲授仲裁经验等方式加强合作。

第三，要充分利用南沙国际仲裁中心这个平台为当事人提供公平合理、满意周到的服务，这是最为现实和最为有效的宣传推广。要继续宣传南沙国际仲裁中心，落实签订仲裁示范条款，争取不让南沙的经济纠纷走出南沙，千方百计展示仲裁平台在处理民商事矛盾中的魅力。练好内功的同时，我们也要不断注重吸收先进经验，完善仲裁机构自身建设，可以借鉴联合国国际贸易法委员会的做法，加强涉外仲裁在内的仲裁机构建设。

第四，要重点推进在财产保全和执行等领域的沟通和协助。我国新修改的《民事诉讼法》有关执行程序作出了一定的修改，但还有待进一步完善。如何使内地与港澳地区可以相互委托送达民商事仲裁文书、判决可以相互认可与执行等，是有效保护当事人权益的亟待解决的法律问题。现在我们要充分利用粤港澳仲裁合作平台，着重确定和解决有关民事管辖权的冲突与协调的问题、相互委托送达民商事仲裁文书和调取证据的问题、仲裁裁决的相互认可与执行的问题。

总而言之，三地仲裁机构应该团结一心，努力建设南沙新区法治化、国际化营商环境，努力将粤港澳合作推向一个新的台阶。

论仲裁制度的诉讼化

王小莉*

一、从诉讼到仲裁：仲裁基于诉讼的缺陷而产生和发展

（一）诉讼的功能及缺陷

诉讼是国家司法机关依照法定职权和程序，具体适用法律处理各种案件的活动。它是现代法治国家处理与化解社会矛盾和纠纷的最后手段，也是我国"依法治国，建设社会主义法治国家"的宏伟目标和治国方略在社会纠纷解决机制中的具体体现。诉讼是以启动国家的司法资源并以司法裁判的方式来解决各种社会纠纷的。它本身蕴含着多元的价值选择，承担着多重的社会功能，发挥着广泛的社会调控作用。伴随着中国的入世和社会主义市场经济的发展，各种社会纠纷势必会更加纷繁复杂，纠纷的数量会日益增多。诉讼在当今社会生活中的地位越来越重要，其功能也在不断强化，诉讼已成为当事人双方解决纠纷的重要途径。它在确认有争执的权利义务关系，补救违约、侵权、违法行为所造成的损害，恢复和整合被破坏的法律秩序，排除法律运行障碍等方面发挥着重要的作用。

诉讼主要依赖于国家强制力发挥作用，其正当性和权威性的主要基础是合法性。无论是管辖权的取得、审判庭的组成、审判过程的每一个环节、审判结果，都必须完全合乎法律的规定，必须以"法律为准绳"，当事人除了决定是否选择诉讼途径以外，对于诉讼过程和结果几乎无力控制，由此，便决定了诉讼在解决纠纷方面也存在着一定的限度和不足：

1. 诉讼本身要受到立法滞后、法律规范矛盾、价值选择冲突、案件证据事实认定困难、法官法律信仰偏差以及司法环境侵扰等因素的影响。[①]

---

* 广州仲裁委员会副主任，法学博士。

① 夏锦文、徐英荣：《现实与理想的偏差：论司法的限度》，载《中外法学》2004年第1期。

2. 作为诉讼的当事人，他们要承担诉讼程序复杂、诉讼过程迟延、诉讼费用昂贵、诉讼结果不确定等弊端所造成的不利后果。因而，诉讼及其性质决定了诉讼并不是一种完美的纠纷解决机制，而是一种高成本的纠纷解决机制。它本身存在着难以克服的缺点。

3. 从纠纷的解决途径看，诉讼并非纠纷的唯一解决途径和方式。其一，并非一切纠纷司法都能解决；其二，并非一切纠纷司法都能公正地（主要从当事人的角度看）予以解决；其三，即使司法裁判做到了公正，还必须关注司法裁判延伸之下的结果；其四，还需要注意的是，法制手段的有限性也会造成司法结果与人们的理想的偏差。

（二）仲裁的特征和优势

正是由于诉讼具有上述不可克服的缺陷，人类社会从来没有放弃寻求和建构多元化纠纷解决机制的努力，仲裁便是其中之一。仲裁具有简便性，它满足了当事人在纠纷解决过程中追求最大效率的愿望，仲裁的自治性和专业性又使当事人充分信任裁决结果的公正性。与诉讼相比，仲裁具有以下特征：

1. 当事人意思自治。仲裁作为一种民间冲突的救济机制，其特有的价值目标——意思自治是其应有之义。意思自治指"每一个社会成员依自己的理性判断，管理自己的事务，自主选择、自主参与、自主行为、自主负责"。[①]在仲裁中，当事人的意思自治并不仅仅体现在当事人对自己实体权利和诉讼权利的自由支配或自由处分权的问题，还体现在对仲裁程序的启动、发展和终止具有主动权。"仲裁的一个最明显的特征在于，当事人可以对整个仲裁程序加以控制。"[②] 因此，仲裁按何种程序、步骤进行，一般由当事人自行决定，仲裁机构的规制仅为当事人意思自治的补充或在当事人没有约定仲裁规制的情况下才有适用的余地。

2. 仲裁程序具有灵活性和可选择性。仲裁程序的可选择性，是指仲裁适用何种程序法或仲裁规则，可以适用当事人意思自治原则，由当事人自己决定，甚至可由当事人自行协商拟订程序。不少国家的仲裁法和民事诉讼法规定，在涉外或国际商事仲裁中，当事人可以协议选择仲裁法或仲裁规则。如《国际商事仲裁示范法》第 19 条第（1）款规定："在不违背本法规定的情况下，当事各方可以自由地就仲裁庭进行仲裁所应遵循的程序达成协议。"然

---

① 江平、张洪礼：《市场经济与意思自治》，载《法学研究》1993 年第 6 期。
② Matin Odams de Zylva, Reziya Harrison Ma, International Commercial Arbitration: Developing rules for the new millennium, Jordan Publishing Limited 2000.

而，与仲裁相比，诉讼根据国家主权原则在一国进行诉讼，适用的是法院地国的程序法，综观各国民事诉讼法的规定，迄今无任何一个主权国家允许诉讼当事人在诉讼程序中选择程序法。

3. 仲裁具有简便性和快捷性。基于仲裁的自愿性和自治性，仲裁程序不像诉讼程序那样苛刻而繁琐，它赋予当事人更多的实体上的处分权和程序上的选择权，使他们在法律的范围内可以个性化其纠纷解决方式，并且仲裁实行一裁终局制，这样就避免了无谓的程序浪费、诉讼迟延，实现了纠纷的迅速、快捷解决。

（三）仲裁的制度化过程

尽管仲裁制度有着自己独特的价值和追求，但正如人们对仲裁性质认识的历程①所表明的，历史上，仲裁的制度化过程经历了三个阶段，从而与诉讼的关系也呈现出三种形态：

1. 仲裁自治化阶段。仲裁作为一种解决争议的民间方式，有着悠久的历史，当时国家将仲裁视为私人领域，法律无意过问，法院也不加干预。仲裁在其产生后相当长时间内完全是在国家司法制度外发展演化，处于绝对自治状态。第三人根据自己的认识，依照法律、风俗习惯、商业惯例等对争议双方的纠纷作出裁决，裁决依据公信力得到执行。

2. 仲裁司法化阶段。在此阶段，诉讼过分干预仲裁。随着仲裁的作用和影响不断扩大，国家开始关注仲裁，并积极运用立法权使仲裁与诉讼"接轨"，逐步将仲裁纳入国家司法体系。因此仲裁的契约性逐步发展变化，成为一项契约因素和司法因素交织在一起的解决争议的制度。由于国家对仲裁心存疑虑和偏见，认为其发展会削弱国家的司法权，故对仲裁设置了许多限制。法庭审判与仲裁程序之间在某种程度上很难区分。② 仲裁的司法化限制了仲裁的发展。

3. 仲裁制度逐渐合理化阶段。在诉讼爆炸的当代世界，社会纠纷的层出不穷与司法资源的力不从心，不断打碎由国家垄断社会控制手段的欲望和努力。作为经济生活中的冲突主体基于利益最大化的追求，希望尽快解决纠纷，并有利于日后的继续合作，不主张国家过多干预。基于对多元争端解决机制的

---

① 关于仲裁的性质，有契约说、司法权说、混合说和自治说四种学说，四种学说分别是根据仲裁的发展形态作出的界定，其中混合说是主流学说，而自治说则具有理论的超前性。

② Ⅱ Pollock and Maitland, History of English Law 623 (2nd ed. 1923).

理性认识,各国也逐渐改变了对仲裁的态度,放松其管制并转向支持仲裁。尤其在本世纪 80 年代初这一趋势更加明显,一些国家新颁布的仲裁法以及联合国或其他国际组织制定的仲裁规则,都明显地反映了进一步弱化司法干预的趋势。如 1979 年英国对其仲裁法的改革,便大大放松了对仲裁的司法管制,1986 年联合国《国际商事仲裁示范法》也体现了这一精神。

二、仲裁制度化过程中对诉讼的借鉴

仲裁的发展历程表明,仲裁的制度化与国家的司法规制不可分离,其必然带上"诉讼"的痕迹,借鉴了诉讼中许多有益的做法。这一方面是因为仲裁与诉讼解决纠纷的范围有相同之处,即都是平等主体的公民、法人和其他组织之间发生的合同纠纷和其他财产权益纠纷,因此两者在具体方式和具体程序上也可以互相借鉴;另一方面,因为诉讼存在的时间长,其程序更为成熟和完备,借鉴诉讼中的有益做法成为仲裁法律化、制度化的捷径。因而仲裁借鉴诉讼法规定的情况更加明显。以我国现行仲裁制度为例,仲裁对诉讼的借鉴具体体现在三个方面:

(一)直接沿用

如《仲裁法》第 63 条规定,被申请人提出证据证明裁决有《民事诉讼法》第 217 条第 2 款①规定的情形之一的,经人民法院组成合议庭审查核实,裁定不予执行;第 71 条规定,被申请人提出证据证明涉外仲裁裁决有《民事诉讼法》第 260 条第 1 款②规定的情形之一的,经人民法院组成合议庭审查核实,裁定撤销。

(二)间接沿用

如《仲裁法》第 15 条第 3 条规定,中国仲裁协会依照本法和民事诉讼法的有关规定制定仲裁规则。第 73 条规定,涉外仲裁规则可以由中国国际商会依照本法和民事诉讼法的有关规定制定。第 75 条规定,中国仲裁协会制定仲裁规则前,仲裁委员会依照本法和民事诉讼法的有关规定可以制定仲裁暂行规定。第 74 条规定,法律对仲裁时效有规定的,适用该规定;法律对仲裁时

---

① 笔者注:此处是指 1991 年民事诉讼法,经 2007 年、2012 年两次修正,此条款已作为现行民事诉讼法第 237 条第 2 款,内容略有改动。

② 笔者注:此处是指 1991 年民事诉讼法,经 2007 年、2012 年两次修正,此条款已作为现行民事诉讼法第 274 条第 1 款。

效没有规定的，适用诉讼时效的规定。《仲裁法》的上述规定表明，有关组织和机构在制定仲裁规则时应借鉴《民事诉讼法》的有关规定。

（三）实际借鉴

《仲裁法》中关于仲裁代理、仲裁回避、仲裁举证、仲裁调解、仲裁缺席判决等的规定，均与《民事诉讼法》的有关规定相同或相似，立法者无疑借鉴了民事诉讼法的有关规定。

仲裁向诉讼看齐，是仲裁制度化的有效途径，后发国家尤其如此。这样，就很容易形成诉讼中心主义：以诉讼为当然的视角，似乎正义只出于法院，一切以诉讼为判断的基准，仲裁程序是诉讼程序的翻版，甚至变相否定仲裁的终局性。立法者受此影响，就会制定出有违仲裁精神的仲裁法。仲裁的过分诉讼化，一直是学者批评的重点。笔者认为，好的仲裁法应避免仲裁的诉讼化，应是诉讼法否定之否定的产物。

三、我国仲裁制度的诉讼化表现

（一）仲裁程序规定过于严格，缺乏灵活性

仲裁程序因契约性而优于诉讼程序，更具有灵活性、兼容性。在仲裁活动中，当事人有选择仲裁程序的自主权，这是1958年6月10日《承认及执行外国仲裁裁决公约》第5条所确认的仲裁当事人的重要权利。除此之外，德国、日本、美国等国家的仲裁立法与仲裁规则都允许双方当事人通过仲裁协议自行选择仲裁程序①，双方当事人之间的约定只要没有违背仲裁地有关法律的强制性规定，没有侵害第三人或者社会公共利益，就应得到认可与尊重。但我国《仲裁法》却没有规定当事人有选择仲裁程序的权利，并且在程序方面的规定繁琐而又较为严格，带有诉讼的色彩。比如，根据我国《仲裁法》第45条的规定，证据应在开庭时出示，并由当事人进行质证。这一规定不仅排斥了在仲裁活动中其他的质证方式，而且对于采用书面审理案件的形式制造了法律障碍，因无法当庭质证而不能推进程序的进行。这都与仲裁体现当事人意思自治、经济快捷的仲裁价值背道而驰，并且使我国的仲裁程序在操作中缺乏一定灵活性，在某些方面几乎成为诉讼程序的翻版。

---

① 陈桂明：《仲裁法论》，中国政法大学出版社1993年版，第91—100页。

（二）仲裁协议形式要件过于僵化

根据我国《仲裁法》第 16 条、第 18 条的规定，一个有效的仲裁协议必须同时具备三个形式要件，即请求仲裁的意思表示、仲裁事项和选定的仲裁委员会。如果仲裁协议对仲裁事项或者仲裁委员会没有约定或者约定不明确的，当事人可以达成补充协议；达不成补充协议的，仲裁协议无效，不能履行。这一规定与目前国际上通行做法相去甚远。在国际仲裁实践中，一般是要求当事人在仲裁协议中能够有提交仲裁的意思表示即可，而且允许临时仲裁形式的存在。而根据我国《仲裁法》的上述规定，如果在仲裁协议中当事人约定的仲裁事项及选定的仲裁委员会不明确，将导致仲裁协议无效。这就使许多双方当事人均有将纠纷提交仲裁意愿的仲裁协议因非关键性内容的欠缺而无效，既缩小了我国仲裁机构受理案件的范围，严重阻碍了我国仲裁事业的迅速发展，又违背了双方当事人申请仲裁的意愿。更为严重的是，在仲裁协议有效要件问题上与国际社会规定的不一致，已经对我国国际仲裁事业产生了极为不利的影响，引发了一系列问题。

（三）仲裁员制度中的诉讼化问题

仲裁员是整个仲裁的核心与灵魂，有什么样的仲裁员就有什么样的仲裁。我国的仲裁员制度则存在着诸多问题，很大程度上限制了当事人的意思自治，带有明显的诉讼化倾向。强制名册制限制了当事人选择仲裁员的自由意志，类似诉讼当事人无法选择法官一样。本来施行名册制的目的是使当事人及时、准确、有针对性地选任仲裁员，但根据我国现在各仲裁机构的仲裁员名册，仲裁员基本上以我国为主，这样势必限制了涉外当事人对我国仲裁的选择。这种迫使当事人无人可选的强制名册制完全违背了名册制的初衷，并且强制名册制使仲裁员成为稀缺资源，成为一个带有神圣光圈的高雅头衔，许多法院的离退休法官甚至在职法官都想挤进这支队伍，以图名利双收。许多没有经过仲裁专业培训的法官成为仲裁员，其固有的诉讼思维模式和经验很可能做出合乎法律但不切合实际的机械的裁决，使得仲裁诉讼化的倾向进一步加剧。因此，摒弃强制名册制，采用推荐名册制势在必行。

（四）过度的司法监督只会使仲裁变为另一个诉讼

现代国际商事仲裁绝对不能脱离法院的支持而独立存在。并且协助与支持仲裁的职能在不断加强，监督与审查的职能在不断弱化。世界是几乎所有的国家都规定了对仲裁的司法监督，只不过实施监督的具体方式、程度与范围不同罢了。司法监督并非是越多越好,"过多的司法监督同没有监督一样百弊丛生。"[①] 那样只会抹杀仲裁的民间性、高效灵活、一裁终局等优势,使仲裁沦为法院的附庸。实际上成为仲裁"一审",法院"二审",这和"二审"既包括撤销仲裁裁决,也包括退回仲裁机构重新仲裁,还可以拒绝承认与执行仲裁裁决,这样下来所耗费的时间与金钱远远超过了诉讼本身,仲裁简便、快捷、经济的优势荡然无存,更可悲的是当事人往往还要掉过头来重走诉讼之路。

大多数国家都尽力缩小司法审查的范围,将其缩小在程序问题上面,并且是基于当事人的自愿申请而启动的。如裁决是否超出了仲裁协议约定的范围、仲裁庭的组成是否符合仲裁程序等。在我国,国内仲裁和涉外仲裁实行的是区别对待的双轨制,对国内仲裁既审查程序又审查实体,对涉外仲裁只审查程序不审查实体。笔者认为,依据《纽约公约》第5条第2款的规定,对国内仲裁的实体问题审查应严格限制在可仲裁性以及公共政策两个方面,涉外仲裁虽不审查实体问题,但程序的司法监督仍存在干涉过严、过多的地方。例如,关于仲裁协议效力的认定,《仲裁法》第20条第1款规定:"可以请求仲裁委员会作出决定或者请求人民法院作出裁定。一方请求仲裁委员会作出决定,另一方请求人民法院作出裁决的,由人民法院裁定。"可见,在该问题上法院拥有最终的决定权,这与国际普遍采纳的管辖权原则(自裁原则、自决原则)即仲裁庭有权决定自己的管辖权背道而驰,是法院过度干预仲裁的典型表现。因此仲裁的司法监督应坚持"适度"原则,本着支持与鼓励仲裁这一根本出发点,避免过度的法院干预造成的诉讼化倾向,"尽量减少以至消除司法干预对仲裁发展的消极作用,充分发挥其积极作用,从而在当事人充分意思自治与适当的司法干预之间寻求平衡。"[②]

四、仲裁诉讼化之克服

我国《仲裁法》在仲裁制度的规定上既未赋予仲裁员适当进行仲裁的权力,又未给予当事人选择的自由,反倒是对民事诉讼中相关概念、程序规定的简单的"拿来主义"式的模仿和抄袭。这样的结果使得仲裁的某些程序徒有其表,其实质内容被诉讼的相关程序所取代,仲裁程序有仲裁之形而无仲裁之神。针对这些表现,笔者认为,可以通过以下三个途径来克服仲裁程序的诉讼化问题:

[①] 汪祖兴:《浅谈仲裁公正性——兼论中国仲裁的监督机制与国际惯例的接轨》,载《仲裁与法律通讯》1998年第2期。

[②] 朱克鹏:《国际商事仲裁的法院干预》,载《法学评论》1995年第4期。

(一) 遵循程序主体性原则，以当事人意思自治为本位

仲裁与诉讼的最大不同点，就是当事人意思自治。正如英国著名学者施米托夫所说："商事仲裁的首要原则是当事人意思自治。"① 当事人意思自治是仲裁诉讼化倾向克服的最重要的程序原则和法理基础。以当事人的意思自治为本位，首先应该确定一个原则，即关于仲裁的进行，以当事人的选择为优先。如1985 年联合国《国际商事仲裁示范法》第 19 条第（1）款规定："以服从本法的规定为准，当事各方可以自由地就仲裁庭进行仲裁所应遵循的程序达成协议。"其次，在具体环节上，一般应依法进行，但当事人另有约定的除外。再以前述示范法为例，其第 21 条规定："除非当事各方另有协议，特定争议的仲裁程序，于应诉人收到将该争议提交仲裁的请求之日开始。"

(二) 确定仲裁庭的适当仲裁权

在缺乏当事人约定的情况下，法律授予仲裁庭以宽泛的自由裁量权，是确保仲裁效率所必须的。前述示范法第 19 条第（2）款即规定，"如未达成这种协议，仲裁庭可以在本法的规定的限制下，按照它认为适当的方式进行仲裁。"而比该示范法更胜一筹的英国《1996 年仲裁法》第 34 条也明确规定："在不违背当事人有权商定任何事项的前提下，仲裁庭得决定所有程序和证据事项。"

(三) 对仲裁程序只作原则性规定，确定最低限度的正当程序标准

正当程序意味着两点：一是任何人不能审理自己或与自己有利害关系的案件，即任何人或团体不能作为自己案件的法官；二是任何一方的诉词都要被听取。最低正当程序要求，一方面可以确保仲裁不流于任意和武断，从而维护当事人的合法权益，另一方面授权仲裁庭在此之外进行适当仲裁，提高仲裁的效率。如英国《1996 年仲裁法》第 33 条规定了仲裁庭的一般义务："1. 仲裁庭应：a. 公平及公正地对待当事人，给予各方当事人合理的机会陈述案件并抗辩对方当事人的陈述；b. 根据特定案件的具体情况采取合适的程序，避免不必要的延误或开支，以对待决事项提供公平的解决方式。2. 仲裁庭应在进行仲裁程序过程中、在其对程序和证据事项的决定中以及在行使授予它的所有其

---

① ［英］施米托夫：《国际贸易法文选》，赵秀文译，中国大百科贸易出版社 1993 年版。

他权力时，都应遵守该一般义务。"因此，在充分尊重当事人意思自治的基础上，在我国《仲裁法》中确定最低正当程序标准，规定："(1)仲裁庭应公平及公正地对待当事人，给予各方当事人合理的机会陈述案件并抗辩对方的陈述，并根据特定案件的具体情况采取合适的程序，避免不必要的延误或开支，以对待决事项提供公平的解决方式。(2)仲裁庭应在进行仲裁程序过程中、在其对程序证据事项的决定中以及在行使授予它的所有其他权力时都应遵守一般义务。(3)在不违背当事人有权商定任何事项的前提下，仲裁庭得决定所有程序和证据事项。"如此，仲裁制度将会比过去更加灵活和具有更强的可操作性。

我国《涉外民事关系法律适用法》仲裁协议法律适用条款评析

罗剑雯*

我国《涉外民事关系法律适用法》(以下简称《法律适用法》) 已于 2010 年 10 月 28 日第十一届全国人民代表大会常务委员会第十七次会议通过，并于 2011 年 4 月 1 日起施行，是我国第一部关于涉外民事关系法律适用问题的单行法，在我国国际私法立法史上具有深远的影响。在这部法律中，与仲裁法相关的是第 18 条的规定，即关于涉外仲裁中仲裁协议的法律适用问题，这是我国程序问题法律适用领域立法的一大突破。该条规定："当事人可以协议选择仲裁协议适用的法律。当事人没有选择的，适用仲裁机构所在地法律或者仲裁地法律。"

经过一段时间的实施，最高院民四庭进行了广泛而深入的调研，于 2011 年底完成了《关于〈中华人民共和国涉外民事关系法律适用法〉实施情况的调研报告》，认为有几个方面的问题需要在司法实践中统一裁判思路，其中包括仲裁协议的法律适用问题，即该法明确规定了如何确定涉外仲裁协议的准据法，但在当事人没有约定应当适用的法律，也没有约定仲裁机构和仲裁地的情况下，如何确定仲裁协议的准据法呢？① 为此，最高院于 2012 年 12 月 28 日公布了《关于适用〈中华人民共和国涉外民事关系法律适用法〉若干问题的解释（一）》（以下简称《司法解释（一）》），② 其中第 14 条进一步规范了涉外仲裁协议准据法的确定："当事人没有选择涉外仲裁协议适用的法律，也没

---

* 中山大学法学院副教授，中山大学法学理论与法律实践研究中心研究员，法学博士。

① 参见"最高院民四庭负责人就《关于适用〈中华人民共和国涉外民事关系法律适用法〉若干问题的解释（一）》答记者问"，载最高人民法院网 http://www.court.gov.cn/xwzx/jdjd/sdjd/201301/t20130106_181593.htm，访问时间 2013 年 1 月 10 日。

② 参见最高人民法院网 http://www.court.gov.cn/qwfb/sgs/201301/t20130l07_181600.htm，自 2013 年 1 月 7 日起施行。

有约定仲裁机构或者仲裁地,或者约定不明的,人民法院可以适用中华人民共和国法律认定该仲裁协议的效力。"此外,其他一些规定,如第6、7、8条等,也对澄清现行立法的模糊之处起到了一定的积极作用。

上述这一立法及其司法解释,虽然具有重要的立法意义与实践价值,但仍存在明显的不足,亟待完善。

一、现行涉外仲裁法律适用立法及其司法解释存在的问题

(一) 现行立法中某些概念与用语有待明确

《法律适用法》第18条规定:"当事人可以协议选择仲裁协议适用的法律。"原本,这里的"法律"所指的应是程序法,主要是仲裁法。但是,基于仲裁协议本身的契约性,不排除该条款中的"法律"包括我国《合同法》等实体法的可能性。

《法律适用法》第41条规定:"当事人可以协议选择合同适用的法律。当事人没有选择的,适用履行义务最能体现该合同特征的一方当事人经常居所地法律或者其他与该合同有最密切联系的法律。"如果将"仲裁协议"视为"合同"的一种表现形式,那么,该条中的"法律"便不只包括实体法,还应包括程序法。

对于上述条款中的"法律"、"合同"等概念,现行立法及其司法解释均未予以明确。

(二) 当事人意思自治的限制有必要进一步明确

现行立法仅规定当事人可以协议选择仲裁协议适用的法律,但并未就当事人选择法律的时间、方式、范围、后果等作出必要的限制。然而,当前国际社会所公认的意思自治原则是有限的自治,而非无限的自由。显然,《法律适用法》中的规定是不完善的,有待补充或解释。

对此,《司法解释(一)》对当事人选择适用法律的范围、时间、方式等细节问题作了一些规定。其中,第6条规定:"中华人民共和国法律没有明确规定当事人可以选择涉外民事关系适用的法律,当事人选择适用法律的,人民法院应认定该选择无效。"第7条规定:"一方当事人以双方协议选择的法律与系争的涉外民事关系没有实际联系为由主张选择无效的,人民法院不予支持。"第8条规定:"当事人在一审法庭辩论终结前协议选择或者变更选择适用的法律的,人民法院应予准许。各方当事人援引相同国家的法律且未提出法律适用异议的,人民法院可以认定当事人已经就涉外民事关系适用的法律做出

了选择。"

最高院民四庭负责人就《关于适用〈中华人民共和国涉外民事关系法律适用法〉若干问题的解释（一）》答记者问时表示："由于该法系冲突规范，其适用最终导致影响当事人权利义务的实体法的适用。"① 这显示司法界仍坚持"准据法是实体法"的倾向，故在该司法解释中关于当事人选择适用法律的范围、时间、方式等细节规定，主要是针对实体法作出的，基本上没有考虑准据法是程序法的特殊性，尤其是仲裁程序法的特殊性，因此是有待进一步明确的。

（三）当事人没有选择法律时的准据法与1958年《纽约公约》的规定不尽一致

在《法律适用法》通过之前，我国《合同法》第126条第1款规定："涉外合同的当事人可以选择处理合同争议所适用的法律，但法律另有规定的除外。涉外合同的当事人没有选择的，适用与合同有最密切联系的国家的法律。"这是立法机关在涉外合同领域运用"最密切联系原则"的体现。

《法律适用法》第2条规定："涉外民事关系适用的法律，依照本法确定。其他法律对涉外民事关系法律适用另有特别规定的，依照其规定。本法和其他法律对涉外民事关系法律适用没有规定的，适用与该涉外民事关系有最密切联系的法律。"由此可见，我国立法机关将"最密切联系原则"作为《法律适用法》的基本原则，这是我国对国际私法、仲裁法理论与实践的重要贡献之一。

《法律适用法》第18条规定："……当事人没有选择的，适用仲裁机构所在地法律或者仲裁地法律。"该条款可以视为最密切联系原则在涉外仲裁协议法律适用领域的具体运用，原本是值得肯定的。但问题在于，1958年《纽约公约》第5条第1款第（1）项规定："第二条所提及的协议的当事人根据对其适用的法律处于某种无行为能力的情形，或根据当事人约定的准据法协议无效，或未约定准据法时，依裁决地所在国法律（the law of the country where the award was made）协议无效。"

如果将仲裁协议视为合同的一种表现形式，我国《合同法》对当事人未约定仲裁协议准据法时应适用的法律，仅仅是运用了最密切联系原则，但未指明具体的准据法究竟是什么。此次，《法律适用法》第18条试图将该原则具体

---

① 参见"最高院民四庭负责人就《关于适用〈中华人民共和国涉外民事关系法律适用法〉若干问题的解释（一）》答记者问"，载最高人民法院网 http://www.court.gov.cn/xwzx/jdjd/sdjd/201301/t20130106_181593.htm。

化,但其将准据法确定为"仲裁机构所在地法律或者仲裁地法律",这与1958年《纽约公约》第5条第1款第(1)项所规定的"裁决地所在国法"不尽一致。尽管,对"仲裁地法"存在多种不同的解释,"仲裁裁决地法"是其中的一种,但严格来说,二者不能等同,仍有区别。

对此,《司法解释(一)》第14条规定:"当事人没有选择涉外仲裁协议适用的法律,也没有约定仲裁机构或者仲裁地,或者约定不明的,人民法院可以适用中华人民共和国法律认定该仲裁协议的效力。"虽然,如果仲裁裁决在中华人民共和国境内作出,则中国法律作为"裁决地所在国法",用以认定仲裁协议的效力,但就整体而言,这一司法解释不仅仍然与1958年《纽约公约》第5条第1款第(1)项的规定不尽一致,而且还是一条单边冲突规范,有硬性适用法院地法之嫌。

二、立法与司法实践存在问题的主要原因

笔者认为,《法律适用法》涉外仲裁协议法律适用存在问题的原因有多种,包括立法机关过去对涉外程序问题(包括诉讼与仲裁)的法律适用问题重视不够,更重要的是我国国际私法理论中关于准据法性质的界定严重偏失。

我国国际私法理论关于准据法的性质存在很大的理论分歧。许多传统的国际私法学者在研究冲突规范时往往集中于实体私法领域,在其著述中大多主张"准据法是能够确定当事人的权利义务关系的实体法"[1]。有学者指出,从广泛的视角来给冲突规范下定义便应认为,凡在处理涉外民事关系及因涉外民事关系而发生的争讼时,指定对实体问题和程序问题应适用哪一法律以及划分涉外(或国际)民事管辖权的规范,均属冲突规范。[2] 还有学者虽在文章中表示准据法包括实体法和程序法,但未深入论证。[3]

笔者认为,间接调整方法在程序法领域内长期存在。随着仲裁作为纠纷解决方式在国际社会的广泛运用,"仲裁程序受仲裁地法(lex loci arbitri)支配"这一冲突规范已成为仲裁法领域的主要原则,在使用这一程序性问题的冲突规范时,不必说明前提或语境,使用者都能判断出作为准据法的"仲裁地法"所具有的程序法性质。由此可见,准据法应当是经冲突规范指引的用以确定国际民商事关系的当事人的权利义务关系的法律规范,包括实体法与程序法,但

---

[1] 韩德培主编:《国际私法》,高等教育出版社、北京大学出版社2007年版,第105页。
[2] 李双元主编:《国际私法》,北京大学出版社2006年版,第69页。
[3] 何群:《关于准据法概念的几点异见》,载《财经理论与实践》1999年第20卷第101期。

不包括冲突法。因此，应从国际私法理论上确认冲突规范的完整内容，既有解决实体性问题的冲突规范，又有解决程序性问题的冲突规范。

三、完善《法律适用法》涉外仲裁法律适用立法与司法实践的建议

笔者认为，唯有从理论上进行清晰的梳理与明确后，才能彻底解决我国《法律适用法》涉外仲裁法律适用立法与司法实践中存在的问题。为此，笔者提出以下几个方面的完善建议：

（一）明确《法律适用法》中的相关概念与用语

笔者主张，应当将上述关于国际私法尤其是准据法性质的完整理论运用于立法与司法实践之中。

首先，应明确该法中的"法律"这一概念。"法律"包含实体法、程序法、冲突法这三种不同性质的组成部分。为避免"法律"一词的使用混乱，对于"法律适用法"，应坚持始终使用这一用语，不必使用"冲突法"的概念，以保持与《法律适用法》名称的一致性。对于该法中其他相同性质的法律，也应将笼统的"法律"一词改为"法律适用法"。对于"涉外民事关系适用的法律"，改为使用"准据法"的概念，并将其明确为包括实体法与程序法，以区别于"法律适用法"。对于有可能包括实体法、程序法、冲突法在内的法律，如第 4 条，则仍然使用"法律"这一总概念。

其次，对于《法律适用法》中的"合同"这一概念，应将仲裁协议视为是合同的一种表现形式，因此，该法第 41 条与第 18 条之间是一般条款与特殊条款的关系，并不矛盾。当然，这是以将两个条款中的"法律"理解为"准据法"，并且承认"准据法"包含实体法与程序法为前提的。

（二）根据准据法的不同特点分别对当事人的意思自治进行必要的限制

鉴于《司法解释（一）》已就准据法是实体法情况下的意思自治进行了限制，立法者应着重对准据法是程序法情况下的意思自治进行研究，结合仲裁法、诉讼法、仲裁规则等的特点，确定相应的限制。例如，由于程序法的选择将影响整个纠纷解决程序，因此当事人协议选择或者变更选择适用法律的时间不应定在一审法庭辩论终结前。

（三）当事人没有选择法律时的准据法应与《纽约公约》的规定保持一致

对于当事人没有选择法律时的准据法，1958 年《纽约公约》第 5 条第 1 款第（1）项规定的是 "the law of the country where the award was made"，意即"裁决作出地所在国法"。但在仲裁实践中，有时仲裁裁决的作出地与仲裁程序的进行地并不在同一国家，此时，从连结点的角度看，仲裁裁决的作出地并不比仲裁程序的进行地与仲裁协议或者仲裁程序具有更密切的联系，因此适用"仲裁裁决作出地法"也存在一定的不合理之处。

尽管如此，基于 1958 年《纽约公约》的巨大影响力以及我国作为公约缔约国所承担的"约定必守"义务，我国的《法律适用法》及其司法解释应当与公约的规定保持一致，即应当调整为："……当事人没有选择的，适用仲裁裁决地国的准据法。"

综上所述，我国应当进一步重视涉外仲裁法律适用的立法问题，完善现有立法，包括在《法律适用法》中增加涉外仲裁程序、仲裁裁决承认与执行法律适用的立法规定，而且，对第 18 条作出如下调整："当事人可以在仲裁庭第一次开庭审理前以书面方式协议选择仲裁协议适用的准据法。当事人没有选择的，适用仲裁裁决地国的准据法。"

内地仲裁裁决在香港特区法院
执行中的公共政策问题

王承志[*] 李剑强[**]

一、问题的由来

在中国的区际司法协助中，内地与香港特区仲裁裁决的相互执行走在了其他领域的前列。为了解决香港回归后两地仲裁裁决执行受阻的尴尬局面，经过两年多的商讨，内地与香港特区终于在 1999 年 6 月份达成了一项《关于内地与香港特别行政区相互执行仲裁裁决的安排》（以下简称《安排》）。《安排》分别从执行法院、申请程序、拒绝执行的条件、执行费用及期限等方面予以了规范，为两地仲裁裁决的自由流动扫清了障碍、铺平了道路。为此，内地最高人民法院在 2000 年初以司法解释的形式将《安排》予以公告。[①]

在香港特区，承认与执行外国仲裁裁决的立法与实践深受英国法的影响，1963 年香港立法局以英国 1950 年《仲裁法令》（Arbitration Act）为蓝本通过《仲裁条例》（Arbitration Ordinance），该条例是香港仲裁法律规则与规范中最重要的成文法，其后分别于 1975 年、1982 年、1990 年和 1996 年进行了大幅度修订。为了贯彻实施《安排》，香港特区立法会于 2000 年再次对《仲裁条例》进行了修订，将《安排》的有关规定纳入《仲裁条例》，作为 IIIA 部，对内地裁决在香港特区的执行专门予以规定。

可以说，《安排》的诞生是两地民商事交往日益频繁的内在要求，是两地区际司法合作进程中里程碑性的文献，为两地的司法协助向纵深方向发展铺平

---

[*] 中山大学法学院副教授，美国天普大学访问副教授，法学博士。
[**] 香港高等法院大律师，英国伦敦（格雷斯法律学院）大律师，香港国际仲裁中心仲裁员，香港建筑师学会及香港测量师学会仲裁员。
[①] 法释〔2000〕3 号。

了道路,具有一系列突破性的意义,在两地的司法协助史上值得大书特书。①考察《安排》在两地的运作实践,尤其从香港特区法院执行内地裁决的情况来看,《安排》取得了较大的成功。②

尽管如此,《安排》在执行中仍存在模糊之处。这一方面是由于任何法律,包括区际私法条约,自诞生之日起就面临着滞后的危险,这是立法与司法之间永恒矛盾的自然体现;另一方面,两地虽联系日趋紧密,但不同的法律传统造就了不同的法律理念和法律制度,这也是区际法律冲突产生的根本原因,仅仅凭借《安排》11个条文的规定不可能一劳永逸地解决两地相互执行仲裁裁决中涉及的所有法律问题。本文拟结合香港特区高等法院及终审法院所作判决,对《安排》体制下的公共政策问题进行剖析,以期澄清相关认识。

二、香港特区法院对公共政策的态度

在 Hebei Import & Export Corp v Polytek Engineering Co Ltd (No. 2)③ 案中,原告河北进出口公司与被告香港某工程有限公司（以下简称香港公司）于1993年4月订立合同,买卖一套机器设备。原告按照合同约定支付了货款,机器设备于1994年初分两次装船运抵原告在内地的最终用户处。原告后来以设备质量存在瑕疵为由于1995年5月向中国国际经济贸易仲裁委员会提出仲裁申请。1996年3月,仲裁庭裁决支持了申请人（本案原告）的请求,要求被告返还货款及利息,并支付损害赔偿金及其他费用。1996年7月,原告单方面申请香港法院执行涉案裁决。7月23日,香港法院批准了执行申请并于同日进行了判决登记。8月13日,被告以传票方式申请香港法院撤销执行许可,同时向北京市第二中级人民法院提出申请,要求法院撤销仲裁裁决,但被人民法院驳回。香港法院的聆讯于1997年5月15日进行,Findlay法官拒绝了撤销执行许可。④

香港公司上诉认为：第一,根据《仲裁条例》第44（2）（c）条,上诉人未能恰当地提出其案。因为：（1）首席仲裁员和仲裁庭聘请的专家应被上诉人的请求在对机器设备进行检验的时候,被上诉人的工程及技术人员在场,而上诉人并不在场；（2）上诉人未接到关于检验的适当通知,致使其没有机

---

① 董立坤：《中国内地与香港地区法律的冲突与协调》,法律出版社2004年版,第587页。
② 莫石、郑若骅：《香港仲裁实用指南》,法律出版社2004年版,第60页。
③ [1998] 1 HKC 192.
④ [1997] 2 HKC 276.

会参与检验,或推荐自己的专家,或者通知设备制造商出具相关证明;(3)上诉人虽有机会就专家的检验报告提出意见,但被法院拒绝作进一步的聆讯。第二,仲裁裁决明显不公,因为被上诉人的工程技术人员单方面地与首席仲裁员和检验专家进行了交流,据称这种交流是在检验过程中以"讨论会"的形式进行的,但是没有留存相关记录。第三,基于以上两点,上诉人认为,执行涉案仲裁裁决将违反《仲裁条例》第44(3)条所指的公共政策。

香港特区高等法院上诉庭法官认为,仲裁庭的上述行为有违"自然公正"(natural justice)。以公共政策为由拒绝执行仲裁裁决,意味着在全面考察案件环境的情况下,允许执行裁决将违背香港社会最基本的道德及正义的理念。虽然对公共政策应作狭义的理解,而且,法院也不应对外法域仲裁庭所作裁决枉加批判,但综合考察本案案情,内地仲裁庭的行为不符合香港社会对"公平"的判断标准,涉案裁决严重违反自然公正,存在明显的偏见,执行该裁决将有违公共政策。

河北进出口公司不服香港高等法院上诉庭的判决,上诉至香港终审法院。①

终审法院法官认为,在以公共政策为由拒绝强制执行裁决时,重要的是要把《仲裁条例》第44条作为一个整体来理解。对于公约裁决的相互执行,第1款规定:除非属本条所述的情形,否则不得拒绝强制执行公约裁决。第2款随后列举了6种可拒绝强制执行公约裁决的情形,由作为裁决执行对象的一方当事人负举证责任。第3款规定,如果公约裁决关乎的事项,不能藉仲裁解决,或强制执行该裁决将违反公共政策,则亦可拒绝强制执行该裁决。由此可见,基于公共政策拒绝执行公约裁决属于一项剩余的救济(residual remedy)。如果裁决作出地的规则或者其"主管当局"(competent authority)认可裁决的效力,而执行地法院仍然以公共政策为由拒绝强制执行该裁决,这种案件在实践中极为少见,除非出现极端不公的情形,即执行地法院认为裁决无效,而作出地法院维持裁决的效力,使其不能在裁决作出地进行重新仲裁。

本案判词中提及最多的反对执行裁决的理由就是"公共政策",该案全面深入地分析了"公共政策"的理由,被认为是最有权威的案件。②

香港特区终审法院认为,"公共政策"是一个多面体式的概念,永远不能以穷尽的方式加以定义。它蕴含了这么一个原则,即出于国际尊重,法院应当

---

① [1999] 1 HKLRD 665.
② 赵令昌:《在香港执行〈纽约公约〉仲裁裁决:可以抗拒执行吗?》,载《香港律师》2004年第8期,第51页。

承认外国仲裁庭所作裁决的有效性,并且予以执行,除非执行该裁决有违道德和正义的基本理念。

Litton 法官认为,上诉庭被公共政策引入了歧途。它过多地局限于专家对设备进行检验时,首席仲裁员在场,而另外两名仲裁员和卖方均不在场这一环节。这一环节是否就将整个案件推到《仲裁条例》第44(3)条的范围呢?没有任何证据能证明这一点,恰恰相反,首席仲裁员能够因此确保专家检验行为的适当性,首席仲裁员并没有对机器设备的状况作出任何评判,也没对机器设备的设计进行修改是否可行发表意见。仲裁庭的裁决在很大程度上也是依据检验专家的报告作出的,而不是以首席仲裁员对设备现状的评估为基础的。对于检验专家的报告,卖方有足够的机会发表意见并就此提出不同意见。因此,Litton 法官认为,本案不能以公共政策为由拒绝强制执行仲裁裁决。

其实早在6年前的 Paklito Investment Ltd v Klockner East Asia Ltd① 案中,法官就认为,如果被告不能证明他们无法陈述自己的意见,公共政策问题就不会被提及;如果被告证明了这一点,公共政策也是无关紧要的。公共政策的抗辩只能作狭义解释,我们鄙视那种不论在什么情况下都将其作为抗辩的做法。仲裁庭违反了应给予当事人陈述案情机会的要求,虽然构成了一项严重的不规范行为,但与公共政策问题无关。

在本案中,Bokhary 法官也认为,以公共政策为依据拒绝强制执行公约裁决时必须存在令人信服的理由。1958年《纽约公约》的目的在于鼓励承认和执行国际合同中的商事仲裁协议,以及统一遵守仲裁协议和执行仲裁裁决的标准。为了达到这一目标,同时避免执行地法院的过分干预,应对公约第5条第2款第(2)项作狭义的解释,其含义为"违反法院所在地关于正义和道德的根本理念……" Bokhary 法官甚至引用美国联邦最高法院对 Mitsubishi Motors Corp v Soler Chrysler – Plymouth Inc② 案所作的判决。该案涉及能否在美国本土之外对反托拉斯请求进行仲裁的问题。美国联邦最高法院多数法官认为,出于对国际礼让、对外国及国际仲裁庭能力的尊重以及在解决国际争议时对国际商业体制可预见性的需要等方面的考虑,我们应该执行当事人之间的协议,即使它可能产生违背国内法的结果。

三、公共政策理论在仲裁裁决执行领域的发展

公共政策是1958年《纽约公约》框架下可由法院主动启动的拒绝承认和

---

① [1993] 2 HKLR 39.
② Mitsubishi Motors Corp v Soler Chrysler – Plymouth Inc (1985) 473 US 614.

执行外国仲裁裁决的抗辩事由。只要外国的仲裁裁决违反了公共政策即允许缔约国拒绝执行该非国内仲裁裁决。在执行国际商事裁决中，公共政策抗辩是一把"双刃剑"。一方面，它可用来约束仲裁员，防止其滥用权利；另一方面，它又可被内国法院随意援引用来拒绝执行外国的仲裁裁决。如今，公共政策抗辩已成为最常被援引和最容易引发争议的一个条款。

一般来讲，公共政策是拒绝执行外国仲裁裁决和外国判决最传统的一项事由，就像拒绝适用外国法一样。关于公共政策的规定，在有关这些事项的几乎所有国际公约或条约中都能找到。尽管如此，迄今为止，并不存在一个关于公共政策的明确定义。其内涵之所以难以把握，是因为公共政策反映了每一个国家经济的、法律的、道德的、政治的、宗教的和社会的根本准则。而在不同的国家，在每一个案中，道德标准或政策重要性的程度是不同的。① 因此，公共政策深受各国司法实践的影响，任何公共政策的界定均具有很强的相对性，需要法官行使自由裁量权在个案中进行解释。公共政策的含义随之处于不断的发展变化之中。

《纽约公约》并未对公共政策作出明确界定。根据 Van den Berg 博士的观点，考虑到《纽约公约》第5条第2款的立法背景，公约所指的是"国际公共政策"，而不是与其相区别的"国内公共政策"。② 根据这种区分，在国内关系中被认为属于公共政策范畴的事项在国际关系中并不必然地被认为属于公共政策事项范畴。这意味着在国际案件中被认为属于公共政策范畴事项的数量要比国内案件中被认为属于公共政策范畴事项的数量小。这种区分为国内关系和国际关系的不同目的所支持和印证。这种倾向在实践中可反映在裁决违反一国法律根本性程序规则中。法律要求仲裁员须为奇数或裁决须附具理由的国家的法院可强制执行那些来自于允许偶数仲裁员或裁决无须附具理由的国家的仲裁裁决。大多数国家仲裁法并未对国际公共政策和国内公共政策作出区分。由法院根据国内仲裁案件或国际商事仲裁案件灵活掌握。一般而言，国际公共政策无论是在内容上还是在范围上都要比国内公共政策狭窄，适用更为严格。

在《纽约公约》体制下，对于公共政策狭义标准的运用依赖于各国国内法院。在具体案件中，法院对所涉裁决是否违反其公共政策享有完全的自由裁量权。所幸的是，近年来，为了促进国际商事仲裁的发展，各国法院普遍从严

---

① Seriki H., Enforcement of Foreign Arbitration Awards and Public Policy, 9 The Arbitration and Dispute Resolution Law Journal, 195 (2000).

② Van den Berg, The New York Arbitration Convention of 1958 - toward a uniform judicial interpretation, 360 (1981).

解释并适用公共政策,在运用公约公共政策条款时已经显示出其对公约的大力支持,并形成了相对稳定的司法解释。法院只在非常情形下方接受违反公共政策的主张。仲裁裁决所适用的法律与裁决执行地国法律相违背,并不必然意味着承认和执行该裁决就与该国公共政策相冲突。即使所涉裁决与执行地国强制性法律规范相抵触,但该强制性规范并不一定构成该国公共政策的内容,尤其是并不一定成为其国际公共政策的内容。

意大利法院曾在一判决中确认,国际公共政策是"近乎相同文明的国家所共享的普遍性准则,其旨在保护基本人权,通常体现在国际宣言或国际公约中"。① 美国法院在 Parsons & Whittenmore Overseas Co. Inc. v Societe Generale de L'Industrie du Papier (RAKTA)② 案中归结认为,《纽约公约》的制定史显示公约的意图是要对公共政策予以狭义的阐释,即只有在执行外国仲裁裁决将会违反法院地国最基本的善良风俗及正义准则的情形下,裁决方可被依此理由拒绝执行,不能将公共政策抗辩理解为保护国家政治利益的狭隘工具。瑞士最高法院在 Russin & Vecchi (US) v Inter Maritime Management SA (Switzerland)③ 案中确认:公共政策,应从狭义上理解,在强制执行程序中更是如此。只有在外国仲裁裁决的强制执行会以一种不可容忍的方式损害瑞士正当情感并违背瑞士司法制度的根本原则时方可适用。外国法律规定与瑞士强制性法律规定相冲突,这并不必然违反公共政策的实质。

对于两地仲裁裁决的相互执行,《安排》引入了公共政策机制,根据其第7条第3款的规定,内地法院认定在内地执行仲裁裁决违反内地公共利益,或者香港特区法院决定在香港特区执行该仲裁裁决违反香港特区的公共政策,则可不予执行该裁决。两地分别采用"公共利益"、"公共政策"两种不同措辞。公共政策的理由,虽然给香港特区法院一定的余地,它由此可以根据自身关于正义和道德的基本观念行使一定程度的监督功能,但是行使该监督功能的依据相当局限。

在后来的 Shandong Textile Import and Export Corp v Da Hua Non - Ferrous Metals Co Ltd.④ 案中,被告认为,在香港回归之后将内地仲裁机构所作裁决

---

① Allsop Automatic Inc. v. Tecnoski (Italy). ICCA, (XXII) Yearbook of Commercial Arbitration (1997), p. 725.

② 508 F. 2d 969 (2nd cir. 1974) 975.

③ ICCA, (XXII) Yearbook of Commercial Arbitration (1997), pp. 789 - 799, Switzerland No. 28.

④ [2002] 2 HKC 122.

当作公约裁决予以强制执行意味着把香港特区视为独立于中国的领土,从而与中国的宪法和政治现状不符,有违《中华人民共和国香港特别行政区基本法》和公共政策。针对被告的抗辩,马道立法官在判词中巧妙地回避了对强制执行涉案裁决将会违反《仲裁条例》所指的公共政策的判定,而以原讼法官无权以涉案裁决属于公约裁决为由撤销了执行命令。在他看来,"公共政策"一词含义过于模糊(nebulous),难以界定。它既包括道德和正义的基本观念,还包括那些通过犯罪、欺诈、贪污、胁迫或者其他不道德的或者不正当的行为而获得裁决的情形。[1]

四、结语

公共政策原则在各国承认和执行外国仲裁裁决的司法实践中日受冷落,各国正以更加开明包容的态度对待外国仲裁裁决,尤其是在《纽约公约》框架下,已经很难找到法院以公共政策为由拒绝执行外国仲裁裁决的案例了。在中国内地和香港特区,虽然两地法律传统、社会制度不同,但对于一个主权国家之下的两个不同法域之间的"国际公共政策"究竟所指何物呢?在执行外国裁决时,将公共政策限定在"国际"层面已经为各国所共识。两地社会制度虽各有不同,但二者对于法律的基本原则、道德基本观念和正义的理念却是相通的,国家主权更是共同的。在这"相通"和"共同"之外,很难找到二者之间根本性的分歧之所在。

公共政策在法律适用领域作为排除外国(或外法域)法律适用的最后一道"安全阀",尚有用武之地,但在两地相互执行对方仲裁裁决的环节,这道阀门几成摆设。与其在立法中为当事人留下幻想,致其在诉讼中明知得不到法院的支持却总是怀着侥幸的心理动辄将公共政策的问题抛出来,不如将这道阀门彻底打开,使涉案当事人少了一个玩弄法律的屏障。因为公共政策这道安全阀挡住的不仅是一项具体的仲裁裁决,更是对对方法律制度的信任。缺少信任做基础,一切司法协助都将无从谈起。

---

[1] Robert Morgan, The Arbitration Ordinance of Hong Kong: A Commentary, pp. 412 – 417.

做好调解和解工作　打造和谐仲裁品牌

邓秉文[*]

当前,惠州经济社会已进入快速发展的黄金时期,同时也是社会矛盾的凸显期,为了能够公正高效和谐地解决各种经济纠纷,化解矛盾,节省行政和司法资源,促进和谐社会的建设,这需要打造惠州仲裁的品牌,推进惠州仲裁事业的大发展。由于惠州仲裁工作起步较晚,仲裁的社会作用仍没有引起社会的足够重视,相比诉讼,仲裁受案面窄、受案数偏小、社会各界仲裁意识仍偏低,许多市场主体还不了解、不愿意、不善于用仲裁手段化解纠纷,宣传推行仲裁法律制度仍任重道远。

一、做好调解和解,发挥和谐仲裁的特色优势

党的十八大指出,加快完善社会主义市场经济体制和加快转变经济发展方式。毫不动摇鼓励、支持、引导非公有制经济发展,保证各种所有制经济依法平等使用生产要素、公平参与市场竞争、同等受到法律保护。党的十八届三中全会指出,要紧紧围绕使市场在资源配置中起决定性作用深化经济体制改革。这意味着今后的市场经济活动更活跃、经济纠纷更多,这给仲裁事业带来巨大的发展机遇。

仲裁是依据市场经济的要求,运用市场经济规律,组织专家解决市场经济纠纷的法律制度。它能够结合市场经济的特点,比较准确地把握合作双方的根本利益,找准解决矛盾的切入点,最大限度地保护当事人的合法权益、减轻经济纠纷所带来的负面影响。因此,发展仲裁事业是市场经济发展的客观需要。仲裁制度是与国际接轨、适应市场经济要求的、具有特有规律的纠纷解决机制,是国际经贸中解决争议的主要方式,仲裁有着公正高效、意思自治、灵活方便、便捷经济、保密性强等优越性,是一种符合市场经济要求和特点的争议解决方式,能够公正、及时、和谐地解决经济纠纷,维护经济秩序,促进社会

---

[*] 惠州仲裁委员会办公室主任、仲裁员。

和谐。2013年惠州仲裁委共受理案件512宗，案件总标的6.2亿元，多数案件都有通过调解，当事人满意率达90%，让老百姓实现案结事了的愿望。随着市场经济的发展，在经济关系日益呈现复杂化和多元化的情况下，仲裁机构作为社会主义市场经济体制中的一种准司法性的社会服务机构，可以通过对各种经济纠纷的及时正确处理，对经济关系和经济活动起到服务、规范、监督和调节作用，更好地为市场经济建设服务。随着社会主义市场经济的不断发展，企业会越来越注重自己在社会上的信誉，企业明智地选择仲裁来解决纠纷，既有利于维护客户的良好关系，又有利于及时合理地解决纠纷，节省费用，提高经济效益。

《仲裁法》规定，仲裁委办案的原则是"根据事实，符合法律规定，公平合理地解决纠纷"。这项规定明确了仲裁与法院办案原则的不同，体现了仲裁的本质特色和要求。通过仲裁法律制度形成的仲裁文化，充分体现了以人为本的思想，是仲裁的魅力所在，应当挖掘和运用好。一是要尊重当事人对仲裁委的认可权、选择权，尊重当事人对组庭方式、仲裁员、仲裁地点等方面的自主选择。二是要坚持"能调则调，调裁结合，以调为主，案结事了"的精神，树立"公正仲裁、高效仲裁、友好仲裁、和谐仲裁"的仲裁形象。三是要充分发挥调解的便捷、灵活的作用，展现仲裁的优势，促进更多的纠纷以调解和解方式结案。四是要建设一支品德高、能力强的仲裁员、调解员队伍，加强他们的道德培训和业务学习，做能言善调的专家。五是要积极主动做好案件的调解和解工作，这方面的工作做好了，就能更有效地平息纠纷，扩大仲裁在社会上的影响。

二、加强宣传推广，提升仲裁的社会影响

公平正义，是仲裁工作的生命线，也是社会和谐稳定的基石。只有维护社会公平正义，才能实现长久稳定的和谐。当前，我国社会大局总体稳定。同时，必须看到，我国正处于社会转型的特殊历史时期，社会矛盾高发的局面短期内难以根本扭转，影响社会和谐稳定的因素大量存在，迫切需要发挥仲裁公信力的作用。必须进一步改革完善仲裁工作体制，不断提高仲裁公信力，努力让人民群众在每一起案件中都能感受到公平正义，让仲裁成为维护社会公平正义的一道重要防线。

惠州仲裁委员会是依据《仲裁法》设立的依法处理平等主体之间的合同纠纷和其他财产权益纠纷的法律机构。近年来，惠州仲裁委年均受理经济案件500多宗，多数案件都有通过调解，争取纠纷的和解，案件调解和解率40%以上。仅2013年就承办了涉及建设、房产、物业等行业的群体性、集团性经济

纠纷 10 多起，争端涉及 100 多户百姓利益，全部纠纷当年妥善办毕，让百姓实现案结事了的愿望，为维护惠州良好的经济秩序、改善投资环境、建设和谐惠州做出了积极贡献。可以说，经过 15 年的努力，惠州仲裁委员会作为依法处理各类经济纠纷的平台已经牢固地搭建起来，社会的影响力不断扩大。特别是通过调解和解了许多标的额大、矛盾关系复杂、社会有影响的案件，仲裁机构公正、高效、理性、平和的特点和优势充分显示出来，获得了社会的肯定和好评。但总体看，目前惠州仲裁委员会发挥作用的潜力还有非常大的空间。

我们要按照党的十八大和十八届三中全会精神，大力宣传推广仲裁法律，切实提高社会仲裁意识，要采取综合有效的措施，加大仲裁宣传力度，让更多的人认识仲裁、相信仲裁、利用仲裁，使惠州仲裁委员会在调处经济矛盾、促进社会和谐方面发挥更好的作用。要将《仲裁法》宣传制度化。深入宣传、推行仲裁法律制度是一项长期的任务。要把《仲裁法》列为普法教育的重要内容，建立学习、宣传、贯彻仲裁法的工作机制，实行"政府引导、领导带头、部门联动、协会配合、企业参与、多方发动"的仲裁宣传机制，全力实施仲裁"大宣传"，努力提高公民、企业和全社会的仲裁法律意识，使更多的人和企业了解仲裁、相信仲裁、选择仲裁。第一，建立传统媒体宣传仲裁的机制。充分利用广播、电视、报纸、杂志、简报等传统媒体深入持久地宣传仲裁法律知识。第二，建立新兴媒体网上宣传仲裁的机制。打造惠州仲裁微博、惠州仲裁微信、惠州仲裁工作 QQ 群、惠州仲裁网站的新媒体宣传平台，进行广泛深入的仲裁宣传。第三，建立仲裁法律志愿服务队宣传仲裁的机制。加强仲裁法律志愿服务队建设，扩大仲裁志愿者队伍，建立领导带头、广泛动员社会力量参与宣传推广仲裁的机制。第四，建立仲裁联系和延伸到基层的机制。积极开展群众路线教育实践活动，将仲裁宣传推广工作延伸到县区和乡镇，实行仲裁机构与企业、协会、商会等"点对点"服务。同时，发挥好现有的 257 名"仲裁员"、14 名"仲裁委员会委员"、60 名"仲裁联络员"和 41 名"调解员"的作用，要充分发挥其宣传与推广仲裁知识的桥梁作用。借助行业协会、商会组织加大仲裁宣传与推广。要积极争取行业、商会的支持，实现双方互惠互利做好宣传工作。要在相关机构、行业、协会以及全市建立惠州仲裁调解工作站或办事处，方便当事人就近申请及参加仲裁调解。

三、坚持以和为贵，打造惠州仲裁的服务品牌

党的十八大指出，提高领导干部运用法治思维和法治方式深化改革、推

动发展、化解矛盾、维护稳定能力。党的十八届三中全会提出要改进社会治理方式，激发社会组织活力，创新有效预防和化解社会矛盾体制。我们要紧密联系当前经济和社会发展的实际，既要有创新意识，又要有切实可行的服务措施，突出重点，抓住要害，不断深化仲裁内部体制改革，推进仲裁化解矛盾纠纷与社会治理相结合，这样才有利于扩展和充分发挥仲裁的社会功效。

仲裁机构依照仲裁法和当事人的选择，获得仲裁权，解决纠纷。仲裁实行的是"当事人意思自治"，其本质就是要求和谐仲裁，也就是要充分注意当事人的自治性和主体性，尊重当事人的意愿，保护当事人的选择，让当事人在不违背法律原则的前提下，对利益的取舍有最终决定权。惠州仲裁要坚持"公正、高效、理性、平和"的工作准则和仲裁理念，从培育仲裁文化入手，将"以和为贵"的理念贯彻到仲裁工作之中，打造"和谐仲裁"的服务品牌。围绕这一核心理念，惠州仲裁委员会不断提高仲裁的服务质量，倡导热情服务，谦和办事，积极运用调解和解方式促使仲裁当事人由纷争走向和谐，形成惠州仲裁的服务品牌。

打造惠州仲裁的服务品牌，目的在于进一步显现仲裁优势，满足市场主体对仲裁的需求，使社会更加认识仲裁，相信仲裁，更多地选择仲裁，促进社会的和谐。其内涵体现在四个方面：一是表现在仲裁庭、仲裁员、调解员和仲裁工作者对双方当事人的"和谐"上，要坚持"为民仲裁"的理念，让当事人真正感觉到仲裁有别于其他法律手段的"亲和力"。要求对待当事人在言语上要亲和，态度上要谦和，行为上要温和，创造一个宽松和谐的仲裁环境，运用协商调解、和解手段促使双方当事人消除分歧，化解矛盾。二是表现在当事人之间的"和谐"上，要发扬中国人"以和为贵"的理念，引导当事人客观理性对待事实，自觉接受仲裁庭的调解，让双方在仲裁庭的调解下握手言和，有效平息纠纷，友好化解矛盾。三是表现在仲裁机构对仲裁工作者的"和谐"上，要坚持"以人为本"的理念，营造尊重人、激励人的机构氛围，创造关心人、团结人的内部环境，激发仲裁工作者对仲裁事业的热爱，提高仲裁机构的向心力和凝聚力。四是表现在社会对惠州仲裁的"和谐"上，要坚持"为人民服务"的理念，通过全体仲裁人的努力工作和热情服务，让更多的市场经济主体认识仲裁，相信仲裁，主动选择仲裁方式解决民商事争议，让更多的纠纷以调解和解方式友好化解，不断提升仲裁的社会公信力。

仲裁是一项朝阳事业，有着广阔的发展前景，推行仲裁法律制度，发展仲裁事业，是社会主义市场经济的客观要求，也是构建和谐社会的重要手段，更是新的时代历史赋予仲裁工作者的神圣使命。我们要以党的十八大和十八届三中全会精神为指导，把握好仲裁"意思自治"的本质，指导好民商事仲裁实务工作，推进和谐仲裁，努力实现仲裁机构和谐，仲裁队伍和谐，仲裁活动和谐，仲裁环境和谐。这样，仲裁才会产生越来越好的社会效益和经济效益，发展的空间和前景才会越来越大。

论我国消费纠纷仲裁模式的完善

付智勇*

消费纠纷是指在消费领域发生的消费者在购买、使用商品或接受服务的过程中，因经营者不依法履行或不适当履行义务致使消费者的合法权益受到损害而引起的纠纷。消费纠纷不仅关系到每一个消费者的合法权益，而且影响到商业的发展和市场秩序的稳定，已经成为一个现实存在的社会公共利益问题。建立多元化消费纠纷解决机制（ADR 的一种）是适应我国经济社会深刻变化、利益格局多元化的现实需要，也是落实科学发展观、维护改革发展稳定大局、促进社会和谐发展的重要举措。如何在保证解决消费纠纷质量的前提下提高其解决的效率，这个问题已得到社会各界越来越多的关注。根据我国《消费者权益保护法》（2014 年 3 月 15 日起施行）第 39 条规定，消费者和经营者发生消费权益争议的，可以通过与经营者协商和解；请求消费者协会或者依法成立的其他组织调解；向有关行政部门投诉；根据与经营者达成的仲裁协议申请仲裁机构仲裁；向人民法院提起诉讼这五种方式解决。仲裁作为 ADR 中优势明显的一种形式，承担着重要责任。

一、仲裁解决消费纠纷的优势

相对于其他消费纠纷的解决方式，仲裁解决消费纠纷的优势主要体现在以下几个方面：

（一）时效较快

我国《仲裁法》第 9 条第 1 款规定："仲裁实行一裁终局的制度。裁决作出后，当事人就同一纠纷再申请仲裁或者向人民法院起诉的，仲裁委员会或者人民法院不予受理。"仲裁机构对当事人提交的纠纷案件作出裁决后，即具有终局的法律效力，也就是"一裁终局"，双方当事人必须履行仲裁裁定，这样

---

* 广东省江门市江海区人民法院办公室科员。

消费者可以较快地实现自己的合法权益。

(二) 意思自治

《仲裁法》没有关于级别管辖和地域管辖的规定,只要双方协商一致,仲裁当事人既可以从方便角度出发就近选择仲裁机构,也可以从公正角度出发选择比较权威的仲裁机构。仲裁当事人也有权选择自己信赖的仲裁员,有的仲裁机构还允许当事人选择仲裁规则。以仲裁方式解决消费纠纷,当事人被赋予了充分的意志自由,这既为高质量的裁决提供了有力的保障,同时也为当事人自觉履行裁决内容奠定了坚实的基础。

(三) 保密性强

仲裁的开庭审理以不公开为原则,公开为例外,只要没有特别的规定或约定,仲裁的进行均不对外公开。这是与诉讼的公开原则相区别的。商家往往不愿意消费者以外的社会群众知晓其可能侵害消费者权益,消费者也可能不愿意外界知晓其个人隐私,或者不愿让自己置于公众目光之下,使用仲裁这种解决方式既可以使纠纷得以解决,又可使各方当事人的保密愿望得以实现,不会影响当事人的名声、信誉。

(四) 有强制执行性

仲裁机构的裁决书一经作出,即与法院判决书同样具有法律效力,双方当事人必须受其约束,如果一方不履行裁决内容,另一方有权向有关法院申请强制执行,这是仲裁相对于当事人和解、消费者协会调解的最大优势。

除了上述几种优势,以仲裁方式解决消费纠纷还具有专家办案、气氛融洽等优点,可能成为各方寻求解决纠纷的首选。

二、消费纠纷仲裁制度的域外借鉴

在最早尝试通过仲裁方式解决消费纠纷的美国存在三种消费纠纷仲裁方式。第一种是法院开展的仲裁活动。这种仲裁方式是纽约市小额法院制度创新的成果。在处理数量庞大的小额案件时,法院相关部门的工作人员会在纠纷双方当事人被第一次传唤时,告知其享有选择法官审判或者仲裁员裁决的权利,此时工作人员会尝试引导纠纷双方当事人选择仲裁方式。据统计,80%的小额案件当事人在这一阶段会选择仲裁机制解决纠纷。第二种是美国仲裁协会开展的仲裁活动。1968年,美国仲裁协会在福特基金会的援助下,成功设立"全国解决纠纷中心",该中心在只向消费者收取极少费用的前提下正式确立了消费纠纷仲裁制度。第三种是由被称为 BBB（Better Business Bureau）的企业组织开展的仲裁活动。该组织在全美境内设立的事务所达 140 多处，其中有 100 处事务所已经开展了对消费纠纷进行仲裁的业务。在这种消费纠纷仲裁制度中，消费者只需象征性地交纳极少的费用便可以申请对其消费纠纷进行仲裁。

在荷兰，有专门受理消费纠纷的消费纠纷仲裁委员会，属民间机构性质。其消费纠纷仲裁委员会还下设洗衣纠纷、旅行纠纷、娱乐纠纷、家庭装饰纠纷、厨房纠纷、运输纠纷、银行纠纷、公共设施纠纷等多个专门仲裁委员会，受理消费者与经营者之间的消费纠纷。消费仲裁委员会独立于消费者协会和经营者协会之外，以示公正。仲裁委员会的裁决具有法律约束力，如果经营者不履行仲裁裁决，消费者可以请求法院强制执行。

葡萄牙于 1986 年颁布第 31 号法律和第 425 号法令，通过专项立法的方式建立了消费纠纷自愿仲裁制度，消费纠纷仲裁机构是消费纠纷自愿仲裁中心，其组织机构包括查询及法律咨询部门和仲裁法庭，该中心是由司法部、保护消费者协会和各种商会共同发起设立的，不隶属于任何机构，具有极强的独立性、权威性、公正性。仲裁庭实行独任制，由一名具有司法官员资格的仲裁员独任仲裁。仲裁裁决具有强制执行力，可以由法院强制执行。仲裁是免费的，甚至在法院执行阶段也不需要付费。

澳大利亚设置有专门从事小额仲裁的机构，澳大利亚的第一个消费者索偿仲裁庭于 1973 年在昆士兰州成立。消费者索偿仲裁庭有权受理由自然人、私人企业、合股企业、免责持股公司、不具备法人资格的团体、企业联合会等主体，对提供商品或服务的经营者提出法定赔偿的申请（不限于消费方面的纠纷），并可就此案件下达价值不超过 25000 澳元的裁决。如果消费者希望通过消费者索偿仲裁庭来解决纠纷，需向仲裁庭登记处或当地法院提出诉讼，填写有关表格。若消费者向当地法院提起索偿申请，法院的秘书确保此诉讼即刻转到消费者索偿仲裁庭。

新西兰仲裁机构较多，除一些综合性的仲裁机构，不少行业也有本行业的仲裁机构，如银行、保险业。申请仲裁也有额度限制，如电力 2 万新元、银行 10 万新元。仲裁员主要为律师，但并不局限于律师，例如"太平绅士"等社会认可的公正人士也可以成为仲裁员。通过仲裁，消费者与经营者达成共识，即可终局。双方不得反悔，也不得上诉。

此外，英国、法国、瑞士、西班牙、比利时等欧洲国家以及我国香港和澳门等地区，都设有独立的消费纠纷仲裁机构，确立了消费纠纷仲裁制度。

三、目前国内消费纠纷仲裁现状及原因

经过国家及各地方消费者权益保护委员会的努力，在与各地仲裁委员会协商后，在河北、浙江、辽宁、山东、河南等地，有的已经设立了以消费者协会为依托的仲裁委员会分支机构，专门受理消费纠纷仲裁，尤其是小额消费纠纷案件，有的赋予消费者协会小额仲裁权。但尽管有了多年尝试的经验，从消费仲裁机构年均受案量和其他的纠纷解决途径来看，实践中通过消费仲裁解决消费者权益纠纷的成功案例并不多，仲裁在消费纠纷的解决中实际上并没有起到应有的作用。主要原因有：

（一）仲裁意识欠缺

我国虽然已有仲裁立法，并设有仲裁机构，但在对仲裁法律制度的宣传推广上，远没有对《劳动法》、《税法》等直接与经济发展、就业有关的法律宣传有力，不少人对仲裁方式解决争议不甚了解，更不知道如何申请和参加仲裁，还有些人对仲裁方式解决争议的权威性还不予认可，他们认为仲裁后还可能要到法院才能解决纠纷或者还是要依靠法院执行，不如直接走诉到法院节省时间和成本，上述对仲裁制度的模糊认识和顾虑，导致人们对仲裁并无强烈的企盼。且我国《仲裁法》要求要有仲裁协议才能申请仲裁，由于民众对仲裁机制的不了解，在纠纷前往往没有意识签订仲裁协议，特别是标的额较小的消费纠纷，交易是即时即清，发生纠纷后更是矛盾升级，难以平心静气地达成仲裁协议，这也是全面推广消费纠纷仲裁制度的一个"瓶颈"。

（二）缺乏专业仲裁机构

一个体系完整的仲裁机构至少应具备以下要素：符合法律要求的委员会构成、高素质的仲裁员队伍和办案秘书队伍、科学有效的监督管理机制。我国目前还没有全国性的专门法律、法规对消费纠纷仲裁作出相应规定，专门从事消费争议仲裁工作的人员也较少，聘请的兼职仲裁员相对缺乏系统的法律、仲裁知识，且在时间上和精力上均受限制，无力办理日益增多的消费争议案件，而仲裁机构对仲裁员疏于管理和培训，监督也不到位，使得有些仲裁员在审案中无法依法体现公正、公平的要求。

（三）收取费用较高

仲裁费用的计算方式是按照争议金额的不同，适用不同的比率得出。一般来说，仲裁费由案件受理费和处理费组成，处理费主要包含仲裁员因办理案件

出差、开庭以及证人、鉴定人、翻译人员因出庭而支出的住宿费、交通费、误工补贴；咨询、鉴定、勘验、翻译费用、复制送达案件材料文书的费用及一些特殊情况下的辅助费用。它不同于案件受理费依据争议金额来依率计算征取，而是按照国家有关规定或实际支出来收取，目前并没有建立配套的消费纠纷仲裁收费制度，许多地方出台了《仲裁收费办法》，也有些城市推行小额纠纷免费仲裁制度，但当事人通常最后应付的仲裁费用比一审的诉讼费用要高。

四、促进消费纠纷仲裁科学发展的相关建议

基于消费纠纷仲裁的特殊性，针对我国消费纠纷仲裁中出现的一些问题，我国应立足本国国情，借鉴其他国家和地区利用仲裁解决消费纠纷的成功经验，从认识观念和制度设计上采取一系列的措施来促进我国的消费纠纷仲裁科学发展。

（一）尽快建立起专门的消费者权益仲裁制度及机构

首先，应建立一套专门针对消费纠纷仲裁规则。近年来，我国已经建立并完善了一系列法律、法规，诸如《合同法》、《消费者权益保护法》、《产品质量法》等，依据这些法律、法规，在总结各地试点取得经验的基础上，建立一套专门针对消费纠纷仲裁的规则，明确消费者纠纷仲裁委员会的法律地位、性质和任务，详细规定组织原则、处理消费者纠纷的仲裁程序等，使作出的裁决具有相应法律地位，如规定：针对小额消费纠纷如5万元以下的，原则上应适用简易程序，并由一名仲裁员独任仲裁；开庭时间和地点可以由当事人协商确定；当事人可以随时申请，仲裁机构即时受理和审理；传唤当事人可以采取口头方式等。消费仲裁机构在进行仲裁时，应先行调解，调解不成的实行仲裁，并实行一裁终局，仲裁裁决对双方当事人均具约束力，如果一方当事人不履行裁决，对方当事人可以向有关法院申请强制执行。除此以外，应建立一套独特的惩罚体系，维护仲裁裁决的权威性和执行力。如建立"拒不执行仲裁裁决商家"的名单，通过相关媒体予以公布、对拒不执行仲裁裁决的商家强制颁发"拒不执行仲裁裁决商家"牌匾以警示消费者等。为了实现快速高效解决纠纷的目的，消费纠纷仲裁审理期限应尽可能缩短，一般不应超过一个月，最长不得超过两个月。

其次，成立专门的消费纠纷仲裁机构。有人认为可以在现有消费者权益保护委员会下设独立的"消费纠纷仲裁庭"，这样能够发挥消费者权益保护委员会多年来在为消费者维权过程中积累的较高信誉和权威地位，又能便于监督和管理。但笔者不赞成此观点。因为当前我国的消费者协会仍然还是脱胎于行政机构，其人员编制和活动经费是由政府提供，还不是纯粹的消费者自治组织，不免存在行政色彩。民间仲裁是以通过在民间团体内设立专门的仲裁机构为特征的，民间性就是仲裁的本质之一。如果将仲裁权完全赋予消费者协会，仲裁的民间性和独立性将难以保障，消费纠纷仲裁制度的建立势必会遇到很大的阻碍。笔者建议，在现有的仲裁委员会成立一个派出机构，专门处理消费纠纷，接受仲裁委员会的业务指导，当然它可以受理消费者协会受理并调解后，争议双方自愿将争议提交仲裁的小额消费争议案件。在选择仲裁庭备选的仲裁员名单时，考虑到消费者权益纠纷的多样性，可选择聘任的仲裁员要求涉及多种行业，如工商管理专业人员、食药监专业人员、律师、医务人员及其他专业技术人员等。

（二）促进消费纠纷仲裁协议达成

通过借鉴国外及我国港澳地区关于消费仲裁制度的经验，笔者认为，促进消费纠纷仲裁协议的达成，应从以下几个方面努力：第一，加强消费仲裁知识的宣传，使消费者、经营者认识到仲裁制度的优越性，从而积极主动地达成仲裁协议。我国的消费者协会和消费争议仲裁委员会应通过各种渠道对达成仲裁协议的优点、程序等进行宣传，并对利用仲裁解决消费纠纷的典型案例进行报道。在消费争议调解失败后，消费者协会可积极说服纠纷双方尽快达成事后的仲裁协议，促使双方进入仲裁程序。这一方式在我国部分省市已开始实施，并取得了良好效果。第二，充分发挥消费者协会行业协会或企业联合会等团体组织的作用。采取可行的措施，比如将商家是否愿意首先作出仲裁的承诺作为评定诚信商家资质的一个重要指标并与信用分类监管挂钩、吸纳"诚信单位"申请成为消费纠纷仲裁委员会的会员、建立"仲裁加盟店"名单等，一方面督促经营者提高其商业信誉，以吸引更多消费者购买使用其产品或服务，另一方面鼓励商家首先向消费者承诺将可能发生的纠纷提交消费纠纷仲裁机构解决。第三，在仲裁实践中对有效仲裁协议的认定，应当做到坚持原则性与体现灵活性的统一。比如，在消费纠纷仲裁实践中，凡双方自愿达成的消费争议仲裁协议，且能够执行的，即使存在一定的缺陷，一般仍应当确认该仲裁协议的效力。对仲裁协议的表现形式也应作较宽泛的理解，商家在保修卡、产品说明书等文件中的仲裁条款都应当认定为有效的仲裁协议。经营者一方已经书面表达了同意仲裁，消费者只要提起仲裁申请，即可进入仲裁程序。通过这种方式建立消费纠纷仲裁协议制度，不仅尊重了当事人的意愿，同时还使仲裁知识在消费者和经营者之间得到了进一步普及，利用仲裁解决消费纠纷会逐渐成为一种时尚。

(三) 坚持消费纠纷仲裁制度的低费性

世界各国成功运作消费纠纷仲裁制度的重要经验之一在于，消费纠纷仲裁机构应当为消费者提供免费仲裁，即使收费也只能是象征性的低收费，对于小额且事实清楚的案件可以免收。首先，国家应当加大对消费仲裁事业的财政支持。目前仲裁机构的经费来源主要有政府支持、仲裁收费及社会捐资，但不少地方政府财政职能部门对仲裁机构的投入不仅不足，甚至还收缴仲裁机构的仲裁收费，导致部分费用未按照规定用于仲裁，致使仲裁发展经费不足，影响了仲裁事业的持续健康发展。因此，仲裁费用可以从国家财政预算中列支，并且可以设专款成立"消费仲裁基金"，帮助确有困难的消费者通过仲裁途径维护自己的权利。其次，拓宽资金来源渠道。可以实行会员会费制，进一步加大消费纠纷仲裁机构的市场参与度，加强与经营者的沟通，规定其加入"仲裁联盟"时缴纳一定的会费，之后按照其被投诉或被裁决违法的次数来定年费。再次，可以在订立消费仲裁规则时，对于案件处理费，可以规定在消费者提供相应担保的条件下，鉴定、勘验费用由经营者先行垫付，并通过赔偿机制将仲裁费用转由不法商家承担，提高不法商家的违法成本，对违法商家产生震慑力，改善消费者的消费环境。

随着我国消费者维权意识的不断提高，仲裁作为消费争议解决的重要途径之一，将以现有法律、法规为基础，结合各地在消费权益纠纷仲裁工作中的经验，尽快制定统一的消费权益纠纷仲裁规则，建立专门消费权益纠纷仲裁机构，使更多消费者的权益纠纷得到便捷、有效的解决，进而使其在创造和谐消费环境、推动社会经济发展方面发挥更大作用。

仲裁利害关系人权益保护问题分析

——在契约与公平之间的平衡

林泰松[*]

我国《仲裁法》颁布已届满 20 周年。20 年期间，我国仲裁制度取得快速进展，从仲裁指导思想方面看，已经完成从行政管理性质的仲裁到民间性质的商事仲裁这一根本性价值取向的转变，从仲裁机构数量与案件数量方面看，我国已经成为世界第一仲裁大国，仲裁机构超过 200 家，累计受理案件突破 100 万件，受案标的达到 8000 亿元，2012 年单年度共受理案件 96000 多件，标的额达到 1315 亿元。可见，仲裁在我国市场经济运行中发挥着越来越重要的作用。

一、问题的提出

在仲裁制度实际运行过程中，一方面，我国市场经济日趋繁荣，各个市场主体之间的联系日益紧密和复杂，例如连环合同、集团交易、票据背书等复杂交易模式日趋普遍，一个普通的合同虽然法律效力具有相对性，但经济联系则显然不限于当事人之间，而是经常性对不特定第三方产生影响；另一方面，仲裁制度本身的价值取向以契约性为主导，以当事人自愿选择、严格限于仲裁当事人之间进行裁决换取仲裁的效率，也正是这一价值取向，仲裁制度中并未参照诉讼制度设立第三人制度、共同诉讼当事人制度等制度，仲裁过程中，仲裁当事人无权申请追加仲裁协议外的第三方参加仲裁，仲裁庭也无权通知仲裁协议外的第三方参加仲裁或者配合仲裁庭调查，利害关系人即使发现仲裁过程和结果有重要影响也无从申请加入仲裁或者调查。显然，仲裁庭事实调查和裁决内容的封闭性，与客观经济生活的复杂性、裁决结果的司法性之间存在矛盾，而这种矛盾日趋普遍，已经对仲裁制度的发展、仲裁裁决的权威性构成挑战。

---

[*] 国信信扬律师事务所主任，二级律师。

如何在遵从仲裁契约性本质、突出仲裁效率优势的前提下，保障当事人以外利害关系人的合法权益，进而保障仲裁本身的公平性这一基本要求，是构建仲裁制度过程中应当慎重考虑的问题，否则仲裁将丧失其赖以生存的公平基础，沦为虚假仲裁的工具，这样必然会对仲裁的进一步发展壮大构成根本性障碍。

在分析这一问题前，我们有必要从实践出发，分析仲裁中可能遇到的涉及第三方利害关系人利益的具体情形，并以现有法律制度为基础，分析现有制度框架下可能产生的结果和救济途径，只有在现有制度无法容纳这一问题的情况下，我们才有必要对现有制度进行完善和改良。

结合仲裁实践，仲裁过程中可能影响第三方利害关系人权益，或者第三方不参与仲裁就难以做出有效裁决的情形很多，试举几个案例如下：

案例1：A为某房屋所有权人，出售房屋予B并签署《房屋买卖合同》，约定B全额付款后过户，争议解决方式为法院；B在尚未全额付款情况下，出售房产予C并签署《房屋买卖合同》，约定争议解决方式为仲裁。C全额付款后至仲裁要求裁决B协助办理过户手续。本案中，A与B之间的合同是否有效、能否实际履行、是否涉及第三方权益等情形，直接影响C的请求能否成立，或者直接影响仲裁裁决结果能否得到执行，但A因不知情，或者A、B、C无法达成一致意见同意一并仲裁，仲裁庭根本无法对A与B之间买卖关系这一基础事实展开充分调查，其裁决结果不论如何处理都可能因事实的变化而不稳定。

案例2：A、B为房产共有权人，但登记产权人为A，此时A与C签约出售房产，约定管辖为仲裁。仲裁中，B同样无法参加仲裁，如单纯根据形式主义认定A为单独产权人，则不仅不利于B的权利保护，反而可能促使A与C相互串通，以获取不当利益。因此，在B无法参加仲裁的情况下，如何处理？

案例3：A向B借款，并未约定管辖，C为上述债务提供个人担保，约定管辖为仲裁。A逾期还款但显然没有偿还能力，B选择单独以C为被申请人提起仲裁申请。A如果不加入仲裁过程，则本案如何处理从属的担保合同效力和履行问题？即使B愿意选择同时对A提起仲裁，那么在A不同意的情况下，仲裁庭同样无法处理其基础债权债务关系，虽然B可以选择同时起诉的方式一定程度上弥补，但显然不仅导致司法资源浪费，同时时间的拖延必然给B带来更多无法预料的风险。

上述案例仅仅为简单例证，现实中的纠纷类型和关联关系只能更为复杂和多样，民事诉讼法中规定共同诉讼情形、诉讼第三人情形均可能或者必然存在上述问题。

在上述情形中，虽然仲裁庭可以考虑作出附条件的仲裁裁决以解决上述不确定性因素带来的障碍，裁决结果以履行条件为限制避免对利害关系人的影响，同时回避合同效力和实际履行等问题，但这样处理显然存在以下不足：一方面，裁决的事实基础不牢固，裁决结果本身可以附条件，但据以作出裁决的理由和事实则无法假设，在缺少必要的当事人参与事实调查的情况下，仲裁庭认定的事实显然难以客观，进而影响最终裁决结果的正确性。另一方面，附条件的裁决结果可能与法定原则相冲突，这一点在一房多卖的情况下表现明显，如果以诉讼方式解决，在存在多份房屋买卖合同的情况下，最高人民法院根据各份合同的签订顺序、实际履行状况等因素，明确规定了各份合同的保护顺序，但仲裁庭即使知道其他合同的存在，但现有制度下根本无法查明其他合同的签订及履行状况，更无法做出相应权衡和处理，这样必然导致裁决结果与法定保护顺序相互矛盾，这一矛盾显然可能被利用，使得仲裁沦为当事人损害第三方，或者违法优先保护自身合同的工具，从制度的角度看，两种不同的处理结果更给社会大众提供了不同的秩序版本，给法律的统一性、秩序性价值要求带来冲击。最后，如果仲裁当事人存在串通的行为，那么仲裁裁决很可能与生效判决相互冲突并损害第三方利益，这样将严重影响仲裁的权威性。

现在的问题是上述仲裁裁决作出后，如果对利害关系人权益产生影响，那么这种影响的程度和法律效力如何？在现有法律框架下，第三人是否有充足的救济途径？如果作出的生效仲裁裁决对第三方并无强制执行力，或者第三方享有充分的救济途径完全可以通过诉讼或者仲裁，或者单独的监督程序推翻仲裁裁决的认定，那么我们也没有必要为仲裁过程中利害关系人的利益保护设置过多程序，毕竟仲裁本身区别于诉讼的制度优势在于效率，仲裁本身的合法性基础取决于契约性。下面我们首先分析一下现有法律框架下，生效仲裁裁决的法律效力、强制执行力、利害关系人的救济途径等问题。

（一）仲裁裁决对不特定第三方具有很强的司法性和强制性，其效力等同于生效判决

一份法律文书法律效力一般体现于事实认定的效力和裁决结果强制执行的效力两个方面。

在事实认定方面，最高人民法院《关于民事诉讼证据的若干规则》第9条规定："下列事实，当事人无需举证证明……（四）已为人民法院发生法律效力的裁判所确认的事实；（五）已为仲裁机构的生效裁决所确认的事实……"显然，在事实认定方面我国法律将生效判决与生效仲裁裁决认定的事实相提并论一视同仁，在这一层面上看，仲裁裁决与生效判决具有相同的法律

效力。因此,在现有制度下,即使裁决结果本身不会对利害关系人产生直接影响,那么其认定事实同样会对第三方产生一定的约束力,仲裁当事人完全存在串通仲裁、连环诉讼的方式达到非法目的的可能和途径。

在结果可强制执行方面,《仲裁法》第 62 条规定:"当事人应当履行裁决。一方当事人不履行的,另一方当事人可以依照民事诉讼法的有关规定向人民法院申请执行。受申请的人民法院应当执行。"民事诉讼法第 237 条作出相同规定。同时,我国法律并未针对仲裁裁决的执行作出任何特殊规定,仲裁裁决的执行与生效判决的执行有相同的执行手段和监督途径。因此在强制执行方面,仲裁裁决同样等同于生效判决。

(二)仲裁裁决作出后,可能供利害关系人选择的救济途径有限,并且有限的救济途径一般难以实现

1. 申请撤销仲裁裁决或者不予执行仲裁裁决。

《仲裁法》第 58 条规定:"当事人提出证据证明裁决有下列情形之一的,可以向仲裁委员会所在地的中级人民法院申请撤销裁决⋯⋯"第 63 条规定:"被申请人提出证据证明裁决有民事诉讼法第二百一十七条第二款①规定的情形之一的,经人民法院组成合议庭审查核实,裁定不予执行",《民事诉讼法》同样对申请不予执行仲裁裁决作出了规定,条款保持基本一致。

申请撤销仲裁裁决,或者申请不予执行仲裁裁决是当事人的主要救济途径,也是国家公权力对仲裁监督的主要方式。但是,根据上述法条规定,法定的撤销仲裁裁决或者不予执行仲裁裁决的申请主体限于当事人,即仲裁裁决书中记载的申请人和被申请人。

对于仲裁裁决书记载的申请人和被申请人之外的第三方是否有权提出相应申请的问题,最高人民法院对具体案件作出过批复。2001 年 9 月 28 日,最高人民法院在关于对(香港)崇正国际联盟集团有限公司申请撤销仲裁裁决人民法院应否受理的问题复函中明确:《仲裁法》第 70 条规定的"当事人"是指仲裁案件的申请人或被申请人,崇正国际联盟集团有限公司并非 V19990351 号仲裁案件的申请人或被申请人,该公司不具备申请撤销该仲裁裁决的主体资格,故对该申请人民法院不予受理。司法实践中,法院也遵从这一原则,导致仲裁当事人之外的利害关系人无法提出上述申请,也就导致利害关系人无法启

---

① 笔者注:此处是指 1991 年民事诉讼法,经 2007 年、2012 年两次修订,此条款已作为现行民事诉讼法第 237 条第 2 款,且内容有所改动。

动国家公权力对仲裁裁决最主要的监督方式的程序，更无法获得相应救济。

2. 仲裁当事人申请撤销仲裁裁决或者不予执行仲裁裁决后，法院以裁定方式支持或者否定，利害关系人能否对法院裁定上诉、申请再审或者抗诉，间接对仲裁裁决作出改变或者对抗。

仲裁裁决经法院裁定确认或者否认其效力后，出现一份新的法院作出的裁定，此时利害关系人可能获得新的救济途径进而对仲裁裁决提出对抗。但这一救济途径同样被最高人民法院以司法解释的方式否决，最高人民法院《关于当事人对驳回其申请撤销仲裁裁决的裁定不服而申请再审，人民法院不予受理问题的批复》（法释〔2004〕9号）、《关于当事人对人民法院撤销仲裁裁决的裁定不服申请再审人民法院是否受理问题的批复》（法释〔1999〕6号）、《关于人民法院裁定撤销仲裁裁决或驳回当事人申请后当事人能否上诉问题的批复》（法复〔1997〕5号）、《关于人民检察院对撤销仲裁裁决的民事裁定提起抗诉，人民法院应如何处理问题的批复》（法释〔2000〕17号）、《关于人民检察院对不撤销仲裁裁决的民事裁定提出抗诉人民法院应否受理问题的批复》（法释〔2000〕46号）等文件规定，对于法院撤销仲裁裁决的裁定，当事人无上诉权和申请再审权，检察院不能抗诉；对于法院驳回撤销申请和不撤销仲裁裁决的裁定，当事人无上诉权，检察院亦不得抗诉。另外，对于人民法院裁定不予执行仲裁裁决的，当事人也无申请再审权。

3. 仲裁裁决进入执行程序后，利害关系人可以提起执行异议诉讼获得救济。

执行程序中，法庭并不审查仲裁裁决本身是否合理合法，而是单纯对裁决结果的执行。这一过程中，法律并未赋予利害关系人直接对仲裁裁决内容提出质疑的权利和途径，仅仅鉴于执行过程中可能涉及的具体标的可能对利害关系人产生影响，《民事诉讼法》第227条规定了执行异议诉讼制度，因此这一制度难以认定为针对仲裁裁决的利害关系人的救济途径。该条规定"执行过程中，案外人对执行标的提出书面异议的，人民法院应当自收到书面异议之日起十五日内审查，理由成立的，裁定中止对该标的的执行；理由不成立的，裁定驳回。案外人、当事人对裁定不服，认为原判决、裁定错误的，依照审判监督程序办理；与原判决、裁定无关的，可以自裁定送达之日起十五日内向人民法院提起诉讼"。

显然，执行异议诉讼的前提条件是利害关系人的利益直接指向执行标的，例如对执行标的享有物权等。这一救济途径虽然在某些特定情况下可以有效利用，但其救济的对象过于狭窄，与仲裁解决的商事纠纷的复杂性案件的需要之间不具有可比性，因为仲裁影响利害关系人的利益更多表现为债权或者种类物权利，利害关系人一般情况下很难主张对相应的执行标的享有对抗性权利，当然就很难符合执行异议诉讼的起诉条件。

4. 在仲裁裁决之外，通过单独诉讼或者仲裁程序保护自身利益。

首先，在原仲裁裁决生效的情况下，《仲裁法》第9条明确规定了"仲裁实行一裁终局的制度"，限制再次提起仲裁或者诉讼的权利，因此利害关系人重新起诉或者仲裁首先遇到起诉条件，或者生效仲裁裁决既判力的限制。

其次，已经生效的仲裁裁决认定的事实具有当然推定力，对此最高人民法院《关于民事诉讼证据的若干规则》第9条作出明确规定，而在仲裁或者诉讼过程中推翻生效裁决认定的事实其难度可想而知，这一障碍在更多的情况下发生并实质性导致利害关系人的权利无法得到保护，只是在新的仲裁或者诉讼中再次败诉。

最后，即使利害关系人提起新的诉讼或者仲裁，并最终保护自身权利获得有利的判决，那么其结果是：原仲裁裁决无人主张撤销或者不予执行，继续有效甚至继续在法院主持下强制执行，新的相互矛盾或者冲突的判决或裁定同样有效并当然进入强制执行程序。两者的法律效力、强制执行力毫无二致，最终导致的结果是仲裁和诉讼的矛盾，影响的是仲裁的权威性，破坏的是司法的权威。在仲裁定性为契约性质的商事仲裁、仲裁裁决的执行主要依靠法院强制力的情况下，最终实际受损的是仲裁的权威和裁判形象，因此这种救济途径不能作为仲裁制度的依赖。

综上可见，一份仲裁裁决对仲裁当事人之外不特定第三方的法律效果等同于生效判决，甚至利害关系人的制度救济基本空缺。因此，仲裁过程中利害关系人的知情权、参与权，裁决作出后的救济途径等显然应当与诉讼具有一定程度上的可比性。原因在于仲裁制度的价值取向根植于契约当事人之间的意思自治，并根据这种意思自治在仲裁当事人之间突出效率快速裁决并一裁终局，当然这种效率以程序的公正作为代价。但恰如契约相对性原则一样，契约不能对第三方产生约束力，同样地，以契约性为基础的仲裁裁决的效率作为剥夺仲裁当事人之外第三方的权利或者公平救济程序的理由没有正当性。

相对而言，公平是诉讼制度价值的根本原则，诉讼程序中当事人之外的利害关系人的权利保护相对完善和充分。诉讼中，利害关系人可以主动申请参加诉讼，利害关系人不申请的，法庭认为有必要的可以主动依据职权要求其参加诉讼，即使利害关系人不参加诉讼庭审，也不影响法院对事实的认定和最终的判决，加入诉讼后，该利害关系人有权根据情况决定是否提出独立的诉讼请求，当然有权参与庭审、答辩、举证，其程序权利等同于当事人，一审判决作出后，如果该利害关系人的权利受到直接影响，那么其享有与当事人一样的上诉权。生效判决作出后，利害关系人有权针对生效判决申请再审、抗诉，执行中同样可以提出执行异议和执行异议诉讼。可见，诉讼中利害关系人的权利保护基本等同于诉讼当事人的权利。

当然，所有的救济途径，其正当性的根本是利害关系人在判决尚未作出之前，就已经加入进行中的法庭调查并陈述意见，其这一知情权和参与权的存在已经足以保障诉讼能够查明事实真相，并对该利害关系人的权益作出相应的保护和处理，在此基础上作出的裁决也就获得了对利害关系人强制执行和约束力的正当性。

两相对比，似乎在仲裁制度中设立相同的第三人制度，或者为利害关系人设立单独的参与制度是必然的选择，但得出结论前，我们必须考虑仲裁制度本身与诉讼制度的差异，以及仲裁制度本身的价值取向，否则一味地参照诉讼制度构建仲裁制度，最终会导致仲裁丧失制度优势，最终成为诉讼的附庸而无法独立发展。

二、仲裁利害关系人权益保护的域外考察

我们首先对国外仲裁立法例和仲裁机构的仲裁规则简单梳理。

荷兰的仲裁第三人制度体现为1986年《民事诉讼法典》第四编第1045条，根据该条规定，仲裁中引入第三人必须具备两个条件：（1）全体仲裁当事人与第三人达成新的协议，一致同意第三人加入仲裁；（2）仲裁庭同样认可。可见，上述条件虽然满足了仲裁契约性的要求，但同时导致仲裁第三人已经实质上成为仲裁当事人，因此并没有解决非仲裁当事人的利害关系人保护问题。

比利时同样认可了仲裁第三人制度，表现为其1998年《司法法典》第1696条，但其规定的条件与荷兰规定的条件大体相同。

英国仲裁制度相对保守和发展缓慢，一直否定仲裁第三人制度存在的必要性。但20世纪90年代开始，受制于现实经济的压力，英国开始逐步寻求解决仲裁第三人的保护问题。1996年《英国仲裁法》创设合并仲裁、同步仲裁制度，2006年的《伦敦海事仲裁员规则》作出类似规定。

美国联邦层面的法律并未对仲裁第三人制度作出规定，但部分州的法律作出相应规定，例如南卡罗来纳州规定了第三人被动参加仲裁的制度，同时美国广泛的司法判例表明其司法实践中支持仲裁第三人制度，一定程度上允许第三人参加仲裁。

法国同样以判例的方式在一定程度上接受了仲裁第三人制度。

在仲裁机构仲裁规则方面，《国际商会国际仲裁员仲裁规则》规定了追加第三人参加仲裁的条件，但其严苛的条件相当于达成新的仲裁协议。《伦敦国

际仲裁员仲裁规则》规定了第三人参加仲裁的条件为一方当事人申请且第三人同意，处理方式方面可以选择单一的终局裁决或者分开裁决；《瑞士国际仲裁规则》则规定仲裁当事人申请将第三人纳入仲裁后，最终由仲裁庭决定是否追加第三人参加仲裁。

我国国内的立法情况是，《仲裁法》、《民事诉讼法》等法律并未规定仲裁第三人制度，甚至没有涉及利害关系人利益保护的任何制度。在仲裁委员会仲裁规则方面，《中国海事仲裁委员会仲裁规则（2004）》第50条规定"对当事人的仲裁请求或反请求，当事人以外的利害关系人如认为案件处理结果同其有利害关系，经申请并与双方当事人达成协议，经仲裁庭同意后，可以作为当事人参加仲裁"；《烟台仲裁委员会仲裁规则》（2002年版）第19条规定："对当事人双方请求的仲裁标的，第三人认为有独立请求权的，经征得双方当事人的书面同意后，可以参与到已经进行的仲裁程序中成为当事人"，此后修改的仲裁规则则完全取消了这一规定。

综合上述立法例和仲裁规则，我们不难发现：

第一，多国立法例和仲裁规则均有涉及仲裁第三人，而这种明文规定的第三人为狭义第三人，即其地位、权利、裁决结果的接受方面均与原仲裁当事人保持一致，因此这种仲裁第三人的范围远远少于本文意图讨论的利害关系人的范围，对仲裁利害关系人利益的保护方面的规定应当多于本文列举。

第二，对仲裁第三人作出的现有规定中，第三人加入仲裁的条件相对苛刻，基本相当于形成新的仲裁协议，因此该第三人的法律地位等同于仲裁当事人。

第三，相比国家层面的立法，仲裁委员会的仲裁规则相对灵活，并针对利害关系人的保护问题作出了相应的规定和制度，对仲裁的契约性原则作出一定程度的突破。

上述三点表明，仲裁过程中不可避免地影响到第三方的权益，因此利害关系人的保护问题是各国仲裁立法无法回避的问题，事实上，对于第三人加入仲裁，或者对于仲裁裁决中利害关系人保护问题，已经发展出多种理论用于论述，例如仅仅美国就已经发展出并入、承担、代理、刺破公司面纱、禁止反言、转让、更新、继承、代位求偿、第三方受益人十种理论，而这还远远不是全部。但另一方面，各国立法例均对利害关系人加入仲裁过程采取了谨慎，甚至过于谨慎的限制态度，导致只有在各方仲裁当事人以及仲裁庭均同意的情况下才可能出现仲裁第三人的情形，这显然无异于达成新的仲裁协议，已经不是严格意义上的仲裁第三人问题了。

各国采取这一态度的原因在于仲裁本身的制度价值取向。仲裁本身发端于13世纪，现实基础为商业交易对裁决效率的要求，以当事人意思自治为基础，以牺牲部分程序正义为代价,换取当事人之间纠纷的快速解决。因此仲裁制度的核心价值取向是当事人意思自治和仲裁保密原则,当事人意思自治原则决定除非当事人同意,仲裁庭无权追加案外人参加仲裁,同样地,除非案外人同意,仲裁庭无权对其权利作出任何认定和处分,仲裁保密性原则则决定案外人一般在仲裁裁决作出前,甚至在仲裁裁决作出后都无从知晓仲裁裁决的存在,当然案外人没有参加到仲裁中的可能。

上面的分析为我们展现了一幅矛盾的画面,一方面,仲裁裁决很有可能在仲裁利害关系人没有知情权、没有参与权的情况下影响或者处分其合法权益,而受影响的利害关系人不仅无从救济,而且必须接受国家机器的强制执行,权利义务失衡明显;另一方面,仲裁制度本身的契约性、保密性原则决定如此限制存在一定合理性,甚至是仲裁制度得以存在的根本性价值。因此,在契约与公平之间,我们如何平衡?

本文认为,契约与效率是仲裁的根本原则,但这一原则不能以公平和正义为代价,尤其是契约本身意味着相对性的情况下,更不应对契约之外的第三方产生不利影响,契约自由自有其限度已经是达成共识的基本原则,因此仲裁制度中必须充分关注利害关系人的权益保护问题并做出妥善安排,同时,这种制度安排必须谨慎设置,否则将从根本上动摇仲裁制度的优越性。

三、构建仲裁利害关系人权益保护的建议

仲裁裁决本身由两部分构成,一个是对事实的查明与认定,其核心原则是客观真实,另一个是最终的裁决结果,其核心原则是公平与意思自治。相应地,利害关系人在这两部分所享有的权利和义务也应当予以适当区分,如此则能兼顾仲裁的公平、效率与契约属性,具体而言:

第一,鉴于仲裁的契约属性,除非全体当事人一致同意该利害关系人加入仲裁,仲裁庭无权主动要求任何第三人加入仲裁,否则将损害仲裁的契约属性和保密性。

第二,仲裁庭调查阶段,涉及事实调查与认定的,仲裁庭应当有义务向利害关系人发出书面通知或者告知函,以查明客观事实,并且法律应当赋予仲裁庭在利害关系人拒不配合调查的情况下,根据现有证据做出退定性认定的权利,这种法律事实的退定性认定应当在仲裁庭的告知函中明确对利害关系人做出解释和说明,以保障利害关系人的知情权和参与权。

第三,经过调查和审理,最终裁决结果的原则是不涉及利害关系人的权益处分,如果裁决结果无法避免对利害关系人产生影响,或者裁决结果以利害关系人的法律关系为基础的,仲裁庭应当向利害关系人发出通知函行使释明权,

相应地,法律应当对该利害关系人设置诉讼犹豫期,即规定利害关系人在收到通知后合理期限内提起仲裁或者诉讼,以解决纠纷,从而保障仲裁的有效性和司法的统一,这一制度设置已经有物权法的异议登记制度为基础。

当然,上述简单结论仅仅为仲裁制度中设置利害关系人利益保护的简单原则,距离真正的制度构建还有相当远的距离,例如仲裁庭的组成、仲裁员的选择、已经完成的仲裁程序如何处理、利害关系人不确定、根据不作为做出推定的正当性等问题均需要通盘考虑,但是,这不应当成为我们漠视不特定第三方权益的理由。一定程度上看,保护了不特定第三方的正当权益,就是保护了仲裁本身的正当。

发展仲裁业务　助推自贸区建设

黄涛涛[*]

自贸区所带来的投资便利化和扩大开放的各类政策必将大幅提升国际投资和国际贸易的交易量，国际商事纠纷也将不可避免地随之增加，建立公正、快捷的商事争端解决机制显得尤为急迫。作为多元化纠纷解决机制的重要内容，仲裁制度能够很好地推动贸易自由化，保障自由贸易区的顺利运行。因此，借鉴国际经验，发展仲裁业务，将对自贸区正常运转以及市场秩序的稳定发挥积极的作用。

一、自贸区发展仲裁业务的重要意义

作为自贸区内争议解决和法律保障的重要制度性安排，专业化和高水平的仲裁制度是自贸区良性运转的重要保障，将很好顺应自贸区建设的需要。

（一）有利于为自贸区发展提供专业化的法律服务

自贸区包含了一系列对外资开放的新领域、新模式、新业态，会产生有别于一般民商事纠纷，具有专属性、排他性、独特性的"涉自贸区仲裁案件"。[①]这些案件和纠纷需要更为专业化的处置。而仲裁制度具有专业、技术性强的特点，能够适应案情复杂、科技含量高、法律问题新等情况；仲裁机构所配备的大量熟知国际法与国际贸易规则的仲裁员，能够承担起为自贸区建设提供法律服务的重任。发展仲裁业务，有利于自贸区各种新型案件的专门审理，有利于提供契合各行业、各领域的专业服务，有助于提升案件审理质量与提高效率，实现自贸区案件的精品化裁决。因此，在贸易和投资领域，仲裁一直是被各国和各国际性经济组织所普遍采用的争端解决方式。

---

[*] 广东省人民政府法制办公室法制研究所副所长。
[①] 《上海自贸区仲裁院挂牌应对国际涉外商事仲裁案》，载《新民晚报》2013 年 10 月 24 日。

（二）有利于快捷地处理自贸区法律纠纷

仲裁制度的高效性，使其面对可能快速增长的各种民商事纠纷时，能够快速作出反应，及时便捷地介入经济贸易纠纷。在自贸区发展仲裁业务，进一步与国际仲裁接轨，发挥其高效便捷的优势，可以很好地适应自贸区对商事纠纷解决的需要。第一，由于仲裁机制上的灵活性，可以根据自贸区纠纷解决机制的特点，较快地完成仲裁机构设置和人员配置，迅速搭建起发展仲裁业务的机构平台。第二，由于仲裁制度具有门槛低、尊重双方意愿等"亲民性"特质，能够为自贸区内当事人提供就近乃至零距离仲裁咨询、立案、开庭审理等仲裁法律服务。第三，仲裁决定具备境外执行的保障，且实行"一裁终局"制度，没有法院诉讼程序中的上诉或再审程序，能够满足自贸区内各市场主体的高效率、快节奏的纠纷解决需求。

（三）有利于更好地维护当事人权益

仲裁制度因其所具有的程序高效快捷、充分意思自治、仲裁程序保密、仲裁成本合理、裁决易于执行的独特优势，已成为解决国际商事争议最为有效和最受欢迎的方式。另外，仲裁制度所体现的意识自治与以放松管制、充分尊重意识自治为主要特征的自由贸易具有天然的契合性，具有其他制度所不可比拟的优势：第一，仲裁制度以不公开审理为原则，从而减少商事交易秘密泄露的可能性。第二，仲裁制度比较完整地尊重当事人意思自治，特别是强调开放性，充分尊重境内外当事人的意思自治。例如，双方当事人可以对适用法律、仲裁地、开庭地、仲裁语言、审理方式、证据规则、仲裁员的产生方式、仲裁员的国籍等诸多事项作出约定，甚至可约定适用《联合国国际贸易法委员会仲裁规则》以及其他国际仲裁机构的仲裁规则等。第三，仲裁是典型的"规则型"模式，对仲裁的提起、仲裁庭的组成、仲裁员的选定、仲裁程序、仲裁员的行为规范、不履行的后果等问题有明确的预见性，可以有效避免争议的扩大化。因此，仲裁制度不仅能够迅速解决争议双方的纠纷，而且能实现效益成本价值的最大化，为逐渐增多的贸易摩擦提供最有效的解决方式。

（四）有利于积累可复制、可推广经验

随着自贸区各项政策的实施和各项业务的推行，必然会出现大量新型案件。发展仲裁业务，不仅有利于及时裁决各种新型案件，而且，有利于及时总结相关经验，为立法机关与司法机关提供有针对性的立法建议与司法建议；同时，也可以为自贸区外的地区和机构提供相关的仲裁经验和成案指引，从而推

动自贸区新规在全国其他地方进行复制与推广。

(五) 有利于推动广东省国际商事仲裁中心的建立

广东仲裁事业在通过助推自贸区发展的同时，也将迎来实现向区域性国际商事仲裁中心的跨域发展的良好机遇。我们要利用近年来专业化、高端化、国际化的业务特点和良好的发展态势，以更加开放的视野，开创仲裁事业的新局面。自贸区对国际化、专业化仲裁服务的需求，在一定程度上将倒逼广东省的仲裁机构去积极探索和研究争议解决的途径和形式，充分借鉴国内外争议解决机制的先进制度和实践，进一步完善仲裁规则，充实专家资源，为创新自贸试验区多元化争议解决机制作出应有的贡献，不断提升广东省商事仲裁专业化、国际化程度，积极朝着建设国际知名仲裁机构的方向努力。

二、广东省在自贸区发展仲裁业务的可行性分析

经过近 20 年的发展，广东仲裁事业有了长足的发展，为推进广东省仲裁工作向高端化、国际化和专业化方向发展奠定了良好的基础。

(一) 国际商事仲裁中心规模初具

广东作为我国改革开发的前沿阵地，在全国较早引入国际商事仲裁制度。广东省经济外向度高，投资的便利化、扩大开放的各类政策措施所产生的"磁吸效应"较为明显，所产生的国际和涉外商事纠纷也较频繁，这些都为广东省建设国际商事仲裁中心奠定了良好的基础。广东省各仲裁机构也很好地把握优势，不断提高商事仲裁的国际化程度，已在涉外业务的开拓方面取得初步成效。据统计，2013 年，广东省涉外仲裁案件已超过总受理案件的 10%，案件当事人遍及全国各地及世界 50 多个国家和地区，为平等保护中外当事人的合法权益、营造公平市场环境发挥了重要作用。另外，广东省仲裁员的国际化程度也逐步提高，已居全国前列；一些仲裁机构开始注重吸收国际商事仲裁发展实践中的先进经验和做法，研究制定了开放性和国际化的仲裁规则，在实际操作过程中获得了业内同行及广大当事人的较高评价。

(二) 广东省与港澳台地区商事仲裁合作密切

广东省与港澳台地区地缘、人缘、商缘关系密切，省内各个仲裁机构凭借优势，不断提高粤港澳台仲裁工作合作水平。广东省仲裁机构广泛吸收港澳台仲裁员加入仲裁员队伍并成功裁决仲裁案件。广州和汕头等地的仲裁委更是就

加强与港澳台地区进行比较深入的商事仲裁合作采取了一系列举措,① 广东省与港澳台商事仲裁合作走在全国前列。

(三) 在自贸区发展仲裁事业具备了一定的体制基础

目前,广东省已有南沙国际仲裁中心和国际经济贸易仲裁委员会华南分会(深圳国际仲裁院)等机构在这方面进行了探索和实践,据悉,横琴国际仲裁院也在筹备之中。② 以南沙国际仲裁中心为例,该中心由广州仲裁委员会、香港、澳门地区的仲裁机构及法律专家共同组建设立的非营利性的国际商事仲裁平台。为进一步完善市场经济体制和现代社会法治管理格局,增强南沙新区发展的活力和动力,南沙国际仲裁中心作为相应的配套设施,旨在为境内外当事人提供优质高效的专业仲裁服务。南沙国际仲裁中心采取行业共建、民主自律的管理模式,由理事会决策、监事会监督、仲裁庭独立行使裁决权,理事会、监事会及仲裁员均由粤、港、澳三地推荐及选聘的法律、经贸领域专家学者组成。决策权、监督权、裁决权三权之间互相支持、相互制约,形成权力独立、循环运行、阳光运作的管理模式。可以说,广东省推进仲裁国际化发展已具备一定的体制基础。

三、关于自贸区发展仲裁业务的几点思考

(一) 深化认识

要树立责任意识和机遇意识,对自贸区对仲裁工作提出的新要求和新任务应有更为明确的认识。要根据自贸区建设的法治化要求,进一步推进仲裁能力建设,通过公正高效处理法律纠纷,发挥仲裁对投资、贸易等行为的评价、示范和导向作用,回应区内商事主体的仲裁需求,努力营造公平竞争的法治环境。要对自贸区可能涉及的有关法律适用难题开展前瞻性研究,积极应对自贸试验区法治环境建设中出现的新情况、新问题,特别是要加强对政府职能转变、监管模式调整、自贸试验区投资贸易等领域商事交易规则、自贸试验区内

---

① 广州仲裁委与香港国际仲裁中心和澳门世贸中心仲裁中心、广州南沙开发区管委会签订了《设立南沙国际仲裁中心合作框架协议》共同设立南沙国际仲裁中心,明确在南沙发生的商事纠纷,经协商后可在南沙选择香港或澳门等地的仲裁规则和商事规则,以及英语、葡语等外国语言进行仲裁。汕头仲裁委员会于2010年举办了首批台籍仲裁员聘任仪式暨汕台仲裁文化交流会。

② 参见《珠海将于横琴设国际仲裁院》,载 http://www.ycwb.com/ePaper/ycwbdfb/html/2014-02/14/content_369338.htm?div=-1,访问时间2014年3月5日。

多元化商事纠纷解决机制等方面的法律研究，并从仲裁工作的角度，及时拟定回应措施。

（二）建立机制

健全完善仲裁管理模式和案件应对机制，对与自贸试验区相关的投资、贸易、金融及知识产权等商事案件实施集约化、专业化审理模式。抓紧从更新理念、健全组织、完善专业审理机制、强化公开透明等多方面、全方位谋划适应自贸区要求、促进自贸区建设的仲裁服务保障措施。合理增加选定外籍仲裁员的机会，增强仲裁庭依当事人约定、依冲突规则适用国际公约及外国法律的意识，充分尊重境内外当事人意愿，并提高相应的运用能力。培育、引进精通国内外法律和通行规则，具有国际经济视野和丰富审判经验的专家型、复合型仲裁员；加强仲裁员及秘书人员两支队伍建设，全面提升综合服务水平，以满足中外当事人在争议解决过程中日益增长的国际化需求。

（三）完善规则

自贸区建设需要建立符合国际化和法制化要求的跨境投资和贸易规则体系，形成与国际投资、贸易通行规则相衔接的基本制度框架，这对自贸区内的仲裁规则有更高开放性要求。应更加注重涉外仲裁案件程序的严格管理和实体的公正合法，采纳国际仲裁先进理念，更加精准地把握涉外仲裁案件中法律适用的理念和操作方法，提升处理涉外仲裁案件的能力；继续深入研究其他国际仲裁机构仲裁规则，探索和总结适用其他国际仲裁机构仲裁规则，积极应对当事人的特殊需求，提供更为专业、全面的仲裁服务。

编 后 记

2014年9月10日,广东省法学会仲裁法研究会成立大会暨2014年学术研讨会在广州隆重举行。广东省法学会仲裁法研究会的成立,是广东省落实国务院法制办提出的"省级政府法制机构要加强联系仲裁工作"有关要求的重要举措,对推动和加强广东开展仲裁理论与实践问题的学术研究和交流,促进仲裁理论创新,推动广东仲裁事业的发展有积极而深远的意义。

会后,大会组织者及时从征文中精选38篇论文,结集出版。本书所收录的论文具有三个特点:一是作者来源面广。本次研讨会提交论文的作者,来自广东省仲裁界、政府系统、法院系统及广东省各地高校、研究机构等不同领域,既有从事仲裁实务工作的同志,也有从事仲裁理论研究的同志。二是内容涉及面广。作者围绕研讨会主题,从不同的角度展开研究,特别重点就广东省仲裁事业总结与展望、《仲裁法》的修订、民商事纠纷解决机制的完善等展开论述,对一些具体的仲裁法律制度也有比较深入的研究。三是质量较高。多数论文立足仲裁工作的实际,分析问题比较深刻,提出的对策具有针对性、可操作性,既有理论价值也有实践价值。

需要说明的是,这些论文所载作者个人观点,不代表其所在单位和编者的观点。书中的不足之处,欢迎广大读者批评指正。

中国检察出版社对本书的出版给予了大力支持,在此表示衷心感谢。

编 者

2014年9月